Heritage
Hispanic-American
Style

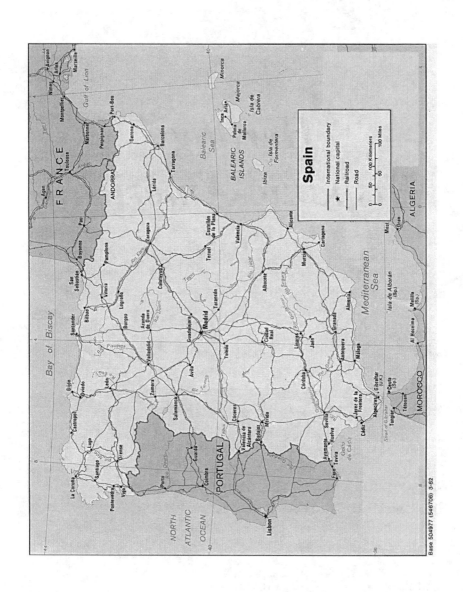

Base 504927 (546706) 3-82

HERITAGE

Hispanic-American Style
By
Leon J. Radomile

Copyright © 2003 by Leon J. Radomile
First printing 2003
Printed in the United States of America

Published by Vincerò Enterprises
  490 Marin Oaks Drive
  Novato, California 94949-5467
  www.italianheritage.net / 800-715-1492

Spanish Translation by Diane Tolomeo
DLTLanguages@aol.com

Cover design by Greg Brown
  Abalone Design Group
  greg@abalonedesign.com / www.abalonedesign.com
  San Rafael, California 94901

Interior layout by Kay Richey
Electronically created camera-ready copy by
  KLR Communications, Inc.
  klrcomm@traverse.com

Art illustrations by Greg Brown

HERITAGE Hispanic-American Style / by Leon J. Radomile
Bilingual Spanish and Hispanic-American History

ISBN 0-9675329-2-2

Table of Contents
Indice de materias

Dedication

I would like to dedicate this book to the most important thing in my life: my family. To my wife Lanette, my daughters Lea and Alexandra, my new son-in-law, Zach Oberlander, my dear and always supportive mother Emma, my stepfather, Joseph Toschi, my mother-in-law, Eleanor Lupear, and my deceased and beloved father, Leo Radomile and father-in-law Alex Lupear;

To the multifaceted Hispanic-American culture that has contributed so much to making America the greatest country in the world;

To the good sisters, brothers, and priests who guided me into the intellectual and spiritual paths during my school years.

God bless you all!

Leon J. Radomile
October 2003

Dedicatoria

Quisiera dedicar este libro a lo más importante de mi vida: mi familia. Para mi esposa, Lanette, para mis hijas, Lea y Alexandra, para mi yerno nuevo, Zach, para mi querida madre Emma que siempre me apoya, para mi padrastro, Joseph Toschi, para mi suegra, Eleanor Lupear, y para mi querido y difunto padre Leo Radomile, y para mi suegro Alex Lupear;

Para la polifacética cultura hispanoamericana que ha aportado tanto a los Estados Unidos de América para convertirlo en el mejor país del mundo;

Para las buenas hermanas y hermanos religiosos y sacerdotes quienes me dirigieron en los caminos intelectuales y espirituales durante mis años escolares.

¡Qué Dios les bendiga a todos!

Foreword

by Daniel Gutiérrez
Worlds #1 Latino Motivator

My name is Dan Gutiérrez and I am president and CEO of Pinnacle Achievement Group, Inc. I am also the founder and president of the Latino Empowerment Foundation and "Imagine" Conference, an organization devoted to mentoring Hispanic youth. Those that know anything about me know that I am very proud of my Hispanic heritage and that I am passionate about helping kids and young adults, fulfill their dreams.

When I was approached to write the foreword for *Heritage Hispanic-American Style*, I was flattered, but felt a bit suspicious. People often ask me to lend my name to things that mean nothing to me and have no real value with regard to the Hispanic community. I glanced quickly through the manuscript and immediately realized that this was different, it had the perfect format to educate kids and adults about the contributions made by Hispanics today and throughout history.

I became excited. The ideas and thoughts that flashed through my mind can be summarized in the word Pride. This book is an invaluable source of pride and understanding about the huge impact Hispanics have had on world history and culture, in sports, religion, arts, literature, and so many aspects of human endeavor. Other words came to mind in rapid succession, words like family, honor, respect, and hard work. These define for me what it means to be a Latino, and go hand in hand with the Latin feelings that exist deep in my heart—the ones that I can never really put into words.

I am a proud Mexican American and grew up in Midlothian, Texas, a small town located in northwest Ellis County in the Dallas metroplex area. Going to school in a town like Midlothian has certain advantages, one of the most important being the small town atmosphere where close ties naturally develop with family and friends. I know that I would not be where I am today without the strong support and love of my family. They gave me the strength and resolve, in a hundred different ways, to persevere in the face of every tough obstacle. As a young boy, I remember thinking that I was going to be someone important someday. Who and what were unclear, but I was determined at a young age to find out.

My family taught me to go after my goals with passion and purpose. They also taught me to respect and support my community. I strongly believe that it is important for those who attain their goals to share their benefits with the society that served as the vehicle to their success. It has always been my goal to be a positive role model for young Latinos. I tell kids to take a good look at me—an ordinary person who was blessed with a loving family who always championed the importance of a good education. I want to help every kid to understand that they can realize their dreams. It was natural, then, for me to think that the most important and lasting thing to do to help them was to support and promote education. Success has a simple formula: a plan, an education, and a lot of hard work in the right direction. This is why I created the first ever Latino speakers forum "Imagine" in Los Angeles, and founded the Latino Empowerment Foundation

I love working for a cause that encourages young people to aspire to high goals, to dream of something that maybe they thought was out of their reach. I hope to be an example of someone who overcomes obstacles, who accomplishes goals with gritty determination, and refuses to walk away from something he really wants. Young people need to see someone who has done that, someone who once was where they are now and who simply would not let go of his highest ambitions.

I have always believed that you have to make your dreams happen because no one is just going to hand them a great life. Others can help and support, but no one can do it but himself or herself. Depending on luck or good fortune will bring disappointment 99 percent of the time. The harder you work, the luckier you become. I want to pass that on to as many people as possible.

I want to see Hispanic kids grow up to soar into space, into the leadership of this country, and into whatever dreams they dare to dream. There are 1001 role models in this book: astronauts, artists, scientists, entertainers, athletes, and centuries of men and women whose work changed the world. The book is written in a question and answer format, in history bytes, in both English and Spanish. Reading motivating facts about Latino people and their accomplishments in both languages is a great way to become truly bilingual—if you weren't lucky enough to learn both languages before kindergarten.

You can find heroes of every kind in this book, heroes with Hispanic names, who made it far beyond their early dreams. Just remember: never give up those dreams, because, as this book proves, they do turn into reality.

✻   ✻   ✻

Latino Empowerment Foundation & "Imagine" Conference
634 South Spring Street
7th Floor, Suite 720
Los Angeles, CA 90014
213-688-0894 / Fax 714-844-9416
www.latinoempowerment.org
dan@latinoempowerment.org

The Latino Empowerment Foundation was created with a vision to empower Latino adults to become leaders and mentors while also empowering our youth to further their education and follow their dreams. The foundation was established as a 501(c) 3 nonprofit organization under the National Heritage Foundation (Tax ID 58-2085326) in October of 2002. The Latino Empowerment Foundation is about leadership, mentorship and empowerment. We partner with as many organizations as possible to achieve the goal of empowering our communities both locally and globally. The word "esperanza" is the code word for our foundation. Esperanza is more than just another name for hope. Esperanza provides the motivation to work hard and never give up on dreams. To learn more about our foundation, visit us at: www.latinoempowerment.org

Prefacio

por Daniel Gutiérrez
Mejor promotor de latinos del mundo

Me llamo Dan Gutiérrez y soy el presidente y director general de la compañía Pinnacle Achievement Group, Inc. Soy también el fundador y presidente de la Fundación para el Adelanto de Latinos y de la Conferencia «Imagínese», una organización dedicada a guiar a los jóvenes hispanos. Las personas que saben cualquier cosa de mí, saben que estoy muy orgulloso de mi patrimonio hispánico, y que me apasiona ayudar a los niños y a los adultos jóvenes a realizar sus sueños.

Cuando se me invitó a escribir el prefacio de Heritage Hispanic-American Style, me sentí halagado, pero acogí la oportunidad con cierto recelo. Se me invita con frecuencia a respaldar con mi nombre causas que no significan nada para mí y las cuales no tienen ningún valor verdadero con respecto a la comunidad hispanoamericana. Di un vistazo al original de esta obra y, en seguida, me di cuenta de que esta invitación difería de las otras. La obra tenía el formato perfecto para enseñar tanto a los niños como a los adultos acerca de las aportaciones de hispanos a la sociedad hoy día y antes, durante toda la historia.

Empecé a entusiasmarme. Los pensamientos e ideas que me pasaron por la cabeza se pueden resumir en una sola palabra, la cual es orgullo. Este libro es una fuente inestimable de orgullo y de información sobre la gran influencia de los hispanos sobre la historia universal y la cultura, en los campos de la religión, las artes, la literatura, y los deportes, y sobre tantos aspectos de esfuerzos humanos. Otras palabras me vinieron rápidamente a la mente, palabras como familia, honor, respeto, y mucho trabajo. Estas palabras definen para mí lo que significa ser latino, y van juntas con los sentimientos latinos que existen en lo más profundo de mi corazón - los cuales no puedo nunca expresar en palabras.

Soy un mexicoamericano orgulloso y crecí en Midlothian, Texas, un pueblecito situado en la parte nordoeste del condado de Ellis en el área metropolitana de Dallas. Asistir a la escuela en un pueblo como Midlothian tiene ciertas ventajas, entre que se incluye una de las más importantes, la cual es el ambiente pueblerino en que se desarrollan con naturalidad estrechos vínculos con familia y amigos. Yo sé que no habría llegado en donde estoy hoy día sin el apoyo y el amor muy fuertes de mi familia. De cien maneras diferentes me dieron la fortaleza y la resolución para perseverar a pesar de cualquier obstáculo difícil. Como jovencito, me acuerdo de haber pensado que un día iba a ser alguien importante. El quién y el qué no veía yo claramente. Sin embargo, a temprana edad, yo estaba resuelto a descrubrir mis posibilidades.

Mi familia me enseñó a perseguir mis objetivos con pasión y resolución. También me enseñó a respetar y apoyar a mi comunidad. Creo totalmente que es importante que aquellas personas, que han alcanzado sus objetivos, compartan sus beneficios con la sociedad que sirvió de vehículo para su éxito. Siempre he tenido el objetivo de ser un modelo positivo a imitar para los latinos jóvenes. Digo a los niños que me miren bien - una persona media que fue bendecida con una familia cariñosa que siempre defendía la importancia de una buena formación.

Deseo ayudar a cada niño a entender que él puede realizar sus sueños. Por eso, me era lógico creer que la cosa más importante y duradera que yo podía hacer para ayudar a los niños fue apoyar y fomentar la educación. El éxito tiene una fórmula sencilla: tener un plan, conseguir una buena educación, y trabajar mucho en la dirección apropiada. Fue por eso que fundé en Los Angeles la Conferencia «Imagínese,» el primer foro de oradores alentadores de origen latino, y por qué establecí la Fundación para el Adelanto de Latinos.

Me encanta trabajar para una causa que anima a los jóvenes a que aspiren a objetivos elevados, a que sueñen con algo que, en su opinión, era tal vez fuera de su alcance. Espero servir de ejemplo de alguien que supera obstáculos, de alguien que logra objetivos con determinación enérgica, y de alguien que se niega a abandonar un objetivo verdaderamente deseado. Los niños necesitan conocer a alguien así, a alguien que estaba antes en su lugar, y a alguien que, francamente, no abandonaría sus mayores ambiciones.

Siempre he creído que cada persona es responsable de realizar sus propios sueños porque nadie va a darle una gran vida. Otras personas pueden ayudarle y prestarle apoyo, pero sólo la persona misma puede realizar sus propios sueños. El noventa y nueve por ciento del tiempo, confiar en la suerte o la buena fortuna lleva a la desilusión. Cuanto más se trabaja, más se tiene suerte. Deseo dar este mensaje al mayor número de personas como sea posible.

Deseo ver a los niños hispanos crecer y desarrollarse para que lleguen lejos como líderes de este país, para que realicen cualquier sueño con que se atrevan a soñar. Hay descripciones de 1001 modelos a imitar en este libro: astronautas, artistas, científicos, artistas del mundo de los espectáculos, atletas, y numerosos hombres y mujeres cuyo trabajo durante los siglos ha transformado el mundo. La obra se publica en inglés y en español bajo formato bilingüe con entradas históricas en forma de preguntas y respuestas. Estudiar hechos que motivan, los cuales se tratan de latinos y de sus logros, y leer sobre ellos en los dos idiomas es una gran manera de llegar a ser verdaderamente bilingüe - sobre todo si no se tuviera la suerte de aprender los dos idiomas antes de asistir al jardín de infancia.

Hay descripciones de héroes de toda clase en este libro, héroes con apellidos hispánicos, quienes llegaron mucho más lejos que habían soñado originariamente. Recuerde: Nunca abandone sus sueños, porque, como se demuestra en este libro, los sueños, sí, se

✳   ✳   ✳

Latino Empowerment Foundation &
"Imagine" Conference
634 South Spring Street
7th Floor, Suite 720
Los Angeles, CA 90014
213-688-0894 / Fax 714-844-9416
www.latinoempowerment.org
dan@latinoempowerment.org

pueden realizar.

La Fundación para el Adelanto de Latinos se creó con el sueño de habilitar a los adultos latinos para que lleguen a ser líderes y mentores, y de animar a los jóvenes a hacer estudios adicionales y a realizar sus sueños. La fundación se estableció en octubre de 2002 como una organización no lucrativa del tipo 501(c) 3, bajo la Fundación del Patrimonio Nacional (Identificación para propósitos de impuestos 58-2085326). La Fundación para el Adelanto de Latinos se trata del liderazgo, de la orientación por mentores y de la educación. Nos asociamos con el mayor número de organizaciones como sea posible para alcanzar el objetivo de habilitar a nuestras comunidades tanto al nivel local como al nivel global. La palabra «esperanza» es la palabra en clave de nuestra fundación. La esperanza es más que otra palabra por la palabra inglesa «hope». La esperanza proporciona la motivación para trabajar mucho y para nunca abandonar sueños. Para aprender más sobre nuestra fundación, visítenos en: www.latinoempowerment.org.

Acknowledgments

The talents of many people are needed to make any book a reality. I consider myself most fortunate to have found such a group of individuals.

Undertaking the tremendous translation task for *Heritage Hispanic-American Style* was Diane Tolomeo, an instructor of Romance languages and a former federal government translator for the U.S. Department of Agriculture in Washington, D.C. Diane came highly recommended, and was the star pupil of Dr. Patricia Bentivegna, Professor Emerita of Spanish and Spanish Literature from Saint Francis University, in Pennsylvania. Diane is a true perfectionist in every sense of the word and a gifted linguist to whom I owe a great deal of thanks.

Speaking of perfectionists, I must again salute my English language text editor, friend, and mentor, Necia Dixon Liles. Simply stated, she continues to make me a better writer. Her focus and editing talents continue to be instrumental in making my work something that I can be proud of.

When it comes to creative graphic design, Greg Brown of Abalone Design is in an elite class of graphic designers. He has an uncanny ability to take my ideas and transform them into exact visual replicas. This book cover is the third that Greg has designed for me and as always, I am very impressed and pleased with his skill and creative genius.

Kay Richey of KLR Communications is my production editor who puts my manuscripts in the proper format for the book manufacturer. Kay is another one of those perfectionists who works hard to make everything come out perfect.

Special thanks to Gary Espy and Central Plains Book Manufacturing of Winfield, Kansas, for their excellent customer service and quality work.

The newest member of this group is Mexican born Adan Negrete, a graduate student in Education at Dominican University (CA). I want to thank Adan for assisting Diane with the initial draft translation for the Sports Section.

Finally, I would like to thank Mr. Daniel Gutiérrez, for providing the inspirational foreword for this book. Mr. Gutiérrez is truly a dynamic individual, whose many talents contribute greatly to the Hispanic-American community.

Thank you all again for your hard work and expertise in making this book possible.

Agradecimientos

Los talentos de muchas personas son necesarios para realizar cualquier libro. Me considero muy afortunado de haber hallado a tal grupo de personas talentosas.

Encargada de la tremenda tarea de traducir al español *Heritage Hispanic-American Style* fue la señora Diane Tolomeo, profesora de lenguas románicas y antigua traductora del gobierno federal, Ministerio de Agricultura de los Estados Unidos, en Washington, D.C. La señora Tolomeo fue muy recomendada como traductora de la presente obra, habiendo sido la estudiante más destacada de la doctora Patricia Bentivegna, profesora emérita de lengua y literatura españolas en la Universidad de San Francisco (Pennsylvania). La Sra. Tolomeo es una verdadera perfeccionista en todos los sentidos de la palabra y es una lingüista talentosa a quien tengo que estar muy agradecido.

Con respecto a perfeccionistas, debo agradecer una vez más a la señora Necia Dixon Liles, mi redactora del texto inglés, mi amiga, y mi mentora. En términos sencillos, la Sra. Liles sigue ayudándome a convertirme en mejor escritor. Su atención y sus aptitudes para la redacción siguen jugando un papel fundamental en transformar mis obras en algo de que puedo ser orgulloso.

Con respecto a la creatividad en el campo del diseño gráfico, el señor Greg Brown de la compañía Abalone Design figura entre una minoría selecta de diseñadores gráficos. Tiene una extraña capacidad para tomar mis ideas y de transformarlas en réplicas visuales exactas. La portada de este libro es la tercera portada que el Sr. Brown ha diseñado para mí, y como siempre, su habilidad y su genio creativo me impresionan favorablemente y me gustan mucho.

La señora Kay Richey de KLR Communications es la

redactora de producción quien asegura que mis originales se presenten en formato adecuado para el fabricante de libros. La Sra. Richey es otra perfeccionista que trabaja mucho para asegurar que todo salga perfectamente.

Quisiera agradecer en especial a Gary Espy y al fabricante de libros, la compañía Central Plains Books Manufacturing de Winfield, Kansas, por su excelente servicio a los clientes y su trabajo de calidad.

El miembro más reciente de este grupo es el señor Adan Negrete, mexicano de nacimiento, quien es estudiante en Educación de la escuela para graduados de la Universidad Dominicana (California). Quiero agradecer al Sr. Negrete por haber ayudado a la Sra. Tolomeo con la primera redacción de la traducción al español de la sección sobre los deportes.

Finalmente, quisiera agradecer al señor Daniel Gutiérrez, quien escribió el prefacio inspirador de este libro. El Sr. Gutiérrez es una persona verdaderamente dinámica, cuyos muchos talentos aportan mucho a la comunidad hispanoamericana.

Muchas gracias a todos otra vez por su mucho trabajo y su competencia, los cuales posibilitaron la realización de este libro.

Text Translator
Traductora del texto

Diane Tolomeo

Diane Tolomeo is a free-lance translator and foreign language instructor of Spanish and French. She was previously a career translator and foreign language instructor for the U.S. Federal Government in Washington, D.C., specializing in statistics, economics, and agriculture. She traveled extensively in her professional capacity with the U.S. Department of Agriculture, National Agricultural Statistics Service, assisting U.S. government officials in providing technical assistance to developing countries. She has also taught foreign language at Mercer County Community College in Trenton, New Jersey, and at the elementary level at Grey Nun Academy, Yardley, Pennsylvania. She received her Bachelor of Arts degree in foreign languages and teacher certification in French and Spanish at St. Francis University, Loretto, Pennsylvania.

Diane Tolomeo es una traductora autónoma y profesora de lenguas extranjeras con especialización en español y francés. Anteriormente, fue una traductora de carrera y profesora de lenguas extranjeras con el gobierno federal de los Estados Unidos, especializándose en la estadística, la economía, y la agricultura. Viajó mucho en calidad profesional con el Ministerio de Agricultura de los Estados Unidos, Servicio de Estadísticas Agropecuarias, para ayudar a oficiales gubernamentales estadounidenses a proporcionar asistencia técnica a los países en vías de desarrollo. Además, ha enseñado lenguas extranjeras en la Universidad Comunitaria del Condado de Mercer en Trenton, Nueva Jersey, y al nivel elemental en la Academia de las Hermanas Grises en Yardley, Pennsylvania. Recibió su licenciado en letras, en lenguas extranjeras, y su formación y certificación pedagógicas en francés y español en la Universidad de San Francisco en Loretto, Pennsylvania.

Introduction

I am honored to be an American Latino. I am not Hispanic Latino, but Italo Latino. The term Latino is correctly applied to any person whose ancestral language is derived from the Latin language of the Romans. Italian, French, Portuguese and Romanian, are languages based in Latin, and are, therefore, Latino. To illustrate this further, Brazilians are Latin Americans who speak a Latin-based language (Portuguese) and are Latino, but not Hispanic Latino.

The English word Hispanic is derived from the Latin term hispanicus, from Hispania, for what the ancient Romans named the Iberian peninsula of Spain. The term Hispanic differentiates those Latinos of Spanish origin from all other Latinos.

Heritage Hispanic-American Style is an outgrowth of my previous book, *Heritage Italian-American Style.* Like the Italian version, this bilingual Hispanic work is a cultural compendium devoted to the many significant contributions made to western civilization by Hispanic people. On the book's cover, you will see that the subjects explored include food, music, entertainment, art, science, literature, history, geography, business, and sports.

Until I began the research for this Hispanic cultural compendium, I didn't realize how little I knew about the Hispanic culture. What excuse can I offer for my ignorance? After all, living in California is not exactly Siberia when it comes to Hispanic culture. But I am a typical product of the educational system and media bias that leaves gaping holes about the accomplishments that Italians and Italian Americans have given America and the world. The same informational neglect is true for the Hispanic culture.

I found many similarities between the Hispanic and Italian cultures. The most significant pillars that support our cultures are the importance placed on family and religion, and our dedication to hard work and education so that our children can prosper and attain higher goals than previous generations.

In 2002, the United States government declared that Hispanics had become the largest ethnic minority in the country, surpassing Afro Americans, with 37 million people. Of that total, roughly 23 million are Mexican Americans. With this significant population base in mind, the aim of this book is twofold: first, it is meant to celebrate the wonderful accomplishments and contributions achieved by Hispanics through the world: the second, to bring an awareness of these many contributions not only to the Hispanic community, but also to the non-Hispanic community. The greatness of the United States is a result of the contribution of all its citizens. Hispanics have been, and will always be, an integral part of this contribution.

The entertaining bilingual question and answer format of this book covers the vast Hispanic culture, from its birthplace in Spain to the Caribbean, North America and Mexico, Central and South America. The rich tapestry of people, through their accomplishments and important events, is highlighted in a variety of topics. Just the right amount of information is given in each of the book's 1001 questions to tease the reader into further research and study on his or her own. What more could any book do for its readers than to light the fire of enthusiasm for more knowledge?

The impetus for writing the original book was an attempt to negate the constant negative stereotyping of Italian Americans. I grew tied and angry at seeing the Italian culture always trivialized into pizza and spaghetti or stereotyped as Mafia mobsters. I concluded that the only way to rid our society and popular culture of this demeaning media trash of misinformation was to educate and enlighten people to the real accomplishments of real people from the wide range of fields. I began collecting interesting information and soon found myself addicted to the pursuit of cultural awareness. I was convinced that through education, long standing false impressions and erroneous conclusions could be corrected and erased for future generations.

Because I self-published the book, I was responsible for its marketing. Since Italian-Americans number around 26 million and rank as the fifth largest ethnic group in the United States, I felt confident that I had a numerous and interested audience. As a one-man, part-time marketing department, I managed to sell my entire first printing of 5,000 books within two years.

The pleasure of accomplishments, however, inspires one to want more of the same type of pleasure. It inevitably leads to the question: What now? Should I simply reprint the existing material and continue selling books, or should I think of ways to improve the existing book? I knew the answer even before I asked it.

The first improvement was an obvious one: I would expand the number of the book's fact-filled questions from 1492 to 1776. For two years, I had asked readers to enlighten me about important persons or events I had not mentioned in the first edition. To my delight, many enthusiastic readers did so. It was easy to create an additional 284 questions to supplement the existing text. In the second edition, I gave credit to contributors, noting their names and cities beneath the questions they had inspired.

For the new Hispanic version, I encourage readers to participate in the next edition by providing me with any interesting fact I did not cover in this first edition. I invite you to contact me directly via e-mail at heritage1492@earthlink.net.

The second improvement was quite an undertaking and an innovation that I hope becomes a future trend in publishing. It was very gratifying to be able to publish the expanded second edition in a bilingual format. Not only can people read about and take pride in the many wonderful contributions to society made by their ancestors and contemporaries, but can now feel a deeper connection to their own history by reading of the achievements in the mother tongue. By seeing the translation directly beneath the English text, the material becomes an excellent tool with which to build vocabulary and see how phrases are formed. In the classroom, the book becomes an important educational asset for language as well as a cultural learning tool.

The third improvement was to include six major Internet address directories. In this Hispanic version, these Internet directories will cover genealogy, language, culture, travel, Hispanic organizations and publications, education, and government agencies. The advent of the Internet has opened and entirely new world of information, communication, and education. I urge you to visit the many Hispanic-American organization web sites on the Internet. A great way to keep your Hispanic traditions alive and vibrant is to participate in an Hispanic-American organization in your area. The Internet can be a useful tool to help you find an organization that fits your interests.

Though I am a first generation Italian American, I do have Hispanic connections. My Sicilian born mother's father, Giuseppe Costa, had a Spanish grandmother. In my father's family, from the Abruzzo region of Italy, several sets of cousins emigrated to Merida and Caracas, Venezuela, and Sao Paulo, Brazil at the beginning of the 20th century. Through the Internet, I was able to find and contact these cousins who still have the Radomile name.

I hope you will find answering the questions in this book as stimulating as I did in developing them. I hope you will go on to research your own history, learn the language of your ancestors, and wear your heritage with *orgullo*.

Introducción

Para mí, es un honor ser latinoamericano. No soy hispanolatino sino italolatino. El término latino se aplica bien a cualquier persona cuyo idioma ancestral derive de la lengua latina de los romanos. El italiano, el francés, el portugués y el rumano son idiomas basados en el latín y, por eso, son idiomas latinos. Para aclarar un poco más, se puede decir que los brasileños son latinoamericanos que hablan un idioma basado en la lengua latina (el portugués) y, por eso, son latinos, pero no son hispanolatinos.

La palabra inglesa *Hispanic* (hispánico o hispano) deriva del término latino *hispanicus,* que significa «desde *Hispania*», nombre latino de la Península Ibérica de España empleado por los romanos de la antigüedad. El término *hispánico* o *hispano* se usa para distinguir entre los latinos de origen español y todos los otros latinos.

***Patrimonio hispanoamericano* resulta de mi obra anterior, *Heritage Italian-American Style* (*Patrimonio italoamericano*). Como la versión italiana, la presente obra bilingüe sobre la cultura hispánica es un compendio cultural sobre las numerosas aportaciones significativas de hispanos a la civilización occidental. En la cubierta del libro se indican los temas de estudio entre que se incluyen: cocina, música, espectáculos, arte, ciencia, literatura, historia, geografía, negocios, y deportes.**

Antes de empezar a documentarme para escribir este compendio sobre la cultura hispánica, no me di cuenta de lo poco que sabía de la cultura hispánica. ¿Cuál excusa puedo dar por mi ignorancia? Después de todo, vivir en California no es exactamente

Siberia cuando es cuestión de la cultura hispánica. Sin embargo, soy el fruto típico del sistema educativo y de la parcialidad de los medios de comunicación, los cuales dejan grandes lagunas de información con respecto a las aportaciones de los italianos y de los italoamericanos a la América y al mundo en general. Existe la misma laguna de información con respecto a la cultura hispánica.

Me di cuenta de que había muchas similitudes entre las culturas hispánicas e italianas. Los pilares más significativos de las dos culturas son la importancia de la familia y de la religión, y nuestra dedicación al trabajo duro y a la educación para permitir que nuestros hijos prosperen y alcancen objetivos más elevados que los de las generaciones previas.

En 2002, el gobierno de los Estados Unidos afirmó que los hispanos habían llegado a ser la minoría étnica más grande del país, sobrepasando a los afroamericanos, con 37 millones de personas. De ese total, aproximadamente 23 millones de personas son mexicoamericanos. Teniendo en cuenta esta base demográfica, emprendí esta obra con un doble objetivo: primero, para celebrar los logros y aportaciones maravillosos de hispanos en el mundo entero; en segundo lugar, para comunicar estas numerosas aportaciones no sólo a la comunidad hispánica sino también a la comunidad no hispánica. La grandeza de los Estados Unidos resulta de las aportaciones de todos sus ciudadanos. Los hispanos han participado y siempre participarán como parte integral en la realización de estas aportaciones.

El formato bilingüe y divertido de este libro, con sus preguntas y respuestas, informa sobre la inmensa cultura hispánica, desde su lugar de nacimiento en España hasta el Caribe, la América del Norte, México, la América Central y la América del Sur. Una variedad de temas alumbra la magnífica diversidad de personas, con sus logros y acontecimientos importantes. Sólo la cantidad apropiada de información se presenta en cada una de las 1001 preguntas del libro, para inducir al lector a efectuar investigaciones y estudios adicionales por su propia cuenta. ¿Qué más podría hacer cualquier libro por sus lectores excepto infundir entusiasmo por saber más?

Inicié la redacción de la primera obra debido a mi deseo de contrarrestar el efecto del constante estereotipado negativo de los italoamericanos. Me cansaba y me enojaba ver la manera en que la cultura italiana fue siempre trivializada y reducida a la pizza, a los espaguetis o al estereotipo de los gángsteres de la mafia. Llegué a la conclusión de que la única manera de librar nuestra sociedad y cultura popular de esta denigrante basura de información errónea, diseminada por los medios de comunicación, fue instruir e informar a la gente sobre los logros legítimos de personas verdaderas en una gran variedad de campos. Empecé a recolectar datos interesantes, y pronto me vi entusiasmado con la búsqueda de conocimientos culturales. Me había convencido de que la enseñanza podría corregir y borrar, para las generaciones futuras, antiguas impresiones falsas y conclusiones erróneas.

Debido al hecho de que publiqué el libro por mi propio esfuerzo, yo era responsable de su comercialización. Ya que los italoamericanos ascienden a aproximadamente 26 millones de personas y figuran en quinto lugar con respecto al grupo étnico más grande de los Estados Unidos, estaba seguro de que había numerosos lectores interesados. Con un servicio de comercialización que sólo consistía de mí, un solo hombre trabajando a media jornada, pude vender, dentro de dos años, todos los 5.000 libros de la primera impresión.

El placer de tener éxito, sin embargo, inspira el deseo de tener más placer de la misma índole. Lleva inevitablemente a la pregunta: Y ahora, ¿qué? ¿Debería yo limitarme simplemente a reimprimir el texto existente y continuar vendiendo libros? o ¿debería pensar en maneras de mejorar la obra existente? Sabía la respuesta aun antes de hacer la pregunta.

La primera mejora era obvia: Aumentaría yo el número de preguntas detalladas del libro desde 1492 hasta 1776. Por dos años, había pedido a los lectores que me avisaran de personas o de acontecimientos importantes que no fueron mencionados en la primera edición. Con gran regocijo mío, un gran número de lectores entusiastas me comunicó datos. Fue fácil crear 284 preguntas adicionales para ampliar el texto existente. En la segunda edición, reconocí a los que habían aportado datos, anotando sus nombres y ciudades de origen debajo de las preguntas que habían sido inspiradas por ellos.

Con respecto a la versión hispánica nueva, le animo a Ud., como lector, para que participe en la redacción de la próxima edición, aportándome cualquier dato interesante no incluido en esta primera edición. Le invito a Ud. a ponerse en contacto directo conmigo por correo electrónico en <u>heritage1492@earthlink.net.</u>

La segunda mejora fue una empresa atrevida y una

innovación que espero que llegue a ser una tendencia futura de la publicación de textos. Me alegraba mucho de haber podido publicar la segunda edición ampliada en formato bilingüe. Además de permitir que la gente lea sobre las numerosas aportaciones maravillosas de sus antepasados y contemporáneos y sus efectos en la sociedad, permite que la gente lea sobre los logros en la lengua materna, y que se sienta orgullosa y vinculada con su propia historia de una manera más profunda. Con la traducción directamente debajo del texto inglés, el texto se convierte en un instrumento excelente para aprender vocabulario y para estudiar la construcción de frases. En la clase, la obra es una ventaja educativa importante para la enseñanza del idioma así como un instrumento para el estudio de la cultura.

La tercera mejora fue la inclusión de seis principales categorías de sitios Web con direcciones de Internet. En esta versión hispánica, se incluyen sitios Web sobre la genealogía, el idioma, la cultura, la enseñanza, y el turismo, así como sobre organizaciones y publicaciones hispánicas, y organismos gubernamentales. La venida de la Internet ha abierto un mundo enteramente nuevo con respecto a la educación, información, y comunicación. Le aconsejo a Ud. que visite los numerosos sitios Web de las organizaciones hispanoamericanas que aparecen en la Internet. Una manera magnífica de hacer perdurar y revivificar sus tradiciones hispánicas es participar en una organización hispanoamericana en su región. La Internet puede ser un instrumento útil para ayudarle a buscar una organización que le agrade y satisfaga sus intereses.

Aunque soy un italoamericano de primera generación, tengo ascendientes hispanos. Giuseppe Costa, el padre de mi madre que nació en Sicilia, tuvo una abuela española. En la familia de mi padre, la cual procede de la región abruza de Italia, varios grupos de primos emigraron a Mérida y Caracas, Venezuela, y a Sao Paulo, Brasil a principios del siglo veinte. A través de la Internet, pude encontrar y ponerme en contacto con estos primos quienes todavía tienen el apellido *Radomile*.

Espero que la contestación de las preguntas de este libro resulte ser tan interesante para Ud. como fue para mí el desarrollo de esta obra. Espero que Ud. termine por investigar su propia historia, que aprenda el idioma de sus antepasados, y que represente su patrimonio con *orgullo*.

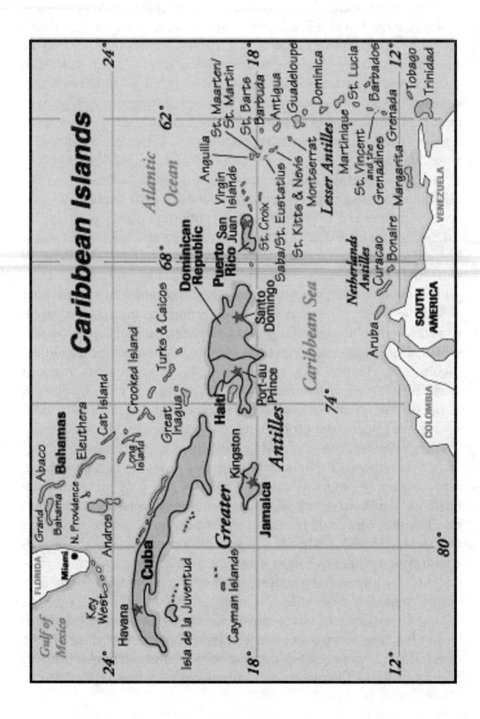

Caribbean Islands

24

Food, Music & Entertainment
Cocina, Música y Espectáculos

1) **This rugged Hispanic leading man** of the American stage, films and television, was born in Los Angeles in 1947, the son of a Mexican-born welder. After playing small parts in various television series, his big break came in 1978 when he landed a part in the Broadway musical *Zoot Suit*, for which he was nominated for a Tony Award. In 1985, he received an Emmy for his television role of Lt. Martin Castillo in the popular crime series, *Miami Vice*. In 1988, he was nominated for an Academy Award for his effective portrayal of a stern but inspiring high school mathematics teacher, Jaime Escalante, in *Stand and Deliver*. A dedicated advocate against gang violence and drug use, his first attempt at motion picture direction was the impressive *American Me* in 1992. *Identify this outstanding role model for all Americans.

Este duro y atractivo hispánico y primer actor de teatro, películas, y televisión norteamericanos, nació en Los Angeles en 1947, hijo de un soldador de nacimiento mexicano. Después de haber desempeñado pequeños papeles en varias series televisivas, tuvo su gran oportunidad en 1978 cuando consiguió un papel en el musical *Zoot Suit* en Broadway, por el cual fue propuesto como candidato para un premio Tony. En 1985, recibió un premio Emmy por su papel televisivo del teniente Martín Castillo en la exitosa serie de crimen, *Miami Vice*. En 1988, fue propuesto como candidato para un premio Academy por su representación impresionante de Jaime Escalante, profesor de matemáticas estricto pero inspirador, en *Stand and Deliver*. Dedicado luchador contra la violencia de pandillas y el consumo abusivo de drogas, su primera tentativa en la dirección cinematográfica fue la película impresionante *American Me* en 1992.

*¿Cómo se llama esta persona destacada que es un modelo a imitar para todos los norteamericanos?

2) *What is the slightly altered Spanish word,* now used in the English language, to describe a flat-bodied, stringed instrument with a long, fretted neck and usually six strings plucked with a pick or with the fingers? **¿Cuál es la palabra española que ha sido modificada un poco y que se emplea actualmente en inglés para describir un instrumento de cuerda, de caja plana, de mango largo con trastes, y generalmente con seis cuerdas que se puntean con plectro o con los dedos?**

3) *Latin America produces* almost 70% of the world's supply of this beverage, produced from a bean. However, the plant was not indigenous to Latin America. Originally a Middle Eastern drink, it did not become popular in Europe until the seventeenth century, when it was later introduced to the New World as an agricultural crop. *Identify this popular drink.
La América Latina produce casi el setenta por ciento de la oferta mundial de esta bebida que se produce de granos. Sin embargo, la planta no era indígena de la América Latina. Originariamente una bebida del Oriente Medio, se popularizó en Europa en el siglo diecisiete cuando la planta fue introducida en el Nuevo Mundo como cultivo agrícola. *¿Cuál es esta bebida popular?

4) *Name the motion picture* about Argentina's First Lady.
Dé el título de la película sobre la Primera Dama de La Argentina.

5) *Identify this saffron flavored rice dish* with bits of seafood and chicken mixed throughout the rice.
¿Cómo se llama este plato de arroz sazonado con azafrán y pedazos de mariscos y pollo?

6) *Born in Santiago, Cuba* in 1917, he was the son of a Cuban congressman and one of America's premier band leaders. A protégé of Xavier Cugat, this Cuban American served as a US Ambassador to Latin America in addition to his career as an actor, director, producer, and musician. In 1952, his TV sitcom was the first television show to reach ten million viewers. The following season, that record was shattered when 44 million viewers tuned in for the television birth of his son. His television production company (Desilu Productions) became a major Hollywood studio, putting out such TV classics as: *The Loretta Young Show, The Untouchables, The Red Skelton Show,* and *Star Trek.* His last starring role was *The Escape Artist* in 1982. *Identify this show business legend

who succumbed to cancer in 1986.

Nacido en Santiago, Cuba en 1917, e hijo de un congresista cubano, esta figura fue uno de los primeros notables directores de orquestas de Norteamérica. Un protegido de Xavier Cugat, este cubanoamericano sirvió de embajador estadounidense en la América Latina, además de haber seguido su carrera como actor, director, productor, y músico. En 1952, su comedia de enredo en la televisión fue el primer programa televisivo con diez millones de televidentes. La temporada siguiente, se batió ese récord cuando 44 millones de televidentes vieron el nacimiento televisivo de su hijo. Su compañía de producción televisiva (Producciones Desilu) llegó a ser uno de los estudios de televisión más importantes de Hollywood, produciendo programas de televisión clásicos tales como *The Loretta Young Show, The Untouchables, The Red Skelton Show,* y *Star Trek.* Su último papel como protagonista fue *The Escape Artist* en 1982. *¿Cómo se llama esta legendaria personalidad del mundo del espectáculo, quien sucumbió al cáncer en 1986?**

7)) *He began his career in show business* in comedy. Born in Los Angeles in 1946, he teamed up with Tommy Chong to produce several hit comedy records and a popular movie, *Up in Smoke,* in 1978. He has gone on to appear in numerous motion pictures, most notably to date: *Born in East L.A., Desperado,* and *Tin Cup.* Television audiences will recognize him as Don Johnson's partner in the popular *Nash Bridges* detective show. *Who is he?

Esta persona empezó su carrera en el mundo del espectáculo con la comedia. Nacido en Los Angeles en 1946, se asoció con Tommy Chong para producir varios exitosos discos de comedia y una película popular, *Up in Smoke,* **en 1978. Seguía con su carrera, apareciendo en gran número de películas, las más notables hasta la fecha incluyen:** *Born in East L.A., Desperado,* **y** *Tin Cup.* **Los televidentes le reconocerán a él como el asociado de Don Johnson en el popular programa policíaco** *Nash Bridges.* *¿Quién es?**

8) *Chili con carne,* a generous mixture of chili peppers, meat, beans, and spices, was developed by Mexican Americans and first appeared in this city around 1880. *Identify the city of its birth? a) El Paso, Texas b) San Diego, California c) San Antonio, Texas

El Chile con carne, **una mezcla copiosa de chiles, carne, frijoles, y especias, de origen mexicoamericano, apareció originariamente en esta ciudad cerca de 1880. *¿Cuál es la ciudad de origen? a) El Paso,**

Texas b) San Diego, California c) San Antonio, Texas

9) *Goya Foods,* now the largest Hispanic-owned food company in the United States, was founded in New York by Spanish immigrants Prudencio and Carolina Unanue. They began importing authenic Spanish products, such as olive oil, sardines, and olives, and selling them to New York's growing Hispanic population. Today, Goya Foods has more than 1,000 different products, including 23 rice products and 30 types of beans and peas to accomodate the wide range of regions and tastes in the Spanish speaking world. Operating more than 13 facilities throughout the US, Europe, and the Caribbean, the company employs over 2,000 people worldwide. Company memorabilia, dating back to its founding, has been permanently archived at the Smithsonian National Museum of American History. Goya Foods is proud to be the first Hispanic-owned business to receive such an honor. *What year was Goya Foods, Inc., founded in New York, where the company still proudly displays the motto it has earned: *"Si es GOYA, tiene que ser bueno - If it is Goya, it has to be good?"* a) 1936 b) 1946 c) 1956

La compañía *Goya Foods*, es actualmente la compañía alimenticia más grande de los Estados Unidos de entre las de propiedad hispánica y fue fundada en Nueva York por Prudencio y Carolina Unanue, inmigrantes españoles. Los Unanues comenzaron a importar productos españoles auténticos tales como el aceite de oliva, sardinas, y aceitunas, y a venderlos a la creciente población hispánica en Nueva York. Hoy día, *Goya Foods* tiene más de 1.000 productos diferentes, incluso 23 productos de arroz, y 30 especies de frijoles y guisantes para tomar en cuenta la gran variedad de regiones y gustos del mundo hispanohablante. Trabajando en más de trece fábricas por los Estados Unidos, Europa, y el Caribe, la compañía emplea a más de 2.000 personas en el mundo entero. Los recuerdos de la compañía, que datan de su fundación, han sido definitivamente archivados en el Museo Nacional de Historia Americana del Instituto Smithsonian. La compañía *Goya Foods* está orgullosa de ser el primer negocio de propiedad hispánica en recibir tal honor. Esta compañía sigue exhibiendo con orgullo el bien merecido lema: «*Si es GOYA, tiene que ser bueno - If it is GOYA, it has to be good.*» ¿En cuál año se fundó en Nueva York la compañía *Goya Foods*?

a) 1936 b) 1946 c) 1956

10) *It ranked number two* as the best selling Latin pop album in the year 2000 behind Cristina Aguilera's *Mi reflejo*. *Can you identify this album

title?
a) *¿Dónde están los ladrones?*, Shakira
b) *Amor, familia y respeto ...*, A.B. Quintanilla y Los Kumbia Kings
c) *MTV Unplugged*, Shakira

Fue considerado como el segundo mejor álbum de la categoría de música pop latina del año 2000, después de *Mi reflejo* por Cristina Aguilera. *¿Puede Ud. identificar el título de este álbum?
a) *¿Dónde están los ladrones?*, Shakira
b) *Amor, familia, y respeto...*, A.B. Quintanilla y Los Kumbia Kings
c) *MTV Unplugged*, Shakira

11) **This Spanish art form** has roots deep in Andalucía-Spain's southern region. Combining acoustic guitar playing, singing, chanting, dancing, and staccato handclapping makes this exotic dance performance instantly recognizable. *What is the name of this uniquely Spanish art form?

Esta forma de arte español tiene raíces profundas en Andalucía –la región del sur de España. La fusión de sonidos de guitarras acústicas, canciones, y cantos rítmicos, juntada con el baile y la palmada al estilo staccato, hace reconocible de inmediato esta representación de baile exótico. *¿Cómo se llama esta forma única de arte español?

12) **This Academy Award winning film actor** was famous for roles that emphasized his brute masculinity and earthiness. Born in Chihuahua, Mexico, of Mexican-Irish parentage in 1915, he played mostly in supporting and bit roles through the 1940s. During the 1950s, he won two Academy Awards for Best Supporting Actor in *Viva Zapata* in 1952 and *Lust for Life* in 1956. His career hit its zenith with powerful and memorable leading roles in *Requiem for a Heavyweight* and *Zorba the Greek* during the 1960s. Active in film until his death (June 2001), he appeared in over 100 motion pictures during his long acting career. He was also an artist of some note and a writer (autobiography: *The Original Sin* in 1972). *Identify this multi-talented actor.

Este actor de cine y ganador de un premio Academy fue famoso por desempeñar papeles que enfatizaban su masculinidad y naturalidad brutas. Nacido en Chihuahua, México en 1915, de linaje mexicano e irlandés, desempeñó principalmente papeles secundarios y otros pequeños papeles durante los años cuarenta. Durante los años cincuenta, ganó dos premios Academy al Mejor Actor en Papel Secundario en *Viva Zapata* en 1952 y *Lust for Life* en 1956. Llegó a la cumbre de su carrera con el desempeño de poderosos y memorables papeles principales en *Requiem for a Heavyweight* y *Zorba the Greek*

durante los años sesenta. Participando activamente en películas hasta su muerte (junio de 2001), apareció en más de cien películas durante su carrera larga como actor. Además, fue algo notable como artista y fue escritor (autobiografía: *The Original Sin* en 1972). *¿Quién es este actor de varios talentos?

13) *Identify the 1999 Grammy Award winner* for Record of the Year, *Smooth*, and Album of the Year, *Supernatural*.
¿Quién es el ganador del premio Grammy en 1999 por el Disco del Año, *Smooth*, y el Album del Año, *Supernatural*?

14) *Name the round thin cake* of unleavened cornmeal bread usually eaten hot with a topping or filling of ground meat or cheese.
Dé el nombre de la torta fina de forma circular hecha de harina de maíz sin levadura, la cual, por lo general, se come caliente y rellenada o cubierta de carne picada o queso.

15) *The national dance* of this Central American country is the *tamborito*, which has its musical roots from the African slaves who were brought there centuries before. *Identify the country.
El baile nacional de este país centroamericano es *el tamborito,* cuyas raíces musicales vienen de los esclavos africanos traídos a este país muchos siglos antes. *¿Cuál país es?

16) *Spanish soprano Montserrat Caballe* became famous overnight after a concert performance of Donizetti's *Lucrezia Borgia* at what New York concert hall in 1965?
El soprano español Montserrat Caballe consiguió la fama de la noche a la mañana después de un concierto de *Lucrezia Borgia* por Donizetti en Nueva York. ¿En cuál sala de concierto tuvo lugar este concierto en 1965?

17) *This Spanish word* was taken from a Native American word which means to roast or broil on a rack over hot coals, or on a revolving spit before or over a source of cooking heat. *Identify the slightly altered English word used to describe this form of cooking.
Esta palabra española deriva de una palabra indioamericana, que significa asar o asar a la parrilla, expuesto a un fuego de carbón o en un asador giratorio, en frente de o por encima de una fuente de calor para la cocción. *¿Cuál es la palabra inglesa que ha sido modificada, que describe esta forma de cocina, y que es similar a la palabra española?

18) *Regarded throughout the world* as the greatest living guitarist, this

blind artist has won sixteen Grammy Awards and forty-five gold and platinum records. He is the only performer to have won pop music Grammy Awards in two languages and was the first artist to ever stylize the American National Anthem and perform it publicly, resulting in a Top 40 charting. (Hint: The three musical milestones in his brilliant career are: *Light My Fire, Che Sera,* and *Feliz Navidad.*) *Identify this music legend who was born blind in Lares, Puerto Rico, in 1945 before his family emigrated to New York City in 1950.

Considerado por todo el mundo como el mejor guitarrista viviente, este artista ciego ha ganado dieciséis premios Grammy y ha conseguido los niveles oro y platino con respecto a 45 discos. Es el único artista en ganar premios Grammy por música pop en dos idiomas, y fue el primer artista en estilizar el Himno Nacional de los Estados Unidos y en cantarlo en público, teniendo por resultado un lugar en la Lista de las cuarenta canciones más exitosas. (Clave: Los tres hitos en su brillante carrera musical son: *Light My Fire, Che Sera, y Feliz Navidad.*) *Identifique a este legendario músico, que nació ciego en Lares, Puerto Rico en 1945 antes de la emigración de su familia a la Ciudad de Nueva York en 1950.

19) *He was born in Cuba in 1956,* before his family fled the Castro Regime to Miami Beach. His father, a lawyer in Cuba, established a successful cosmetics business in Florida. In 1978, after graduating from Florida International University in Miami, he moved to Hollywood. Playing bit roles on television, he gradually moved up from supporting roles to starring roles. His notable motion pictures include *The Untouchables, Black Rain,* and *The Godfather: Part III,* where he portrayed the heir to the Corleone family business. *Who is this handsome Hollywood leading man?

Este actor nació en Cuba en 1956, antes de la huida de su familia del régimen Castro con destino a Miami Beach. Su padre, abogado en Cuba, estableció un próspero negocio de productos de belleza en Florida. En 1978, después de haberse diplomado en la Universidad Internacional de Florida en Miami, este actor se mudó a Hollywood. Desempeñando pequeños papeles televisivos, podía avanzar progresivamente desde papeles secundarios hasta papeles principales. Entre sus películas notables se incluyen *The Untouchables, Black Rain, y The Godfather: Part III* en la cual desempeñó el papel del heredero al negocio de la familia Corleone. *¿Quién es este primer actor guapo de Hollywood?

20) **Born in Spain in 1900,** this leading Spanish film director was unique in his almost total disregard of technical virtuosity. Most of his films were portrayed in a straightforward tone with little stylistic embellishments or tricky effects. His critical, often witty films, that focused on elements of social hypocrisy include *L'Age d'or* (1930), *Los olvidados* (1949), *The Exterminating Angel* (1962), and *That Obscure Object of Desire* (1977). *Who was he?

Nacido en España en 1900, este destacado director de cine, de origen español, fue único en su desprecio casi total de la virtuosidad técnica. La mayoría de sus películas se presentaron con tono sencillo y con poco embellecimiento estilístico o trucaje. Sus películas criticadoras, y muchas veces ingeniosas, se centraron en aspectos de la hipocresía social, e incluyen *L'Age d'or* (1930), *Los olvidados* (1949), *The Exterminating Angel* (1962), y *That Obscure Object of Desire* (1977). *¿Quién fue?

21) **A Cuban dance** of African origin involves three steps followed by a kick and is performed by a group–usually in single file. (Hint: The term is also used to describe a tall narrow drum beaten with the hands.) *Identify the popular traditional dance.

Un baile cubano, de origen africano, requiere tres pasos seguidos por un movimiento de puntapié, y se ejecuta por un grupo de personas - generalmente en fila india. (Pista: El término se usa también para describir un tambor alto y estrecho que se toca con las manos.) *¿Cuál es este baile popular y tradicional?

22) **Known as the Queen of Tejano Music,** Quintanilla Pérez was born in Lake Jackson, Texas in 1972. The Grammy Award winning artist was shot and killed by a deranged fan, Yolanda Saldívar, in 1995. Her hit recordings include *Live* (1993) and *Dreaming of You* (1995). *Identify the singer's better known stage name. (Hint: Jennifer López played her in the 1997 film of her life).

Conocida como *la Reina de la Música Tejana*, Quintanilla Pérez nació en Lake Jackson, Texas en 1972. La artista y ganadora de un premio Grammy fue matada de un tiro por una admiradora loca, Yolanda Saldívar, en 1995. Sus éxitos incluyen *Live* (1993) y *Dreaming of You* (1995). *Identifique a esta cantante por su mejor conocido nombre de artista. (Clave: Jennifer López representó a ella en la película de 1997 sobre su vida.)

23) **Rising from humble beginnings,** this pioneer in Latin-American music and renowned international personality was born in Harlem, New

York in 1923. His most recent Grammy was awarded for *Mambo Birdland,* in the category of Best Traditional Latin Performance. Over his career, he recorded more than 100 albums and was awarded five Grammy Awards. The charismatic bandleader played himself in several films, including the critically acclaimed *The Mambo Kings*, a title that was often used to describe him. *Identify this legendary Latin big band leader.

De humilde cuna, este pionero de la música latina y renombrada personalidad internacional nació en Harlem, Nueva York en 1923. Se le concedió su premio Grammy más reciente por *Mambo Birdland,* en la categoría de Mejor Interpretación de Música Latina Tradicional. Durante su carrera, grabó más de cien álbumes y recibió cinco premios Grammy. Este carismático director de orquestas desempeñó el papel de él mismo en varias películas, incluso *The Mambo Kings*, una película aclamada por los críticos y cuyo título se empleaba frecuentemente para describir a este artista. *Identifique a este legendario director latino de grandes orquestas.

24) *Name these popular recipes* made with onions, green peppers, and tomatoes. The first contains rice as the major ingredient, the second, eggs.

Dé el nombre de los platos populares cuyas recetas incluyen cebollas, pimientos verdes, y tomates. El primer plato contiene arroz como ingrediente principal, y el segundo contiene huevos.

25) *The directorial debut of Fabian Bielinsky* was a smashing success both in his South American home, where the movie was filmed, and with international audiences across the world. His movie, *Nine Queens,* is about two con men who symbolize the paranoia, mistrust, scheming and desperation that are now endemic in his country. The director insists the film was not made as a broad statement on his country's current dilemma. *Identify the country.

El estreno de Fabian Bielinsky como director fue un éxito prodigioso en su país natal sudamericano, en donde se había rodado su película, *Nine Queens*, y también con espectadores internacionales en el mundo entero. La película, *Nine Queens,* se trata de dos estafadores que simbolizan la paranoia, la desconfianza, la conspiración, y la desesperación que son actualmente endémicas en su país natal. El director insiste en que la película no fue hecha para exponer de manera general los problemas actuales de su país. *Identifique el país.

26) *Born in 1951 in Managua,* Nicaragua to an American father and

Nicaraguan mother, she became a high-fashion model at 17. During a fashion show held at the Cannes film festival, she came to the attention of filmmakers because of her beautiful and exotic appearance. She made her screen debut in 1970, and appeared in *The Island of Dr. Moreau* (1977), *Never Say Never Again* (1983), and *Love Is All There Is* (1996). She joined the cast of the popular television series, *Dallas*, in 1985. *Who is this talented actress?

Nacida en 1951 en Managua, Nicaragua de un padre norteamericano y una madre nicaragüense, esta figura llegó a ser una modelo de alta moda a la edad de 17 años. Durante una presentación de modelos en el festival cinematográfico de Cannes, atrajo la atención de los productores de cine por su belleza y aspecto exótico. Se estrenó como actriz en 1970, y apareció en *The Island of Dr. Moreau* (1977), *Never Say Never Again* (1983), y *Love Is All There Is* (1996). En 1985, se le incluyó a ella entre los actores de la popular serie televisiva, *Dallas*. *¿Quién es esta actriz talentosa?

27) *What is the name* for a Mexican street band or a musician belonging to such a band?

¿Cómo se llama una orquesta callejera de origen mexicano o un músico que es miembro de dicha orquesta?

28) *Director and screenwriter* Richard Rodriguez was born in San Antonio, Texas in 1969. He began making home movies at the age of 13, and continued through his teenage years to hone his skills as a filmmaker. After graduating from college, he filmed his first feature movie on a $7,000 budget. The results astounded Hollywood executives and won Rodriguez a contract with Columbia Pictures, where he continues to produce action films similar to those of his contemporary Quentin Tanantino. *What movie started Rodriguez' Hollywood career?

a) *El Mariachi*   b) *Desperado*   c) *Four Rooms*

El director y guionista Richard Rodríguez nació en San Antonio, Texas en 1969. Empezó a hacer películas caseras a la edad de 13 años, y siguió adquiriendo habilidades como productor de cine durante la adolescencia. Después de haberse diplomado en la universidad, rodó su primera película de largo metraje con un presupuesto de siete mil dólares. Los ejecutivos de Hollywood se asombraron de los resultados, conduciendo a un contrato para Rodríguez con Columbia Pictures, en donde sigue produciendo películas de acción parecidas a las de su contemporáneo, Quentin Tanantino. *¿Cuál película impulsó la carrera de Hollywood de

Rodríguez?

a) *El Mariachi*   b) *Desperado*   c) *Four Rooms*

29) *Born in Bogotá, Colombia in 1965,* this multitalented actor of stage and screen is of Colombian and Puerto Rican heritage. He wrote and appeared in his own one-man hit shows, *Mambo Mouth* and *Spic-o-Rama*, which gained him favorable attention and showcased his gifted ability to impersonate people from all walks of life, both male and female. This opened the door to a successful movie career and a variety of roles for the versatile actor. His films include *Die Hard 2* (1990), *Carlito's Way and Super Mario Brothers* (1993), *To Wong Foo Thanks for Everything, Julie Newmar* (1995), *Spawn* (1997), *Doctor Doolittle* (1998), and *Moulin Rouge* (2001). *Identify this hip and personable actor who attended the Lee Strasberg Institute, Herbert Berghoff Studio, and NYU.

Nacido en Bogotá, Colombia en 1965, este talentoso actor de teatro y cine es de origen colombiano y puertorriqueño. Escribió y apareció en sus propios exitosos hombre espectáculos, *Mambo Mouth* y *Spic-o-Rama*, trayéndole atención favorable y poniendo de relieve su talentosa habilidad de imitar a gente de toda condición, tanto hombres como mujeres. Esto abrió la puerta a una exitosa carrera cinematográfica y una variedad de papeles para este actor de talentos variados. Sus películas incluyen *Die Hard 2* (1990), *Carlito's Way y Super Mario Brothers* (1993), *To Wong Foo Thanks for Everything, Julie Newmar* (1995), *Spawn* (1997), *Doctor Doolittle* (1998), y *Moulin Rouge* (2001). *Identifique a este popular actor de buen ver y mucha personalidad, quien asistió al Instituto Lee Strasberg, al Estudio Herbert Berghoff, y a la Universidad de Nueva York (NYU).

30) *Identify one* of the three major Spanish language television networks.
Identifique una de las tres principales redes de televisión en idioma español.

31) *Spanish rice dishes* originated in the eastern region of Spain around Valencia, where rice has been cultivated since what people introduced it to Europe after the eighth century?
El arroz español y sus variados platos son originarios de la región del este de España cerca de Valencia, donde el arroz se cultiva desde su introducción en Europa después del siglo ocho. *¿Cuál gente fue responsable de haber introducido el arroz en Europa?

32) *He was born in Madrid in 1941* to parents who were both famous zarzuela singers, and his introduction to music and the theatre came at an early age. When he was eight years old, his parents moved to Mexico,

where they formed their own zarzuela troupe. *Identify the world renowned Opera superstar, whose first lead role was Alfredo in Verdi's *La Traviata* in Monterrey, Mexico in 1961.

Este cantante de ópera nació en Madrid en 1941, de padres que eran los dos famosos cantantes de zarzuela; su introducción a la música y al teatro ocurrió a temprana edad. Cuando tenía ocho años de edad, sus padres se mudaron a México, en donde crearon su propia compañía de zarzuela. *Identifique a este supercantante de ópera de fama mundial, cuyo primer papel principal fue el de Alfredo en *La Traviata* por Verdi en Monterrey, México en 1961.

33) *One of the most beloved comics* in the Spanish-speaking world was born Mario Morena Reyes in Mexico City in 1911. Known by a single name, he became internationally known after playing the role of Passepartout in Michael Todd's *Around the World in 80 days* in 1956. *Identify this comic legend.

Uno de los más apreciados cómicos del mundo hispanohablante fue Mario Morena Reyes, nacido en la Ciudad de México en 1911. Conocido por un solo nombre, llegó a ser conocido a escala internacional después de haber desempeñado el papel de Passepartout en *Around the World in 80 Days* por Michael Todd en 1956. *¿Quién es este legendario cómico?

34) *This dramatic stage and screen actor* was born in Mexico City in 1920. Signed by MGM in 1947, he was used primarily as a "Latin lover" type in MGM movie productions. Late in his career, he enjoyed great popularity as the star of his own television series, *Fantasy Island,* from 1978 to 1984. He was also a regular on *Dynasty II: The Colbys*. He was awarded an Emmy for his TV movie, *How the West Was Won, Part II* (1978). Notable motion pictures include *Cheyenne Autumn, Sweet Charity,* and *Star Trek: The Wrath of Khan*. *Identify this popular television and movie actor, also remembered for his Chrysler commercials.

Este impresionante actor de teatro y cine nació en la Ciudad de México en 1920. Fue contratado por MGM en 1947, y se le asignaba sobretodo el papel del «amante latino» en las producciones cinematográficas de MGM. En los últimos años de su carrera, desde 1978 hasta 1984, experimentó gran popularidad como protagonista de su propia serie televisiva, *Fantasy Island*. Fue también un actor fijo en *Dynasty II*: *The Colby's*. Se le concedió un premio Emmy por su película televisiva, *How the West Was Won, Part II* (1978). Sus películas cinematográficas notables incluyen *Cheyenne Autumn,*

Sweet Charity, y *Star Trek: The Wrath of Khan.* *Identifique a este popular actor de televisión y cine, también notable por su publicidad televisiva en nombre de Chrysler.

35) *This charismatic leading man* of the American stage, screen, and television was born Ramón Estévez in Dayton, Ohio in 1940, of a Spanish immigrant father and Irish mother. His acting career started to climb when he played a leading part in the 1964 Broadway production of *The Subject Was Roses*. In 1968, he repeated the role in the film version. From here, he started to appear frequently in TV movies and other films. He has had a very successful and long acting career. He is currently the star of the critically acclaimed television drama, *West Wing.* *Identify this star, who survived a heart attack during the grueling production of *Apocalypse Now* in 1979.

Este carismático primer actor de teatro, cine, y televisión nació en Dayton, Ohio en 1940, y recibió el nombre de Ramón Estévez de su padre inmigrante español y su madre irlandesa. Empezó a subir en su carrera de actor al desempeñar un papel principal en la producción Broadway, *The Subject Was Roses* (1964). En 1968, desempeñó el mismo papel una vez más en la versión cinematográfica. Al llegar a este punto, empezó a aparecer frecuentemente en películas televisivas y en otras películas. Ha tenido una carrera muy exitosa y larga como actor. Es actualmente el protagonista de la dramática serie televisiva, *West Wing*, aclamada por los críticos. *Identifique a este protagonista que sobrevivió un ataque al corazón durante la difícil producción de *Apocalypse Now* en 1979.

36) *Pérez Praole* brought this off-beat rumba from Cuba to America in 1948. *Identify the Cuban dance whose name may have originated in Haiti.

Pérez Praole introdujo esta excéntrica rumba cubana en los Estados Unidos en 1948. *¿Cómo se llama el baile cubano cuyo nombre es de posible origen haitiano?

37) *A popular spiced tomato sauce,* usually made with red and green peppers, is known by what name?

Es una popular salsa de tomate picante, cuyos ingredientes generalmente incluyen pimientos rojos y verdes. ¿Cómo se llama esta salsa?

38) *In college, to become a marine biologist,* she turned to show business when discovered dancing at a club by a scout for the popular music/dance television show, *Soul Train.* An accomplished dancer/choreogra-

pher, she met film director Spike Lee, who cast her in *Do the Right Thing* in 1989. *Identify this vivacious Puerto Rican American, who was nominated for a best supporting actress Oscar for her dramatic work in *Fearless* (1993). (Hint: Other roles include *White Men Can't Jump* (1992), *It Could Happen to You* (1994) with Nicholas Cage, and a voice over (2000) in the animated hit, *The Road To El Dorado*).

En la universidad, para hacerse bióloga marina, esta figura había recurrido al mundo del espectáculo para pagar sus gastos cuando fue descubierta bailando en un club por un descubridor de personas de talento del popular programa televisivo de música y baile, *Soul Train*. Bailarina y coreógrafa consumada, conoció al director de cine, Spike Lee, quien le incluyó a ella entre los actores de la película, *Do the Right Thing* en 1989. *Identifique a esta vivaracha norteamericana de origen puertorriqueño que fue candidata para un premio Oscar a la Mejor Actriz Secundaria por su dramática actuación en *Fearless* (1993). (Clave: Otras películas en que desempeñó papeles incluyen *White Men Can't Jump* (1992), *It Could Happen to You* (1994) con Nicholas Cage, y su voz fuera del escenario (2000) en la exitosa película de dibujos animados, *The Road to El Dorado*).

39) *A Latin dance,* the macarena, was imported to the United States from what country? a) Dominican Republic b) Cuba c) Spain

¿Desde cuál país se introdujo en los Estados Unidos el baile latino, *la macarena*? a) La República Dominicana b) Cuba c) España

40) *Over the course of a 77 album career,* he is listed as number one in the Guinness Book of World Records for having sold over 250 million units. Born in Spain in 1943, he is considered Spain's most famous singer. *Identify this singer, who has earned an astounding 2,650 gold and platinum records, and has appeared in nearly 4,600 shows on five continents.

Con setenta y siete álbumes grabados durante su carrera, este artista figura en primer lugar en el libro Guinness de los Récords mundiales por haber vendido más de 250 millones de unidades. Nacido en España en 1943, se le reconoce a él como el cantante más famoso de España. *Identifique a este cantante, quien ha ganado un número extraordinario de discos, en la cantidad de 2.650, a los niveles oro y platino, y quien ha aparecido en casi 4.600 espectáculos en cinco continentes.

41) *Considered the most important single figure* in Mexican cinema, this actor/director was born in Coahuila, Mexico in 1904 of a Spanish-

Mexican father and an Indian mother. After achieving prominence in Mexican films, he turned to directing in the 1940s and helped the Mexican film industry gain an important place in international cinema. His worldwide reputation grew with a series of award winning films, including *María Candelaria*, the grand prize winner at Cannes (1943), and *La Perla/The Pearl*, the international prize winner in 1946 at San Sebastián. In the 1950s, he returned to acting and appeared in a host of US films, including *The War Wagon* (1967), *The Wild Bunch* (1969), *Bring Me the Head of Alfredo Garcia* (1974). *Identify this Mexican cinema legend.

a) Emilio Fernández   b) Héctor Villa   c) José García

Reconocido como la más importante figura del cine mexicano, este actor y director nació en Coahuila, México en 1904 de un padre de origen español-mexicano, y de una madre india. Después de haber conseguido la fama en el cine mexicano, recurrió a la dirección de cine en los años cuarenta, y ayudó a la industria cinematográfica mexicana a ocupar un lugar destacado en el cine internacional. Creció su fama en todo el mundo como resultado de una serie de películas premiadas, incluso *María Candelaria*, película ganadora de un premio gordo en Cannes (1943), y *La Perla / The Pearl*, película premiada al nivel internacional en 1946 en San Sebastián. En los años cincuenta, volvió a su profesión de actor, y apareció en una variedad de películas estadounidenses, incluso *The War Wagon* (1967), *The Wild Bunch* (1969), *Bring Me the Head of Alfredo García* (1974). *¿Cómo se llama esta legendaria figura del cine mexicano?

a) Emilio Fernández   b) Héctor Villa   c)José García

42) *Capital Punishment was the first album* by a Latino to go platinum, and the Rap artist performer's first album. *Who was he?

Capital Punishment **fue el primer álbum por un latino en merecer el nivel platino, y fue el primer álbum grabado por este artista de Rap. *¿Quién fue este artista?**

43) *Born in Málaga in 1960,* this handsome leading man came to international attention in 1988 with his role in Pedro Almodóvar's *Women on the Verge of a Nervous Breakdown* and, in 1990, *Tie Me Up! Tie Me Down!* Other memorable roles include *The Mambo Kings, Interview with a Vampire, Assassins, Evita,* and *Zorro.* In 1996, he married actress Melanie Griffith. *Identify this major Hollywood star.

Nacido en Málaga en 1960, este guapo primer actor atrajo atención internacional en 1988 con su papel en *Women on the Verge of a Nervous Breakdown* por Pedro Almodóvar, y en 1990 en *Tie Me Up! Tie

Me Down! Otros papeles memorables incluyen *The Mambo Kings*, *Interview with a Vampire, Assassins, Evita,* y *Zorro*. En 1996, se casó con la actriz Melanie Griffith. *¿Cómo se llama esta gran estrella de Hollywood?

44) *The wine most associated with Spain* was originally made from the grapes of the Jerez de la Frontera region. It is aged and fortified with brandy and contains 15-23% alcohol. *What is it called?

El vino más asociado con España se produjo originariamente de las uvas de la región Jerez de la Frontera. Está envejecido y encabezado con coñac y contiene alcohol del 15 al 23 por ciento. *¿Cómo se llama este vino?

45) *What is* the Cuban habanera?
¿Cuál es la habanera cubana?

46) *The Love Goddess,* as Margarita Carmen Cansino was called during her Hollywood heyday, was born in Brooklyn, New York in 1918. The daughter of Spanish-born dancer Eduardo Cansino, she began dancing professionally at age twelve. After a string of B movies during the 30s, her first promising role came in 1939 as the second female lead in Only *Angels Have Wings*. In the early 1940s, she rapidly developed into a glamorous star through such career landmarks as *Blood and Sand*. She excelled as Fred Astaire's dancing partner in *You'll Never Get Rich* and *You Were Never Lovelier*. The motion picture that confirmed her position as the undisputed sensual queen of Hollywood was the 1946 film, *Gilda*. (Hint: She appeared on the cover of *Life* magazine five times, and her face was painted onto the A-bomb that was dropped on Hiroshima in 1945.) *Identify this film actress, whose name is synonymous with Hollywood's golden age of glamor during the 1940s.

La diosa del amor, sombrenombre de Margarita Carmen Cansino durante su período de auge en Hollywood, nació en Brooklyn, Nueva York en 1918. Hija del bailarín Eduardo Cansino de nacimiento español, empezó a bailar de profesión a la edad de doce años. Después de haber actuado en una serie de películas con clasificación B en los años treinta, consiguió su primer papel prometedor en 1939 como segunda actriz principal en *Only Angels Have Wings*. A principios de los años cuarenta, se convirtió rápidamente en una estrella encantadora y atractiva gracias a ciertos hitos en su carrera entre que se incluye *Blood and Sand*. Fue excepcional como la pareja de baile de Fred Astaire en *You'll Never Get Rich* y *You Were Never Lovelier*. La película que confirmó su lugar como la indiscutible reina

sensual de Hollywood fue la película *Gilda* en 1946. (Clave: Apareció en la portada de la revista *Life* cinco veces, y la imagen de su cara fue pintada sobre la bomba atómica que se había lanzado contra Hiroshima en 1945.) *Identifique a esta actriz de cine, cuyo nombre es sinónimo del encanto de la edad de oro de Hollywood durante los años cuarenta.

47) *During the 1930s and 40s,* this popular bandleader was known as America's *Rumba King.* Born in Spain, but raised in Cuba, he did much to introduce and popularize Latin rhythms in the US. *Identify this bandleader who introduced his first band at Hollywood's Cocoanut Grove in 1928 and appeared in more than fifteen movies during his career. (Hint: His fourth wife was Latina singer, comedian, and actress, Charo.)

Durante los años treinta y cuarenta, este popular director de orquesta fue conocido en Norteamérica por el sobrenombre *de Rey de la rumba.* Español de nacimiento, pero con educación en Cuba, hizo mucho para introducir y popularizar ritmos latinos en los Estados Unidos. *Identifique a este director de orquesta, quien presentó su primera orquesta en Cocoanut Grove en Hollywood en 1928, y quien apareció en más de quince películas durante su carrera. (Clave: Su cuarta esposa fue Charo, cantante, cómica, y actriz latina.)

48) *Identify the Spanish punch* made from red wine, fruit juice, and soda water.

¿Cuál es el ponche español cuyos ingredientes incluyen vino tinto, jugo de fruta, y agua de Seltz?

49) *In Cuban cuisine,* it is known as ropa vieja. It is basically a stew of shredded beef. What is the literal translation for this dish in English?

En la cocina cubana, el nombre de este plato es ropa vieja. Es principalmente un guisado de carne de vaca despedazada. ¿Cuál es la traducción literal del nombre de este plato en inglés?

50) *Identify the name* of this percussion instrument that is a dry gourd or a rattle like a gourd, and contains dried seeds or pebbles.

Este instrumento de percusión es una calabaza seca, o un sonajero parecido en forma a una calabaza, conteniendo semillas secas o piedrecitas. *¿Cómo se llama este instrumento de percusión?

51) *Immediately after high school,* when he began appearing on television, this accomplished screenwriter and director took his original family name. He has appeared in such popular motion pictures as *The Breakfast Club, Young Guns* (as Billy the Kid), and *The Mighty Ducks.* *Iden-

tify this talented star who was once married to singer/dancer Paula Abdul. **Inmediatamente después del instituto de segunda enseñanza, cuando empezó a aparecer en la televisión, este guionista y director consumado adoptó su propio nombre en el mundo del espéctaculo. Ha aparecido en películas populares tales como *The Breakfast Club*, *Young Guns* (en el papel de Billy the Kid), y *The Mighty Ducks*. *Identifique a esta talentosa estrella de cine, cuya esposa en cierta época fue la cantante y bailarina, Paula Abdul.**

52) *Mexico's one-time top film star* was born in Churubusco, Mexico in 1912, and educated at the California Polytechnic Institute. He entered Mexican films in 1935 and appeared in many of director Emilio Fernández' award winning motion pictures. During his career, he appeared in more than 75 films, including many US productions starring John Wayne and directed by John Ford. His films include *Fort Apache* (1948), *Three Godfathers* (1949), *The Conqueror* (1956), and *From Russia With Love* (1963). *Identify this macho film personality.

Este antiguo primer actor del cine mexicano nació en Churubusco, México en 1912, y estudió en el Instituto Politécnico de California. Empezó a aparecer en películas mexicanas en 1935, y apareció en gran número de películas premiadas del director Emilio Fernández. Durante su carrera, apareció en más de setenta y cinco películas, incluso en muchas producciones estadounidenses dirigidas por John Ford y con John Wayne como protagonista. Sus películas incluyen *Fort Apache* (1948), *Three Godfathers* (1949), *The Conqueror* (1956), y *From Russia with Love* (1963). *¿Quién es esta varonil figura de cine?

53) *She was 18 years old* and within a year of her professional debut, she became one of only a handful of teenage girls–and the first of Hispanic heritage–to achieve a number one hit single. She also sold over eight million copies of her first album and won a Grammy Award. *Identify this singing star and her 1999 hit single.

Tenía 18 años, y dentro de un año de su estreno profesional, figuró entre un puñado de muchachas adolescentes - y la primera de origen hispánico - en colocarse en primer lugar con una canción de éxito. Además, vendió más de ocho millones de copias de su primer álbum y ganó un premio Grammy. *¿Quién es esta cantante principal? y ¿cuál fue su canción de éxito de 1999?

54) *This Spanish historian and composer* of zarzuelas, was born in Madrid in 1823, and is regarded as the musical founding father of the

19th century movement. As a composer, he wrote in a truly Spanish style during a time when the lyrical stage in Spain was entirely under Italian domination. His musical masterpieces include: *Pan y Toros* (1864) and *El Barberillo de Lavapies* (1874). *This great Spanish composer, who wrote more than 70 zarzuelas, was?

    a) Pablo Aleniz

    b) José Ramón Recio Blanco

    c) Francisco Asenjo Barbieri

Este historiador y compositor de zarzuelas, de origen español, nació en Madrid en 1823, y se le reconoce a él como fundador del movimiento del siglo diecinueve con respecto a la música. Como compositor, escribió de un estilo verdaderamente español durante un período cuando la escena lírica en España fue completamente dominada por la influencia italiana. Sus obras maestras de música incluyen *Pan y Toros* (1864) y *el Barberillo de Lavapies* (1874). *¿Quién era este gran compositor español que escribió más de setenta zarzuelas?

    a) Pablo Aleniz

    b) José Ramón Recio Blanco

    c) Francisco Asenjo Barbieri

55) *Bullfighting,* which usually involves six individual fights, begins with a procession of matadors and their entourages. The banderillero, picadors, and matador are participants in this spectacle, popular in Spain, Portugal, and Latin America, in which matadors ceremonially taunt, and usually kill, bulls in an arena. *What is the Spanish term for bullfighting which, literally, means an act of running?

El toreo, en que normalmente se lidian toros en seis ocasiones distintas, empieza con un desfile de matadores y sus allegados. El banderillero, los picadores, y el matador participan en este espectáculo popular en España, el Portugal, y Latinoamérica, en el cual los matadores provocan los toros de una manera ceremonial y generalmente los matan en el redondel de una plaza de toros. *¿Cuál es el término español para el toreo que significa literalmente la acción de correr?

56) *Born in the Philippines in 1962* of Hispanic and mixed descent, this charismatic young leading man of Hollywood motion pictures is often cast in ethnic roles. With intermittent theater and television roles, his new movie career gained a strong boost from his excellent portrayal of the late rock and roll star, Richie Valens. *Identify this actor/director,

whose movie roles include *La Bamba, Stand and Deliver, Young Guns,* and *Courage Under Fire.*

Nacido en las Filipinas en 1962, de origen hispánico y de descendencia mixta, este carismático primer actor de películas cinematográficas en Hollywood recibe papeles étnicos con frecuencia. Desempeñando con intermitencia papeles de teatro y de televisión, su nueva carrera cinematográfica fue impulsada en gran parte por su representación excelente de la difunta estrella de «rock and roll» Richie Valens. *Identifique a este actor y director cuyos papeles cinematográficos incluyen *La Bamba, Stand and Deliver, Young Guns,* y *Courage under Fire.*

57) *This multi-talented vocalist* is one of the most popular and influential artists of our generation. Over the years, she has introduced her fans to many different musical genres. Her albums, both commercially successful and critically acclaimed, draw from her experiences in pop, new wave, opera, big-band and traditional Mexican music. She has now again returned to the country/rock sound that made her a superstar. (Hint: Started her career with the Stone Poneys in the 1960s.) *Who is the Mexican American who has been a top recording artist for the past 40 years?

Esta cantante de varios talentos se incluye entre los artistas más populares e influyentes de nuestra generación. En el transcurso de los años, ha introducido a sus admiradores una gran variedad de distintos géneros de música. Sus álbumes, de éxito comercial y aclamados por los críticos, se fundamentan en sus experiencias en música pop y new wave, música de ópera, música de las grandes orquestas, y música mexicana tradicional. Actualmente esta cantante ha regresado una vez más al sonido «country/rock» que le había hecho una superestrella. (Clave: Empezó su carrera con los Stone Poneys en los años sesenta.) *¿Quién es esta mexicoamericana que figura entre los artistas principales de grabación desde los cuarenta últimos años?

58) *Identify the group whose hit single, Macarena,* was number one for the year 1996.

¿Cómo se llama el conjunto cuya canción de éxito, *Macarena,* fue número uno en 1996?

59) *The discovery of this food* by Europeans can be first traced to November 5, 1492. Two Spaniards, under the command of Christopher Columbus, were delegated the task of exploring the Cuban interior. Upon their return, they reported finding a grain called *maize* that was baked

and eaten, and also dried and made into flour. Subsequent explorers of the new world found this plant being cultivated for food by the cliff dwellers of the American southwest, the Aztecs of Mexico, the Mayas of Central America, and the Incas of Peru and Bolivia. *Identify this principal cereal of the new world.

El descubrimiento de este alimento por los europeos se remonta originariamente al 5 de noviembre de 1492. A dos españoles, bajo el mando de Cristóbal Colón, se les había encargado la tarea de explorar el interior de Cuba. A su vuelta, dijeron que habían descubierto un cereal llamado *maíz* que se podía cocer, que servía para la alimentación, y que se podía secar y reducir a harina. Los exploradores sucesores del Nuevo Mundo comprobaron que esta planta se cultivaba para la alimentación por los trogloditas del sudoeste de América, los aztecas de México, los mayas de Centroamérica y los incas del Perú y Bolivia. *¿Cuál es este cereal principal del Nuevo Mundo?

60) *On August 18, 1958,* Pérez Prado became the fourth singer to sell a million copies of a single hit. The title of his hit single was:
a) *Patricia*   b) *Linda*   c) *South of the Border*
El 18 de agosto de 1958, Pérez Prado llegó a ser el cuarto cantante en vender un millón de copias de una sola canción de éxito. El título de su canción de éxito era: a) *Patricia* b) *Linda* c) *South of the Border*

61) *This handsome and talented leading man* and character player of the American stage and screen was born in San Juan, Puerto Rico, in 1940. He won a Tony Award for his portrayal of MacHeath in the Broadway production of *The Three-penny Opera* and was an established Broadway performer when he entered films in 1971. His roles in the 1980s and 90s ranged from the sophisticated rogue in *Tequila Sunrise* to a comic in *The Addams Family.* His movies include *Kiss of the Spider Woman* (1985), *Romero* (1989), and his last movie *Street Fighter* (1994). Tragically, he died of a sudden stroke at the age of 54 in 1994. *Who was this gifted actor?

Este guapo y talentoso primer actor y actor de carácter del teatro y cine norteamericanos nació en San Juan, Puerto Rico en 1940. Ganó un premio Tony por su representación de MacHeath en la producción Broadway de *The Three-Penny Opera*, y era un actor reputado de Broadway cuando se estrenó en las películas en 1971. En los años ochenta y noventa, hizo una variedad de papeles, desde el sofisticado delincuente en *Tequila Sunrise* hasta un cómico en *The Addams Fam-*

ily. Sus películas incluyen *Kiss of the Spider Woman* (1985), *Romero* (1989), y su película final, *Street Fighter* (1994). Trágicamente, murió de repente de apoplejía a la edad de 54 años en 1994. *¿Quién fue este actor talentoso?

62) *A rhythm instrument,* used especially by dancers, consists of two small shells of ivory, hardwood, or plastic fastened to the thumb and clicked together by the other fingers. *Identify this musical instrument.

Un instrumento de ritmo, empleado sobretodo por bailarines, se compone de dos conchas pequeñas de marfil, de madera dura o de plástico que se atan al dedo pulgar y que se chasquean con los otros dedos. *¿Cuál es este instrumento músico?

63) *Identify two of the three* popular bean varieties brought back to Europe from the New World.

Identifique dos de las tres variedades populares de frijoles introducidas en Europa y originarias del Nuevo Mundo.

64) *A composer and pianist,* he was founder-director of the Mexico Symphony Orchestra (1928-48). His musical compositions incorporated national and pre-Columbian folk elements. One prime example is his 1935 piece, *Chapultepec: Republican Overture.* This Mexican composer, who wrote a number of ballets, seven symphonies, and concertos for both violin and piano, was:

a) Carlos Antonio Chávez   b) César Estrada   c) José Soares

Este compositor y pianista fue fundador y director de la Orquesta Sinfónica de México (1928-48). Incluyó en sus composiciones musicales elementos folklóricos nacionales y precolombinos. Un ejemplo importante es su obra de 1935, *Chapultepec: Republican Overture.* Este compositor mexicano, que había escrito varios ballets, siete sinfonías, y conciertos para el violín y el piano, fue:

a) Carlos Antonio Chávez   b) César Estrada   c) José Soares

65) *Eighteen year old Chicano* Richard Valenzuela recorded a hit single in 1959 by altering a traditional Mexican song entitled, *La Bamba.* *Identify the better known name of this talented Latino singer whose career was cut short by a tragic airplane crash.

Chicano de 18 años, Richard Valenzuela grabó una canción de éxito en 1959, modificando una canción mexicana tradicional titulada, *La Bamba.* *¿Cuál es el mejor conocido nombre de este talentoso cantante latino cuya carrera fue acortada por un trágico accidente de avión?

66) **Considered by many as the national dish** of Mexico, it is turkey meat in a thick flavorful sauce that combines chili peppers, garlic, onions, bananas, and unsweetened chocolate. *Identify this unique sauce which is usually served along with tortillas or enchiladas.

Considerado por muchas personas como el plato nacional de México, es carne de pavo en una sabrosa salsa espesa de chile, ajo, cebollas, plátanos y chocolate no azucarado. *¿Cómo se llama esta salsa extraordinaria que generalmente se sirve con tortillas o enchiladas?

67) **Give the name** for the Mexican American Christmas pageant that reenacts the events of the Holy Family on Christmas Eve.

Dé el nombre de la fiesta navideña mexicoamericana que representa los acontecimientos de la Sagrada Familia en la Nochebuena.

68) **Spain ranks fifth in the world,** with a per capita annual consumption of over 236 pounds of this food. It is:
　　　a) sugar b) meat c) olives

Se reconoce a España como el quinto más grande consumidor del mundo con respecto a este producto, con un consumo anual per cápita de más de 236 libras de este alimento. ¿Cuál es?
　　　a) el azúcar b) la carne c) las aceitunas

69) **Paco Peña** is world famous for his gifted guitar-playing and dramatic style. He is also the world's leading exponent of what uniquely Spanish dance art form, from his native Andalucía?

Paco Peña es famoso en el mundo entero por ser un guitarrista talentoso y por su estilo dramático. Es también el máximo exponente del mundo entero de una forma de baile español originaria de su Andalucía natal. ¿Cuál es esta forma de arte extraordinario?

70) **María Africa Vidal de Santo Silas** was born in Barahona, Dominican Republic in 1918, the daughter of a Spanish diplomat. An exotic beauty of Arabian Nights-style Hollywood adventures of the 1940s, she was known as the *Queen of Technicolor.* She died of a heart attack in 1951 at the age of 33. *Identify this Hollywood starlet who remains today a popular fan cult object.

María Africa Vidal de Santo Silas nació en Barahona, República Dominicana en 1918, hija de un diplomático español. Belleza exótica de aventuras de Hollywood de tipo *Las mil y una noches* de los años cuarenta, fue conocida por el nombre de *La reina del tecnicolor.* Murió de un ataque al corazón en 1951 a la edad de 33 años. *¿Cómo se llama esta pequeña estrella de Hollywood, que es aún hoy un ídolo popular de admiradores?

71) **Born in 1928 in Brooklyn, NY**, of Puerto Rican parents, he often played Indians, Mexicans, or Asians in films. This sinister-eyed and high-cheekboned actor has mostly been typecast as a sadistic villain. His film career began with *Viva Zapata!* in 1952. He has also starred in a number of Italian films and television roles in the US. *Who is he?

Nacido en 1928 en Brooklyn, Nueva York, de padres puertorriqueños, hacía con frecuencia el papel de indios, mexicanos, o asiáticos en las películas. Este actor de ojos siniestros y pómulos altos ha sido encasillado por la mayor parte en el papel del malo sádico. Empezó su carrera cinematográfica actuándo en ¡Viva Zapata! en 1952. Además, se ha presentado como protagonista en varias películas italianas y papeles televisivos en los Estados Unidos. *¿Quién es?

72) **She was born Rosita Dolores Alverio** in Humacao, Puerto Rico in 1931. She is the only person ever to have won an Oscar (1961), a Tony (1975), two Emmys (1978, 1977), and a Grammy (1972). *Identify the versatile and talented actress/dancer, who won her Academy Award for Best Supporting Actress in *West Side Story* in 1961.

Rosita Dolores Alverio nació en Humacao, Puerto Rico en 1931. Es la única persona que jamás haya ganado un premio Oscar (1961), un premio Tony (1975), dos premios Emmy (1978, 1977), y un premio Grammy (1972). *Identifique a esta actriz y bailarina talentosa y polifacética, que recibió su premio Academy a la Mejor Actriz Secundaria en West Side Story en 1961.

73) **The first Hispanic to win an Academy Award,** this actor/director was born in Santurce, Puerto Rico in 1909. He won his Best Actor Oscar for the title role in *Cyrano de Bergerac* (1950), in which he previously had starred on Broadway. His screen debut came two years earlier in 1948 when his role as the Dauphin in *Joan of Arc* earned him an Academy Award nomination for Best Supporting Actor. Other notable roles include that of Toulouse-Lautrec in *Moulin Rouge* (1952), Lt. Barney Greenwald in *The Caine Mutiny* with Humphrey Bogart (1954), and the French army officer Alfred Dreyfuss, in *I Accuse* (1958), which he also directed. *Identify the Princeton University graduate who was married at one time to singer Rosemary Clooney.

El primer hispánico en ganar un premio Academy, este actor y director nació en Santurce, Puerto Rico en 1909. Ganó su premio Oscar al Mejor Actor por su papel principal en Cyrano de Bergerac (1950), en que se había presentado previamente como protagonista en Broadway. Se había estrenado en el cine dos años antes en 1948

haciendo el papel del delfín en *Joan of Arc*, por lo cual fue propuesto como candidato para un premio Academy al Mejor Actor Secundario. Sus otros papeles notables incluyen el de Toulouse-Lautrec en *Moulin Rouge* (1952), el del teniente Barney Greenwald en *The Caine Mutiny* con Humphrey Bogart (1954), y el del oficial del ejército francés, Alfred Dreyfuss, en *I Accuse* (1958), de la cual fue también director. *Identifique a este diplomado en la Universidad de Princeton, quien estaba casado anteriormente con la cantante, Rosemary Clooney.

74) *What is the name of the sandwich* made of a tortilla rolled up with, or folded over, a filling? *Identify the word that originated in Mexico.
¿Cómo se llama el sándwich compuesto de una tortilla enrollada o doblada con relleno? *Identifique la palabra cuyo origen es mexicano.

75) *Born in Chicago in 1940,* Raquel Tejada's father was a Bolivian-born engineer, and her mother an American of English background. She became an international movie star and the undisputed sex goddess during the 1960s as well as one of the highest paid actresses in the movie industry. She was famous for her voluptuous figure and sensuous face. Her more familiar films include *Fantastic Voyage, One Million Years B.C.* (1966), *Myra Breckinridge* (1971), *The Three Musketeers* (1974), *Mother, Jugs and Speed* (1977), and *Naked Gun 33 1/3: The Final Insult* (1994). *Identify this ever-youthful actress who, in recent years, has endorsed and appeared in several successful exercise videos.
Raquel Tejada nació en Chicago en 1940. Su padre fue ingeniero de nacimiento boliviano, y su madre fue norteamericana de origen inglés. Esta actriz llegó a ser una estrella de cine internacional y la indiscutible diosa del sexo durante los años sesenta, además de ser una de las actrices mejor pagadas de la industria cinematográfica. Fue famosa por su línea voluptuosa y su cara sensual. Sus películas mejor conocidas incluyen *Fantastic Voyage, One Million Years B.C.* (1966), *Myra Breckinridge* (1971), *The Three Musketeers* (1974), *Mother, Jugs and Speed* (1977), y *Naked Gun 33 1/3: The Final Insult* (1994). *Identifique a esta siempre joven actriz que, en estos últimos años, ha apoyado y aparecido en varios vídeos de ejercicio.

76) *Whipped Cream and Other Delights* was one of the top albums in the US during the 1960s. *Identify the artist and his band.
Whipped Cream and Other Delights fue uno de los álbumes principales en los Estados Unidos en los años sesenta. *¿Cómo se llaman el artista y su orquesta?

77) *A Dominican form of music and dance* combines Spanish and African influences. The instruments used in these types of Dominican bands usually include a drum, called a *tambora*, an accordian, and a scraper, known as a *güiro*. *Identify this popular type of Dominican dance music. (Hint: The name comes from the French word for the sweet, light topping found on the top of a particular lemon pie.)

Una forma dominicana de música y baile une influencias españolas y africanas. Los instrumentos usados en estos tipos de orquestas dominicanas generalmente incluyen un tambor, llamado *tambora*, un acordeón, y un raspador, llamado *güiro*. *Identifique esta forma popular de música de baile dominicana (Clave: El nombre tiene su origen en la palabra francesa para el dulce delicado que cubre cierto pastel de limón.)

78) *Identify the large, wooden percussion instrument,* a primitive xylophone with resonators beneath each bar, that is the national instrument of Guatemala and is played throughout Central America.

Identifique el instrumento de percusión de tamaño grande, hecho de madera, que es un xilófono primitivo con resonadores debajo de cada barra. Es además el instrumento nacional de Guatemala y se toca en todas partes de Centroamérica.

79) *Born in the Catalan city* of Tarragona in 1876, he is considered the greatest cellist (largely self-taught) of the twentieth century. In 1919, he founded the Barcelona orchestra, which he also conducted until leaving Spain in 1939 because of his opposition to the Franco regime. In a career that spanned 75 years, he played a leading role in raising the popularity of the cello as a solo instrument. *Identify this cellist, composer, and conductor who founded the highly regarded music festivals of Prades, France and Puerto Rico, where he made his home after 1956.

Nacido en la ciudad catalana de Tarragona en 1876, se le reconoce a este músico como el mejor violoncelista (en gran parte autodidacto) del siglo veinte. En 1919, había fundado la orquesta de Barcelona, la cual también dirigió hasta su salida de España en 1939, debido a su desacuerdo con el régimen Franco. Durante una carrera que duró setenta y cinco años, desempeñó un papel importante en la popularización del violoncelo como instrumento de solo. Identifique a este violoncelista, compositor, y director, que había fundado los renombrados festivales de música en Prades, Francia y en Puerto Rico, en donde se estableció después de 1956.

80) *Chicano Robert Beltran* and Puerto Rican Roxann Biggs-Dawson

played leading roles in what legendary science-fiction television series during the 1990s?

El actor chicano, Roberto Beltrán, y la actriz puertorriqueña, Roxann Biggs-Dawson, hicieron papeles principales en una legendaria serie televisiva de ciencia ficción durante los años noventa. ¿Cuál serie televisiva fue?

81) *Born in Coatzacoalcos,* Veracruz, Mexico in 1966, she left a successful television career in Mexico and moved to Los Angeles in the early 90s. Though she had appeared in several small roles, her movie career gained momentum with her work in the films *Desperado* (1995) and *From Dusk Till Dawn* (1996). Other of her movies include *Dogma* and the *Wild Wild West* (1999), *Chain of Fools*, and *Time Code* (2000). (Hint: nominated for a 2003 Best Actress Oscar for *Frida.*) *Who is she?

Nacida en Coatzacoalcos, Veracruz, en México en 1966, esta actriz había abandonado una carrera televisiva exitosa en México y se mudó a Los Angeles al principio de los años noventa. Aunque había actuado en varios papeles secundarios, su carrera cinematográfica fue impulsada por su actuación en las películas *Desperado* (1995) y *From Dusk Till Dawn* (1996). Sus otras películas incluyen *Dogma y The Wild Wild West* (1999), *Chain of Fools*, y *Time Code* (2000). (Clave: Fue propuesta como candidata para un premio Oscar a la Mejor Actriz de 2003, por su representación en *Frida.*) *¿Quién es?

82) *Stylish and elegant,* this Spanish tenor maintained a highly distinctive presence on the international opera circuit for over forty years. Specializing in *bel canto* roles, he was associated outside Spain with La Scala Milan, the Royal Opera House, Covent Garden, and the Metropolitan in New York, Chicago, and Dallas. In Spain, he regularly sang many of the great roles of his *zarzuela* repertoire on stage. *Who was this highly respected and versatile tenor?

    a) Alfredo Kraus b) Julio Montez   c) Juan Escobar

Elegante y con estilo, este tenor español mantuvo una presencia internacional muy notable en el mundo de la ópera durante más de cuarenta años. Especializándose en papeles de *bel canto*, se asoció fuera de España con La Scala Milán, The Royal Opera House, Covent Garden, y el Metropolitan en Nueva York, Chicago, y Dallas. En España, cantaba regularmente en el teatro gran número de sus grandes papeles sacados de su repertorio de zarzuelas. *¿Quién fue este renombrado tenor de talentos variados?

    a) Alfredo Kraus b) Julio Montez c) Juan Escobar

51

83) *This character actor,* seen in numerous American films, television shows and plays, was born in New York in 1936 and trained at the Ballet Arts School at Carnegie Hall before going on to the Actors Studio. He has appeared in such movies as *The Taking of Pelham One Two Three* (1974), *The Flamingo Kid* (1984), *Pretty Woman* (1990), *Beverly Hills Cop III* (1994), and *Runaway Bride* (1999). In television, he costarred in the role of a demanding chief of surgery on the popular medical drama, *Chicago Hope.* *Identify this familiar actor who began his career as a dancer.

a) Herman Hernández c) Leo Domínguez c) Héctor Elizondo

Este actor de carácter apareció en gran número de películas, programas televisivos y obras de teatro norteamericanos y nació en Nueva York en 1936. Estudió en la Academia del arte de ballet en Carnegie Hall antes de seguir con sus estudios en The Actor's Studio. Ha actuado en películas como *The Taking of Pelham, One Two Three* (1974), *The Flamingo Kid* (1984), *Pretty Woman* (1990), *Beverly Hills Cop III* (1994), y *Runaway Bride* (1999). En la televisión, fue uno de los protagonistas en el popular drama de médicos, *Chicago Hope*, haciendo el papel de un exigente jefe de cirugía. *Identifique a este conocido actor que empezó su carrera como bailarín.

a) Herman Hernández b) Leo Domínguez c) Héctor Elizondo

84) *In the Spanish language,* it means little donkey. In actuality, it is a soft flour tortilla that is wrapped around meat, beans, or cheese. *What is it?

En español, esta palabra significa un burro pequeño. En realidad, es una tortilla de harina no frita, que ha sido enrollada con relleno de carne, frijoles, o queso. ¿Cuál es?

85) *Appearing with such popular* 1950s and 60s television variety show emcees as Ed Sullivan, Milton Berle, and Sid Caesar, ventriloquist Wenceslao Moreno delighted audiences with little impish puppets he created from his thumb and forefinger. *What was his better known stage name?

Apareciendo en programas de televisión con presentadores populares de espectáculos de variedades como Ed Sullivan, Milton Berle, y Sid Caesar, el ventrílocuo, Wenceslao Moreno, deleitó a los telespectadores con sus pícaros títeres miniaturas que había creado con los dedos pulgar e índice. *¿Cuál fue su mejor conocido nombre de artista?

86) *José Quintero* was the first Tony Award winning theater director of

Hispanic descent who was also instrumental in helping the off-Broadway movement. He was best known for directing the works of Eugene O'Neill and won his Tony for O'Neill's *A Noon for the Misbegotten.* *In what Central American country was Quintero born?

José Quintero fue el primer director teatral de descendencia hispánica en ganar un premio Tony, y participó también en el fomento del movimiento Off-Broadway. Fue conocido por la dirección de las obras de Eugene O'Neill y recibió su premio Tony por la dirección de *A Noon for the Misbegotten* por O'Neill. *¿En cuál país centroamericano nació Quintero?

87) ***This Spanish lyric tenor*** first became famous playing opposite Spanish soprano Montserrat Caballé. In 1987, he became seriously ill with leukemia but recovered and resumed his career in 1988. In 1990 he achieved worldwide fame with Spanish/Mexican tenor Plácido Domingo and Italian tenor Luciano Pavarotti in recording operatic hits released to coincide with the World Cup soccer tournament in Rome. *Identify this opera great who was born in Spain in 1947.

Este tenor lírico de origen español llegó a ser famoso originariamente cantando con el soprano español Montserrat Caballé. En 1987, había caído enfermo de gravedad con leucemia, pero se recuperó y reanudó su carrera en 1988. En 1990, consiguió la fama mundial con el tenor de origen español y mexicano, Plácido Domingo, y con el tenor italiano, Luciano Pavarotti, grabando éxitos operísticos y estrenándolos para coincidir con el torneo de fútbol de la Copa Mundial en Roma. *Identifique a este cantante de ópera que nació en España en 1947.

88) ***He became one of Hollywood's busiest character actors*** of the 1930s and 40s in leading roles as well as comic relief. After retiring from motion pictures, he returned to television in the early 1950s to play Pancho, Duncan Renaldo's sidekick, in *The Cisco Kid* television series. *Who was he?

Llegó a ser uno de los más ocupados actores de carácter de Hollywood de los años treinta y cuarenta, actuándo tanto en papeles principales como en comedias. Después de su retirada de las películas cinematográficas, regresó a la televisión al principio de los años cincuenta para hacer el papel de Pancho, el compañero de Duncan Renaldo, en la serie televisiva *The Cisco Kid.* *¿Quién fue?

89) ***Director, playwright, screenwriter, and actor*** Luis Valdez was born in Delano, California in 1940. Of Mexican descent, he spent his child-

hood as a migrant farm worker. After graduating from college, he joined César Chavez's United Farmworkers in 1965 and founded the Farmworker's Theater Company (El Teatro Campesino). In 1978, he wrote and directed the musical drama *Zoot Suit*, which he filmed and released in 1981. His second feature film was very successful in both mainstream and Hispanic markets. *Identify this feature motion picture that depicted the life of Mexican-American rock star Richie Valens.

Director, autor de teatro, guionista y actor, Luis Valdez nació en Delano, California en 1940. De descendencia mexicana, pasó su niñez como trabajador agrícola migratorio. Después de haberse diplomado en la universidad, se asoció con la Unión de Trabajadores Agrícolas de César Chavez en 1965 y fundó el Teatro Campesino de los trabajadores agrícolas. En 1978, había escrito y dirigido el drama musical *Zoot Suit* que él filmó y estrenó en 1981. Su segunda película de largo metraje fue muy exitosa tanto con los principales mercados tradicionales como con el mercado hispánico. *Identifique esta película cinematográfica de largo metraje que describió la vida del roquero mexicoamericano Richie Valens.

90) *What are Habanero,* tabasco, serrano, jalapeño, and española?
¿A qué se refieren las palabras siguientes: habanero, tabasco, serrano, jalapeño y española?

91) *Considered one of the premier comedic talents* in entertainment today, this Los Angeles native is the co-creator, writer, producer and star of an ABC television network sitcom that bears his name. A multi-faceted talent, he has performed on stage, film, and television. He earned rave reviews for his performance in HBO's *Real Women Have Curves* and Paramount Pictures comedy concert film, *Latin Kings of Comedy*. Aside from his busy schedule, he also devotes time to a wide-range of community charities. Among his many awards, he has been honored with the National Hispanic Media Coalition Impact Award and was also named Honorary Mayor of Los Angeles. *Identify this gifted performer and community activist.

Uno de los primeros cómicos talentosos del mundo del espectáculo de hoy, este natural de Los Angeles es cocreador, escritor, realizador y protagonista de una comedia de enredo de la red televisiva ABC, cuyo título lleva su nombre. Actor de talentos variados, ha actuado en el teatro, el cine, y en la televisión. Fue aclamado por los críticos con relatos entusiastas por su actuación en *Real Women Have Curves* por HBO, y en la película / concierto de comedia de Paramount Pic-

tures, *Latin Kings of Comedy*. Además de seguir un programa muy cargado, también dedica tiempo a una gran variedad de instituciones benéficas en la comunidad. Entre los numerosos premios que ha ganado se incluyen un premio por impacto comunitario que le fue concedido por la Coalición Nacional de Medios de Información Hispánica, y su nombramiento para alcalde honorario de Los Angeles. *Identifique a este talentoso actor y activista comunitario.

92) *This Grammy Award winning singer* was born in New York City in 1970 of an Irish mother and Venezuelan father. She received a 1990 Grammy for Best Female Vocal Performance for her song, *Vision of Love*. *Who is this talented singer?

Esta cantante ganadora de un premio Grammy nació en la Ciudad de Nueva York en 1970, de una madre irlandesa y de un padre venezolano. Recibió un premio Grammy en 1990 a la Mejor Interpretación Vocal por una Cantante por su canción *Vision of Love*. *¿Quién es esta cantante talentosa?

93) *This multitalented motion picture director,* screenwriter, actor, and composer was born in Calzada de Calatrava, La Mancha, Spain in 1951. As an amateur filmmaker, his first movie, *Dos putas,* was shot in 1974 in super-8. By the late 1980s, he had become established as one of Spain's internationally best known and admired directors. Writing his own scripts, he specializes in shocking and irreverent comedic situations. His films include *What Have I Done to Deserve This?/Qué he hecho yo para merecer esto?* (1984), *Matador* (1986), *High Heels/Tacones lejanos* (1991), and *Kika* (1993). His 1988 movie, *Women on the Verge of a Nervous Breakdown/Mujeres al borde de un ataque de nervios* was named best foreign film by the New York Film Critics and he was recognized Best Young Filmmaker at the European Film Awards that year. In 1999, his film, *All About My Mother*, earned an Academy Award for Best Foreign Film. *Who is he?

Este director de cine, guionista, actor, y compositor de talentos variados nació en Calzada de Calatrava, La Mancha, España en 1951. Como productor de cine no profesional, se rodó su primera película, *Dos putas*, en 1974, en super 8. Antes de fines de los años ochenta, se había creado una reputación como uno de los mejores conocidos y renombrados directores internacionales de España. Escribiendo sus propios guiones, se especializa en situaciones cómicas chocantes e irreverentes. Sus películas incluyen *What Have I Done to Deserve This? / ¿Qué he hecho yo para merecer esto?* (1984), *Matador* (1986),

High Heels / Tacones lejanos (**1991**), y *Kika* (**1993**). **Su película de 1988,** *Women on the Verge of a Nervous Breakdown / Mujeres al borde de un ataque de nervios* **fue nombrada Mejor Película Extranjera por los Críticos Cinematográficos de Nueva York, y él fue reconocido como el Mejor Joven Productor de Cine durante los Premios Cinematográficos Europeos del mismo año. En 1999, su película,** *All About My Mother*, **ganó un premio Academy a la Mejor Película Extranjera. *¿Quién es esta figura?**

94) *What is the slightly altered Spanish word,* now used in the English language that means any of numerous small fish resembling herrings, and used especially for making sauces and relishes?
Dé la palabra española que ha sido modificada un poco y que se emplea actualmente en inglés para significar cualquiera de los numerosos peces pequeños, que se parecen al arenque y que se usan especialmente en la preparación de salsas y condimentos.

95) *Name the dish* in which a tortilla is spread with a meat filling, rolled up, and covered with chili-seasoned tomato sauce.
Dé el nombre del plato en que se unta una tortilla con relleno de carne, se la enrolla, y se la cubre con salsa de tomate sazonada con chile.

96) *José Greco,* the master of Flamenco and other Spanish dances he helped popularize in the United States, was born in what country before moving to Brooklyn, New York? a) Puerto Rico b) Spain c) Italy
José Greco fue el maestro del baile flamenco y de otros bailes españoles, los cuales él ayudaba a popularizar en los Estados Unidos. ¿En cuál país nació José Greco antes de mudarse a Brooklyn, Nueva York? a) Puerto Rico b) España c) Italia

97) *Though she played Hispanic roles* in Hollywood, this singer and actress was not Hispanic, but was actually born in Portugal. Her movie musicals include *Down Argentine Way* (1940) and *The Gang's All Here* (1943). *Who was she? (Hint: She was famous during the 40s and 50s for her extravagant costumes and headgear adorned with tropical fruits.)
Aunque había desempeñado papeles hispánicos en Hollywood, esta cantante y actriz no era hispánica, porque en realidad nació en el Portugal. Sus películas musicales incluyen *Down Argentine Way* (**1940**) **y** *The Gang's All Here* (**1943**). ***¿Quién fue? (Clave: Fue famosa durante los años cuarenta y cincuenta por sus disfraces y tocados adornados con frutas tropicales.)**

98) **Identify the Puerto Rican musical group** that captured the hearts of young Latina women throughout the Western Hemisphere during the 1980s.

Dé el nombre del conjunto musical puertorriqueño que conquistó los corazones de jóvenes latinas por todo el hemisferio occidental en los años ochenta.

99) **Identify this popular dance music** that combines Latin jazz, American jazz and a blend of Spanish and Afro-Caribbean influences. (Hint: One of its early pioneers was the great bandleader and composer, Tito Puente, known as *El Rey* or *The King*.)

Identifique esta música de baile popular que fusiona el jazz latino, el jazz americano y una mezcla de influencias españolas y afrocaribes. (Clave: Uno de los primeros pioneros de esta clase de música fue el gran director de orquesta y compositor, Tito Puente, conocido por el nombre de «El rey» o «The King.»

100) **The popular cuisine** of this region includes beans and rice (moros y cristianos), roast suckling pig (lechón), a cooking banana, (plantain), a starchy root vegetable (yuca), and a custard that is served as a dessert (flan). The popular drink of the region is rum, an alcoholic liquor distilled from a fermented cane product as molasses. *The region is:

  a) Central America b) Caribbean c) South America

La cocina popular de esta región incluye frijoles y arroz (moros y cristianos), lechón asado, bananas para la cocción (plátanos), una planta de raíz feculenta (yuca), y natillas que se sirven de postre (flan). La bebida popular de la región es el ron, un licor alcohólico destilado de un producto de caña de azúcar fermentado como melaza.*La región es:

  a) Centroamérica b) el Caribe c) Sudamérica

101) **It's zestier than ketchup** and won't run off your food like ketchup. This versatile sauce can be used in sautéing meats or vegetables, blended into soups, or used as a topping or dip. *What is it?

Este condimento es más picante que la salsa de tomate llamada «ketchup» y no se corre como el ketchup. Esta salsa multiuso se puede mezclar en sopas, se puede usar como condimento en el salteado de carne y vegetales, o se puede usar para cubrir comidas o como una salsa en que se pueden mojar ciertos bocaditos.

102) **A starring character actor,** Héctor Elizondo, is a veteran of over eighty-five film and TV productions. He is featured in a touching ro-

mantic comedy about the power of love and food in a middle-class Mexican-American family in Los Angeles. Other Hispanic-American actors in this movie are Jacqueline Obradors, Elizabeth Peña, Tamara Mello, Racquel Welch, Paul Rodriguez, and Julio Oscar Mechoso. *What is the title of this 2001 motion picture?

Actor de carácter y protagonista, Héctor Elizondo es un actor experimentado con más de ochenta y cinco películas y producciones televisivas. Actúa como protagonista en una comedia romántica conmovedora sobre el poder del amor y de la comida en una familia mexicoamericana de la clase media en Los Angeles. Otros actores hispanoamericanos en esta película son Jacqueline Obradors, Elizabeth Peña, Tamara Mello, Racquel Welch, Paul Rodríguez, y Julio Oscar Mechoso. *¿Cuál es el título de esta película de 2001?

103) *Name the small drum* that usually is used in pairs and is played with the hands.

¿Cómo se llama el juego de tambores pequeños que se tocan con las manos?

104) *An attractive leading lady* and supporting actress of the American stage, screen, and television, this talented Cuban American was born in Elizabeth, New Jersey in 1961. She made her movie debut in the 1979 film *El Super*, directly after graduating from the High School for the Performing Arts. *Identify the actress whose other film roles include *Crossover Dreams* (1985), *Down and Out in Beverly Hills* (1986), *La Bamba* (1987), *Free Willy 2* (1995), *Lone Star* (1996), and *Seven Girlfriends* (2000).

Una atractiva primera actriz y actriz secundaria del teatro, del cine, y de la televisión norteamericanos, esta cubanoamericana talentosa nació en Elizabeth, Nueva Jersey en 1961. Se estrenó en el cine con la película *El Super* (1979), inmediatamente después de haber sacado su título del High School for the Performing Arts. *Identifique a la actriz cuyos otros papeles cinematográficos incluyen papeles en *Crossover Dreams* (1985), *Down and Out in Beverly Hills* (1986), *La Bamba* (1987), *Free Willy 2* (1995), *Lone Star* (1996), y *Seven Girlfriends* (2000).

105) *In 1968, he received a Grammy Award* for Best Male Vocal Performance for the song, *Light My Fire*. *Who is he?

En 1968, recibió un premio Grammy a la Mejor Interpretación Vocal por un Cantante por la canción, *Light My Fire*. *¿Quién es?

106) *A pupusa* is a type of sandwich, made of an extra thick white corn

tortilla, that can contain a variety of delicious fillings including pork, cheese, and sausage. *In what Central American country would you find this typical and tasty fast food? (Note: Small restaurants that specialize in *pupusas* are called *pupuserías*.)
Contributed by Nori Rouse of Pittsburg, CA

**Una pupusa es una clase de sándwich, hecha de una tortilla de maíz blanco que es extraordinariamente gruesa y que puede contener una variedad de rellenos deliciosos, incluso los de carne de cerdo, queso y salchicha. *¿En cuál país centroamericano se encuentra esta típica comida rápida sabrosa? (Nota: Los restaurantes pequeños que se especializan en la preparación de *pupusas* se llaman «pupuserías.»)
Escrito por Nori Ruse de Pittsburg, California**

107) *The unique cuisine* of this South American country includes *empanadas salteñas* (a type of meat pie), *plato paceño* (variety of tuberous vegetables), *quinua* (a plant with triangular leaves and abundant seeds), *jallpahuaica* (a sauce accompanying fish and vegetable dishes). A traditional Christmas dish is *picana,* which is made using either veal or beef, cooked in wine and herbs and served with steamed potatoes. During carnival time, *puchero* is eaten. This is a soup with various kinds of meats, tuberous vegetables, and rice. *In what South American country would you find these dishes?

La cocina tradicional de este país sudamericano incluye *empanadas salteñas* (una especie de torta de carne), *plato paceño* (una variedad de vegetales tuberosos), *quínoa* (una planta con hojas triangulares y gran cantidad de semillas), *jallpahuaica* (una salsa para platos de pescado y vegetales). Un plato navideño tradicional es *picana*, que se hace de carne de vaca o de ternera cocida en vino y finas hierbas, y servida con patatas al vapor. Durante el carnaval, se come *puchero*, que es una sopa con una variedad de carnes, vegetales tuberosos, y arroz. *¿En cuál país sudamericano se encuentran estos platos?

108) *He ranks among the leading directors* of photography in the motion picture industry. As cameraman for well over 100 movies, he won many international awards for cinematography during his prolific career. Some of his best work was for legendary Mexican director Emilio Fernández. His US films include *The Night of the Iguana* (1964), *Two Mules for Sister Sara* (1970), and *Kelley's Heroes* (1970). *Who was this great cinematographer who was born in Mexico in 1907 and died there in 1997?

a) Gabriel Figueroa b) Roberto Morales c) Ralph Martínez

Este operador de rodaje figura entre los principales directores de fotografía en la industria cinematográfica. Como operador de rodaje para más de cien películas, ganó muchos premios internacionales por su cinematografía durante su carrera prolífica. Entre sus mejores trabajos se incluye su trabajo para el legendario director mexicano Emilio Fernández. Sus películas estadounidenses incluyen *The Night of the Iguana* (1964), *Two Mules for Sister Sara* (1970), y *Kelley's Heroes* (1970). *¿Quién era este gran operador de rodaje que había nacido en México en 1907 y murió en el mismo país en 1997?

   a) Gabriel Figueroa b) Roberto Morales c) Ralph Martínez

109) *The son of a Cuban-born surgeon* and a Manhattan socialite, he dropped out of Princeton University in his second year to become an actor and motion picture director producer. Married to Audrey Hepburn for fourteen years (1954-1968), he directed her in *Green Mansions* (1959) and produced another of her movies, the suspense thriller, *Wait Until Dark* (1967). His most notable films as an actor include *Scaramouche* (1952) and *War and Peace* (1956) as Prince Andrei. *Identify this talented Hispanic American who was born in Elberon, New Jersey in 1917.

Hijo de un cirujano de nacimiento cubano y de una mujer de alta sociedad de Manhattan, esta figura abandonó sus estudios en la Universidad de Princeton durante su segundo año para hacerse actor y director/productor de cine. Audrey Hepburn fue su esposa por catorce años (1954-1968) y él fue su director en *Green Mansions* (1959), y el productor de una de sus otras películas, el escalofriante "suspense," *Wait Until Dark* (1967). Las películas más notables en que esta figura se presentó como actor, incluyen *Scaramouche* (1952) y *War and Peace* (1956) en el papel del Príncipe Andrei. *Identifique a este hispanoamericano talentoso que nació en Elberon, Nueva Jersey en 1917.

110) *This beautiful woman* with the beautiful voice was born Florencia Biscenta de Casillas Martínez Cardona in El Paso, Texas. Spanning four decades, she is without doubt one of the most accomplished entertainers to ever bridge the cultures of Latin America and the United States. The three-time Grammy Award winner has 59 best-selling recordings to her credit. Among her staggering number of accomplishments, she has appeared in numerous television shows over the years and was the first female to regular guest host for Johnny Carson on *The Tonight Show*. Songs like *Total, Discúlpame, Esos hombres, Cosas del amor,* and *Mala suerte* have earned her Gold and Platinum albums in the United States,

Mexico, Chile, Puerto Rico, Venezuela, Costa Rica, Colombia, and Ecuador. Her English language hits include *It Must Be Him, With Pen in Hand, Can't Take My Eyes Off of You* and *For Once in My Life.* *Who is this internationally famous singer, entertainer, and humanitarian, who is also well-known for her work for charities around the world?

Esta mujer hermosa con voz magnífica nació con el nombre de Florencia Biscenta de Casillas Martínez Cardona en El Paso, Texas. Durante cuarenta años, figuró sin duda entre los más consumados artistas que jamás se hayan conocido con respecto a crear un vínculo entre las culturas de la América Latina y la de los Estados Unidos. Ganadora de tres premios Grammy, tiene cincuenta y nueve grabados de éxito a su favor. Con un asombroso número de éxitos, ha aparecido en el transcurso de los años en una variedad de programas de televisión y fue la primera mujer en sustituir con regularidad a Johnny Carson como presentadora invitada en *The Tonight Show*. Sus canciones como *Total, Discúlpame, Esos hombres, Cosas del amor,* y *Mala suerte* le ayudaron a conseguir los niveles oro y platino con respecto a sus álbumes en los Estados Unidos, México, Chile, Puerto Rico, Venezuela, Costa Rica, El Ecuador, y Colombia. Sus éxitos en el idioma inglés incluyen *It Must Be Him, With Pen in Hand, Can't Take My Eyes off of You* y *For Once in My Life.* *¿Quién es esta cantante, artista, y filántropa de fama internacional, que se ha destacado además por su trabajo caritativo en nombre de instituciones benéficas en el mundo entero?

111) ***Born into a gypsy family*** in 1903, this Spanish guitarist and composer transformed flamenco music from a dance accompaniment to a style of its own. Playing professionally at the age of fourteen, he became the first flamenco guitarist to play–and later to tour the world–with symphonies and orchestras. During his touring, he recorded more than 40 albums. His most notable album is *Suite flamenco*, a concerto he performed with the St. Louis Symphony Orchestra in 1966. *Identify the flamenco icon whose repertoire also included blues, jazz and folk music.

    a) Enrique Velez b) José Soares c) Carlos Montoya

Nacido en una familia gitana en 1903, este guitarrista y compositor español transformó la música flamenca de un acompañamiento musical para el baile en música con su propio estilo. Tocando la guitarra como profesional a la edad de catorce años, llegó a ser el primer guitarrista de música flamenca en tocar – y más tarde en ir de gira por el mundo – con sinfonías y orquestas. Durante sus giras,

grabó más de cuarenta álbumes. Su álbum más notable es *Suite flamenco*, un concierto en que había tocado con la Orquesta sinfónica de St. Louis en 1966. *Identifique a este ídolo flamenco cuyo repertorio también incluye música «blues», música «jazz», y música folklórica.

a) Enrique Velez b) José Soares c) Carlos Montoya

112) *Used as a condiment* in many Mexican and Mexican-American dishes, this tropical herb and shrub is a member of the nightshade family. *Identify this hot pepper that is native to Central and South America. (Hint: Sometimes used as a medicinal herb.)

Usada como condimento en muchos platos mexicoamericanos, esta hierba tropical y arbusto es de la familia de las solanáceas. *Identifique este chile que es indígena de Centroamérica y Sudamérica. (Clave: Se usa a veces como hierba medicinal.)

113) *It is a flat, round bread,* similar in shape to a pancake, that is made from cornmeal or wheat flour and baked on a hot surface. *What is it?

Es una especie de pan llano de forma circular, parecida en forma a un panqueque; se hace de harina de maíz o harina de trigo, y se cuece en una superficie caliente. *¿Cuál es?

114) *Also known as an alligator pear,* these tropical American trees (genus Persea) of the laurel family, produce a pulpy green or purple edible fruit. *Identify the slightly altered English word taken from the Spanish, who had altered it from the original Nahuatl Indian name for this food.

Llamado también en inglés *alligator pear,* es el fruto de árboles tropicales de América (género Persea) de la familia de las lauráceas. El fruto es pulposo, comestible, y de color verde o morado. *Identifique la palabra inglesa para este fruto, la cual ha sido modificada un poco con relación a su origen en español. La palabra española se modificó un poco también, pero había nacido de la palabra originariamente empleada por los indios Náhuatl.

115) *This Latin heart-throb* has become a major musical superstar. Born in Hato Rey, Puerto Rico in 1971, his musical career began as a member of the teenage Spanish/English singing group *Menudo*. His hit recording, *La copa de la vida* won him a 1999 Grammy for Best Latin Pop Performance. *Who is he?

Este guapetón latino ha llegado a ser uno de los principales superartistas de la música. Nacido en Hato Rey, Puerto Rico en 1971, empezó su carrera musical como miembro del conjunto de cantantes

adolescentes *Menudo*, que cantaban en español y en inglés. Su canción de éxito, *La copa de la vida*, le valió un premio Grammy en 1999 a la Mejor Interpretación de Música Pop Latina. *¿Quién es?

116) *Identify this mambo-like variation* of ballroom dance to Latin-American danzón rhythm.
Identifique esta variación del baile de salón que se parece al mambo y que se baila al ritmo del danzón latinoamericano.

117) *Identify the Latin American country* whose people only use mild seasoning in food preparation and will not eat hot spicy dishes.
Identifique el país latinoamericano cuyos habitantes sólo usan condimentos ligeros en la preparación de comida y no comen platos picantes sazonados con muchas especias.

118) *Born in New York City* to Cuban parents in 1908, this tall, handsome leading man made his Broadway debut in 1927. A major film personality, he was for many years associated with 20th Century-Fox. His memorable film and television roles include *Wee Willie Winkie* (1937) and *The Little Princess* (1939) with Shirley Temple, *Captain from Castile* as Cortez (1948), *Ocean's Eleven* with Frank Sinatra (1960) and *Batman* (1966) He was very active in television, in the role of the Joker (*Batman* television series), and also as Peter Stavros in *Falcon Crest* in the late 80s. *Who was this tall, dark, and suave Latin lover of films and TV?
Nacido en la Ciudad de Nueva York en 1908, e hijo de padres cubanos, este primer actor alto y guapo se estrenó en Broadway en 1927. Una principal figura de cine, colaboraba con 20th Century Fox durante muchos años. Actuó en memorables papeles de cine y de televisión, en películas como *Wee Willie Winkie* (1937) y *The Little Princess* con Shirley Temple (1939), *Captain from Castile* en el papel de Cortez (1948), *Ocean's Eleven* con Frank Sinatra (1960) y *Batman* (1966). Era muy activo en la televisión, actuando en el papel del «Joker» (en la serie televisiva *Batman*), y también hiciendo el papel de Peter Stavros en *Falcon Crest* a fines de los años ochenta. *¿Quién fue este alto y suave don juan latino del cine y de la televisión?

119) *Specialty dishes* of this country's cuisine include *estofado, pepián, jocón, churrasco, chapín,* and *carne asada*. *In what country would you enjoy these dishes?
Las especialidades culinarias de este país incluyen platos como *estofado, pepián, jocón, churrasco, chapín,* y *carne asada*. *¿En cuál país se disfruta de estos platos?

120) **What do these three** Spanish produced motion pictures have in common: *Volver a empezar/To Begin Again* (1982), *Belle Epoque/The Age of Beauty* (1993), and *All About My Mother* (1999)?

¿Qué tienen en común las tres siguientes películas producidas en España? *Volver a empezar / To Begin Again* **(1982),** *Belle Epoque / The Age of Beauty* **(1993), y** *All About My Mother* **(1999)?**

121) **The Zapateado** is a characteristic Spanish dance, in triple time, in which the rhythm is marked by the stamping of the heels and not by the castanets. *It is a dance performed as a:

    a) solo b) couple c) chorus

El zapateado es un baile español típico, ejecutado en compás ternario y cuyo compás se marca por golpes con el zapato y no por castañuelas. Es un baile para:

    a) una sola persona b) una pareja c) un coro

122) **Identify this card game** from the rummy family. Its Spanish name comes from the use of a type of tray that holds the playing cards in the middle of the card table. The basic form of this game originated in Uruguay in the late 1940s, and was introduced into the United States in 1949.

Identifique este juego de naipes al estilo de rami. Su nombre español nace del uso de una clase de bandeja o cesta, que contiene los naipes y que se coloca en el centro de la mesa de juego. La forma básica de este juego había nacido en El Uruguay a fines de los años cuarenta, y el juego se introdujo en los Estados Unidos en 1949.

123) **The cuisine** on this country's Caribbean coast reflects its Jamaican heritage, with mouth-watering local specialties such as ackee and codfish (*ackee* is a small, pink-skinned fruit tasting like scrambled eggs), johnnycakes, curried goat, curried shrimp, and pepperpot soup. *Identify the Central American country whose major Caribbean coastal port city is Limón.

La cocina de la costa caribe de este país refleja su herencia jamaicana, con especialidades locales muy apetitosas como ackee y bacalao (*el ackee* es una fruta pequeña de piel rosada que tiene sabor a huevos revueltos), pan de maíz, cabrito guisado con cari, camarones al cari, y sopa *Pepperpot* (un estofado indio muy picante compuesto de carne o pescado y pimientos rojos). *Identifique el país centroamericano cuya principal ciudad de puerto en la costa caribe es Limón.

124) **The Three Tenors** in Concert (1990) and *The Three Tenors in Concert* (1994) rank as the first and sixth all-time best selling classical albums in the US. *Identify the two tenors who join Luciano Pavarotti in concert.

The Three Tenors in Concert (1990) y *The Three Tenors in Concert* (1994) se sitúan primero y sexto con respecto a los álbumes de música clásica de éxito de librería en los Estados Unidos. *Identifique a los dos tenores que cantan con Luciano Pavarotti en concierto.

125) *As of the year 2000,* there were approximately how many Spanish language radio stations in the United States?

    a) 400 b) 500 c) 600

A partir del año 2000, ¿aproximadamente cuántas estaciones de emisión de radio en idioma español había en los Estados Unidos?

    a) 400 b) 500 c) 600

126) *Identify the slightly altered Native American name* that the Mexicans adopted to describe this food item of ground meat, usually seasoned with chili, rolled in cornmeal dough, wrapped in corn husks, and steamed.

Identifique la palabra indioamericana que los mexicanos modificaron un poco y adoptaron para describir la comida que es una empanada de masa de harina de maíz, con un relleno de carne picada generalmente sazonado con chile, y la cual se envuelve en envolturas de la mazorca de maíz antes de cocerse al vapor.

127) *A Spanish American word* used to describe a thin long biscuit; it is now used to describe a long slender straight-sided cigar rounded off at the sealed end. *Identify the word.

Una palabra hispanoamericana empleada para describir un bizcocho largo y delgado, y la cual se usa actualmente para describir un cigarro largo y delgado con lados rectilíneos y extremidad cerrada y redondeada. *¿Cuál es la palabra?

128) *The aromatic bitter bark* of either of two South American trees of the rue family is world famous as a tonic, fever reducer and as an ingredient in mixed drinks. The name of this bark is:

    a) Angora bark b) Angostura bark c) Galparia bark

La corteza aromática y amarga de cualquiera de dos árboles sudamericanos de la familia de las rutáceas, la cual se reconoce por el mundo entero como tónico, febrífugo, e ingrediente en cócteles. El nombre de esta corteza es:

    a) corteza Angora b) corteza Angostura c) corteza Galparia

129) *Laborers chewed the leaves* of this plant to numb themselves against hunger and fatigue. *What were they chewing?

Los trabajadores masticaban las hojas de esta planta para

entumecerse contra el hambre y la fatiga. *¿Cuál sustancia masticaban?

130) *This country offers* a wide variety of Andean potatoes, exotic fruits, and top quality seafood. National and regional dishes include lemon-marinated shrimp, toasted corn, pastries stuffed with spiced meats and the country's signature dish, c*eviche* (a seafood dish marinated in lemon and onions, which can include fish, shrimp, shellfish, and squid, alone or in a mix) The more adventurous visitors to this country may sample delicacies such as *roasted cuy* (guinea pig), *tronquito* (bull penis soup), *yaguarlocro* (potato soup made with sprinklings of blood) or *caldo de pata* (a broth containing chunks of boiled cow hooves). *What South American country would you be visiting?

Este país ofrece una gran variedad de alimentos andinos: papas, frutas exóticas, y mariscos y pescado de primera calidad. Las especialidades nacionales y regionales incluyen platos como camarones en escabeche con limón, maíz tostado, empanadas con relleno de carne sazonado con especias, y el plato típico del país, *ceviche* (un plato de mariscos en escabeche con limón y cebollas, el cual puede incluir uno de los ingredientes siguientes o una mezcla de ellos: pescado, camarones u otros mariscos, y calamares. Los visitantes más aventureros de este país pueden probar manjares exquisitos como *cuy asado* (conejillo de Indias), *tronquito* (sopa de pene de toro), *yaguarlocro* (sopa de papas con gotas de sangre) o *caldo de pata* (caldo con pedazos de pata de vaca cocidos al vapor). *¿Cuál país sudamericano visita Ud.?

131) *In 1537, Spanish explorer* Gonzalo Jiménez de Quesasa found that a plant cultivated by Peruvians since 8000 BC was still being used for food. On an average, every person consumes 145 pounds of this plant each year in the US. 651,077,028,000 pounds of this plant/food were grown worldwide in 1997. *What is it?

En 1537, el explorador Gonzalo Jiménez de Quesasa se comprobó que una planta cultivada por los peruanos desde 8000 A. de C. ya se usaba como alimento. Como media, cada persona consume 145 libras de esta planta cada año en los Estados Unidos. Se cultivaron 651.077.028.000 libras de esta planta alimenticia en el mundo entero en 1997. *¿Cuál es?

132) *With a total attendence* of over 120 million, Mexico ranks tenth in the world in this category. *What is it?

   a) Church attendance b) Soccer attendance c) Movie attendance

Con una asistencia total de más de 120 millones, México se coloca en décimo lugar a escala mundial en esta categoría. *¿Cuál es?
    a) asistencia a la iglesia b) asistencia a los partidos de fútbol?
    c) asistencia al cine

133) *Known since 1850,* it derived from Afro-Cuban dance and involves dancing on the spot with a pronounced sway. *What is its name?

Conocida desde 1850, esta clase de baile tiene su origen en el baile afrocubano y supone el baile en el sitio con un movimiento rítmico fuerte. *¿Cómo se llama esta clase de baile?

134) *This actor,* writer, and critically acclaimed comedian owns the largest collection of Chicano art by a private citizen. He has always been active in the Latino community, and for that reason, received the 1999 National Council of La Raza/Kraft Foods ALMA Community Service Award. *Identify this popular Mexican American.

Este actor, escritor, y cómico aclamado por los críticos es propietario de la mayor colección de arte chicano tendida por un particular. Siempre ha participado activamente en la comunidad latina, y por eso, recibió el premio ALMA por servicio comunitario en 1999 del Consejo Nacional de La Raza / Kraft Foods. *¿Quién es este mexicoamericano popular?

135) *Actress Chita Rivera,* born in Washington, D.C. in 1933 of Puerto Rican parents, became a star in what Bernstein/Sondheim Broadway musical smash hit? (Hint: Do jets and sharks sound familiar?) (Note: Chita Rivera went on to become one of Broadway's legendary performers.)

La actriz, Chita Rivera, nacida en Washington, D.C. en 1933 de padres puertorriqueños, llegó a ser estrella en una producción musical de gran éxito por Bernstein/Sondheim en Broadway. ¿Cuál producción de Broadway fue? (Clave: ¿Le suenan aviones de reacción y tiburones?) (Nota: Con el tiempo, Chita Rivera figuró entre los artistas legendarios de Broadway.)

136) *Named after a Mexican city,* this distilled, unaged liquor is usually clear in color. With an alcohol content of between 40-50%, it is produced from the fermented juice of the Mexican agave plant. *Identify the liquor that is mixed with lime juice and orange liqueur to make the Margarita cocktail.

Con el nombre de una ciudad mexicana, esta bebida alcohólica destilada y no envejecida es generalmente de color transparente. Con un contenido de alcohol de entre el cuarenta y el cincuenta por ciento,

se produce del líquido fermentado de la planta agave de origen mexicano. *Identifique la bebida alcohólica con que se mezclan jugo de lima y licor de naranja para hacer el cóctel Margarita.

137) *This country's cuisine* is suited to the high, cold climate of the plateau regions. Foods high in carbohydrates and protein, and with lots of peppers and hot sauce, are preferred. Popular specialties of this country include *sajta de pollo* (chicken in hot sauce with chuños and vegetables), *silancho* (beef prepared schnitzel style), *pukacapas* (spicy cheese pastries), and *chairo* (lamb soup with potatoes, vegetables, chuños and hot sauce). *Identify this country where you would also find *chuños* (freeze dried potato), *laljua* and *halpahuayca* (popular bottled hot sauces). **La cocina de este país está adaptada al clima frío de las regiones montañosas del altiplano. Se prefieren alimentos con un alto nivel de carbohidratos y proteína, y con gran cantidad de pimientos y salsa picante. Las especialidades populares de este país incluyen *sajta de pollo* (pollo en salsa picante con chuños y vegetales), *silancho* (carne de vaca preparada al estilo de schnitzel), *pukacapas* (empanadas de queso picantes), y *chairo* (sopa de cordero con papas, vegetales, chuño y salsa picante). *Identifique este país en que además se encuentran platos como *chuños* (papas deshidratadas por congelación), *laljua* y *halpahuayca* (populares salsas picantes en botella).**

138) *Argentina is ranked sixth* in the world in wine consumption, at 62.6 pints per capita. Identify the South American nation that ranks ninth in the world, at 56.3 pints.
     a) Uruguay b) Chile c) Colombia
La Argentina se coloca en sexto lugar en el mundo con respecto al consumo de vino, con 62,6 pintas por persona. Identifique el país sudamericano que se coloca en noveno lugar en el mundo con respecto al consumo de vino con 56,3 pintas por persona.
     a) El Uruguay b) Chile c) Colombia

139) *At over 151 liters per capita,* Mexico ranks second in the world in the consumption of what beverage?
     a)beer b) mineral water c) soft drinks
Con consumo a más de 151 litros per cápita, México se coloca en segundo lugar con respecto al consumo de esta bebida. ¿Cuál bebida es?
     a) cerveza b) agua mineral c) gaseosa

140) *This tropical tree* is native to South America and is now widely cultivated around the world. Chocolate is one product made from its fruit. *Identify the tree.

Este árbol tropical es indígena de Sudamérica y se cultiva actualmente por todas partes del mundo. El chocolate es uno de los productos hechos de su fruto. *Identifique el árbol.

141) *The wild species of this plant* originated in the Peru-Ecuador-Bolivia area of South America. Recognized as a valuable food only within the last century, it is commonly considered a vegetable because of its many uses. A member of the nightshade family, it is a perennial plant widely cultivated for its edible fruit. (Hint: Italians made it a culinary delight.) *What is it?

La clase silvestre de esta planta es originaria de Sudamérica, procediendo de la región en que se incluyen el Perú, el Ecuador, y Bolivia. Reconocido como un alimento valioso sólo dentro del último siglo, el fruto de esta planta generalmente se considera como vegetal debido a sus usos múltiples. De la familia de las solanáceas, es una planta perenne cultivada por todas partes por su fruto comestible. (Clave: Los italianos lo convirtieron en una delicia culinaria.) *¿Cuál es?

142) *Name the quick, Spanish-style two-step* South American dance of 20th century.

Dé el nombre del baile sudamericano del siglo veinte distinguido por su estilo español, ritmo vivo, y dos pasos ligeros.

143) *From 1896, a flamenco dance* and from 1913 a ballroom dance in 2/4 or 4/4 time, this popular dance is characterized by slow, gliding movement and pointed positions. It was introduced into Europe and North America from Argentina. *Identify the dance.

A partir de 1896, un baile flamenco, y a partir de 1913, un baile de salón al compás 2/4 o 4/4, este baile popular se distingue por su movimiento lento y fluido, y sus posturas angulares. Se introdujo en Europa y Norteamérica desde la Argentina. *Identifique este baile.

144) *A plucked, stringed instrument* with a wide, flat, shallow body of waisted outline, this musical instrument probably originated in Spain in the early 16th century as a development of the gittern. The instrument, in its modern form, was introduced by the Spanish maker Antonio Torres in the mid-19th century. The modern construction of the instrument is much larger, with a full, deep tone and now suitable for use in the concert hall. *Identify this instrument played and enjoyed around the world.

Este instrumento de cuerdas, se toca con los dedos, y tiene una caja de resonancia ancha, llana y de poca profundidad, con mango. Este instrumento de músico probablemente nació en España, siendo una forma del laúd y datando del principio del siglo dieciséis. La forma moderna del instrumento fue introducida por el artesano español, Antonio Torres, a mediados del siglo diecinueve. En su construcción moderna, el instrumento es mucho más grande, con tono lleno y profundo, y es hoy día apto para uso en la sala de conciertos. *Identifique este instrumento que se toca y de que se goza en el mundo entero.

145) *Such names as* sancocho prieto, chivo liniero, catibias, and *mangú,* are found in what Latin American country's cuisine?
¿En cuál país latinoamericano se encuentran en la cocina del país platos como *sancocho prieto, chivo liniero, catibias,* y *mangú*?

146) *The people of this country* have a love affair with the sweetness of sugar. It is mixed with fruit, milk, and cinnamon. It is melted and twisted; it is painted with bright colors and sculpted into beautiful shapes. Sugar is the main ingredient of their traditional desserts, their sweet bread, and street candies. With such a tremendous variety of uses, and with so many beautiful names, just speaking about *cocadas, muéganos, cajetas, chiclosos,* and *jamoncillos,* would make anyone's eyes widen with anticipation. *Identify the country filled with candy makers and candy eaters. (The ancient inhabitants of this country also had a sweet tooth, and sweetened their drinks and desserts with wasp honey, cactus fruits, and with corn honey.)
Los habitantes de este país adoran el dulzor del azúcar. Lo mezclan con frutas, leche y canela. Lo derriten y lo tuercen; lo pintan de colores vivos y lo moldean en formas hermosas. En este país, el azúcar es el ingrediente principal de los postres tradicionales, del pan dulce, y de las golosinas vendidas por vendedores callejeros. Con tan gran variedad de usos, y tantos nombres hermosos, el simple hecho de hablar de *cocadas, muéganos, cajetas, chiclosos,* y *jamoncillos*, dejaría a cualquier persona con los ojos muy abiertos en espera. *Identifique el país lleno de confiteros y consumidores de golosinas. (Los habitantes antiguos de este país también eran golosos, y endulzaban sus bebidas y postres con miel de avispas, frutas del cacto, y azúcar de almidón de maíz.)

147) *A healthy alternative* to artificial sweeteners, this sweet plant from Paraguay is also used as a medicinal and beauty treatment. *Identify the sweetener that has been gaining popularity in the United States over the last ten years, and was first used by the native Guarani and Mato Grosso Indians of Paraguay.
Como sustancia sana que puede reemplazar a los dulcificantes

artificiales, esta planta dulce del Paraguay también se usa como tratamiento de belleza y medicinal. *Identifique el dulcificante que, en los diez últimos años, goza de una popularidad creciente en los Estados Unidos, y que fue usado originariamente por los indios indígenas Guarani y Mato Grosso del Paraguay.

148) **Unique to Spain,** the *bandurria* is often used for the performance of outdoor music. *The instrument is a:
   a) short necked, pear shaped stringed instrument.
   b) goat skin drum similar to a conga drum.
   c) a keyed woodwind instrument, often called a *Spanish flute*.

Particular a España, *la bandurria* **se usa frecuentemente para tocar música al aire libre. El instrumento es:**
   a) un instrumento de cuerdas en forma de pera y con mango corto.
   b) un tambor hecho de piel de cabra semejante a un tambor conga.
   c) un instrumento de viento de madera con llaves, generalmente llamado *flauta española*.

149) **It is a form of the Spanish lyrical theatre** in which song is intermingled with spoken dialogue. Its name is derived from the so-called fiestas held at this royal palace near Madrid for the entertainment of King Philip IV and his Court, generally to celebrate some important event in the royal household. *El Laurel de Apolo* (1657), a new comedy by Pedro Calderón de la Barca, with music by Juan de Hidalgo, traditionally symbolizes the birth of this new musical genre which had become known as what in Spain?

Es una forma del teatro lírico español en que alternativamente se declama y se canta. Su nombre deriva de las supuestas fiestas que habían tenido lugar en cierto palacio real cerca de Madrid para la diversión del rey Felipe IV y su corte, generalmente para celebrar algún acontecimiento importante en la Corte. *El Laurel de Apolo* **(1657), una comedia nueva por Pedro Calderón de la Barca, con música por Juan de Hidalgo, simboliza por tradición el nacimiento de este género nuevo de música. ¿Por cuál nombre empezó a ser conocido este género de música en España?**

150) *Name the Latin American dance* that is marked by rhythmic stamping or tapping of the feet.

¿Cómo se llama el baile latinoamericano que se distingue por el zapateo o por zapatazos rítmicos?

151) **Identify this Native American word** (Nahuatl), slightly altered by

the Spanish, and now used in the English language to describe mashed avocados seasoned with condiments.

Identifique esta palabra indioamericana (Náhuatl), que los españoles modificaron, y que se emplea hoy día en inglés para describir un puré de aguacates sazonado con condimentos.

152) *Born in Los Angeles* in 1965, his early ambition was to become a professional baseball player. He was among Hollywood's most popular young stars during the late 1980s and 1990s. He is especially known for his convincing roles in *Major League* (1989) and the sequel *Major League II* (1994). Other films include *Young Guns, Hot Shots!*, and *Navy Seals.* *Who is this popular screen actor whose father and brother are also actors?

Nacido en Los Angeles en 1965, su primera ambición fue llegar a ser un jugador de béisbol profesional. Figuró entre las más populares estrellas jóvenes de Hollywood a fines de los años ochenta y durante los años noventa. Es sobretodo famoso por sus papeles convincentes en *Major League* (1989) y su continuación, *Major League II* (1994). Entre sus otras películas se incluyen *Young Guns, Hot Shots!*, y *Navy Seals.* *¿Quién es este popular actor de cine cuyo padre y hermano son también actores?

153) *Ricky Martin's Livin' La Vida Loca,* was the number one male artist hit single for what year?
    a) 1997 b) 1999 c) 2001
Livin' la vida loca por Ricky Martin fue la mejor canción de éxito por un cantante. ¿De qué año fue este éxito?
    a) 1997 b) 1999 c) 2001

154) *Born in Guadalajara,* Mexico in 1927, she first arrived in Hollywood as a Mexican newspaper columnist, following a career in Mexican movies. Rediscovered in Hollywood, she played sensuous, exotic leads and supporting roles in a variety of motion pictures. She was nominated for an Academy Award for best supporting actress in the 1954 movie, *Broken Lance.* *Identify this actress whose other memorable roles include *High Noon* (1952) with Gary Cooper and *One-Eyed Jacks* (1961) with Marlon Brando. (Hint: Married to actor Ernest Borgnine from 1959-1964.)

Nacida en Guadalajara, México en 1927, esta actriz llegó originariamente en Hollywood como periodista mexicana después de haber seguido una carrera en el cine mexicano. Descubierta de nuevo en Hollywood, desempeñaba sensuales y exóticos papeles

principales y secundarios en una variedad de películas. Fue propuesta como candidata para un premio Academy a la Mejor Actriz Secundaria en la película *Broken Lance* (1954). *Identifique a esta actriz cuyos otros papeles memorables incluyen *High Noon* (1952) con Gary Cooper y *One-Eyed Jacks* (1961) con Marlon Brando. (Clave: El actor Ernest Borgnine fue su marido de 1959 a 1964.)

155) *This vibrant actress and singer* was born in the Bronx, NY in 1970. She made her film debut in *Mi Familia/My Family*, but gained the attention of critics with her portrayal of the late Latino music star Selena in 1997, earning her a Golden Globe nomination for Best Actress. She first appeared in Hollywood as a dancer on the 1990 comedy show, *In Living Color*. Her more notable films include *Anaconda* (1997), *The Cell* (2000), *The Wedding Planner* (2001), *Angel Eyes* (2001), and *Maid in Manhattan* (2002). *Identify this talented leading lady.

Esta actriz y cantante enérgica nació en el distrito Bronx de Nueva York en 1970. Se había estrenado en el cine con *Mi familia / My Family,* pero llamó la atención de los críticos por su representación de la difunta estrella latina Selena en 1997, por la cual fue propuesta como candidata para el premio Golden Globe a la Mejor Actriz. Apareció por primera vez en Hollywood como bailarina en la comedia, *In Living Color* (1990). Sus películas más notables incluyen *Anaconda* (1997), *The Cell* (2000), *The Wedding Planner* (2001), *Angel Eyes* (2001), y *Maid in Manhattan* (2002). *¿Quién es esta primera actriz talentosa?

156) *Born in the Texas town* of San Benito, near the Rio Grande, Báldemar Huerta was one of the first singers to popularize Tejano, or the Tex/Mex sound, to mainstream American music. In 1975, his signature song, *Before the Next Teardrop Falls,* hit number one on Billboard's pop and country charts. An earlier hit from 1960, *Wasted Days and Wasted Nights,* was remade and again became a hit. For his blockbuster hits, Billboard named him Best Male Artist of 1975. Other hits of his include *Secret Love* and *You'll Lose a Good Thing.* *Identify this singer's more familiar stage name.

Nacido en el pueblo tejano de San Benito, cerca del Río Grande, Báldemar Huerta fue uno de los primeros cantantes en popularizar la música tejana, o el sonido tejanomexicano, y en introducirla definitivamente en la corriente principal de la música americana. En 1975, su canción característica, *Before the Next Teardrop Falls*, se clasificó en primer lugar en la clasificación de música pop y country de Billboard. Un éxito anterior, datando de 1960, *Wasted Days and Wasted Nights*, fue rehecho y una vez más llegó a ser un éxito. Con respecto a sus grandes éxitos de taquilla, Billboard le nombró Mejor Artista Masculino de 1975. Sus otros éxitos incluyen *Secret Love*, y *You'll Lose a Good Thing*. *Identifique el mejor conocido nombre de artista de este cantante.

157) *Half English and half Costa Rican,* this attractive, dark-haired leading lady was born in Los Angeles in 1958. A graduate of USC, she began her career in the theater in California. Entering the movies in the late 80s, her more memorable films include *Stakeout* (1987), *The Two Jakes* (1990), *The Last of the Mohicans* (1992), *12 Monkeys* (1995), and *The General's Daughter* (1999). *Who is she?

Mitad inglesa, mitad costarricense, esta atractiva primera actriz morena nació en Los Angeles en 1958. Como diplomada en la Universidad de California del Sur (USC), empezó su carrera teatral en California. Se estrenó en el cine a fines de los años ochenta, y sus películas más memorables incluyen *Stakeout* (1987), *The Two Jakes* (1990), *The Last of the Mohicans* (1992), *12 Monkeys* (1995), y *The General's Daughter* (1999). *¿Quién es?

158) *Born in Panama City* in 1948, this actor, singer, and musician was an attorney for Panama's National Bank before entering show business in 1975. In the late 70s, he emerged as a popular salsa vocalist and bandleader. In the 1980s, he started appearing in motion pictures and received critical acclaim for his role in *Crossover Dreams* (1985). His films include *The Milagro Beanfield War* (1988), *Predator 2* (1990), *Cradle Will Rock* (1999), and *All the Pretty Horses* (2000). *Identify this multi-talented Panamanian American.

Nacido en la Ciudad de Panamá en 1948, este actor, cantante y músico fue abogado en el Banco Nacional de Panamá antes de meterse en el mundo del espectáculo en 1975. A fines de los años setenta, surgió como popular vocalista de salsa y director de orquesta. En los años ochenta, empezó a aparecer en el cine y fue aclamado por los críticos por su papel en *Crossover Dreams* (1985). Sus películas incluyen *The Milagro Beanfield War* (1988), *Predator 2* (1990), *Cradle Will Rock* (1999), y *All the Pretty Horses* (2000). *¿Quién es este panameño-americano de varios talentos?

159) *Glorita Fajardo* was born in Cuba and emigrated to Miami, when she was two years old. With record sales of over sixty million, she is considered one of the most popular crossover performers in Latin music

history. She has been awarded two Grammys and six platinum albums, and is recognized as one of the most positive role models in the music industry. *Who is she?

Glorita Fajardo nació en Cuba y emigró a Miami, cuando tenía dos años de edad. Con ventas de discos de más de sesenta millones, figura entre los más populares artistas de la historia de la música latina en popularizarse además en la corriente principal de la música norteamericana. Se le han concedido dos premios Grammy y seis álbumes al nivel platino, y se le reconoce como uno de los más enérgicos modelos a imitar en el mundo de la música. *¿Quién es?

160) *A journalist and well-known talk-show host,* he was responsible for several of the highest rated television specials ever produced. His syndicated special concerning the infamous Al Capone's long-sealed vault still holds the record as television's highest-rated special. He first became nationally known as host and correspondent for *Good Night America* and later *Good Morning America* (1973-1976). From there he went on to work for *20/20* (1978-1985), where his special report concerning Elvis Presley's prescription drug use became the highest rated show in 20/20's history. *Identify this seasoned television veteran, who in 1997, signed a $30 million contract with NBC as a news journalist.

Como periodista y conocido presentador de un programa de entrevistas, esta figura fue responsable de varios de los mejores programas especiales de la televisión, según clasificación televisiva, que jamás se hayan producido. Su programa especial sindicato sobre el infame Al Capone, y su mausoleo cerrado desde hace mucho tiempo, ya tiene el récord, según clasificación televisiva, como el más sobresaliente programa especial de la televisión. Esta figura llegó a ser conocida al nivel nacional, primero como presentador y corresponsal del programa *Good Night America*, y más tarde en el programa *Good Morning America* (1973-1976). Desde allí, siguió con su carrera trabajando en el programa *20/20* (1978-1985), del cual su informe especial sobre el consumo abusivo de las drogas de receta de Elvis Presley llegó a ser el mejor programa de la historia de 20/20. *Identifique a este experimentado veterano de televisión, quien en 1997 firmó un contrato por treinta millones de dólares con la NBC como periodista televisivo.

161) *Born in Jalisco, Mexico,* Vicente Fernández is the current and undisputed king of this traditional form of Mexican music, as well as a living legend and icon of Mexican culture. His rise to stardom began in

the 1970s with his hit song, *Volver volver*, and has continued to today. His career has produced more than 60 albums, record sales of over 45 million, numerous Grammy nominations, and dozens of hit singles. *Identify the form of Mexican music with which Vicente Fernández is associated.

Nacido en Jalisco, México, Vicente Fernández es el indiscutible rey actual de esta forma tradicional de música mexicana, y además es una legendaria figura viviente e ídolo de la cultura mexicana. Empezó su ascendencia al estrellato en los años setenta con su canción de éxito, *Volver volver,* y sigue ascendiendo hoy día. Su carrera ha producido más de sesenta álbumes, ventas de discos de más de 45 millones, varias candidaturas para premios Grammy, y docenas de canciones de éxito. *Identifique la forma de música mexicana con que se asocia Vicente Fernández.

162) *This familiar leading lady* made her movie screen debut with a small part in the 1978 film, *King of the Gypsies*. From there she went on to appear in a host of popular releases throughout the 1980s and 90s, including *Fort Apache the Bronx* (1981), *Total Recall* (1990) with Arnold Schwarzenegger, *Falling Down* (1993), *Don Juan DeMarco* (1995), and *ConAir* (1997). *Who is this accomplished actress, who was born in the Bronx, NY, in 1958? (Hint: Married to actor David Caruso.)

a) María Henríquez b) Rachel Ticotin c) Anita Colón

Esta primera actriz conocida se estrenó en el cine desempeñando un pequeño papel en la película *King of the Gypsies* (1978). Después, siguió con su carrera apareciendo en gran número de estrenos populares durante los años ochenta y noventa, incluso *Fort Apache the Bronx* (1981), *Total Recall* (1990) con Arnold Schwarzenegger, *Falling Down* (1993), *Don Juan DeMarco* (1995), y *ConAir* (1997). *¿Quién es esta actriz consumada que nació en el distrito Bronx, Nueva York, en 1958? (Clave: Está casada con el actor David Caruso.)

a) María Henríquez b) Rachel Ticotín c) Anita Colón

163) *A staple food,* prepared in a multitude of styles throughout the Latin American world, give the American Spanish name for this seed of any of various erect or climbing leguminous plants.

Dé el nombre hispanoamericano de este alimento básico, que se prepara en gran número de estilos por toda Latinoamérica y cuya semilla procede de cualquiera de varias plantas leguminosas que trepan o crecen verticalmente.

164) *This legendary US folk singer* and peace activist was born on Staten

Island, NY, in 1941. With her pure soprano voice, she popularized traditional American and English folk songs in the early 1960s, and helped Bob Dylan at the beginning of his career. Nominated for six Grammy Awards during her career, she has eight gold albums, including *Any Day Now, Woodstock,* and *Diamonds & Dust.* Among her many hit singles were, *The Night They Drove Old Dixie Down,* which went gold in 1971. She will always be remembered for her rendition of *We Shall Overcome,* the anthem of the civil-rights movement, of which she was a dynamic part, including her opposition to the Vietnam War. *Identify this Mexican-American folk music legend.

Esta legendaria cantante de música folklórica y activista de paz nació en Staten Island, Nueva York, en 1941. Con su pura voz de soprano, popularizó tradicionales canciones folklóricas norteamericanas e inglesas a principios de los años sesenta, y ayudó a Bob Dylan al principio de su carrera. Como candidata para seis premios Grammy durante su carrera, tiene ocho álbumes al nivel oro, incluso *Any Day Now, Woodstock,* y *Diamonds & Dust.* Sus numerosas canciones de éxito incluyen *The Night They Drove Old Dixie Down,* que llegó al nivel oro en 1971. Siempre se le recordará a ella por su interpretación de *We Shall Overcome,* el himno del movimiento de derechos civiles, en el cual ella participaba de una manera dinámica, incluso su desacuerdo con la Guerra de Vietnam. *¿Quién es esta legendaria figura de la música folklórica mexicoamericana?

165) *This Cuban American* has helped tens of thousands through his syndicated television home improvement show, *This Old House.* *Identify the host who has won two Emmy Awards and co-authored several books on related topics.

Este cubanoamericano ha ayudado a decenas de miles de personas a través de su programa televisivo sindicato, *This Old House,* cuyo tema es cómo hacer reformas en una casa. *Identifique al presentador que ha ganado dos premios Grammy, y quien es coautor de dos libros con temas de la misma índole que su programa televisivo.

166) *Film production* in this South American country was almost nonexistent until the 1950s. Two award winning documentaries by director Margot Benacerraf, *Reverón* (1952) and *Araya* (1958) gave birth to a blossoming film industry that eventually garnered official state support and funding. The government of this country joined other Latin American nations in establishing a common market where films could be traded freely among member states. One of this nation's major universities, long

involved in film production and technical training, now hosts a major biennial national film festival. Over the last twenty years, this country has produced a number of award winning directors, including Alfredo Anzola, *Shrimp Cocktail* (1983), Carlos Azpurúa, *Shoot to Kill* (1992), Leonardo Henríquez, *Tender Is the Night* (1992), and Augusto Pradelli, *Hollywood* (1991). *Identify the South American country that now has an important national feature film industry.

La producción cinematográfica en este país sudamericano no existía antes de los años cincuenta. Dos documentales premiados y dirigidos por Margot Benacerraf, *Reverón* (1952), y *Araya* (1958), habían dado origen a una próspera industria cinematográfica que, con el tiempo, consiguió fondos y el apoyo oficial del Estado. El gobierno de este país se unió con otros países latinoamericanos para establecer un mercado común en que los Estados miembros podrían cambiar películas de una manera libre unos con otros. Una de las universidades más importantes de este país, trabajando en la producción cinematográfica y la capacitación técnica desde hace mucho tiempo, es la organizadora actual de un importante festival de cine bienal al nivel nacional. En el transcurso de los veinte últimos años, este país ha engendrado a un número de directores galardonados, incluso Alfredo Anzola, *Shrimp Cocktail* (1983), Leonardo Henríquez, *Tender is the Night* (1992), y Augusto Pradelli, *Hollywood* (1991). *Identifique el país sudamericano que actualmente tiene una importante industria cinematográfica nacional que produce películas de largo metraje.

167) *What is the name* of the popular Mexican dish of marinated, grilled meat served in a tortilla?

¿Cómo se llama el plato mexicano popular de carne adobada y asada a la parrilla, servida con tortillas o envuelta en una tortilla?

168) *The sobremesa* usually follows the midday or evening meal, especially when guests are present. *Define the *sobremesa*.

Por lo general, *la sobremesa* viene después del almuerzo o después de la cena, especialmente cuando hay invitados. *¿Cuál es el significado de la palabra *sobremesa*?

169) *Porteño* is a term used in this country, and refers to classic European cuisine with a local touch. Three dishes created in this South American capital city explains the use of this term. *Revuelto gramajo* is a scrambled egg dish with crisp potatoes, ham, and chicken. The second is *Milanesa napolitana*, a breaded veal cutlet with a slice of cheese and

ham covered with tomato sauce, then put in the oven until the cheese melts. The third is the *caramel apple pancake*. *In what South American city were these culinary treasures first created?

El término *porteño se* usa en este país para referirse a la cocina europea clásica con adaptaciones locales. Tres platos creados en esta ciudad capital sudamericana ilustran el uso de este término. *Revuelto gramajo* es un plato de huevos revueltos con papas fritas, jamón, y pollo. El segundo plato es *Milanesa napolitana*, un escalope de ternera empanado con una lonja de queso y jamón, cubierto de salsa de tomate, y puesto en el horno hasta que se derrita el queso. El tercer plato es un *panqueque de manzana con salsa de caramelo*. *¿En cuál ciudad sudamericana se crearon originariamente estos tesoros culinarios?

170) **This Spanish virtuoso guitarist** is regarded as the best guitar concert player of all time. He adapted many classical pieces of J. S. Bach to the guitar and is responsible for rehabilitating the guitar as a concert instrument. His artistry did much to promote the music of Spain, and such composers as Ponce, Castelnuovo-Tedesco, de Falla, and Villa-Lobos composed some of their best-known music for him. *Name this legendary figure whose name is synonymous with guitar-playing excellence.

Se reconoce a este guitarrista virtuoso de origen español como el mejor guitarrista de concierto que jamás se haya conocido. Adaptó a la guitarra muchas piezas clásicas de J.S. Bach, y es responsable de haber restablecido la guitarra como instrumento de concierto. Su arte hizo mucho para promover la música de España, y compositores como Ponce, Castelnuovo-Tedesco, de Falla, y Villa Lobos compusieron para él algunas de sus piezas de música mejor conocidas. *¿Cómo se llama esta legendaria figura cuyo nombre es sinónimo de la guitarrista por excelencia?

171) *Identify* the term "cafeita" in English.
Identifique en inglés lo que significa el término «cafeita.»

172) *Give the Spanish term* used to describe Caribbean or creole food.
Dé el término español que se usa para describir comida criolla o comida del Caribe.

173) **Based on the great novel** *Don Quixote (de la Mancha, El Ingenioso Hidalgo)* by Miguel de Cervantes Saavedra, this award winning Broadway musical play and subsequent motion picture, moved audiences across the world to *Dream the Impossible Dream*. For many, it personifies romantic idealism in its purest form. *Identify the musical play that first

appeared on Broadway in 1965 and won five Tony awards, including Best Musical.

Basada en la gran novela Don Quijote (*de la Mancha, El Ingenioso Hidalgo*) **por Miguel de Cervantes Saavedra, esta premiada obra de teatro musical en Broadway y la película subsiguiente, indujeron a la pública en el mundo entero a soñar con el sueño imposible. Para mucha gente, esta obra personifica el idealismo romántico en su forma más pura. *Identifique la obra de teatro musical que se estrenó en Broadway en 1965, y la cual ganó cinco premios Tony, incluso uno a la Mejor Producción Musical.**

174) *Comedian/actor Paul Rodriguez* and actress Wanda De Jesús star with Clint Eastwood in this critically acclaimed 2002 suspense thriller filmed in Southern California. *Identify the movie based on the best selling novel by Michael Connolly.

El cómico y actor, Paul Rodríguez, y la actriz, Wanda De Jesús, con Clint Eastwood son protagonistas de esta película escalofriante de «suspense» de 2002 aclamada por los críticos y rodada en California del Sur. *Identifique la película basada en la novela y el éxito de librería por Michael Connolly.

175) *Elmer Figueroa Arce* was born in Puerto Rico in 1968. He debuted as a singer with the group *Los Chicos (The Boys)*, one of the most acclaimed young singing groups of the 80s that appealed especially to young Latina adolescents. His first album, in 1987 with Sony Music International, was extremely successful. Among the album's major hits were *Tu pirata soy yo/I am Your Pirate*, and *Este ritmo se baila así /This Rhythm is Danced Like This*. A second album recorded the same year, featuring the hits *Fiesta en America/Party in America* and *Para tenerte otra vez/In Order to Have You Again*, was nominated for a Grammy for Best Latin Pop Performance. As his recording career skyrocketed throughout the 90s, so has his acting career. Among his major accomplishments was a starring role in the US film *Dance with Me* with Vanessa Williams. *Who is this Latin heart throb known by his single name?

Elmer Figueroa Arce nació en Puerto Rico en 1968. Se estrenó como cantante con el conjunto *Los Chicos,* uno de los más aclamados conjuntos de cantantes jóvenes de los años ochenta, interesando sobretodo a jóvenes latinas adolescentes. Su primer álbum, en 1987 con Sony Music International, fue un gran éxito. Entre los grandes éxitos del álbum se incluyen *Tu pirata soy yo / I Am Your Pirate*, y *Este ritmo se baila así / The Rhythm is Danced Like This*. Un segundo

álbum grabado en el mismo año, presentando los éxitos *Fiesta en América / Party in America* y *Para tenerte otra vez / In Order to Have You Again*, figuraba en la lista para un premio Grammy a la Mejor Interpretación de Música Pop Latina. En su carrera de grabación, esta figura ascendió rápidamente en los años noventa, e igual ocurrió con respecto a su profesión de actor. Entre sus logros más importantes se incluyen su papel como protagonista en la película estadounidense *Dance with Me* con Vanessa Williams. *¿Quién es este guapetón latino conocido por un solo nombre?

176) *Define the food term* "cuchifritos" into English. (Hint: A popular snack food in Puerto Rico)
Defina en inglés la palabra «cuchifritos» que se refiere a una comida. (Clave: Es un bocado popular en Puerto Rico.)

177) *The danza* is a term used for this popular dance in what Central American country?
    a) Guatemala b) El Salvador c) Panama
La «danza» es un término empleado para referirse a este baile centroamericano popular. ¿De cuál país centroamericano procede este baile?
    a) Guatemala b) El Salvador   c) Panamá

178) *Not only has this Latin Pop superstar* sold more records than any other salsa artist, but he has also earned platinum status with his self-titled English language album. This multitalented entertainer has starred in a Broadway production, *The Capeman,* as well as on film, in Martin Scorsese's *Bringing Out the Dead.* *Identify the popular Puerto Rican American who has sold out Madison Square Garden five times.
Además de haber vendido más discos que cualquier otro artista de salsa, esta superestrella de música pop latina ha conseguido el nivel platino con su autotitulado álbum en idioma inglés. Este artista de varios talentos ha actuado como protagonista en una producción de Broadway, *The Capeman,* y también en una película, *Bringing Out the Dead* por Martin Scorsese. *Identifique a este puertorriqueño-americano popular, cuyas funciones atrajeron un éxito de taquilla en cinco ocasiones en Madison Square Garden.

179) *Among the leading motion picture directors* from this country since 1950 include Santiago Alvarez, Tomás Gutiérrez Alea, Sergio Giral, Manuel Octavio Gómez, and Humberto Solas. *Identify the country these film directors are from.
Entre los principales directores cinematográficos de este país se

incluyen, desde 1950, Santiago Alvarez, Tomás Gutiérrez Alea, Sergio Giral, Manuel Octavio Gómez, y Humberto Solas. *Identifique el país de donde proceden estos directores cinematográficos.

180) *Espresso or cappuccino* is generally served in this type of cup and drunk only after a dinner or supper. *Name the cup.

El café exprés o el «capuchino» se sirve por lo general en este tipo de taza y se toma sólo después de la cena. *¿Cómo se llama la taza?

181) *Born Ramon Samaniegos* in Durango, Mexico, in 1899, he was a romantic idol of Hollywood silent films during the 1920s. His most famous movie performance was the lead role in the monumental production of *Ben-Hur* in 1925. *Who was this silent era movie star?

Nacido en Durango, México en 1899, Ramón Samaniegos fue un ídolo romántico de las películas mudas de Hollywood en los años veinte. En su película más famosa, actuó como protagonista en la gran producción de *Ben-Hur* en 1925. *¿Quién fue esta estrella de las películas mudas?

182) *This Spanish word* has several meanings. The term is used in English and Spanish to describe a loose, waist-length jacket open at the front, or a Spanish dance characterized by sharp turns, stamping of the feet, and sudden pauses in a position with one arm arched over the head. Also for music in three quarter time for, or suitable for, this type of dance. *Identify this versatile term.

Esta palabra española tiene varios sentidos. El término se usa en inglés y en español para describir una chaquetilla suelta abierta por la parte delantera, o para describir un baile español que se distingue por movimientos bruscos, el zapateo, y pausas inesperadas con el brazo del bailador arqueado sobre la cabeza. Además, este término se usa para describir música al compás tres por cuatro que es también apta para este tipo de baile. *Identifique este término que tiene varios sentidos.

183) *Spanish bars usually serve,* in addition to alcoholic and nonalcoholic beverages, a wide variety of hors d'oeuvres displayed in glass counters. *What is the Spanish name for these food items?

Además de servir bebidas alcohólicas y nonalcohólicas, los bares españoles sirven una gran variedad de entremeses que se exhiben en las vitrinas de los mostradores. ¿Cuál es la palabra española para esta clase de comida?

184) *This Spanish composer* was born in Lérida, Spain in 1867. After

studying piano and composition in Barcelona and Paris, he won distinction as a pianist and great popularity in Spain for his composing contributions to zarzuela. His ten *Danzas españolas* (Spanish Dances) were extremely popular both in their original piano version and in various instrumental, and orchestral arrangements. His opera, *Goyescas*, was first performed at the Metropolitan Opera in New York in 1916. That same year, he was drowned in the English Channel when his ship, on which he was returning home from his opera premier in New York, was torpedoed during WW1. *Who was this great Spanish composer and pianist?

a) Enrique Granados b) Orlando Velez c) Benito García

Este compositor español nació en Lérida, España en 1867. Después de haber estudiado el piano y la composición en Barcelona y en París, se distinguió como pianista y se popularizó mucho en España por sus composiciones de música de zarzuela. Sus diez *Danzas españolas* fueron sumamente populares en su versión original para el piano y en sus varias adaptaciones instrumentales y orquestales. Su ópera, *Goyescas*, se estrenó en la Opera metropolitana en Nueva York en 1916. Ese mismo año, esta figura se ahogó en el Canal de la Mancha cuando su vapor, al regresar de su estreno operístico en Nueva York, fue torpedeado durante la Primera Guerra Mundial. *¿Quién fue este gran compositor y pianista español?

a) Enrique Granados b) Orlando Velez c) Benito García

185) *Restaurants in the Hispanic world* almost exclusively list their fares according to a menu that prices each item separately. *What is the international term for this?

Los restaurantes del mundo hispánico listan sus platos casi exclusivamente en una carta que lista el precio de cada plato por separado. *¿Cuál es el término internacional para describir esto?

186) *In 1996, he introduced his first album,* an appealing collection of Spanish language songs that earned him a Grammy Award, sold over six million copies, and made him an international superstar. *Identify the charismatic singer who, over the last seven years, has sold over 30 million albums and performs before wild sold-out audiences anywhere he tours. (Hint: Son of another superstar singer, several of his hit songs include *Cosas del amor, Bailamos, Hero,* and *Don't Turn off the Lights.*)

En 1996, este cantante había introducido su primer álbum, una colección atractiva de canciones en español, la cual le ganó un premio Grammy, teniendo por resultado ventas de más de seis millones de copias, y su conversión en una superestrella internacional.

*Identifique a este cantante carismático que, en el transcurso de los siete últimos años, ha vendido más de 30 millones de álbumes, y quien canta delante de un auditorio frenético durante funciones llenas en cualquier sitio de su gira. (Clave: Es el hijo de otra superestrella y cantante, y entre sus canciones de éxito se incluyen *Cosas del amor, Bailamos, Hero* y *Don't Turn off the Lights*.)

187) *It is the Spanish language equivalent* to *Bon appétit* in French, or *Buon appetito* in Italian. *What is the Spanish term?

En español equivale al dicho *Bon appétit* en francés o *Buon appetito* en italiano. *¿Cuál es el dicho español?

188) *This actress is most famous* as television's *Wonder Woman* during the 80s. *Identify the tall, beautiful brunette who was born in Phoenix, AZ, in 1951.

Esta actriz es sobretodo famosa por su papel televisivo como *Wonder Woman* durante los años ochenta. *Identifique a esta morena alta y hermosa que nació en Phoenix, Arizona en 1951.

189) *Born in 1947, this native of Autlán de Navarro*, Mexico moved with his family to San Francisco, CA. This guitar-playing musical legend has a gift of blending blues, rock, and Afro-Cuban rhythms which has kept him on the music charts for more than thirty years. After appearing at Woodstock in 1969, his band released its first hit album. Following this came a series of gold and platinum albums throughout the 70s, 80s, and 90s. *Identify this music legend and the title of his 1999 hit album which won eight Grammy Awards and sold over ten million copies.

Nacido en 1947, este natural de Autlán de Navarro, México, se mudó con su familia a San Francisco, California. Este legendario guitarrista tiene el don de mezclar la música «blues», la música «rock», y los ritmos afrocubanos, permitiéndole guardar su sitio en la lista de éxitos de música durante más de treinta años. Después de haber aparecido en Woodstock en 1969, su conjunto estrenó su primer álbum de éxito. Después, había una serie de álbumes a los niveles oro y platino durante los años setenta, ochenta y noventa. *Identifique a esta figura legendaria del mundo de la música y el título de su álbum de éxito de 1999, el cual ganó ocho premios Grammy y del cual se vendió más de diez millones de copias.

190) *The lechón,* or roast suckling pig, is a specialty of what Caribbean country?

    a) Puerto Rico b) Cuba c) Dominican Republic

¿De cuál país del Caribe es el lechón o el lechón asado una especialidad?

a) Puerto Rico b) Cuba c) La República Dominicana

191) *The highly acclaimed movie, Y tu Mamá también*, by this Mexican director leaps beyond the usual themes of sexual awakening to examine class differences, homophobia, and the nature of machismo in Mexico. *Its respected director is:

a) Pablo Rubio b) Alfonso Cuarón c) Jaime Balboa

(Note: Along with brother Carlos, they have both been nominated for a 2003 Original Screenplay Academy Award.)

La película célebre, *Y tu mamá también,* por este director mexicano se desvía de los temas corrientes del despertar sexual para examinar las diferencias entre las clases, la homofobia, y la naturaleza del machismo en México. *El estimado director es:

a) Pablo Rubio b) Alfonso Cuarón c) Jaime Balboa

(Nota: Su hermano Carlos y él han sido los dos propuestos como candidatos para un premio Academy al Mejor Guión Original de 2003.)

192) *The Benedictine monks* of Santo Domingo de Silos sing, in Latin, these sublime repetitive liturgical melodies in praise of God. They have done this for the past fifteen hundred years, seven times a day, every day of the year. *Identify this form of music, whose name comes from Pope Gregory I (590-604), who commanded that a way be found to collect and preserve the singing of the monks.

Los monjes benedictinos de Santo Domingo de Silos cantan en latino estas sublimes melodías litúrgicas reiterativas en alabanza de Diós. Lo hacen desde los quinientos últimos años, siete veces por día, cada día del año. *Identifique esta clase de música, cuyo nombre procede del nombre del Papa Gregorio I (590-604), quien ordenó que se encontrara una manera de juntar y conservar los cantos de los monjes.

193) *In the Latin world,* the main meal of the day is usually eaten between one and three o'clock in the afternoon. Normally, one and a half to two hours are reserved for this meal. *Identify one of the two names given to describe this meal.

En el mundo latino, la comida principal del día se toma entre la una y las tres de la tarde. Normalmente, se reserva entre una hora y media y dos horas para esta comida. *Identifique uno de los dos términos españoles empleados para describir esta comida.

194) *Elvira de Hidalgo* (1891-1980), a Spanish coloratura soprano, made her debut at the Metropolitan Opera House in 1910, after studying in Barcelona and Milan. Her successful career took her around the world, where she appeared at the leading houses on three continents. She retired to Athens in 1932 to train promising voices for the grand opera. Among her pupils was one of the foremost sopranos of the 20th century. *Who was she? (Hint: A onetime friend of shipping magnate, Aristotle Onassis.)

Elvira de Hidalgo (1891-1980), soprano de coloratura de origen español, se estrenó en la Opera metropolitana en 1910, después de haber estudiado en Barcelona y en Milán. Estando de gira, dio la vuelta al mundo durante su carrera exitosa y apareció en los mayores teatros de ópera de tres continentes. Se jubiló en 1932, mudándose a Atenas para educar a cantantes con voces prometedoras para la gran ópera. Entre sus alumnos se incluyen uno de los primeros sopranos del siglo veinte. *¿Quién fue? (Clave: Fue una antigua amiga del magnate marítimo, Aristóteles Onassis.)

195) *At the age of thirteen,* this Colombian singing marvel signed her first contract with Sony Music Columbia, and released her first album, *Magia (Magic).* Of Hispanic and Lebanese descent, this Latin Pop sensation is a major force throughout Latin America and considered the best female songwriter in Latin America. Going multi-platinum in the US, Argentina, Colombia, Chile, Central America, Mexico, and Spain, her newest album, *Laundry Service,* is her first English language venture that will turn the pop world on its head. *Who is this multitalented, three-time Grammy Award winner known by a single name?

A los trece años de edad, esta maravillosa cantante colombiana firmó su primer contrato con Sony Music Columbia, y estrenó su primer álbum, *Magia* (Magic). De descendencia hispánica y libanesa, esta sensacional cantante de música pop latina ejerce una influencia poderosa sobre toda Latinoamérica, y se le reconoce como la mejor autora de canciones de Latinoamérica. Al nivel multiplatino en los Estados Unidos, La Argentina, Colombia, Chile, Centroamérica, México y España, su álbum más nuevo, *Laundry Service,* es su primera empresa en inglés que pondrá boca abajo el mundo de la música pop. *¿Quién es esta cantante de varios talentos y ganadora de tres premios Grammy, la cual se conoce por un solo nombre?

196) *Perhaps one of the most famous* rock and roll musicians of all time, he was born in San Francisco in 1942. The name of his band is

recognizable around the world for its blend of pop, rock, bluegrass, and folk. The band's loyal fans are famous for following the group on tour. His band's more notable albums include *Workingman's Dead* (1970), *American Beauty* (1970), and *Blues for Allah* (1975. *Identify this well-known musician/songwriter. (Hint: The Ben & Jerry ice cream company name a flavor in his honor.)

Quizás uno de los músicos de «rock and roll» más famosos que jamás se hayan conocido, nació en San Francisco en 1942. El nombre de su conjunto se reconoce en el mundo entero por su mezcla de música pop, «rock», «bluegrass» y folklórica. Los admiradores leales del conjunto son famosos por seguir al conjunto durante sus giras. Los álbumes más notables de su conjunto incluyen *Working Man's Dead* (1970), *American Beauty* (1970), y *Blues for Allah* (1975). *¿Quién es este conocido músico y autor de canciones? (Clave: En su honor, la compañía de helados Ben & Jerry ha puesto su nombre a uno de los sabores de helado.)

197) *Jacquelyn Davette Velásquez* was born in Houston Texas, in 1979. In 1995, the sixteen-year-old singer released her debut album, *Heavenly Place,* to rave reviews and certified gold sales. *Identify the music genre this singing star continues to dominate.

Jacquelyn Davette Velásquez nació en Houston, Texas en 1979. En 1995, esta cantante de dieciséis años estrenó su primer álbum, *Heavenly Place*, con relatos entusiastas y ventas seguras al nivel oro. *Identifique el género de música que esta cantante principal sigue dominando.

198) *He was a major force* in the recording business until he and his partner sold their record company (A&M Records) in 1989 for close to a half billion dollars. Beginning in the 60s, he and his band won seven Grammy Awards, starting with *The Lonely Bull*, which sold a million copies in a four month period. Dubbed *Ameriachi*, his music style was described as having a Mariachi bounce, Dixieland charm, and a hint of rock rhythms. *Identify the band and the talented musician and businessman who was born in Los Angeles in 1937. (Hint: Other mega hits include *What Now My Love, A Taste of Honey,* and *This Guy's in Love With You* with Burt Bacharach.)

Tenía mucha influencia en el mundo de la grabación hasta que su socio y él vendieron su compañía de discos (A & M Records) en 1989 por casi medio millón de dólares. A partir de los años sesenta, su orquesta y él ganaron siete premios Grammy, el primero por *The*

Lonely Bull, con ventas de un millón de copias dentro de un período de cuatro meses. Llamado *Ameriachi*, su estilo de música se describió como teniendo una vitalidad de mariachi, un encanto de Dixieland, y un toque de ritmo «rock.» *¿Cómo se llaman la orquesta y el talentoso músico y hombre de negocios que nació en Los Angeles en 1937? (Clave: Entre sus otros grandes éxitos se incluyen *What Now My Love*, *A Taste of Honey*, y *This Guy's in Love with You* con Burt Bacharach.)

199) *In the early 70s,* a band was formed by four high school friends from predominantly Hispanic East Los Angeles. They were David Hidalgo, César Rosas, Louie Pérez, and Conrad Lozano. The talented group won its first Grammy Award in 1984, in the newly instituted category of Best Mexican/American Performance. In 1987, the group was approached by director Luis Valdez - founder of the Hispanic theater troupe *El Teatro Campesino* and author of the Broadway hit *Zoot Suit* – to supply the soundtrack for a new movie he was filming entitled *La Bamba*. The movie, about the life and tragic death of Ritchie Valens, the first Hispanic rock 'n' roll star, was a big hit. But the group's movie soundtrack was an even bigger hit, selling over two million copies, with the title song reaching number one on the Billboard Hot 100 Singles chart. The group had finally arrived on a national level. The following year, they released *Pistola y el Corazón*, which won them a second Grammy Award. The group contributed to the scores of major movies such as *Desperado* (resulting in a third Grammy Award), *From Dusk Till Dawn*, *The Mambo Kings,* and *Feeling Minnesota*. *Identify the Los Angeles based group that continues to produce innovative music without forgetting its musical roots.

A principios de los años setenta, en Los Angeles del este, un barrio mayormente hispánico, cuatro compañeros de un instituto de segunda enseñanza crearon un conjunto de música. Fueron David Hidalgo, César Rosas, Louie Pérez, y Conrad Lozano. El conjunto talentoso ganó su primer premio Grammy en 1984, a la categoría nueva, Mejor Interpretación Mexicoamericana. En 1987, el director, Luis Valdez, fundador de una compañía de teatro hispánico, *El Teatro Campesino*, y autor del éxito de Broadway, *Zoot Suit*, entró en contacto con el conjunto con vistas a un acuerdo para que el conjunto produzca la banda sonora para una película nueva que él rodaba, la cual fue titulada, *La Bamba*. La película, sobre la vida y muerte trágica de Ritchie Valens, la primera estrella hispánica de «rock and roll,» fue un gran éxito. Sin embargo, la banda sonora de la película producida por el conjunto fue un éxito aún más grande, con ventas de más de dos millones de copias, y con la canción principal llegando al principio de la lista Billboard de las cien canciones de éxito bomba. El conjunto se había presentado definitivamente al nivel nacional. El año siguiente, el conjunto estrenó *Pistola y el Corazón*, ganándose un segundo premio Grammy. El conjunto trabajó en las partituras de películas importantes como *Desperado* (ganándose un tercer premio Grammy), *From Dusk Till Dawn, The Mambo Kings*, y *Feeling Minnesota*. *Identifique a este conjunto de Los Angeles, el cual sigue produciendo música innovadora sin olvidarse de sus raíces musicales.

200) *Puerto Rican-American comedian,* Freddie Prinze, was a national sensation when his sit-com premiered on NBC in 1974. Set in East Los Angeles, Prinze played a young Chicano, Chico Rodriguez, who becomes a partner in a garage. Unfortunately, toward the end of the show's third hit season, Prinze, despondent over a recent divorce, committed suicide. *Identify this popular 1970s comedy television series.

El cómico puertorriqueño-americano Freddie Prinze, era sensacional al nivel nacional cuando su comedia de enredo se estrenó en NBC en 1974. Con el escenario en Los Angeles del este, Prinze hizo el papel de un chicano joven, Chico Rodríguez, quien se hace copropietario de un garaje. Desafortunadamente, alrededor del fin de la tercera temporada televisiva de éxito, Prinze, desanimado a causa de un divorcio reciente, se suicidó. *Identifique esta popular serie televisiva de comedia de los años setenta.

201) *This Latin American superstar* appears at sold-out concerts from Argentina, Chile, and Venezuela, to Mexico and Puerto Rico. In a career that has now spanned twenty years, he has reached almost all the goals any recording artist could hope to obtain. This includes seven Grammy Awards, a star in the Hollywood Walk of Fame, the honor of singing and recording a duet with Frank Sinatra, and worldwide record sales of over 50 million. *Identify this recording artist who, for two years (2001-02), was named Billboard's Best Male Artist Latin Pop Album of the Year for *Vivo* and *Mis romances*.

Esta superestrella latinoamericana aparece en conciertos de éxito de taquilla desde la Argentina, Chile y Venezuela hasta México y Puerto Rico. Durante su carrera que dura actualmente veinte años, ha alcanzado casi todos los objetivos que cualquier artista que graba discos pudiera imaginar. Esto incluye siete premios Grammy, una

estrella en el Paseo de la Fama de Hollywood, el honor de cantar y grabar un dúo con Frank Sinatra, y ventas de discos de más de cincuenta millones al nivel mundial. *Identifique a este artista que graba discos, el cual, por dos años seguidos (2001-02), fue nombrado Mejor Artista Masculino de Música Pop Latina del Año por *Vivo* y *Mis Romances.*

202) *Born in Mexico City* and raised in Guadalajara, the son of Mexican music icon, Vicente Fernández, this star is a true singing sensation in his own right. Not only releasing such traditional ranchera hits to younger audiences as *Qué seas muy feliz, Muy dentro de mi corazón,* and *Entre tus brazos*, he has succeeded in the arena of pop music which has earned him a worldwide following, multi-platinum status, several #1 hit singles, and a Latin Grammy. *Identify the star with the trademark silky voice.

Nacido en la Ciudad de México y educado en Guadalajara, e hijo del ídolo de música mexicana, Vicente Fernández, esta estrella es un cantante sensacional por derecho propio. No solamente ha estrenado éxitos de música ranchera tradicional, dirigidos hacia un auditorio más joven, como *Qué seas muy feliz, Muy dentro de mi corazón,* y *Entre tus brazos*, sino ha tenido éxito en la esfera de música pop, lo cual le ha ganado el nivel multiplatino, aficionados en el mundo entero, varias canciones de éxito al principio de la lista de éxitos, y un premio Grammy latino. *¿Quién es esta estrella con voz suave, la cual es su marca?

203) *Known for her masterful performances* of classical and Spanish music, she has inspired guitarists worldwide for over fifty years. A four-time Grammy Award winner, this internationally renowned pianist is known for her musical interpretations of Spanish composers Enrique Granados and Isaac Albéniz. *She is:

      a) Carmen Escobar b) Marcela de la Vega c) Alicia de Larrocha

Notable por sus interpretaciones magistrales de música clásica y española, esta artista inspira a guitarristas en el mundo entero desde más de cincuenta años. Ganadora de cuatro premios Grammy, esta pianista de renombre internacional es notable por sus interpretaciones de música por los compositores españoles Enrique Granados y Isaac Albéniz. *Esta artista es:

      a) Carmen Escobar   b) Marcela de la Vega   c) Alicia de Larrocha

204) *A child prodigy,* he made his first public appearance playing and improvising at the piano in Barcelona's Teatro Romea, at the age of four.

This Spanish nationalist composer and pianist was born in 1860 in the region of Catalonia. His works include numerous zarzuelas and operas, the orchestral suites *Española* (1886) and *Catalonia* (1899-1908), and over 250 piano works, including the *Iberia* suite (1906-09). *Who was this musical genius?

a) Oscar Castilla b) Isaac Albéniz c) Fernando Ruiz

Un niño prodigio, se estrenó en público a la edad de cuatro años, tocando el piano e improvisando en el Teatro Romea de Barcelona. Este compositor y pianista de nacionalidad española nació en 1860 en la región de Catalonia. Sus obras incluyen gran número de zarzuelas y óperas, las «suites» orquestales *Española* (1886) y *Catalonia* (1899-1908), y más de 250 obras para el piano, incluso la «suite» *Iberia* (1906-09). *¿Quién fue este genio de música?

a) Oscar Castilla b)Isaac Albéniz c) Fernando Ruíz

205) Born Fernando Casado Casado Arambillet Veiga, in La Coruña, Spain in 1915, this suave Spanish character actor began his long and distinguished movie career in 1940. He appeared in several Luis Buñuel movies, including *Viridiana* (1961) and *Le Charme discret de la Bourgeoisie/The Discreet Charm of the Bourgeoisie* (1972). This international film actor is best known to American audiences for his role as the drug smuggling mastermind in the 1971 Academy Award winning movie, *The French Connection*, and its sequel. *Who was he?

Nacido con el nombre de Fernando Casado Casado Arambillet Veiga, en La Coruña, España en 1915, este suave actor de carácter de origen español empezó su larga y notable carrera cinematográfica en 1940. Apareció en varias películas por Luis Buñuel, incluso *Viridiana* (1961) y *Le charme discret de la Bourgeoisie / The Discreet Charm of the Bourgeoisie* (1972). El público norteamericano reconoce a este actor de películas internacionales principalmente por su papel del cerebro de una estratagema para el contrabando de drogas en la película que ganó un premio Academy en 1971, *The French Connection*, y en su continuación. *¿Quién fue?

206) *Identify the Spanish word* that is used to describe a gathering of people who meet, usually every day, for coffee or a liqueur and conversation. The discussions usually encompass anything from politics and sports to current events and literature.

Identifique la palabra española que se usa para describir una reunión de personas que se juntan generalmente todos los días para tomar café o licor y para conversar. Por lo general, las conversaciones tratan

de cualquier tema, desde la política y los deportes hasta las actualidades y la literatura.

207) **The Spanish word** *tortilla* has a completely different meaning in Spain than it does in Mexico and North America. *What is the meaning of "tortilla" in Spain?

El sentido de la palabra española «tortilla» es completamente diferente en España que en México y en Norteamérica. *¿Qué significa la palabra «tortilla» en España?

208) **She began her career as a child star** in Mexican television and Mexico City's theater. This multi-platinum recording artist, born in Mexico City in 1972, starred in the *Tres Marías,* a series of Mexican soap operas during the early 1990s, that propelled her to the title of *Queen of Latin Telenovelas (María Mercedes, Mari Mar, and Maria la del barrio)*. In 1999, she starred in *Rosalinda*, one of the highest rated programs in Latin American television history, and seen in 110 countries worldwide. In December of 2000, she married SONY Music CEO and chairman, Tommy Mattola, in a $3 million wedding ceremony at New York City's St. Patrick's Cathedral. *Identify this beautiful superstar, who may soon become the *Queen of Latin Pop Music*.

Esta artista empezó su carrera como niña estrella en la televisión mexicana y en el teatro de la Ciudad de México. Esta artista, que graba discos al nivel multiplatino, había nacido en la ciudad de México en 1972 y fue protagonista de las *Tres Marías,* una serie de telenovelas mexicanas al principio de los años noventa (*María Mercedes, Mari Mar, y María la del barrio*). Esta serie le ganó el título «Reina de las telenovelas latinas.» En 1999, fue protagonista de *Rosalinda*, un programa considerado como uno de los mejores en la historia de la televisión latinoamericana y televisado en 110 países en el mundo entero. En diciembre de 2000, se casó con Tommy Mattola, director general y presidente de SONY Music, en una boda, que costó tres millones de dólares, en la Catedral de San Patricio en la Ciudad de Nueva York. *Identifique a esta superestrella hermosa que pronto podría llegar a ser la «Reina de la música pop latina.»

209) **What is the Spanish word** to describe an early morning meal?
¿Cuál es la palabra española para describir una comida de madrugada?

210) **It is baked custard** with a caramel topping. *Name this popular Hispanic dessert.
Es un plato de natillas, con azúcar acaramelado, el cual se cuece en

el horno. *¿Cómo se llama este popular postre hispánico?

211) *Founded in 1974* by singer Mimi Fariña (sister of singer Joan Baez), this organization conducts over 500 free performances yearly in the San Francisco Bay Area. Over 1,200 performing artists, from amateurs to professionals, donate their time and talents on an annual basis. Their free shows reach a total audience of approximately 19,000 in convalescent homes, hospitals, AIDS facilities, homeless and senior centers, and psychiatric, rehabilitation, and correctional facilities as well as centers for abused and neglected children. *What is the name of this tremendous organization, that lost its beloved founder to cancer in 2001?

Fundada en 1974 por la cantante Mimi Fariña (hermana de la cantante Joan Baez), esta organización dirige anualmente más de 500 funciones de entrada libre en la región de la Bahía de San Francisco. Más de 1.200 artistas del mundo del espectáculo, desde aficionados hasta profesionales, donan su tiempo y su talento cada año. Estas funciones de entrada libre se presentan a un auditorio de aproximadamente 19.000 personas en total en casas de convalecencia, hospitales, facilidades para el cuidado de pacientes del SIDA, centros para personas sin hogar y para gente mayor, facilidades psiquiátricas, correccionales y de reeducación tanto como centros para niños abusados y descuidados. *¿Cómo se llama esta organización extraordinaria que perdió a su querida fundadora al cáncer en 2001?

212) *A woman of legendary beauty,* Lolita Dolores Martinez Asunsolo Lopez Negrette, was born in Durango, Mexico in 1905 and was a second cousin of silent movie star, Ramon Novarro. Though she had a successful career in American productions, she returned to Mexico to become a major star in Mexican cinema and appeared in several of director Emilio Fernandez' movies, most notably *María Candelaria* and also John Ford's *The Fugitive*. *Identify this respected actress who returned occasionally to Hollywood in the 60s to appear in such movies as *Flaming Star* and *Cheyenne Autumn*.

Mujer de legendaria belleza, Lolita Dolores Martínez Asunsolo López Negrette, nació en Durango, México en 1905 y fue prima segunda de la estrella de películas mudas, Ramón Novarro. Aunque tenía una carrera exitosa en producciones cinematográficas norteamericanas, volvió a México para llegar a ser una protagonista principal del cine mexicano, y apareció en varias películas dirigidas por Emilio Fernández, especialmente en *María Candelaria* y también en *The Fugitive* por John Ford. *Identifique a esta estimada actriz que a

veces volvía a Hollywood en los años sesenta para aparecer en películas como *Flaming Star* y *Cheyenne Autumn*.

213) *Freddie Prinze, Jr.,* the son of comedian Freddie Prinze, is an up and coming screen star. *Identify the box office hit that first brought him national fame.

Freddie Prinze hijo, cuyo padre fue el cómico Freddie Prinze, es una estrella de cine joven y prometedora. *Identifique el éxito taquillero por el cual este artista consiguió fama nacional originariamente.

214) *His father was a singer,* dancer, actor, and musician in Mexico before marrying and moving to Dallas, Texas. His son, born in Dallas in 1937, was destined for stardom as a singer, song writer, and actor. His first big break in show business came more than twenty years later while he was singing at a nightclub in Los Angeles, and was introduced to Frank Sinatra. Sinatra immediately signed him to an exclusive contract on his own record label, Reprise Records. Reprise released his first record album, which shot to #1 in the nation. Out of that album, *If I Had a Hammer*, not only was it a hit single in the US, but also in twenty-five other countries. It would ultimately sell over five million copies. Coming from a poor Dallas barrio, this Mexican American has been a major performing superstar around the world. His hit songs include *I'm Coming Home Cindy, Michael, Lemon Tree, Kansas City, America,* and the mega hit and his signature song, *La Bamba*. His movies include *Marriage on the Rocks*, the classic *The Dirty Dozen*, and *Antonio*. *Name this show business legend who also gives much of his time and talent to such worthwhile causes as the Cancer Research Foundation, Diabetes Foundation, The March of Dimes, Boy Scouts of America, and others.

Su padre fue cantante, bailarín, actor y músico en México antes de casarse y mudarse a Dallas, Texas. Su hijo, nacido en Dallas en 1937, estaba llamado a ser estrella como cantante, autor de canciones, y actor. Su primera gran oportunidad en el mundo del espectáculo llegó más de veinte años más tarde mientras cantaba en un club nocturno en Los Angeles y en donde fue presentado a Frank Sinatra. De inmediato Sinatra le hizo firmar un contrato exclusivo bajo su propia etiqueta de disco, Reprise Records. Reprise había estrenado su primer álbum de discos que se situó rápidamente en primer lugar al nivel nacional. De ese álbum, *If I Had a Hammer*, no sólo fue una canción de éxito en los Estados Unidos, sino la fue también en otros veinticinco países. Acabó vendiendo más de cinco millones de copias. Procediendo de un barrio pobre de Dallas, este mexicoamericano se

ha presentado como una de las principales superestrellas del mundo entero. Sus canciones de éxito incluyen *I'm Coming Home Cindy, Michael, Lemon Tree, Kansas City, America,* y el gran éxito y su canción principal, *La Bamba.* Sus películas incluyen *Marriage on the Rocks,* la película clásica, *The Dirty Dozen,* y *Antonio.* *¿Cómo se llama este legendario artista del mundo del espectáculo, quien también dona gran parte de su tiempo y talento para apoyar causas útiles como la Fundación para Investigaciones de Cáncer, la Fundación de Diabetes, la «March of Dimes», los Boy Scouts de América, y otras fundaciones.

215) *Born of a Puerto Rican mother* and a father from the non-Hispanic South American country of Surinam (Dutch ancestry) in New York, in 1958, this Emmy and Golden Globe Award winner has become one of the most prominent Hispanic actors on television over the last decade. *Identify this dramatic actor who has co-starred in the critically acclaimed televison series *L.A. Law* and *NYPD Blue.* (Hint: Significant other, since 1985, is talented actress Wanda De Jesus.)

Nacido en Nueva York en 1958 de una madre puertorriqueña y de un padre de Surinam, un país sudamericano pero no hispánico (descendencia holandesa), este artista ganador de premios Emmy y Golden Globe ha llegado a ser uno de los actores hispánicos más notables de la televisión en los diez últimos años. *Identifique a este actor dramático que ha sido uno de los protagonistas de la serie de televisión aclamada por los críticos, *L.A. Law* y *NYPD Blue.* (Clave: Una persona importante en su vida, desde 1985, es la talentosa actriz, Wanda De Jesús.)

216) *Broadway star* and television and film actress, Priscilla López starred in and received a Tony Award for her role as "Harpo" in *A Day in Hollywood....A Night In The Ukraine.* However, she first came to national attention for her role in this Broadway smash hit performing the songs, *Nothing,* and *What I Did For Love.* *Identify the Broadway musical for which she earned a Tony nomination and an Obie Award, and which was later made into a hit movie.

Estrella de Broadway y actriz de televisión y de cine, Priscilla López fue protagonista en *A Day in Hollywood...A Night in The Ukraine* y recibió un premio Tony por su papel de «Harpo.» Sin embargo, atrajo atención al nivel nacional por primera vez, interpretando las canciones, *Nothing,* y *What I Did for Love* en este gran éxito de Broadway. *Identifique el musical de Broadway que fue convertido más tarde en una película de éxito y por el cual esta artista fue propuesta como candidata para premios Tony y Obie.

217) *In a career spanning five decades,* this familiar character actor appeared in most of the popular television shows of the time including *Soap, Miami Vice, Hill Street Blues* and *Murder, She Wrote,* to name a few. Many will remember him as Detective Sergeant Chano Amenguale on the popular hit series *Barney Miller* of the mid 70s. *Identify the respected movie and television actor who was born in New York in 1941.

Durante una carrera que duró cincuenta años, este conocido actor de carácter apareció en la mayoría de los populares programas de televisión de la época incluso *Soap, Miami Vice, Hill Street Blues* y *Murder, She Wrote*, entre otros. Muchas personas le reconocerán a él como el detective y subinspector Chano Amenguale en la popular serie de éxito *Barney Miller* de mediados de los años setenta. *Identifique a este estimado actor de cine y de televisión que nació en Nueva York en 1941.

218) *Identify two of the three television series* in which the following Hispanic-American actors currently appear: Adam Rodríguez, Esai Morales, and Judy Reyes.

Identifique dos de las tres series de televisión en que aparecen actualmente los siguientes actores hispanoamericanos: Adam Rodríguez, Esai Morales, y Judy Reyes.

219) *Julio Oscar Mechoso* has appeared in a variety of motion pictures over the last few years, including Blue Streak (1999), *All the Pretty Horses* (2000), *Pumpkin* (2001), and *Jurassic Park 3* (2001). *Identify the new WB network hit sitcom in which he stars.

Julio Oscar Mechoso ha aparecido en una variedad de películas durante estos últimos años, incluso *Blue Streak* (1999), *All the Pretty Horses* (2000), *Pumpkin* (2001), y *Jurassic Park 3* (2001). *Identifique la nueva comedia de enredo de la red WB de la cual este actor es protagonista.

220) *A star in a number of Argentine films* during the 1940s, he was brought to Hollywood by MGM in 1950, and typecast as a debonair Latin lover. He went on to appear in a number of television productions and later became a television director. His films include *The Lost World* (1960), *The Violent Ones* (1967), *100 Rifles* (1969), and *The Cheap Detective* (1978). He was married to actress Arlene Dahl and later to former Olympian and actress, Esther Williams. *Identify this handsome charac-

ter actor with a rich baritone voice.

Protagonista en varias películas argentinas durante los años cuarenta, este actor fue traído a Hollywood por MGM en 1950, y fue encasillado en el papel del garboso amante latino. Siguió con su carrera apareciendo en varias producciones de televisión y más tarde llegó a ser director de televisión. Sus películas incluyen *The Lost World* (1960), *The Violent Ones* (1967), *100 Rifles* (1969), y *The Cheap Detective* (1978). Estaba casado con la actriz Arlene Dahl, y más tarde con la antigua participante olímpica y actriz, Esther Williams. *Identifique a este atractivo actor de carácter con voz de barítono magnífica.

221) *Cuban-American judge* Marilyn Milian became the first female judge to preside over this television court when she first appeared in 2001. Before her 17 years of experience on the bench, Judge Milian had a long list of accomplishments, including graduating summa cum laude at the top of her class from the University of Miami, graduating cum laude from Georgetown Law School, and working for one year at Harvard Law School as director of training for the Guatemala Project. Fluent in Spanish, she was responsible for training the Guatemalan trial judiciary, defense and prosecution bar in investigatory and trial techniques. Happily married to John Schlesinger, an Assistant US Attorney in the Southern District of Florida, Judge Milian has three daughters. *Identify the court over which Judge Milian currently presides.

La juez cubanoamericana, Marilyn Milian, llegó a ser la primera juez en presidir este tribunal televisivo cuando apareció por primera vez en 2001. Antes de conseguir sus diecisiete años de experiencia como juez, la juez Milian tuvo una lista larga de logros, incluso diplomarse con honores «summa cum laude» como la primera de su clase en la Universidad de Miami, diplomarse con honores «cum laude» en la Facultad de Derecho de la Universidad de Georgetown, y trabajar por un año en la Facultad de Derecho de la Universidad de Harvard como directora de capacitación para el Proyecto de Guatemala. Con dominio del español, fue responsable de capacitar a la magistratura de procesos, los abogados defensores y los acusadores públicos de Guatemala en técnicas de investigación y proceso. Felizmente casada con John Schlesinger, Abogado adjunto de los Estados Unidos en el distrito sur de la Florida, la Juez Milian tiene tres hijas. *Identifique el tribunal que preside actualmente la juez Milian.

222) *In the countries of the Andes,* a liquor called "chicha cochabambina"

97

is usually consumed during indigenous festivals and carnival time. *What is chicha distilled from?

En los países andinos, una bebida alcohólica llamada «chicha cochabambina» se toma generalmente durante los festivales indígenas y el carnaval. *¿De cuál sustancia se destila la chicha?

223) *The son of a Spanish bullfighter,* Luis Antonio Damaso de Alonso was born in Juárez (or Chihuahua), Mexico in 1905. At the onset of the Mexican Revolution (1910), his family immigrated to the United States and settled in Los Angeles, where, at 13, Luis Antonio made his film debut as an extra. Playing dashing leading men in the 1920s, his break-through role came in the 1925 Clara Bow film, *The Plastic Age*. Appearing in over 75 motion pictures, this dashing movie star appeared in silent and sound movies in both leading and supporting roles until his retirement in 1982. *Identify the ruggedly handsome actor, who combined the names of his two favorite actors for his professional stage name. (Hint: his films include *Juarez* (1939), *The Sea Hawk* (1940), T*he Bullfighter and the Lady* (1951), *The Miracle of Our Lady of Fatima* (1952), *Cheyenne Autumn* (1964), and *Barbarosa* (1982).

Hijo de un torero español, Luis Antonio Damaso de Alonso nació en Juárez (o Chihuahua), México en 1905. Al principio de la Revolución Mexicana (1910), su familia había inmigrado a los Estados Unidos, domiciliándose en Los Angeles, en donde Luis Antonio se estrenó en el cine como extra a los trece años de edad. Desempeñando papeles como primer actor gallardo en los años veinte, tuvo su gran oportunidad en 1925 con la película de Clara Bow, *The Plastic Age*. Actuándo en más de setenta y cinco películas, esta gallarda estrella de cine apareció en películas mudas y sonoras en papeles principales y secundarios hasta su jubilación en 1982. *Identifique a este actor duro y atractivo, que unió los nombres de dos de sus actores preferidos para crear su propio nombre de artista profesional. (Clave: Sus películas incluyen *Juárez* (1939), *The Sea Hawk* (1940), *The Bullfighter and the Lady* (1951), *The Miracle of Our Lady of Fatima* (1952), *Cheyenne Autumn* (1964), y *Barbarosa* (1982).

224) *This Latin American country* is renowned for its large deposits of amber. A tremendous variety of jewelry, featuring this yellowish-brown fossil resin, is produced in this country and distributed throughout the world. Name the Caribbean country where this industry flourishes.

Este país latinoamericano es famoso por sus depósitos grandes de ámbar. Una gran variedad de joyas, hechas principalmente de esta

resina fósil de color amarillento y pardo, se produce en este país y se distribuye en el mundo entero. ¿Cómo se llama el país caribe en donde prospera esta industria?

225) *The two leading brands* of beer of what Central American country are *Pilsner*, and the slightly more expensive *Suprema*?
Las dos marcas principales de cerveza de este país centroamericano son *Pilsner*, y la que cuesta un poco más, *Suprema*. *¿Cuál país centroamericano es?

226) *This Latin American capital city* claims to have a greater variety of restaurants than any other city in South America. The nation's cuisine has European, indigenous, and African roots – a unique blend formed over the centuries by immigrants. Its native dishes include: *Pabellón* - stewed and shredded meat accompanied by rice, black beans, and banana, *Hallaca* - a traditional Christmas dish, *Cachapa* - a type of sweet corn pancake served with cheese and *Arepas* - a type of round cornmeal biscuit. *Identify the country where these native dishes would be found.
Esta ciudad capital latinoamericana pretende tener una variedad más grande de restaurantes que cualquier otra ciudad sudamericana. La cocina de la nación tiene raíces europeas, indígenas, y africanas – una combinación única que tomaba forma durante siglos gracias a sus inmigrantes. Sus platos típicos incluyen: *Pabellón* - un estofado de carne despedazada con arroz, frijoles negros, y plátanos, *Hallaca* - un plato típico navideño, *Cachapa* - una especie de panqueque hecho de maíz dulce y servido con queso, y *Arepas* - una especie de bollo redondo hecho de harina de maíz. *Identifique el país en donde se podrían encontrar estos platos típicos.

227) *Ají (hot sauce),* is a national culinary institution of what South American country?
¿De cuál país sudamericano es el ají (una salsa picante) un condimento típico de la cocina nacional?

228) *Simply define* an *empanada* in English.
Defina en inglés cuál es una *empanada*.

229) *Maté de coca,* or coca leaf tea, is recommended for visitors to countries located in the Andes for what?
¿Con cuál propósito se recomienda el mate de coca, o el té de hojas de coca, a los visitantes en los países andinos?

230) *This South American country* has a long history of wine production. The first vines were planted by Francisco de Aguirre, a conquista-

dor, who arrived in 1551. By the late 17th century, the country had established a thriving wine export industry, but it was not until the arrival of superior vines from France in 1851 that the country began producing high quality wines. *Identify the South American country that exported a staggering 230 million liters of wine in 1998.

Este país sudamericano tiene mucha historia con respecto a la vinicultura. Las primeras vides se plantaron por Francisco de Aguirre, conquistador que había llegado en 1551. Antes de fines del siglo diecisiete, el país había establecido una próspera industria de exportación vinícola, pero no empezó a producir vinos de alta calidad antes de la llegada de vides superiores de Francia en 1851. *Identifique el país sudamericano que exportó la asombrosa cantidad de 230 millones de litros de vino en 1998.

231) *Spanish director/screenwriter* Pedro Almodóvar, who won the Best Foreign Film Academy Award in 2001 for *All About My Mother*, was awarded a Best Foreign Film Golden Globe Award in 2003 for a new production, in addition to an Academy Award nomination for Best Director. *Identify the title of the movie where two men meet and become acquainted in a hospital room while two women lie unconscious in the next room. The movie's cast includes Rosario Flores, Javier Camara, Dario Grandinetti, and Leonor Watling.

El director y guionista español, Pedro Almodóvar, que ganó el premio Academy a la Mejor Película Extranjera en 2001 por su película *All About My Mother*, fue concedido un premio Golden Globe a la Mejor Película Extranjera en 2003 por una producción nueva, además de ser propuesto como candidato para un premio Academy al Mejor Director. *Identifique el título de la película en que dos hombres se conocen en una habitación de hospital mientras que dos mujeres están inconscientes en la habitación de al lado. El reparto de la película incluye a Rosario Flores, Javier Camara, Dario Grandinetti, y Leonor Watling.

232) *The cuisine of this South American country* was founded on the meeting of Spanish and indigenous cooking. However, it has been profoundly influenced and shaped into what we have today, by the gastronomic traditions of Italy, China, Japan, and Africa. A specialty dish of this country is called *cebiche*. It was born of the necessity to conserve meat and fish by marinating it. The native people of this region knew the acid fruits of the churuba, the camu-camu and the passion fruit, could be utilized for adequate food conservation as well as flavoring and tender-

izing. Over time, new components were added: red onions, hot peppers, garlic, lettuce, boiled sweet potatoes and corn on the cob. *Where in South America would you find this delectable dish?

La cocina de este país sudamericano se fundamentaba en la mezcla de la cocina española con la cocina indígena. Sin embargo, ha sido influida de una manera profunda por las tradiciones gastronómicas de Italia, de China, del Japón, y de Africa, convirtiéndose en la cocina de hoy día. Un plato típico de este país se llama «cebiche.» Nació de la necesidad de conservar carne y pescado por escabechado. La gente indígena de esta región sabía que los frutos agrios de la churuba, del camu-camu y de la fruta de la pasión se podrían usar tanto para conservar alimentos de una manera adecuada como para sazonar y ablandarlos. Con el tiempo, se añadieron otros ingredientes como cebollas rojas, chiles, ajo, lechuga, camotes al vapor y maíz en la mazorca. *¿En cuál país sudamericano se encontraría este plato delicioso?

233) *A stronger-flavored liquor* than tequila, it is made from a wild agave plant found in the state of Oaxaca, in southern Mexico. *What is it?

Una bebida alcohólica de sabor más fuerte que la tequila, se hace de una planta silvestre llamada «agave» o «pita» originaria del Estado de Oaxaca, en la parte sur de México. *¿Cuál es?

234) *From Ecuador comes* the mouth-watering fruit drink made from the naranjilla. *Describe this exotic fruit.

Una bebida de fruta muy apetitosa procede del Ecuador y se hace de la naranjilla. *Describa la fruta exótica que es la naranjilla.

235) *The tambora, or small drum,* from this Caribbean country owes its peculiar sound to having on one side the skin of an old male goat, tempered with native rum, and on the other side, the skin of a young female goat that has not given birth. *Name its country of origin.

La tambora, o el tambor pequeño, de este país del Caribe debe su sonido raro, por una parte, a la piel de un macho cabrío viejo, la cual cubre un lado del tambor y la cual ha sido suavizada con ron del país, y, por otra, a la piel de una cabrita que no ha parido y cuya piel cubre el otro lado del tambor. *¿Cómo se llama el país de origen de este instrumento?

236) *Possessing one of the most diverse habitats* within a single national territory in the world, this country is the home of 700 fish varieties, 400 shellfish varieties, 2000 types of tubers, and hundreds of chilies. *Identify this chef's paradise.

Con uno de los hábitates más diversos del mundo dentro de un solo territorio nacional, este país es el hábitat de setecientas variedades de peces, cuatrocientas variedades de mariscos, dos mil variedades de tubérculos, y centenares de variedades de chiles. *Identifique este paraíso culinario.

237) *Mexico is the leading grower* of this fruit, which originated in Southeast Asia. This evergreen tree will grow to sixty feet in height and will bear fruit within four to six years after planting. Other major exporters of this fruit are Guatemala, Venezuela, Peru, Nicaragua, and the Dominican Republic. *Identify this fruit that today has over 1,000 varieties throughout the world.

México es el cultivador principal de esta fruta originaria de Asia del Sudeste. El árbol de hoja perenne de donde procede esta fruta tendrá una altura de sesenta pies y dará fruto dentro de cuatro a seis años después de haber sido plantado. Otros exportadores principales de esta fruta incluyen Guatemala, Venezuela, el Perú, Nicaragua, y la República Dominicana. *Identifique esta fruta que actualmente tiene más de mil variedades en el mundo entero.

238) *Introduced to the United States* in the last twenty years, this tiny, round, ivory colored grain originated in the Andes mountains. The grain is derived from the pigweed and is ground into flour or boiled in water, where it swells to four times its size. Its name is taken from the Quechua indigenous people. Name this grain.

Introducido en los Estados Unidos en los veinte últimos años, este pequeño grano redondo de color de márfil es originario de las montañas andinas. El grano deriva de una mala hierba y se muele en harina o se hierve en agua, hichándose cuatro veces su tamaño. Su nombre surgió de la gente indígena Quechua. ¿Cómo se llama este grano?

239) *Give the name* for deep fried pastry strips sprinkled with sugar. **¿Cómo se llaman las tiras de pasta fritas en abundante aceite y salpicadas con azúcar?**

240) *Tortillas* stuffed with various ingredients and folded in half can be fried, baked, sautéed or grilled until the cheese present melts forming a seal. *Name this tasty dish.

Las tortillas rellenadas con varios ingredientes y dobladas en dos pueden ser fritas, cocidas en el horno, salteadas, o asadas a la parrilla hasta que se derrita el queso y se cierran las tortillas. *¿Cómo se llama este plato sabroso?

241) *How would you* describe a *chorizo*?
Describa lo que es un *chorizo*.

242) *If you sat down to a meal* of *so'o yo-sop* (beef soup), *so'o ku'i* (meat and rice pie), *kiveve* (mashed pumpkin) and *yerba maté* (tea), in what South American country would you be?
Si se sentara Ud. para tomar una comida de *so'o yo-sop* (sopa de carne de vaca), *so'o ku'i* (pastel de carne y arroz), *kiveve* (puré de calabaza) y *yerba mate* (té), ¿en cuál país sudamericano estaría Ud.?

243) *The cuisine of this country* shows a strong European influence, with Spanish and Italian being the most dominant. The breads eaten are similar to Italian and French loaves rather than tortillas. Flavorful and hearty seasonings are preferred to those that are spicy and hot. The most popular sauce is called *chimichurri*, which is a cross between Mexican salsa and Italian vinaigrette, which is used as both a sauce and a marinade, and passed at the table to season grilled meats. *Name the country that many believe produces the finest beef and lamb in the world.
La cocina de este país evidencia una gran influencia europea, con la española y la italiana siendo las influencias más dominantes. El pan de este país en sus diferentes formas se parece más al pan italiano y al pan francés que se parece a las tortillas. Se prefieren condimentos fuertes y con mucho sabor en vez de condimentos picantes y sazonados con muchas especias. La salsa más popular se llama *chimichurri* y es una mezcla entre la salsa mexicana y la vinagreta italiana. Se usa tanto como salsa como escabeche, y a la mesa se pasa para sazonar carne asada a la parrilla. *¿Cómo se llama el país que, según muchos, produce la mejor carne de vaca y cordero del mundo?

244) *Small farms quickly developed* into gigantic plantations, and 17th century Mexico with its plantations of Veracruz, Oaxaca, Morelos, and Guerrero became one of the world's most important producers of what agricultural commodity?
Las granjas pequeñas se desarrollaron rápidamente convirtiéndose en plantaciones gigantescas, y México del siglo diecisiete, con sus plantaciones de Veracruz, Oaxaca, Morelos, y Guerrero, llegó a ser uno de los productores más importantes del mundo de este producto agrícola. *¿Cuál producto agrícola es?

245) *She studied voice and music theory* at the Conservatory of Music in Havana before entering a career in radio and television in the Caribbean. In 1960, she left Cuba and began recording with Tito Puente's band in New York City. She has recorded over seventy albums, and has

103

toured extensively through the Caribbean, North America, and much of Europe. Her more recent films include *Mambo Kings* and *The Perez Family*. In 1995, President Clinton presented her with the National Medal for the Arts, the first Latino to be awarded this honor. *Name this Cuban born salsa star who has received fifteen Grammy nominations, winning her first in 1989. (Hint: Since the Latin Grammy was introduced in 2000, she has won it twice.)

Esta estrella estudió el canto y la teoría de la música en el Conservatorio de Música en La Habana antes de emprender una carrera en radio y televisión en el Caribe. En 1960, salió de Cuba y empezó a grabar discos con la orquesta de Tito Puente en la Ciudad de Nueva York. Ha grabado más de setenta álbumes, y ha viajado mucho, habiendo estado de giras por el Caribe, la América del Norte, y la mayor parte de Europa. Sus películas más recientes incluyen *Mambo Kings* y *The Perez Family*. En 1995, el Presidente Clinton le concedió la Medalla nacional de las artes, y esta estrella es la primera latina en recibir este honor. *¿Cómo se llama esta estrella de salsa, de nacimiento cubano, que ha sido propuesta quince veces como candidata para un premio Grammy, y que ganó su primero en 1989? (Clave: Desde la introducción del premio Grammy latino en 2000, ella lo ha ganado dos veces.)

246) *Gregory Nava* became the first Hispanic screenwriter to have a film nominated for an Academy Award. *El Norte*, was a highly acclaimed movie that told the story of a peasant couple's journey of immigration to the United States. *What year was Nava's film nominated?

a) 1975 b) 1985 c) 1998

Gregory Nava llegó a ser el primer guionista hispánico en tener una película propuesta como una posibilidad para un premio Academy. *El Norte* fue una película de gran aclamación que relataba la historia de una pareja campesina en su viaje de inmigración a los Estados Unidos. ¿En cuál año fue propuesta la película de Nava como una posibilidad para un premio Academy?

a) 1975 b) 1985) c)1998

247) *His most famous musical ballads* include *The Three-Cornered Hat/El sombrero de tres picos* (1919), and *Love the Magician/El amor brujo* (1915). *Nights in the Gardens of Spain/Noches en los jardines de España* (1916), was his most ambitious concert work. The folk idiom of southern Spain was an important part of all his musical compositions. *Name the composer, famous for his Andalusian melodies, who was born

in Cádiz in 1876.

a) Jorge Fangio b) Manuel de Falla c) Juan de Falso

Sus baladas de música más famosas incluyen *The Three-Cornered Hat / El sombrero de tres picos* (1919), y *Love the Magician / El amor brujo* (1915). *Nights in the Gardens of Spain / Noches en los jardines de España* (1916) fue su obra de concierto más ambiciosa. El lenguaje folklórico de la parte sur de España fue una parte integral de todas sus composiciones de música. ¿Cómo se llama el compositor que nació en Cádiz en 1876 y que fue famoso por sus melodías andaluzas?

a) Jorge Fangio b) Manuel de Falla c) Juan de Falso

248) *A major movie and singing star in Mexico,* he made 59 movies and recorded 366 songs between 1943 to 1956. Though practically all his movies were box office hits, his best remembered films include the trilogy of bittersweet poverty, *Nosotros los pobres* (1947), *Ustedes los ricos* (1947) and *Pepe el Toro* (1952). His comedy hits include *A toda máquina* (1951), *Qué te ha dado esa mujer* (1951), and *Dos tipos de cuidado* (1952). His death in a 1957 plane crash is still one of the most remembered events in recent Mexican history.

*Who was this Mexican movie icon?

Gran estrella de cine y primer cantante en México, esta figura hizo cincuenta y nueve películas y grabó 366 canciones entre 1943 y 1956. Aunque casi todas sus películas fueron éxitos taquilleros, sus películas más memorables incluyen la trilogía de la agridulce pobreza, *Nosotros los pobres* (1947), *Ustedes los ricos* (1947) y *Pepe el Toro* (1952). Sus éxitos de comedia incluyen *A Toda Máquina* (1951), *Qué te ha dado esa mujer* (1951), y *Dos tipos de cuidado* (1952). Su muerte en un accidente de avión en 1957 aún es uno de los sucesos más inolvidables de la historia mexicana reciente. *¿Quién fue este ídolo del cine mexicano?

249) *The wines most typical of this country* are the torrontés and malbec. The torrontés is a white, quite unlike any other. It is described as an incredibly overpowering, fruity-flowery wine on the nose, and an equally dry, flavorsome wine in the mouth. The second is the world's only fine, 100% malbec, a grape of French origin, that is being phased out in the Bordeaux region of France. In the opinion of foreign wine experts, the malbec is this country's finest wine, superior to its cabernet sauvignon. *What country is the producer of these two wines?

a) Argentina b) Chile c) Uruguay

Los vinos más típicos de este país son el torrontés y el malbec. El torrontés

es un vino blanco muy distinto de cualquier otro vino. Se describe como un vino increíblemente fuerte con olor a fruta y flor para el sentido del olfato, e igualmente seco y con mucho sabor para el sentido del gusto. El segundo vino es el único vino fino del mundo hecho de uvas malbec cien por cien, las cuales son uvas de origen francés y las cuales se eliminan poco a poco de la región de Bordeaux en Francia. En la opinión de los expertos en vinos extranjeros, el malbec es el vino más fino de este país y es superior a los vinos cabernet sauvignon del país. *¿Cuál país es el productor de estos dos tipos de vino?

a) La Argentina b) Chile c) El Uruguay

250) *She was born in Madrid* in 1940 and became, at the age of 23, Spain's first woman TV director. In 1976, she made her directorial feature film debut with the controversial feminist drama, *La Petición*, after which she soon attained an international reputation for the quality and originality of her work. Other films include *The Cuenca Crime/El crimen de Cuenca* (1979), *Let's Talk Tonight/Hablamos esta noche* (1982), and *Werther* (1986). She was appointed general director of Spanish TV (RTVE) in 1986, but later resigned, protesting the industry's attitude towards women. *Who was this woman pioneer?

a) Pilar Miró b) Isabella Miranda c) Paulina Secada

Nació en Madrid en 1940 y llegó a ser, a la edad de 23 años, la primera directora de televisión de España. En 1976, se estrenó como directora de una película principal con el controvertible drama feminista, *La Petición*, después del cual, dentro de poco, consiguió fama internacional por la calidad y originalidad de su obra. Otras películas incluyen *The Cuenca Crime / El crimen de Cuenca* (1979), *Let's Talk Tonight / Hablamos esta noche* (1982), y *Werther* (1986).

Fue nombrada directora general de la televisión española (RTVE) en 1986, pero presentó su dimisión más tarde, haciendo objeciones a la actitud de la industria con respecto a la mujer. *¿Quién fue esta pionera?

a) Pilar Miró b) Isabella Miranda c) Paulina Secada

251) *The 1984 recording Conga,* from the *Primitive Love* album, made history by being the first song to make it onto Billboard's pop, dance, black, and latin charts simultaneously. *Name the recording artist and band that accomplished this musical first.

La grabación de Conga en 1984, del álbum *Primitive Love*, escribió la historia en ser la primera canción en llegar simultáneamente en las listas de éxitos de Billboard en las categorías de música pop, bailable, afroamericana, y latina. ¿Cómo se llaman la artista grabadora de discos y la orquesta que fueron las primeras en realizar esto en el mundo de la música?

252) *A popular television cartoon figure,* name the quick-witted Mexican mouse hero who has delighted generations of children and adults.

Popular figura de los dibujos animados en la televisión, este perspicaz ratón y héroe de origen mexicano ha deleitado a generaciones de niños y adultos. *¿Cómo se llama este ratón mexicano?

253) *What familiar trademark name* is used for a pungent condiment sauce made from hot peppers?

¿Cuál marca familiar lleva una especie de salsa que es un condimento hecho de chiles?

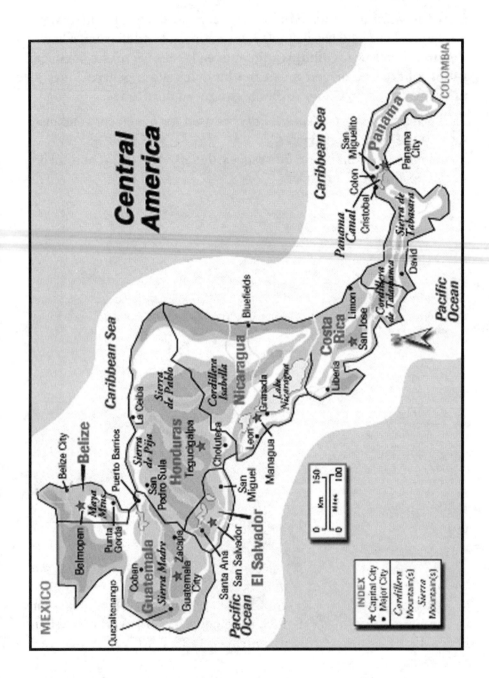

Central America

108

Art, Science & Literature
Arte, Ciencia y Literatura

254) **This distinguished scientist** was born in San Francisco in June of 1911. He received his Ph.D. (Physics) from the University of Chicago in 1936 and joined the Radiation Laboratory of the University of California as a research fellow. During World War II, he was responsible at the Massachusetts Institute of Technology (M.I.T.) for three important radar systems: *the microwave early warning system,* the *Eagle high altitude bombing system,* and the blind landing system (GCA, or Ground-Controlled Approach). He also developed the detonators for setting off the plutonium bomb. In 1968, he was awarded the Nobel Prize for Physics. This brilliant scientist died at the age of 77, in 1988. *Who was he?

a) Luis W. Alvarez b) Miguel R. Orlando c) Richard Díaz

Este científico eminente nació en San Francisco en junio de 1911. Obtuvo su doctorado en Física en la Universidad de Chicago en 1936 y se asoció con el Laboratorio de Radiación de la Universidad de California como investigador becado. Durante la Segunda Guerra Mundial, en el Instituto Tecnológico de Massachusetts (M.I.T.), fue responsable de tres sistemas de radar importantes: *el sistema de alarma rápida por microondas, el sistema Eagle de bombardeo a gran altura, y el sistema de aterrizaje sin visibilidad* **(Método de control desde tierra). Además, desarrolló los detonadores para hacer estallar la bomba de plutonio. En 1968, se le concedió el Premio Nobel en Física. Este científico brillante murió en 1988, a la edad de setenta y siete años. *¿Quién fue?**

a) **Luis W. Alvarez b) Miguel R. Orlando c) Richard Díaz**

255) **Nobel Prize winning Colombian author** Gabriel García Márquez is one of the leading proponents of a style of writing called *magic real-*

ism. It is a literary movement that arose primarily from Latin America in the 1960s. Essentially, this style mingles realistic portrayals of regular events and characters with elements of myth and fantasy, the result being a rich, yet disquieting world that is at once familiar and dreamlike. Of the following three novels written by Márquez, identify his first best-selling novel, which also best exemplifies *magic realism.*

    a) *Cien años de soledad (One Hundred Years of Solitude)*
    b) *El amor en los tiempos del cólera (Love in the Time of Cholera*
    c) *The General in His Labyrinth*

Gabriel García Márquez, autor colombiano y ganador de un premio Nobel, es uno de los principales autores de un estilo de redacción llamado *realismo mágico*. Es un movimiento literario que se originó principalmente en Latinoamérica en los años sesenta. Básicamente, este estilo mezcla representaciones realistas de acontecimientos y personajes cotidianos con elementos de mito y fantasía, lo cual evoca un mundo maravilloso, pero inquietante, que es a la vez familiar y de ensueño. *Entre las tres novelas siguientes escritas por García Márquez, identifique su primera novela de éxito de librería, y la que también ejemplifica mejor el realismo mágico.

    a) *Cien años de soledad*
    b) *El amor en los tiempos del cólera*
    c) *El general en su laberinto*

256) ***They were the undisputed masters*** of abstract knowledge among Native American cultures. In the Americas, they were the only people to develop an original system of writing (ideographic) with which they recorded chronology, astronomy, history, and religion. Their system of mathematics was an achievement not equaled for centuries in Europe. Their 365-day calendar was so divided as to be more accurate than that of the Gregorian calendar. *Identify the related tribes of Central America who occupied western Honduras, Guatemala, and the Yucatan in Mexico.

Fueron los maestros indiscutibles del conocimiento en abstracto entre las culturas indioamericanas. En las Américas, fueron los únicos habitantes en desarrollar un sistema original de escritura (ideográfica) con el cual anotaban la cronología, astronomía, historia, y religión. Su sistema de matemáticas fue un logro no igualado en Europa antes de siglos. Su calendario de 365 días fue dividido de tal manera como para ser más exacto que el calendario gregoriano. *Identifique a las tribus emparentadas de Centroamérica, las cuales ocuparon la región occidental de Honduras, Guatemala, y el Yucatán mexicano.

257) ***Probably of Chinese origin,*** this species of dog was introduced into Mexico by Spanish settlers. *Identify this popular dog that weighs between 1 to 6 pounds, and whose shoulder height is approximately 5 inches. (Hint: The dog is named after the Mexican state where the animal was first identified, around 1850.)

Probablemente de origen chino, esta especie de perro fue introducida en México por colonos españoles. *Identifique este perro popular que pesa entre una y seis libras, y el cual tiene una altura de hombro de aproximadamente cinco pulgadas. (Clave: Se puso al perro el nombre del estado mexicano en el cual se había identificado este animal por primera vez, hacia 1850).

258) ***This Spanish novelist, dramatist, and poet*** was born in Spain in 1547. His literary work had an indelible effect on the development of the European novel. His greatest work debuted in 1605 and was an immediate success. It is a story of a country gentleman who had read too many chivalric romances, his squire, and their misadventures involving characters from every level of society. *Identify the author and his most famous novel.

Este novelista, dramaturgo, y poeta español nació en España en 1547. Su obra literaria influyó de una manera duradera en el desarrollo de la novela europea. Su obra más importante se estrenó en 1605 y fue un éxito inmediato. Es el cuento de un caballero campesino, que había leído demasiadas novelas románticas caballerescas, de su escudero, y de sus desgracias que afectaron a personajes de toda condición en la sociedad. *Identifique al autor y su novela más famosa.

259) ***What is the English word,*** taken and slightly altered from the Spanish, to describe either of two crocodilians having broad heads, not tapering to the snout, and a special pocket in the upper jaw for reception of the enlarged lower fourth tooth? (Hint: In Spanish, it means *lizard.*)

Indique la palabra inglesa, que ha sido modificada un poco con respecto a su origen español, la cual describe cualquiera de dos cocodriloideos con cabeza ancha que no se estrecha hacia el hocico, y con lugar especial en la mandíbula superior para recibir el cuarto diente grande de la mandíbula inferior. (Clave: En español, significa *lizard*.)

260) ***Name the fictional masked rider,*** dressed in black, who battled the unjust rulers of the pueblo of Los Angeles during the days of Spanish rule. Adopting a single name to hide his real identity of don Diego (de la

Vega), this son of a wealthy landowner fought in the tradition of Robin Hood for the rights of the poor. Created in 1919 by writer Johnston McCulley, an estimated 500 million readers around the world followed the masked avenger's exploits in 26 languages before the author's death in 1958. (Hint: The hero's name means *fox* in Spanish.) *Identify the legendary figure with more than 65 books, a television series, and several motion pictures dedicated to his timeless adventures.

Dé el nombre del caballista enmascarado y ficticio, que se vistió de negro y que combatió contra los gobernantes injustos del pueblo de Los Angeles en la época bajo dominio español. Adoptando un solo nombre para ocultar su identidad verdadera de don Diego (de la Vega), este hijo de un propietario rico combatió por los derechos de los pobres al estilo del Robín de los Bosques. Con la creación de este personaje ficticio en 1919 por el escritor Johnston McCulley, aproximadamente 500 millones de lectores en el mundo entero siguieron, en veintiséis idiomas, las hazañas del vengador enmascarado hasta la muerte del autor en 1958. (Clave: El nombre del héroe significa *fox* en español.) *Identifique a esta figura legendaria que es protagonista de más de sesenta y cinco libros, una serie televisiva, y varias películas dedicados a sus aventuras eternas.

261) *Argentine surgeon, René Favaloro,* pioneered the heart-bypass procedure in the US at the Cleveland Clinic. *What year did this lifesaving procedure occur?

   a) 1959   b) 1967   c) 1971

El cirujano argentino, Rene Favaloro, sentó las bases de la revascularización miocárdica (el bypass cardiaco) en los Estados Unidos en la Clínica de Cleveland. *¿En cuál año apareció este procedimiento salvavidas?

   a) 1959   b) 1967   c) 1971

262) *Armida García* is one of this country's young, award-winning poets. Her book, entitled *Justified Solitude*, has won praise both on national and international levels. *Identify Garcia's country that has been experiencing a boom in young, award-winning women writers.

   a) Costa Rica   b) Guatemala   c) Honduras

Armida García figura entre los poetas jóvenes y galardonados de este país. Su libro, *Justified Solitude,* ha sido elogiado a los niveles nacional e internacional. *Identifique el país de origen de García, el cual ha experimentado un aumento repentino de escritoras jóvenes y galardonadas.

a) Costa Rica   b) Guatemala   c) Honduras

263) *He was born Domenicos Theotocopoulos* in 1541 on the island of Crete. He studied in Rome and in Venice under Titian. He settled in Spain and, by 1577, had established himself in Toledo as one of the most inspired visionary artists of the late Renaissance. Among his most famous works are *Baptism, Crucifixion, Resurrection,* and a long series of paintings of St. Francis. *Identify this great artist, who was named in Spanish after his nationality.

Nació Domenico Teotocopuli en 1541 en la isla de Creta. Estudió en Roma y Venecia con Tiziano. Se estableció en España y, antes de 1577, se había creado una reputación en Toledo como uno de los artistas visionarios más inspirados de finales del Renacimiento. Sus obras famosas incluyen *El Bautismo de Cristo, La Crucifixión, La Resurrección,* y una serie larga de pinturas de San Francisco de Asís. *Identifique a este gran artista cuyo nombre refleja su nacionalidad.

264) *This Mexican poet and essayist* won the Nobel Prize for Literature in 1990. His poetry and various writings reflect many influences, including Aztec mythology and surrealism. His epic 1957 poem, *Sun Stone / Piedra del sol,* employs symbols of the Aztec universe to illustrate the loneliness of man and his search for communion with others. *Identify the award winning poet, who died in 1998 at the age of 84.

a) Octavio Paz   b) Francisco de Viejo   c) Pedro Bazán

Este poeta y ensayista mexicano ganó el Premio Nobel de Literatura en 1990. Su poesía y sus obras variadas reflejan muchas influencias, incluso la mitología azteca y el surrealismo. Su poema épico de 1957, *Sun Stone / Piedra del sol*, emplea símbolos del universo azteca para ilustrar la soledad del hombre y su búsqueda de la comunión con otras personas. *Identifique a este poeta galardonado, que murió en 1998 a la edad de 84 años.

a) **Octavio Paz**   b) **Francisco de Viejo**   c) **Pedro Bazán**

265) *This M.I.T. professor* was born in Mexico City in 1943, and shared the 1995 Nobel Prize for Chemistry for his research on the depletion of the Earth's ozone layer. Working with professors Paul Crutzen and F. Sherwood Rowland, he discovered that man-made chlorfluorocarbon (CFC) propellants accelerate the decomposition of the ozonosphere, which protects the earth from ultraviolet radiation from the sun. His important work has led to the current phasing out of the use of CFCs throughout the world. *Identify this chemist and atmospheric scientist.

a) Héctor Henríquez   b) Mario Molina   c) Roberto Pasquel

113

Este profesor del Instituto de Tecnología de Massachusetts (M.I.T.) nació en la Ciudad de México en 1943, y compartió el Premio Nobel de Química de 1995 por sus investigaciones sobre la disminución de la capa de ozono de la Tierra. Trabajando con los profesores Paul Crutzen y F. Sherwood Rowland, descubrió que los propulsores clorofluorocarbónicos (CFC) hechos por la mano del hombre aceleran la descomposición de la ozonosfera, que protege la Tierra contra la radiación ultravioleta proveniente del sol. Su trabajo importante ha conducido a la actual eliminación progresiva del uso de propulsores clorofluorocarbónicos en el mundo entero. *¿Quién es este químico y científico atmosférico?

a) Héctor Henríquez   b) Mario Molina   c) Roberto Pasquel

266) *This Colombian city* has always taken a great interest in education. Known as the "Athens of South America," its institutions of learning include a university, several colleges and schools, a public library, a national observatory, a natural history museum and a botanic garden. It was the center of the Chibchas civilization before the Spanish conquest; the city was founded by Gonzalo Jiménez de Quesada and named after his birthplace near Granada, Spain. *Identify this Colombian city.

a) Bogotá   b) Medellín   c) Barranquilla

Esta ciudad colombiana siempre se ha interesado mucho por la enseñanza. Llamada «La Atenas de Sudamérica,» sus institutos de enseñanza incluyen una universidad, varias universidades autónomas y escuelas, una biblioteca pública, un observatorio nacional, un museo de historia natural, y un jardín botánico. Esta ciudad fue el centro de la civilización de los Chibchas antes de la conquista española; fue fundada por Gonzalo Jiménez de Quesada, y se puso a esta ciudad el nombre de su lugar de nacimiento que estaba cerca de Granada, España. *¿Cómo se llama esta ciudad colombiana?

a) Bogotá   b) Medellín   c) Barranquilla

267) *A Spanish word* of American Indian origin identifies a tropical American tree with a large, oblong edible fruit. *What is the popular fruit that is also excellent for digestion?

Una palabra española de origen amerindio identifica un árbol tropical americano, cuyos frutos son comestibles, grandes, y de forma oblonga. *¿Cuál es la fruta popular que es también excelente para la digestión?

268) *Identify the national Spanish museum* of painting and sculpture located in Madrid. It was begun for Charles III in 1785 as a museum of

natural history, and finished under Ferdinand VII. The museum contains priceless masterpieces from the Spanish, Flemish, and Venetian schools, including works by El Greco, Goya, Rubens, and Titian.

Identifique el museo nacional español, que es una galería de pinturas y esculturas situada en Madrid. Su construcción fue iniciada por orden de Carlos III en 1785 como museo de historia natural, y fue acabada durante el reinado de Ferdinando VII. El museo contiene obras maestras inestimables provenientes de las escuelas españolas, flamencas, y venecianas, incluso obras por El Greco, Goya, Rubens, y Tiziano.

269) *Identify this South American domesticated hoofed mammal* of the camel family. This valuable animal resembles a large, long-eared, long-necked sheep, and provides Andes Indians with wool, milk, and meat. Its usefulness as a pack animal is enhanced by its ability to work at very high altitudes. The Spanish took the Native American Quechua people's name for the animal. *What is it?

Identifique este mamífero domesticado y ungulado de Sudamérica, el cual es de la familia de los camélidos. Este animal útil se parece a una oveja grande, de orejas y cuello largos, y proporciona a los indios andinos lana, leche, y carne. Su utilidad como animal de carga se aumenta debido a su capacidad de trabajar a gran altura. Los españoles pusieron al animal el nombre empleado por la gente indioamericana quechua.

270) *She is considered the greatest lyric poet* and dramatist of the Mexican colonial period. Her major achievement in literature was the poem, *First Dream*, which she penned in 1680. Her best known prose was an autobiographical letter, which was a response to the bishop of Puebla. The bishop had criticized her scientific and classical studies and women's education in general when she penned *Respuesta a Sor Filotea* in 1691. *Who was this intellectually gifted woman who devoted her last years to the spiritual life and died aiding victims of an epidemic?

    a) Juana Inés de la Cruz
    b) María Benita Fernández
    c) Isabel Alemán

Se cree que esta intelectualista es la poetisa lírica y dramaturga más importante de la época colonial mexicana. Su obra literaria más importante era el poema, *Primer Sueño*, que ella escribió en 1680. Su obra en prosa mejor conocida fue una carta autobiográfica, que había escrito ella como respuesta al obispo de Puebla. El obispo había

115

desaprobado sus estudios científicos y clásicos y había criticado de modo general su educación de mujer cuando ella había escrito *Respuesta a Sor Filotea* en 1691. *¿Quién fue esta intelectualista talentosa que había dedicado sus últimos años a la vida espiritual, y que murió ayudando a víctimas de una epidemia?

    a) Juana Inés de la Cruz
    b) María Benita Fernández
    c) Isabel Alemán

271) **This large, bright green lizard** is indigenous to tropical America, and can be found from Mexico to northern sections of South America. A tree-living species found along streams, its tail accounts for two thirds of its length. (Hint: Elizabeth Taylor loves them.) *Identify the animal.

Este lagarto grande, de color verde vivo, es indígena de la América tropical, y se puede encontrar desde México hasta las regiones norteñas de Sudamérica. Una especie de lagarto arborícola, que se encuentra al lado de arroyos, su cola mide dos tercios de su longitud. (Clave: A Elizabeth Taylor le encantan estos reptiles.) *¿Cómo se llama este reptil?

272) **A national hero of Cuba,** he was also a poet and essayist, who has been described as one of the most original and influential writers of Latin America. While living in exile in New York from 1881 to 1895, he founded the Cuban Revolutionary Party in order to prepare a military expedition that would end Spanish rule in Cuba. He returned to Cuba in 1895 with General Máximo Gómez, and was killed by Spanish soldiers during a skirmish at Dos Ríos. His best known poems are in three collections: *Ismaelillo* (1882), *Versos libres* (1882), and *Versos sencillos* (1891). Such essays as: *Nuestra América* (1891) and *Simón Bolívar* (1893), express his faith in the future greatness of Hispanic America. *Identify this great apostle of Cuban independence.

Héroe nacional de Cuba, fue también poeta y ensayista, que ha sido descrito como uno de los escritores más originales e influyentes de Latinoamérica. Viviendo en el destierro en Nueva York de 1881 a 1895, fundó el Partido Revolucionario Cubano para preparar una expedición militar para poner fin al dominio español en Cuba. Regresó a Cuba en 1895 con el general Máximo Gómez, y fue matado por soldados españoles durante una escaramuza en Dos Ríos. Sus poemas mejor conocidos se compilan en tres colecciones: *Ismaelillo* (1882), *Versos libres* (1882), y *Versos sencillos* (1891). Sus ensayos como: *Nuestra América* (1891) y *Simón Bolívar* (1893), expresan su

confianza en la grandeza futura de Hispanoamérica. *Identifique a este gran apóstol de la independencia cubana.

273) *It is the Spanish term* used by Mexicans to describe paintings offered to a Saint, or the Virgin Mary, as tokens of thanks. The English language term is x-votos. *What is the Spanish language term?

Es el término español empleado por los mexicanos para describir las pinturas ofrecidas a un santo, o a la Virgen María, como muestras de gratitud. El término empleado en inglés es x-votos. *¿Cuál es el término español?

274) *Over the last fifty years,* this book, written and compiled by Carlos Castillo and Otto F. Bond in 1948, has sold over ten million copies and ranks third on the all-time US best-seller list for paperback books. *Identify this book.

Durante los cincuenta últimos años, más de diez millones de copias de este libro se han vendido. El libro, escrito y compilado por Carlos Castillo y Otto F. Bond en 1948, se sitúa en tercer lugar en la lista estadounidense de éxitos de librería en la categoría de libros en rústica. *¿Cómo se llama este libro?

275) *Carolina Herrera,* known for her elegantly feminine style, is considered to be one of the very best American fashion designers. She was born in Caracas, Venezuela in 1939, and her family came to Venezuela from Spain during the 16th century. Operating out of New York, she is assisted in her company by her four daughters. *Consistently appearing on the international list of best-dressed women, what year did Carolina Herrera launch her first collection?
    a) 1959 b) 1970 c) 1980

Carolina Herrera, conocida por su estilo elegante y femenino, figura entre los mejores diseñadores de la moda americana. Nació en Caracas, Venezuela en 1939, y sus antepasados habían salido de España para Venezuela durante el siglo dieciséis. Trabajando desde Nueva York, sus cuatro hijas le ayudan con su compañía. *Herrera aparece sin falta en la lista internacional de las mujeres mejor vestidas. *¿En cuál año estrenó Carolina Herrera su primera colección?
    a) 1959 b) 1970   c) 1980

276) *Born on May 10, 1958 in Los Angeles,* California, she is the first Hispanic woman astronaut. Since her first space mission in July of 1991, she has logged over 484 hours in space, and currently serves as a spacecraft communicator (CAPCOM) in Mission Control. Her many awards

include NASA's Outstanding Leadership Medal (1995) and Exceptional Service Medal (1997). In addition to being an astronaut, engineer, and researcher, this Ph.D from Stanford University is also a classical flutist. *Identify this outstanding role model.

a) Cynthia Ruíz b) Ellen Ochoa c) Marcela Suárez

Nacida el 10 de mayo de 1958 en Los Angeles, California, esta figura es la primera astronauta hispánica. Desde su primera misión espacial en julio de 1991, ha tenido más de 484 horas en el espacio, y actualmente sirve de comunicadora de nave espacial (CAPCOM) en el Control de Misión. Sus premios numerosos incluyen la Medalla por Mando Excepcional (1995) y la Medalla por Servicio Excepcional (1997) concedidas por la NASA. Además de ser astronauta, ingeniera, e investigadora, esta doctora en Filosofía de la Universidad de Stanford es también una flautista clásica. *Identifique a esta persona destacada que es un modelo a imitar.

a) **Cynthia Ruíz b) Ellen Ochoa c) Marcel Suárez**

277) *The minimal art movement* in American painting and sculpture originated in New York City in the early 1960s. Minimalism emphasized simplicity and objectivity, and was employed by this Hispanic-American sculptor in a number of specific outdoor sites using various materials, including metal and concrete. *Name the sculptor famous for his controversial 1981 work entitled *Tilted Arc*, which was dismantled at its Lower Manhattan site in 1989.

a) Tom Gallegos b) Louis Vega c) Richard Serra

El movimiento minimalista en el arte con respecto a la pintura y la escultura americanas nació en la Ciudad de Nueva York a principios de los años sesenta. El minimalismo enfatizaba la sencillez y la objetividad, y fue empleado por este escultor hispanoamericano en varios sitios específicos al aire libre, sirviendo de materiales diversos, incluso el metal y el hormigón. *Dé el nombre del escultor que es famoso por su obra controvertible de 1981, titulada *Tilted Arc*, la cual fue desmantelada en su lugar en Bajo Manhattan en 1989.

a) **Tom Gallegos b) Louis Vega c) Richard Serra**

278) *The Great Wall of Los Angeles,* the world's largest outdoor painting, is a brilliantly colored mural depicting the diverse ethnic history of California. The artist, a native of Los Angeles, recruited a multitude of assistants, from scholars to neighborhood children, to complete this 1976 artistic work, that stretches almost a half-mile in length. *Identify the artist who is responsible for hundreds of murals across the city of Los

Angeles.

a) Maya Palacios   b) Joy Bonilla   c) Judy Baca

El Gran Muro de Los Angeles, la pintura más grande del mundo al aire libre, es un mural de colores vivos, el cual representa la historia diversa y étnica de California. Natural de Los Angeles, la artista contrató a una multitud de ayudantes, desde eruditos hasta niños del vecindario, para ayudarle a acabar su obra artística de 1976, la cual mide casi media milla de longitud. *Identifique a la artista que es responsable de haber pintado centenares de murales por toda la ciudad de Los Angeles.

a) Maya Palacios   b) Joy Bonilla   c)Judy Baca

279) *Antonio de Ulloa* (1716-1795) was a Spanish naval officer and scientist who was born in Seville, Spain. He was responsible for establishing the first museum of natural history, the first metallurgical laboratory in Spain, and the Cádiz Observatory. In 1735, as a member of a scientific expedition with the French Academy of Sciences, he traveled to Peru to measure a degree of the meridian at the equator. As a result of his scientific findings during his ten years in Peru, he published, in 1784, his observations which contained a highly accurate and lucid description of the geography of South America, its inhabitants, and natural history. This important work was entitled, *Relación histórica del viaje a la América meridional*. While in Peru, he was also credited for discovering what essential element? (Hint: Atomic Number 78.)

El científico y oficial de la marina española, Antonio de Ulloa (1716-1795), nació en Sevilla, España. Fue responsable de haber establecido el primer museo de historia natural, el primer laboratorio metalúrgico de España, y el Observatorio de Cádiz. En 1735, como miembro de una expedición científica con la Academia de Ciencias de Francia, viajó al Perú para medir un arco de meridiano en el ecuador. Debido a sus hallazgos científicos durante sus diez años en el Perú, publicó en 1784 sus observaciones que incluyeron una descripción muy exacta y clara de la geografía de Sudamérica, sus habitantes, y su historia natural. Esta obra importante fue titulada *Relación histórica del viaje a la América meridional*. Durante su estancia en el Perú, se le atribuyó además el descubrimiento de un elemento esencial. *¿Cuál elemento fue? (Clave: El número atómico 78.)

280) *With wingspans ranging from nine to ten feet,* they are among the largest living birds in the world. *What is the Spanish word, adopted from the Native American (Quechua-language of the Indian peoples of

Peru, Bolivia, Ecuador, Chile, and Argentina), that describes this American vulture, found in the high peaks of Southern California and the Andes? **Con una envergadura de entre nueve y diez pies, estos pájaros figuran entre los pájaros vivientes más grandes del mundo. *¿Cuál es la palabra española, derivada del idioma de los indioamericanos (el idioma quechua de los indios peruanos, bolivianos, ecuatorianos, chilenos y argentinos), la cual describe este buitre de las Américas que se encuentra en los picos altos de los Andes y de la California del Sur?**

281) *Identify the common name* of the epiphytic plant (Tillandsia usneoides), belonging to the pineapple family, that forms pendent tufts of grayish green filaments on trees in the southern US and the West Indies. **Identifique el nombre genérico de la planta epifita (Tillandsia usneoides), de la familia de las bromeliáceas, la cual forma matas pendientes de filamentos grisáceos y verdes en los árboles de las Antillas y de la parte sur de los Estados Unidos.**

282) *This type of glazed pottery* was made by 14th century Hispano-Moresque potters and popularized in the mid-15th century. Essentially, a thin enamel is applied to a fired piece of earthenware, forming a white, opaque, porous surface on which a design is then painted. After a transparent glaze is applied, the piece is fired again. *Identify the type of pottery most associated with Spain, Italy, and Mexico. **Este tipo de loza fue fabricado por los alfareros hispanoárabes del siglo catorce y fue popularizado a mediados del siglo quince. Básicamente, una capa ligera de esmalte se aplica sobre un objeto de barro que ha sido cocido, y una superficie blanca, opaca, y porosa se forma sobre la cual se pinta luego un diseño. Después de aplicar un barniz vítreo transparente, el objeto se cuece una vez más. *Identifique el tipo de loza que se asocia principalmente con España, Italia, y México.**

283) *What are the two slightly altered Spanish words* now used in the English language to describe a long light rope especially used to catch horses and cattle? **Identifique dos palabras españolas que se han modificado un poco y que se usan actualmente en inglés para describir una cuerda larga y ligera que se usa sobretodo para atrapar y derribar a los caballos y ganado.**

284) *Best-selling novelist,* Isabel Allende, was the daughter of a diplo-

mat, a cousin of Chilean President Salvador Allende, and spent much of her childhood in South America, Europe, and the Middle East. Settling in her family's native country of Chile, she became a television host and writer, but left Chile in 1975 after a military coup. Allende has lived and worked in the US since 1988. Her first and most acclaimed novel was published in 1986. *Of the following three novels written by Isabel Allende, which is the 1985 title?

a) *Portrait of Sepia* b) *Daughter of Fortune* c) *House of Spirits*

Isabel Allende, novelista de éxito, fue hija de un diplomático y prima del presidente chileno Salvador Allende. Pasó gran parte de su infancia en Sudamérica, Europa, y el Oriente Medio. Estableciéndose en Chile, país natal de su familia, llegó a ser una presentadora televisiva y escritora, pero salió de Chile en 1975 después de un golpe militar. Allende vive y trabaja en los Estados Unidos desde 1988. Su primera novela, y la más elogiada, se publicó en 1986. *De las tres novelas siguientes escritas por Isabel Allende, ¿cuál es el título de 1985?

a) *Retrato en Sepia* b) *Hija de la Fortuna* c) *La Casa de los Espíritus*

285) *The winner of eight Emmy Awards* for his creative writing for the children's television series *Sesame Street*, he received a ninth Emmy for his contributions to the groundbreaking bilingual 1970s television comedy, *¿Qué pasa, USA?* *Identify the gifted playwright, whose widely performed works include *Our Lady of the Tortilla* (1987) and *Praying with the Enemy* (1999), which won the National Hispanic Playwright Award.

a) Víctor Jiménez b) Luis Santeiro c) Vasco Enciso

Ganador de ocho premios Emmy por sus guiones creativos para la serie televisiva *Sesame Street / Calle Sesame,* este autor de teatro recibió su noveno premio Emmy por sus aportaciones a la innovadora comedia televisiva bilingüe de los años setenta, *¿Qué pasa, USA?* *Identifique a este talentoso autor de teatro, cuyas obras se presentan con mucha frecuencia e incluyen *Our Lady of the Tortilla / Nuestra Señora de la Tortilla* (1987), y *Praying with the Enemy* (1999), que ganó el Premio Nacional al Mejor Autor Teatral Hispánico.

a) **Víctor Jiménez   b) Luis Santeiro   c) Vasco Enciso**

286) *Helping to assemble* the International Space Station, Lieutenant Colonel Carlos Noriega had a distinguished career as a Marine Corp aviator before joining NASA. A mission specialist and computer scien-

tist, Astronaut Noriega had the opportunity to visit what Russian space station?

El teniente coronel Carlos Noriega ayudó a montar la Estación Espacial Internacional, y tuvo una carrera distinguida como aviador en el Cuerpo de Infantería de la Marina de los Estados Unidos antes de entrar en la Administración Nacional de Aeronáutica y del Espacio (NASA). Especialista de misión e informático, el astronauta Noriega tuvo la oportunidad de visitar una estación espacial rusa. *¿Cuál estación espacial fue?

287) *A second-generation Cuban American* born in New York City in 1951, Oscar Hijuelos is the first Hispanic to win this prestigious literary award for fiction. He earned a master's degree in creative writing from City College of New York, and published his first novel, *Our House in the Last World,* in 1983. His award winning novel, *The Mambo Kings Play Songs of Love* (1989), is the story of Cuban musicians in New York during the 50s when Latin music swept the United States. *Identify the award won by Oscar Hijuelos.

Oscar Hijuelos, cubanoamericano de segunda generación quién nació en la Ciudad de Nueva York en 1951, es el primer hispánico en ganar un premio literario prestigioso por una obra de ficción. Obtuvo su maestría en redacciones en el City College de Nueva York, y publicó su primera novela, *Our House in the Last World* en 1983. Su novela galardonada, *The Mambo Kings Play Songs of Love* (1989), es la historia de músicos cubanos en Nueva York durante los años cincuenta cuando la música latina se popularizaba en los Estados Unidos. *¿Cuál premio ganó Oscar Hijuelos?

288) *Occurring in the vessels* of the bark layers of this tree, is a yellow or white latex from which this important, usually elastic, substance is made. *Identify the substance or the tree that is native to tropical Central and South America.

Los vasos de las capas de corteza de este árbol contienen látex de color amarillo o blanco, del cual se fabrica una sustancia importante que es generalmente elástica. *Identifique esta sustancia o el árbol que es indígena de las zonas tropicales de Centroamérica y Sudamérica.

289) *He was born in Seville* in 1599, and is the most celebrated painter of the Spanish school. At 25, he was made court painter and, over the years, evolved a subtle, intellectual art based on exquisite color values. He enhanced and gave each subject–from the common man to the royal

families of Europe–a sense of dignity and individual worth. *Identify the Spanish artist whose greatest works include *Christ and the Pilgrims of Emmaus, Borrachos, Venus and Cupid, Coronation of the Virgin,* and *The Maids of Honor.*

Nació en Sevilla en 1599, y es el pintor más célebre de la Escuela española. A la edad de 25 años, se le nombró pintor de la corte. En el transcurso de los años, este artista desarrolló una forma de arte sutil e intelectual basada en valores de color exquisitos. Dio realce y un sentido de dignidad y de mérito personal a cada sujeto, desde el hombre de la calle hasta las familias reales de Europa. *Identifique a este artista español, cuyas obras más célebres incluyen *Cristo y los peregrinos de Emaús, Los borrachos, La Venus del espejo, La coronación de la Virgen,* y *Las meninas.*

290) *This fictitious legendary figure* first appeared in Tirso de Molina's *El burlador de Sevilla* in 1630. The name of the young nobleman of Seville became a synonym for an obsessive and unscrupulous pursuer of women. His name is still used today as a universal term to describe a lover of women. *Who was this literary figure?

Esta legendaria figura ficticia apareció originariamente en *El burlador de Sevilla* por Tirso de Molina en 1630. El nombre del noble joven de Sevilla empezó a ser sinónimo de un perseguidor de mujeres obsesivo y sin escrúpulos. Su nombre ya se usa hoy día como un término universal para describir a un amante de las mujeres. *¿Quién fue esta figura literaria?

291) *This famous American poet,* novelist, and short story writer was a descendant of a Spanish settler from the Balearic Islands off the Mediterranean coast of Spain. The ancestor was recruited to settle in Florida when the British controlled the region, during a twenty year period in the late 18th century. This descendant won the Pulitzer Prize in 1929 for his narrative poem of the Civil War entitled *John Brown's Body,* which he penned in 1928. Another of his works, *The Devil and Daniel Webster,* has become an American classic and has been made into a play, an opera, and a film entitled, *All That Money Can Buy.* The elder brother of this celebrated American writer was also a poet, critic, and editor of some note. His verse autobiography, *The Dust Which Is God*, won a Pulitzer in 1941. He was also one of the founders of the *Saturday Review of Literature,* serving on its editorial board, and was the original editor of *The Reader's Encyclopedia.* Lastly, their sister was a published writer of verse and a biographer. *Identify this famous family of American literature.

Este famoso poeta, novelista, y autor de cuentos, de la América del Norte, fue descendiente de un colonizador español de las islas Baleares fuera de la costa mediterránea de España. El ascendiente fue reclutado para establecerse en Florida cuando los británicos tenían autoridad sobre la región, durante un período de veinte años a finales del siglo dieciocho. Este descendiente ganó el Premio Pulitzer en 1929 por su poema narrativo de la Guerra Civil, *John Brown's Body*, que él había escrito en 1928. Otra de sus obras, *The Devil and Daniel Webster,* llegó a ser un clásico norteamericano, y se convirtió en una obra de teatro, una ópera, y una película titulada *All That Money Can Buy.* El hermano mayor de este famoso escritor norteamericano fue también en cierto modo un poeta, crítico, y redactor de importancia. Su autobiografía en verso, *The Dust Which Is God,* ganó un premio Pulitzer en 1941. Esta figura fue también uno de los fundadores de la *Saturday Review of Literature* y miembro de la Redacción. Fue además el primer redactor de *The Reader's Encyclopedia.* Finalmente, su hermana fue biógrafa y escritora con publicaciones en verso. *Identifique a esta famosa familia literaria de Norteamérica.

292) *Found in English language dictionaries,* it is the Spanish word used to describe a herdsman or cowboy. *What is it?

Se incluye esta palabra española en diccionarios del idioma inglés y se usa para describir a un tropero o pastor de vacas y toros. *¿Cuál es?

293) *A Nobel Prize winner for literature* in 1977, this Spanish poet's verse includes the surrealist *Destruction or Love* (1935) and *A Longing for the Light.* *Identify this respected poet.

    a) Vicente Aleixandre b) Mateo Alemán   c) Marcos Montoya

Este poeta español ganó un Premio Nobel de Literatura en 1977, y su poesía incluye los poemas surrealistas *Destrucción o el amor* (1935) y *La Luz.* *¿Quién es este estimado poeta?

    a) Vicente Aleixandre b) Mateo Alemán   c)Marco Montoya

294) *After teaching at the universities* of Madrid, Heidelberg, and Oxford, Spanish born biochemist and physician Severo Ochoa (1905-1993) immigrated to the United States in 1940. In 1954, he became chairman of the Department of Biochemistry at New York University and, in 1956, became a US citizen. With colleague Arthur Kornberg, he received the Nobel Prize in Medicine for the synthesis of RNA (ribonucleic acid), an organic compound that carries hereditary qualities in all reproduction.

*What year did Doctor Ochoa receive his Nobel Prize?

a) 1956 b) 1959 c) 1963

Después de haber enseñado en las universidades de Madrid, Heidel-berg, y Oxford, el bioquímico y físico de nacimiento español, Severo Ochoa (1905-1993), inmigró a los Estados Unidos en 1940. En 1954, llegó a ser director de la Sección de Bioquímica en la Universidad de Nueva York y, en 1956, se hizo ciudadano de los Estados Unidos. Con su colega Arthur Kornberg, recibió el Premio Nobel de Medicina por la síntesis de RNA (ácido ribonucleico), un compuesto órganico que lleva calidades hereditarias en todos los casos de reproducción. *¿En cuál año recibió el doctor Ochoa su premio Nobel?

a) 1956   b) 1959   c) 1963

295) *Antonia Coello Novello* was born in Fajardo, Puerto Rico in 1944. Educated in Puerto Rico, she received her MD degree from the University of Puerto Rico in 1970. Moving to the US with her husband, Joseph Novello, a US Army flight surgeon, she completed fellowships at the University of Michigan and Georgetown University Hospital. In 1978, she took a position with the National Institutes of Health and later became the deputy director of the National Institute of Child Health and Human Development. In 1982, she received a master's degree in Public Health from John Hopkins University. *Identify the position she held in the Bush administration from 1990 to 1993.

Antonia Coello Novello nació en Fajardo, Puerto Rico en 1944. Educada en Puerto Rico, recibió su título de doctora en Medicina en la Universidad de Puerto Rico en 1970. Se mudó a los Estados Unidos con su marido, Joseph Novello, cirujano de a bordo del Ejército estadounidense, y realizó estudios como becaria en la Universidad de Michigan y en el Hospital de la Universidad de Georgetown. En 1978, aceptó un puesto con los Institutos Nacionales de la Salud, y luego llegó a ser la directora adjunta del Instituto Nacional de la Salud Infantil y del Desarrollo Humano. En 1982, obtuvo su maestría en Salud Pública en la Universidad de John Hopkins. *Identifique el puesto que ocupó esta persona de 1990 a 1993 durante el gobierno del Presidente Bush.

296) *Like the llama,* this partially domesticated South American mammal belongs to the camel family. The highland Indian tribes breed this animal for its wool, which is shaded from black through brown to white, and spun into the finest cloth for clothing, especially sweaters. The wool has been exported around the world since 1836. *Identify this animal

that feeds on grasses, requires a pure water supply, and whose name comes from the Aymara people, Native Americans who live in the regions of Bolivia, Chile, and Peru.

Como la llama, este mamífero parcialmente domesticado de Sudamérica es de la familia de los camélidos. Las tribus indias de las montañas crían este animal por su lana, cuyos colores incluyen una gran variedad de tonos entre el negro y el marrón hasta el blanco. La lana se hila para hacer tela muy fina para la confección de prendas de vestir, especialmente suéteres, y se exporta a todas partes del mundo desde 1836. *Identifique este animal que se alimenta con hierbas y que requiere una reserva de agua pura, y cuyo nombre viene de los aimarás, indioamericanos que viven en las regiones que incluyen Bolivia, Chile y el Perú.

297) *Poet, diplomat, and Communist leader,* Pablo Neruda (1904-73), whose original name was Neftalí Ricardo Reyes Basualto, received enormous international acclaim through his highly personal poetry. His writing employed bold metaphors in free verse to describe the breathtaking landscape of his country and his rage against the exploitation of the indigenous people. His epic poem of the American continent was entitled *Canto General* (1950). He was awarded the 1971 Nobel Prize in Literature during his service as this country's ambassador to France. *Identify Neruda's country. (Hint: Neruda died during the week of the 1973 military coup.)

Poeta, diplomático, y líder comunista, Pablo Neruda (1904-73), cuyo nombre de nacimiento fue Neftalí Ricardo Reyes Basualto, fue muy aclamado al nivel internacional por su poesía muy personal. En sus obras empleó metáforas vivas en verso libre para describir el paisaje impresionante de su país y su cólera con respecto a la explotación de la gente indígena. Su poema épico del continente americano fue titulado *Canto general* (1950). Se le concedió el Premio Nobel de Literatura en 1971 durante su servicio a la patria como embajador en Francia. *Identifique el país de Neruda. (Clave: Neruda murió durante la semana del golpe militar de 1973.)

298) *His coming-of-age novel, Bless Me, Ultima* (1972), which was set in the state of New Mexico during the 1940s, is considered a classic of modern American literature. A versatile writer, he has written a variety of works, including essays, children's books, plays, and poetry. In 1997, he was awarded the PEN Center West Award for his novel, *Alburquerque,* where he uses the original Spanish spelling for this southwest American

city. His most recent novel, *Shaman Winter,* continues his saga of private investigator Sonny Baca, who was the central figure in *Zia Summer* and *Rio Grande Fall.* *Identify this respected author who is professor emeritus of English at the University of New Mexico.

a) Rudolfo Anaya b) Richard Casorla c) Emanuel Alcazar

Su novela, *Bless Me, Ultima* (1972), sobre la juventud y el alcance de la mayoría de edad, sitúa en el estado de Nuevo México durante los años cuarenta y se considera un clásico de la literatura moderna americana. Este escritor polifacético ha escrito una variedad de obras, incluso ensayos, libros infantiles, obras de teatro, y poesía. En 1997, se le concedió el Premio del Centro PEN del Oeste por su novela, *Alburquerque,* para la cual se emplea la ortografía original en español para referirse a esta ciudad estadounidense del Sudoeste. Su novela más reciente, *Shaman Winter,* es la continuación de su historia del investigador privado, Sonny Baca, quien fue protagonista en *Zia Summer* y *Río Grande Fall.* *Identifique a este estimado autor quien es profesor emérito de inglés en la Universidad de Nuevo México.

a) Rudolfo Anaya   b) Richard Casorla   c) Emanuel Alcazar

299) *This armored mammal* is found in the American Southwest and Latin America. The head and body of this burrowing and chiefly nocturnal mammal are almost entirely covered by an armor of bony, horny plates. *What is the slightly altered Spanish word used in the English language to describe this mammal?

Este mamífero con armadura se encuentra en el Sudoeste de los Estados Unidos y en Latinoamérica. La cabeza y el cuerpo de este mamífero, que es principalmente nocturno y que hace madrigueras, están casi completamente cubiertos de una armadura de láminas óseas y cornudas. *¿Cuál es la palabra española que ha sido modificada un poco y que se emplea en inglés para describir este mamífero?

300) *In 1967, this Guatemalan author and diplomat* was awarded the Nobel Prize in Literature. His poetry and novels are rooted in the traditions and national traits of the Native American peoples of Latin America. His best novels include *The President/El señor presidente* (1946), *Men of Corn* (1949), and *Strong Wind* (1950), attacking Latin-American dictatorships and "Yankee imperialism." *Who was this great Central American author who died in 1974?

a) Miguel A. Asturias b) Roman Rodríguez c) DessieR. Sandoval

Se le concedió a este autor y diplomático guatemalteco el Premio

Nobel de Literatura en 1967. Su poesía y sus novelas se fundamentan en las tradiciones y características nacionales de los habitantes indioamericanos de Latinoamérica. Sus mejores novelas incluyen *El señor presidente* (1946), *Hombres de maíz* (1949), y *Viento fuerte* (1950), las cuales critican las dictaduras latinoamericanas y «el imperialismo yanqui.» *¿Quién fue este gran autor centroamericano que murió en 1974?

 a) Miguel A. Asturias b) Roman Rodríguez c) Dessie R. Sandoval

301) *What is the Quechua name* for the cougar that is found from southern British Columbia to the southern tip of South America? The animal is almost extinct in the US.

¿Cuál es el nombre quechua de una especie de puma que se encuentra en regiones desde la parte sur de la Colombia Británica hasta el extremo sur de Sudamérica? Este animal es casi extinto en los Estados Unidos.

302) *Spanish artist Joan Miró* (1893-1983) developed an abstract style during the 1920s where he employed images from the subconscious. Later in his career, he experimented with sculpture and printmaking, and produced ceramic murals (two of which are at the UNESCO building in Paris). This world-renowned artist belonged to what school of art that was influenced by Freudianism and dedicated to expressing the imagination as revealed in dreams?

El artista español, Joan Miró (1893-1983), desarrolló un estilo abstracto durante los años veinte, empleando imágenes desde la subconsciencia. Más tarde en su carrera, probó la escultura y la impresión, y produjo murales cerámicos (dos de los cuales se exhiben en el edificio UNESCO en París). Este artista de fama mundial fue miembro de una escuela de arte que fue influida por freudismo y fue dedicada a la expresión de la imaginación como revelada en sueños. *¿Cuál escuela de arte fue?

303) *Born in Central America,* Franklin Chang-Díaz is a physicist who became an astronaut in 1981. Growing up in Hartford, Connecticut, he has degrees from the University of Connecticut and M.I.T. His first space mission came in 1986 when aboard the space shuttle Columbia, he became the first Latino in space. *In what Central American country was Franklin Chang-Díaz born in 1950?

 a) Panama b) El Salvador c) Costa Rica

Nacido en Centroamérica, Franklin Chang-Díaz es un físico que llegó a ser astronauta en 1981. Educado en Hartford, Connecticut, sacó títulos en la Universidad de Connecticut y en el Instituto Tecnológico de Massachusetts (M.I.T.) Realizando su primera misión espacial en 1986 a bordo de la nave espacial Columbia, llegó a ser el primer latino en el espacio. *¿En cuál país centroamericano nació Franklin Chang-Díaz en 1950?

a) Panamá   b) El Salvador   c) Costa Rica

304) *Without a doubt, this Spanish painter,* sculptor, graphic artist, and ceramist was the foremost figure in art during the 20th century. He was born at Málaga, in 1881, to an artist/professor at the Academy of Fine Arts at Barcelona where he was admitted at age 15. Evolving through specific artistic periods, in 1907 he painted *Les Demoiselles d'Avignon* in Paris, which is considered the most significant work in the development of Cubism and abstraction. His second landmark work was an impassioned condemnation of fascism and war, entitled *Guernica*, and is now housed at the El Prado in Madrid. *Identify this world renowned innovator who continued to pursue his artistic vision until his death at 91.

Este pintor, escultor, artista gráfico y ceramista español fue sin duda la figura principal del arte del siglo veinte. Nacido en Málaga en 1881, fue admitido a la edad de quince años en la Academia de Bellas Artes en Barcelona, en donde su madre había sido artista y profesora. Se desarrolló durante períodos artísticos determinados, y pintó en París *Les Demoiselles d'Avignon* (1907), que se considera la obra más significativa del desarrollo del cubismo y de la abstracción. Su segunda obra de hito fue una condenación apasionada del fascismo y de la guerra, titulada *Guernica,* la cual está actualmente expuesta en El Prado en Madrid. *Identifique a este innovador de fama mundial, quien siguió dedicándose a su sueño artístico hasta su muerte a la edad de noventa y un años.

305) *Spanish cell biologist and anatomist,* Santiago Ramón y Cajal, showed that one organ of the body was made up of distinct nerve cells. His important work helped direct science to understand that these cells, or neurons, communicate with one another. His research is the foundation of modern neuroscience. His books include *Structures of the Nervous System of Man and Other Vertebrates* (1904) and *The Degeneration and Regeneration of the Nervous System* (1913-14). *What organ of the body did this Nobel Prize (1906) winning physiology scientist work with?

129

Santiago Ramón y Cajal, biólogo celular y anatomista español, demostró que cierto órgano del cuerpo fue compuesto de células nerviosas distintas. Su obra importante ayudó a la ciencia a llegar a comprender que estas células, o neuronas, se comunican unas con otras. La neurociencia moderna se fundamenta en las investigaciones de este científico. Sus libros incluyen *Textura del Sistema nervioso del hombre y de los vertebrados* (1904) y *Degeneración y Regeneración del sistema nervioso* (1913-14). *¿Cuál órgano del cuerpo fue el foco de los estudios de este fisiólogo que ganó un Premio Nobel en 1906?

306) *Spanish novelist Fernando de Rojas* wrote *La Celestina*, a dramatic novel of great passion. It is considered a masterpiece of Spanish literature. *In what year was it published?

     a) 1499 b) 1650 c) 1932

El novelista español, Fernando de Rojas, escribió La Celestina, una novela dramática de gran pasión, la cual se considera una obra maestra de la literatura española. *¿En cuál año fue publicada?

     a) 1499 b) 1650 c) 1932

307) *She arrived in New York City* in 1960 at the age of ten from her native Dominican Republic. This talented writer incorporates her vivid childhood memories of her homeland to her subsequent new life in the city of New York. Initially known as a poet, she is now best known for her award-winning novels, *How the Garcia Girls Lost Their Accents* (1991) and *In the Time of the Butterflies* (1994). *Identify this outstanding novelist.

     a) Julia Alvarez b) Linda Noriega c) Francisca Heredia

Esta novelista llegó en la Ciudad de Nueva York en 1960 a la edad de diez años, habiendo procedido de su país natal de la República Dominicana. Esta escritora talentosa evoca sus fuertes recuerdos de la infancia en su patria natal y los integra en su nueva vida que lleva después en la Ciudad de Nueva York. Originariamente conocida como poetisa, hoy día se conoce mejor por sus novelas galardonadas, *How the García Girls Lost Their Accents* (1991) y *In the Time of the Butterflies* (1994). *¿Quién es esta novelista destacada?

     a) Julia Alvarez b) Linda Noriega c) Francisca Heredia

308) *National Public Radio correspondent* (NPR) María Hinojosa, who was born in Mexico City in 1961, began her broadcasting career as the producer and host of a Latino radio show at New York's Barnard College. At the age of twenty-four, she began an award-winning career with NPR, but has also worked for other radio and television stations. Hinojosa

is especially known for her comprehensive reporting from what geographic area?

a) Latin America b) Spain c) Central America

María Hinojosa, corresponsal de la National Public Radio (NPR), nació en la Ciudad de México en 1961, y empezó su carrera de radiodifusión como productora y presentadora de un programa de radio latino en Barnard College de Nueva York. A la edad de veinticuatro años, empezó una carrera galardonada con la NPR, pero ha trabajado también para otras estaciones de radio y televisión. Hinojosa es sobretodo conocida por su amplio reporterismo desde cierta zona geográfica. ¿Desde cuál región hace reportajes?

a) Latinoamérica b) España c) Centroamérica

309) *The Spanish-born American philosopher,* critic, poet, and novelist emigrated to the US with his family in 1872. He graduated from Harvard University and, from 1889 to 1912, became a noted professor of philosophy there. He retired from teaching in 1912, and thereafter lived in Europe. His well-known philosophical works include *The Sense of Beauty* (1896), *The Life of Reason* (1905-06), *The Realms of Being* (1927-40), and *Dominations and Power* (1951). His lone novel, *The Last Puritan* (1936), was a great success. *Identify this noted writer who died in Rome in 1952.

a) William Castillo b) Ignatius Carrillo c) George Santayana

El filósofo, crítico, poeta, y novelista norteamericano, de nacimiento español, emigró a los Estados Unidos con su familia en 1872. Se había diplomado en la Universidad de Harvard, en donde llegó a ser un profesor de filosofía notable (1889-1912). Se jubiló de la enseñanza en 1912, y vivió después en Europa. Sus obras filosóficas muy conocidas incluyen, *The Sense of Beauty* (1896), *The Life of Reason* (1905-06), *The Realms of Being* (1927-40), y *Dominations and Power* (1951). Su única novela, *The Last Puritan* (1936), fue un gran éxito. *Identifique a este escritor notable que murió en Roma en 1952.

a) William Castillo b) Ignatius Carrillo c) George Santayana

310) *At 24.79 daily newspapers* per 1 million people, this country ranks number one in the world with the most newspapers per capita. Norway is second with 18.67. *Identify the country.

a) Uruguay b) Argentina c) Chile

Con 24,79 periódicos diarios por millón de personas, este país figura en primer lugar en el mundo con respecto a tener el mayor número de periódicos per cápita. Noruega figura en segundo lugar con 18,67

131

periódicos diarios. *¿Cuál país es?

    a) El Uruguay b) La Argentina c) Chile

311) *Name the large cat* (Felis onca) of tropical America. It is larger and stockier than the leopard and is brownish yellow with black spots. (Hint: a prestigious automobile.) *Identify the legendary animal.

Dé el nombre del félido grande (Felis onca) de la América tropical. Es más grande y más robusto que el leopardo, y es de color pardusco y amarillo con manchas de color negro. (Clave: un automóvil prestigioso.) *¿Cuál es este animal legendario?

312) *Identify the term* used to describe the books in Mayan hieroglyphic writing that survived the Spanish conquest. The books are made of fig-bark paper folded like an accordion, with covers of jaguar skin. The four surviving books deal with astronomical calculations, divination, and ritual.

Identifique el término empleado para describir los libros escritos en jeroglíficos mayas que quedaban después de la conquista española. Los libros están hechos de papel de corteza de higuera, el cual está plisado como acordeón, y están cubiertos de piel de jaguar. Los cuatro libros que quedan tratan de cálculos astronómicos, de la adivinación, y del ritual.

313) *This Hispanic artist* became known in the late 1960s for his political posters, which concentrated on race, politics, and the Vietnam War. His works displayed a passion of rich colors and impressionistic graphics. *Who is this Hispanic-American artist who was born in French Camp, California in 1941?

    a) Rupert García b) Richard Carrillo c) John Navarrete

Este artista hispánico empezó a ser conocido a finales de los años sesenta por sus carteles políticos, cuyos temas se centraron en la raza, la política, y la Guerra del Viet Nam. Sus obras evocaron una pasión por colores vivos y las artes gráficas impresionistas. *¿Quién es este artista hispanoamericano que nació en French Camp, California en 1941?

    a) Rupert García b) Richard Carrillo c) John Navarrete

314) *One theory for the extinction* of these animals was proposed by Luis Alvarez (1911-88) in 1980. He theorized that the disappearance of these animals, some 65 million years ago, coincided with the impact of an asteroid of up to six miles in diameter. This catastrophic impact caused giant atmospheric dust-clouds that blocked sunlight worldwide. This led to the extinction, in his opinion, of what great animals?

Una de las teorías de la extinción de estos animales fue propuesta por Luis Alvarez (1911-88) en 1980. Teorizó que la desaparición de estos animales, hace unos 65 millones de años, había coincidido con el impacto de un asteroide, cuyo diámetro midió hasta seis millas. Este impacto catastrófico causó gigantes polvaredas atmosféricas que obstruyeron el sol en el mundo entero. En la opinión de Alvarez, esto condujo a la extinción de estos grandes animales. *¿Cuáles animales fueron?

315) *Over the last fifty years,* archaeologist and anthropologist have searched without success for the source of a gemstone that the pre-Columbian civilizations of the Olmecs and Mayas valued above all else and fashioned into precious objects of adornment, trade, and worship. In 1998, a devastating hurricane swept through Central America killing thousands of people. The storm tore through the highland jungles of Guatemala to expose the forgotten and lost mines of the Olmecs. *Identify the precious gemstone that was rediscovered by scientists in the highlands of Guatemala.

En el transcurso de los cincuenta últimos años, los arqueólogos y antropólogos han buscado sin éxito el origen de cierta clase de joya que las civilizaciones precolombinas de los olmecas y de los mayas apreciaron sobre todo, y de la cual elaboraron objetos de adorno, comercio y culto. En 1998, un huracán devastador azotó Centroamérica, matando a miles de personas. La tormenta azotó las selvas montañosas de Guatemala y puso al descubierto las minas olvidadas y perdidas de los olmecas. *Identifique la joya preciosa que fue descubierta de nuevo por científicos en las montañas de Guatemala.

316) *The only bat* found in Central America is:
    a) Proboscis bat b) Smoky bat c) Little Yellow bat

El único murciélago que se encuentra en Centroamérica es:
    a) el murciélago probóscide   b) el murciélago Smoky
    c) el murciélaguito amarillo

317) *This flamboyant Spanish painter,* sculptor, printmaker, and designer studied in Madrid and Barcelona before moving to Paris in the late 1920s. After studying the writings of Sigmund Freud, concerning the erotic significance of subconscious imagery, he joined and became a leader of Surrealism. His world renowned paintings depict a dreamworld in which commonplace objects, painted in a precise style, are juxtaposed, deformed, or metamorphosed in bizarre ways to enhance the nightmare

effect of his works. His most famous work, *The Persistence of Memory* (1931), has limp watches melting into an eerie landscape. *Identify this artist whose eccentricities made him an extremely wealthy man.

Este pintor, escultor, litógrafo, y diseñador extravagante estudió en Madrid y Barcelona antes de mudarse a París a finales de los años veinte. Después de haber estudiado las obras de Sigmund Freud sobre el significado erótico de imaginaciones subconscientes, se adhirió al surrealismo y llegó a ser una de las primeras figuras del movimiento. Sus pinturas de fama mundial evocan un mundo de ensueño en que los objetos cotidianos, pintados de un estilo bien determinado, se yuxtaponen, se deforman o se transforman de maneras extrañas para aumentar el efecto de pesadilla de sus obras. Su obra más célebre, *La persistencia de la memoria* (1931), es una pintura de relojes deformados fundiéndose en un paisaje misterioso. *Identifique a este artista cuyas excentricidades le hicieron extremadamente rico.

318) *Rómulo Gallegos* was a statesman and novelist from South America. He was president of the country for an 11 month period in 1948, until his government was ousted by a military coup. His popular novels explored the life and customs of his country. Two noteworthy works were *Doña Bárbara* (1929) and *Chanticleer* (1934). *What country was his home?

     a) Argentina   b) Venezuela   c) Paraguay

Rómulo Gallegos fue un hombre de Estado y novelista sudamericano. Fue presidente del país por un período de once meses en 1948, hasta el derrocamiento de su gobierno por un golpe militar. Sus novelas populares examinaron la vida y las costumbres de su país. Dos obras notables fueron *Doña Bárbara* (1929) y *Chanticleer* (1934). *¿Cuál fue el país natal de Gallegos?

     a) La Argentina   b) Venezuela   c) El Paraguay

319) *The discovery of this precious metal* in the Andes Mountains in 1545 sparked an explosion of wealth for Spain and opened trade between South America, Europe, and Asia. Trade with China grew significantly since this metal was worth twice as much there as elsewhere. During a 100 year period between 1550 to 1650, 60% of the world's supply of this metal came from these South American mines. *Identify this precious metal.

El descubrimiento de este metal precioso en las montañas andinas en 1545 causó una explosión de riqueza para España e inició relaciones comerciales entre Sudamérica, Europa, y Asia. Las relaciones comerciales con China se aumentaron de modo

significativo ya que este metal valía dos veces más en China que en cualquier otro lugar. Por un período de cien años, entre 1550 y 1650, el sesenta por ciento de la oferta mundial de este metal procedió dc estas minas sudamericanas. *¿Cuál es este metal precioso?

320) *In 1947, Bernardo A. Houssay,* of Argentina's Institute of Biology and Experimental Medicine, was awarded this prize for his discovery of the part played by the hormone of the anterior pituitary lobe in the metabolism of sugar. *What did he win?

En 1947, Bernardo A. Houssay, del Instituto de Biología y Medicina Experimental de la Argentina, fue concedido un premio por haber descubierto el papel desempeñado por la hormona del lóbulo anterior pituitario en el metabolismo del azúcar. *¿Cuál premio ganó?

321) *This Ukraine-born Argentine journalist* wrote the international best-seller, *Prisoner Without a Name, Cell Without a Number.* The story is an impassioned account of his torture and imprisonment by the Argentine military in 1977 and 1978. *Identify this respected Argentine writer.

Este periodista argentino, de nacimiento ucranio, escribió el éxito de librería internacional, *Prisoner Without a Name, Cell Without a Number.* La historia es una relación apasionada de su tortura y encarcelamiento por los militares argentinos entre 1977 y 1978. *¿Quién es este estimado autor argentino?

322) *María Reiche* was a foreign-born Peruvian mathematician and archaeologist (1903-1998) who studied and protected the ancient Nazca Lines, a series of Peruvian ground drawings more than a millennium old. For more than a half-century, Reiche studied the 35 miles of desert near Nazca in southern Peru that served as the blackboard for etchings of mysterious geometric patterns and animals that were only fully recognizable from the air. *In what country was María Reiche born?

    a) Germany b) Holland c) France

María Reiche era una matemática y arqueóloga peruana (1903-1998), que nació en el extranjero y quien estudió y protegió las Líneas antiguas de Nasca, una serie de dibujos en la tierra hechos por los peruanos hace más de un milenio. Por más de medio siglo, Reiche estudió las treinta y cinco millas de desierto cerca de Nasca en la parte sur del Perú, las cuales habían servido de pizarra para dibujos de misteriosas formas y animales geométricos reconocibles en su totalidad sólo desde el aire. *¿En cuál país nació María Reiche?

    a) Alemania b) Holanda c) Francia

323) *Cantharis* is a homeopathically formulated preparation of dried beetles used in medicine as a counterirritant and, formerly, as an aphrodisiac. *What is its other name?

La cantárida es un preparado de escarabajos secos de fórmula homeopática que se emplea en la medicina como revulsivo y anteriormente como afrodísiaco. *¿Por cuál otro nombre se conoce la cantárida?

324) *What is the slightly altered Spanish word*, now used in the English language, to describe a stalling tactic used by US congressional representatives? Its original meaning in the mid-19th century was to describe an American engaged in fomenting insurrections in Latin America.

Identifique la palabra española, que ha sido modificada un poco y que se usa hoy día en inglés, para describir tácticas de obstrucción practicadas por representantes del Congreso de los Estados Unidos. El primer sentido de la palabra a mediados del siglo diecinueve describió a un americano que participaba en el fomento de insurrecciones en Latinoamérica.

325) *One of the greatest Spanish artists* of all time was born in Fuendetodos, 1746. He is certainly one of the foremost European painters and engravers of the 19th century. Exceptionally prolific and versatile, this Spanish painter completed more than 500 oil paintings and murals, 300 etchings and lithographs, hundreds of drawings, and more than 200 portraits. His most celebrated paintings are *Maja Nude* and *Maja Clothed*, both in the El Prado museum. Other masterpieces include: *Charge of the Mamelukes, Execution of the Defenders of Madrid,* and *Agony in the Garden.* He is said to have acknowledged three masters: Rembrandt, Velázquez, and nature. *Who was the great Spanish artist, who profoundly influenced 19th century European art?

Uno de los más grandes artistas españoles de todos nació en Fuendetodos en 1746. Es sin duda uno de los principales pintores y grabadores europeos del siglo diecinueve. Excepcionalmente prolífico y polifacético, este pintor español realizó más de 500 murales y pinturas al óleo, 300 grabados y litografías, centenares de dibujos, y más de 200 retratos. Sus pinturas más célebres incluyen *La maja desnuda* y *La maja vestida*, las dos en el Museo del Prado. Sus otras obras maestras incluyen: *La carga de los mamelucos, Los fusilamientos del 3 de mayo,* y *La agonía de Cristo*. Se dice que él reconoció a tres maestros: Rembrandt, Velázquez, y la naturaleza. *¿Quién era este gran artista español que influyó profundamente en

el arte europeo del siglo diecinueve?

326) *A man of many talents,* this Spanish dramatist was also a mathematician, economist, and cabinet minister. His 68 plays range from romances to social dramas, and include *Madman or Saint/ O locura o santidad* (1877), and *The World and his Wife/El gran Galeoto* (1881). His work is credited for reviving the great traditions of Spanish literary drama. *Identify this renaissance man who shared the 1904 Nobel Prize in Literature with Frédéric Mistral, of France.

Hombre de muchos talentos, este dramaturgo español fue también matemático, economista, y ministro de consejo. Sus sesenta y ocho obras de teatro varían desde obras románticas hasta dramas sociales, e incluyen *Madman or Saint / O locura o santidad* (1877), y *The World and his Wife / el gran Galeoto* (1881). Por su obra, se le atribuye el renacimiento de las grandes tradiciones del drama literario español. *Identifique a este renacentista, quien compartió el Premio Nobel de Literatura de 1904 con Federico Mistral de Francia.

327) *Chilean poet Lucila Godoy de Alcayaga* (1889-1957) wrote her best known work, *Sonnets of Death,* in 1915 and was awarded the Nobel Prize in Literature in 1945. In addition to her literary work, she was consul of Chile in Spain and represented her country at the League of Nations and the United Nations. *What is her better known pen name?

     a) Gabriela Mistral b) María de Herrera c) Luisa Vega

La poetisa chilena, Lucila Godoy de Alcayaga (1889-1957), escribió su obra mejor conocida, *Los Sonetos de la muerte,* en 1915 y fue concedida el Premio Nobel de Literatura en 1945. Además de su obra literaria, fue cónsula chilena en España y representó su país en la Sociedad de Naciones y en las Naciones Unidas. *¿Cuál es su seudónimo mejor conocido?

     a) Gabriela Mistral b) María de Herrera c) Luisa Vega

328) *What is the slightly altered Spanish word,* now used in English, to describe a dense thicket (mostly seen in Southern California) of shrubby plants especially adapted to dry summers and moist winters?

Identifique la palabra española, que ha sido modificada un poco y que se emplea actualmente en inglés, para describir un matorral denso de plantas arbustivas, que se han adaptado sobretodo a veranos secos e inviernos húmedos y las cuales se encuentran principalmente en la California del Sur.

329) *The Naufragios y comentarios,* by Alvar Núñez Cabeza de Vaca,

137

recounts the story of his incredible odyssey as the first white man to cross America on foot from this state to the Mexican Pacific in the early 16th century. *Identify the state from where he started his intrepid journey.

Los Naufragios y comentarios por Alvar Núñez Cabeza de Vaca relatan la historia de su odisea increíble como el primer hombre de raza blanca en atravesar la América a pie desde cierto estado al Pacífico mexicano al principio del siglo dieciséis. *Identifique el estado desde el cual esta figura empezó su viaje intrépido.

330) *Yiddish is to German* as this jargon–a blend of medieval Castilian and Hebrew, Turkish, Arabic, written in the Hebrew script–is to Spanish. With the migration of Iberian Jews after their expulsion from Spain in 1492, Sephardic traditions were transferred to North Africa and the Middle East. *Name the language used by the Jews of Spain.

El yídish es al alemán como esta jerga es al español. Este dialecto es una mezcla del castellano medieval con el hebreo, el turco, y el árabe, escrito en la escritura hebrea. Con la migración de los judíos ibéricos después de su expulsión de España en 1492, las tradiciones sefarditas fueron pasadas a la Africa del Norte y al Oriente Medio. *¿Cómo se llama el idioma empleado por los judíos de España?

331) *Most English speaking people* honor William Shakespeare as a great literary and cultural icon. What great literary figure is honored by those of Hispanic origin?

La mayoría de la gente de habla inglesa honra a William Shakespeare como un gran ídolo literario y cultural. *¿A cuál gran figura literaria honran los de origen hispánico?

332) *A close friend of Pablo Picasso*, this noted Spanish sculptor and painter was responsible for establishing the use of wrought and welded iron as an expressive sculptural medium. His most notable works include *Woman with a Mirror* (IVAM Centre, Valencia) and *Montserrat* (Stedelijk Museum, Amsterdam). *Who was he?

a) Francisco Márquez b) Julio González c) Miguel García

Amigo íntimo de Pablo Picasso, este notable escultor y pintor español fue responsable de haber popularizado el uso del hierro forjado y soldado como un medio expresivo de escultura. Sus obras más notables incluyen *Mujer mirándose al espejo* (Centro IVAM, Valencia) y *Montserrat* (Museo Stedelijk, Amsterdam). *¿Quién fue?

a) Francisco Márquez   b) Julio González   c) Miguel García

333) *José Clemente Orozco* (1883-1949) and Diego Rivera (1886-1957)

were internationally famous Mexican painters of what art form?(Hint: Well-known Mexican American artists of the same genre include Manuel Martínez, Judy Baca, and Margo Oroña.)

José Clemente Orozco (1883-1949) y Diego Rivera (1886-1957) fueron pintores mexicanos de fama mundial de cierta forma de arte. *¿Cuál forma de arte fue? (Clave: Entre los conocidos artistas mexicoamericanos de este mismo género de arte se incluyen Manuel Martínez, Judy Baca, y Margo Oroña.)

334) *What does the word* Nahuatlan (nä'wot"len) refer to?
¿A qué se refiere la palabra náhautl?

335) *Who was the Spanish novelist* whose talent for interweaving fantasy and realism earned him the prodigious Cervantes Prize for Literature in 1985?
    a) Gonzalo Tottente Ballester
    b) Oscar de Torre
    c) Rinaldo Fuentes Alvarado
Identifique al novelista español cuyo don de mezclar la fantasía con el realismo le ganó el prestigioso Premio Cervantes de Literatura en 1985?
    a) Gonzalo Tottente Ballester
    b) Oscar de Torre
    c) Rinaldo Fuentes Alvarado

336) *Between the banana spider* and wolf spider of Central America, which is the more deadly?
Entre la araña de plátano y la araña lobo, ¿cuál araña centroamericana es más mortal?

337) *Santiago Ramón y Cajal,* of Madrid University, shared this award with Camillo Golgi in 1906 for their work on the structure of the nervous system. *What award did he share?
Santiago Ramón y Cajal, de la Universidad de Madrid, compartió un premio con Camillo Golgi en 1906 por su obra con respecto a la estructura del sistema nervioso. *¿Cuál premio compartió?

338) *Argentina ranks third* in the world with 1,705. *What are they?
    a) hospitals b) commercial airports c) universities
La Argentina figura en tercer lugar al nivel mundial con respecto a 1.705 de algo. *¿Cuáles son?
    a) hospitales b) aeropuertos comerciales c) universidades

339) *This Argentine poet,* critic, and short-story writer is regarded as

139

one of the greatest writers to come out of Argentina during the 20th century. His highly imaginative poetry is collected in *Selected Poems:* 1923-1967 (1967). This former director of the National Library and professor of English at the University of Buenos Aires is best known internationally for his original short fiction, ranging from physical allegories through fantasies, to worldly and sophisticated detective stories. His most popular works include *The Book of Imaginary Beings* (1957), *Dr. Brodie's Report/El informe de Brodie* (1972), and *The Book of Sand/El libro de arena* (1975). His fantastic and magical approach to writing earned him a vast international audience. *Identify the famous author and exponent of magic realism, whose most recurring symbols are mirrors, labyrinths and dreams.

a) Rodrigo Díaz b) Jorge Luis Borges c) Carlos Navarre

Natural de la Argentina, este poeta, crítico, y autor de novelas cortas es considerado como uno de los más grandes escritores de la Argentina del siglo veinte. Sus poesías muy imaginativas se recopilan en los *Poemas Seleccionados*: 1923-1967 (1967). Este antiguo director de la Biblioteca Nacional y profesor de inglés en la Universidad de Buenos Aires se conoce mejor al nivel internacional por sus originales obras cortas del género novelesco, las cuales varían desde alegorías físicas hasta fantasías y novelas políciacas mundanas y sofisticadas. Sus obras más populares incluyen *El libro de los seres imaginarios* (1957), *El informe de Brodie* (1972), y *El libro de arena* (1975). Su manera fantástica y mágica de escribir le ganó gran número de lectores en el mundo entero. *Identifique a este famoso autor e intérprete del realismo mágico, cuyos símbolos más corrientes son espejos, laberintos, y sueños.

a) Rodrigo Díaz   b) Jorge Luis Borges   c) Carlos Navarre

340) *What is the slightly altered Spanish word*, now used in English, to describe outlaws active in California and Texas during the 1850s? To the Mexican population, they were like Robin Hood figures who were regarded more as rebels than thieves. Among the more famous were Joaquín Murieta, Tiburcio Vásquez, and Juan Flores in California, and Juan Cortina in Texas. (Hint: desperate man)

Identifique la palabra española, que ha sido modificada un poco y que se emplea hoy día en inglés, para describir a personas fuera de la ley, las cuales cometieron delitos en California y Tejas en los años cincuenta del siglo diecinueve. A los ojos de la población mexicana, estas figuras fueron parecidas al Robín de los Bosques, y fueron

consideradas más como rebeldes que como ladrones. Entre las figuras más famosas se incluyeron **Joaquín Murieta, Tiburcio Vásquez, y Juan Flores en California, y Juan Cortina en Tejas.** (Clave: un hombre desesperado)

341) *The son of an English father* and Puerto Rican mother, he is regarded as one of the most original and influential of modern poets. His vast body of prose work includes novels, short stories, essays, and the play, *A Dream of Love* (1948). He practiced medicine in Rutherford, NJ for more than 50 years, and was posthumously awarded the Pulitzer Prize in 1963 for his poem, *Pictures from Brueghel.* *This famous poet was:

    a) William Carlos Williams
    b) Roger Juan Rogers
    c) Enrique Clark

Hijo de un padre inglés y de una madre puertorriqueña, se le considera uno de los poetas más originales e influyentes de los poetas modernos. Sus obras prolíficas en prosa incluyen novelas, novelas cortas, ensayos, y la obra de teatro, *A Dream of Love* **(1948). Ejerció la medicina en Rutherford, Nueva Jersey por más de cincuenta años y, después de su muerte, se le concedió el Premio Pulitzer en 1963 por su poema,** *Pictures from Brueghel.* ***Este poeta famoso fue:**

    a) William Carlos Williams
    b) Roger Juan Rogers
    c) Enrique Clark

342) *Born near Seville* in the early 1870s, brothers Serafín and Joaquín were Spanish dramatists who, from 1897, produced more than two hundred comedies, dealing mainly with local life in the Spanish region of Andalucía. Their more popular comedic plays include *Los galeotos* (1900), *El amor que pasa* (1904), *Papá Juan: Centenario* (1909), *La Calumniada* (1919), and *Los Mosquitos* (1928). *What was the well-known brothers' last name.

    a) Alvarez Quintero b) Saavedra y Ramírez c) Amado

Nacidos cerca de Sevilla a principios de los años setenta del siglo diecinueve, los dramaturgos españoles y hermanos, Serafín y Joaquín, produjeron, a partir de 1897, más de doscientas comedias principalmente sobre la vida local de la región española de Andalucía. Sus comedias más populares incluyen *Los galeotos* **(1900),** *El amor que pasa* **(1904),** *Papá Juan: Centenario* **(1909),** *La Calumniada* **(1919), y** *Los Mosquitos* **(1928). *¿Cuál fue el apellido de estos hermanos conocidos?**

343) *What is the Spanish word* used to describe any breed of fine wooled white sheep, originating in Spain, and producing a heavy fleece of exceptional quality resembling cashmere?

Identifique la palabra española empleada para describir cualquier raza de ganado ovino, con lana fina y blanca, originaria de España, y la cual produzca lana gruesa de calidad excepcional parecida a la cachemira.

344) *This Yucatán civilization* used a counting system with a base of twenty, so that larger numbers were multiples of twenty. It is theorized to have derived from the use of both fingers and toes for computation. *What early civilization developed this system?

Esta civilización yucateca empleó un sistema de cuenta con base de veinte tal que las cifras más grandes eran múltiplos de veinte. Se teorizó que el sistema derivara del uso igual de los dedos de la mano y del pie para la computación. *¿Cuál civilización primitiva desarrolló este sistema?

345) *This art form* was initiated when Pablo Picasso pasted a piece of commercially printed oilcloth to his cubist *Still Life with Chair Caning*, in 1912. (Hint: It has a French name.) *Identify the art form.

Esta forma de arte fue iniciada cuando Pablo Picasso creó *La naturaleza muerta con una silla de paja* (1912), pegando en su obra cubista una pieza de hule, que había sido estampada comercialmente. (Clave: Esta forma de arte tiene un nombre francés.) *Identifique la forma de arte.

346) *Born in Argentina in 1922,* he is regarded as one of the world's leading architects. A former Dean of the Yale School of Architecture, several of his more prominent projects include Manhattan's World Financial Center - with its arching, 124-foot high, glass enclosed public hall, the renovated Museum of Modern Art, the US Embassy in Tokyo, the Pacific Design Center in Los Angeles, and the Indian Tower in Indianapolis. *Identify the man who became the first US Hispanic to be named by the American Institute of Architects as one of the ten most influential living architects.

a) Oscar Gómez b) César Pelli c) Rámon de la Cruz

Nacido en la Argentina en 1922, se le considera uno de los arquitectos principales del mundo. Antiguo decano de la Facultad de Arquitectura de Yale, algunos de sus proyectos más importantes

incluyen el Centro Financiero Mundial de Manhattan - con su arqueada sala pública de cristales de 124 pies de altura, el recién restaurado Museo de Arte Moderno, la Embajada estadounidense en Tokio, el Centro de Diseño del Pacífico en Los Angeles, y la Torre India en Indianapolis. *Identifique al hombre que llegó a ser el primer hispánico de los Estados Unidos en ser nombrado, por el Instituto Norteamericano de Arquitectos, uno de los diez arquitectos vivientes más influyentes.

a) Oscar Gómez   b) César Pelli   c) Ramón de la Cruz

347) *Argentine American Eugenia Kalnay* was the first female to receive a Ph.D. from this prestigious American institute of higher learning (Department of Meteorology). She went on to develop a global, numerical weather prediction model now used by NASA. She also developed methods to study atmospheric dynamics and predictability. *Identify the institution, located in New England, where she received her doctorate.

Eugenia Kalnay, de origen argentino-americano, fue la primer mujer en obtener un doctorado en Filosofía en este prestigioso instituto norteamericano de enseñanza superior (Sección de Meteorología). Con el tiempo, desarrolló un modelo numérico de pronóstico meteorológico al nivel mundial, el cual se emplea hoy día por la NASA. También desarrolló métodos para estudiar y pronosticar la dinámica atmosférica. *Identifique el instituto, que está situado en Nueva Inglaterra, en donde Eugenia Kalnay recibió su doctorado.

348) *Spanish poet and playwright* José Zorrilla (1817-1893) was born in Valladolid, Spain in 1817. One of Spain's most famous romantic poets, his best work is seen in the collections *Cantos del Trovador* (1840-1841) and the incomplete *Granada* (1852). However, much of his poetry has been overshadowed by the fame of one play that became the most successful play of 19th century Spain. *Identify this legendary work of Spanish drama.

a) *El zapatero y el rey*   b) *Don Juan Tenorio* c) *El puñal del Godo*

El poeta y autor de teatro, José Zorrilla (1817-1893), nació en Valladolid, España en 1817. Fue uno de los poetas más famosos del romanticismo español y su mejor obra se incluye en la colección titulada *Cantos del Trovador* (1840-1841) y en la obra inacabada *Granada* (1852). Sin embargo, la mayor parte de su poesía ha sido eclipsada por una sola obra de teatro que llegó a ser la obra teatral más exitosa del siglo diecinueve en España. *Identifique esta legendaria obra dramática española.

a) *El zapatero y el rey* b) *Don Juan Tenorio*   c) *El puñal del Godo*

349) *The best known Spanish language newspaper,* El Diario/La Prensa, is located in:

   a) Florida b) New York c) California

El mejor conocido periódico en español, El Diario / La Prensa, procede de:

   a) Florida b) Nueva York c) California

350) *Fausto Elhuyar* was a Spanish chemist and mineralogist who, in partnership with his brother Juan José, was the first to isolate tungsten metal, or wolfram, though not the first to recognize its elemental nature. The brothers discovered tungstic acid in the ore wolframite, and extracted the metal by reducing this acid with charcoal. This would be the first time that Basque names would be recorded in the annals of the history of science. *What year did this discovery occur?

   a) 1783 b) 1801 c) 1825

Fausto Elhuyar fue un químico y mineralogista español quien, con su hermano Juan José, fue el primer en aislar el metal tungsteno, o volframio, aunque no fue el primer en reconocer su naturaleza elemental. Los hermanos descubrieron el ácido de tungsteno en el mineral de volframita y extrajeron el metal reduciendo este ácido con carbón. Fue la primera vez que se registraron nombres vascos en los anales de la historia de la ciencia. *¿En cuál año ocurrió este descubrimiento?

   a) 1783) b) 1801 c) 1825

351) *This Friedrich Schiller play* was the basis of Giuseppe Verdi's famous opera by the same name. The story's hero, the son of Spain's King Philip II, was a young libertarian whose idealism led him to plot the overthrow of his tyrannical father. *Identify one of the following: the name of the son, the play, or the opera.

Esta obra de teatro por Friedrich Schiller fue la base de la ópera famosa del mismo nombre por Giuseppe Verdi. El héroe de la historia, hijo del rey Felipe II de España, era un libertario joven, cuyo idealismo le condujo a urdir un complot para derribar a su padre tiránico. *Identifique uno de los siguientes: el nombre del hijo, el título de la obra de teatro, o el título de la ópera.

352) *Often called the Spanish Michelangelo* for the diversity of his talents, this Spanish painter, sculptor, and architect was born in Granada in 1601. As an architect, he designed the facade of the Granada Cathedral (1667), one of the masterpieces of Spanish baroque architecture. *Who was he?

144

a) Alonso Cano   b) Francisco Pacheco   c) Juan Martínez

Frecuentemente llamado *el Miguel Angel español* por la diversidad de sus talentos, este pintor, escultor, y arquitecto español nació en Granada en 1601. Como arquitecto, diseñó la fachada de la Catedral de Granada (1667), una de las obras maestras de la arquitectura barroca española. *¿Quién fue?

a) Alonso Cano   b) Francisco Pacheco   c) Juan Martínez

353) ***Spanish lyric poet,*** Vicente Aleixandre, received the Nobel Prize in Literature in 1977 for his surrealist masterpiece, *Destruction or Love/La destrucción o el amor* (1935). *His work, for a time, was banned by what Spanish government?

El poeta lírico español, Vicente Aleixandre, recibió el Premio Nobel de Literatura en 1977 por su obra de maestra surrealista, *Destruction or Love / La destrucción o el amor* (1935). *¿Por cuál gobierno español fue prohibida su obra por una temporada?

354) ***Francisco Herrera*** was a Spanish painter, engraver, and miniaturist. Though his early works were in the mannerist style, he developed in the naturalistic style as seen in his four scenes from the life of St. Bonaventure. Herrera the Elder achieved considerable fame in Seville, where Velásquez was briefly his pupil. His son, Francisco Herrera the Younger, worked as a painter and architect. His religious works were in the Roman baroque style, which he introduced in Seville. His greatest architectural achievement was the church of El Pilar at Saragossa. *In what century did this father and son duo excel?

a) 15th century   b) 17th century   c) 19th century

Francisco Herrera fue un pintor, grabador, y miniaturista español. Aunque sus primeras obras fueron al estilo manierista, se desarrolló al estilo naturalista como se evidencia en sus cuatro escenas de la vida de San Buenaventura. Herrera el Viejo consiguió fama considerable en Sevilla, en donde Velásquez había sido brevemente su alumno. Su hijo, Francisco Herrera el Joven, trabajó como pintor y arquitecto. Sus obras religiosas fueron al estilo barroco romano, el cual introdujo él en Sevilla. Su obra de arquitectura más importante fue la iglesia, El Pilar, en Zaragoza. *¿En cuál siglo se destacó este dúo de padre e hijo?

a) el siglo quince   b) el siglo diecisiete   c) el siglo diecinueve

355) ***This Spanish novelist and dramatist*** has been called the greatest Spanish novelist since Cervantes. His works include a cycle of forty-six historical novels, *Episodios nacionales*, covering 1805 to 1874; twenty-

one *novelas españolas contemporáneas*, including *Fortunata and Jacinta* (1886-87); and six *novelas españolas de la primera época*, notably *Doña Perfecta* (1876) and *La familia de Leon Roch* (1878). *Who was this literary giant of Spain?

a) Benito Galdos Pérez b) Javier de Cuéllar c) Ramón de Ayala

Este novelista y dramaturgo español ha sido llamado el novelista español más importante desde Cervantes. Sus obras incluyen un ciclo de cuarenta y seis novelas históricas, *Episodios nacionales*, que comprenden el período desde 1805 hasta 1874; veintiuna *novelas españolas contemporáneas*, incluso *Fortunata y Jacinta* (1886-1887); y seis *novelas españolas de la primera época*, notablemente *Doña Perfecta* (1876) y *La familia de Leon Roch* (1878). *¿Quién fue esta gran figura literaria de España?

a) Benito Galdo Pérez b) Javier de Cuéllar c) Ramón de Ayala

356) *Puerto-Rican American, Manuel Villafaña,* developed an artificial heart valve that became the industry standard. A medical innovator and entrepreneur who founded two heart device companies, he is currently pioneering angioplasty research, using what type of device?

Manuel Villafaña, de origen puertorriqueño-americano, desarrolló una válvula cardiaca artificial que llegó a ser el modelo de la industria. Innovador médico y empresario que fundó dos compañías especializándose en aparatos cardiacos, es actualmente el iniciador de investigaciones sobre la angioplastía que emplea cierto tipo de aparato. *¿Cuál aparato es?

357) *Spain ranks seventh* in the world to date with how many Nobel Prizes in Literature?

a) three b) five c) seven

España figura actualmente en séptimo lugar al nivel mundial con respecto al número de Premios Nobel de Literatura. *¿Cuántos premios han ganado sus autores con respecto a la literatura?

a) tres b) cinco c) siete

358) *Les Noces de Pierrette* (1905) sold in Paris in 1989 for $51,671,920. *Identify the artist.

***Les Noces de Pierrette* (1905) se vendió en París en 1989 por 51.671.920 de dólares. *¿Quién es el artista?**

359) *Spanish writer Camilo José Cela* is noted for writing novels that are characterized by their violence and brutal realism. His more notable novels include *The Family of Pascal Duarte/La familia de Pascal Duarte*

(1942), and *The Hive/La colmena* (1951). *What year was Cela awarded the Nobel Prize in Literature for his rich and inventive writing?

a) 1949 b) 1975 c) 1989

El escritor español, Camilo José Cela, es notable por escribir novelas caracterizadas por su violencia y realismo brutal. Sus novelas más notables incluyen *The Family of Pascal Duarte / La familia de Pascal Duarte* (1942), y *The Hive / La colmena* (1951). *¿En cuál año recibió Cela el Premio Nobel de Literatura por su obra rica e inventiva?

a) 1949 b) 1975 c) 1989

360) **Born José Victoriano González** in 1887, this Spanish painter was a developer of synthetic cubism, in which he produced paintings of simple forms that reflected an architectural design. He also introduced into his work the *trompe l'oeil* effect of paper collage for which he is well known. *Identify the artistic innovator who, for most of his career, was active in Paris and was a disciple of Pablo Picasso.

Nacido José Victoriano González en 1887, este pintor español ayudó a desarrollar el cubismo sintético, produciendo pinturas de formas sencillas que reflejaban un diseño arquitectónico. También introdujo en sus obras el efecto *trompe l'oeil* con collage de papel por el cual este pintor es conocido. *Identifique a este innovador artístico quien, durante la mayor parte de su carrera, fue activo en París y fue discípulo de Pablo Picasso.

361) **Pablo Picasso** (1881-1973) holds the record for number of works sold at auction for over $1 million. *What is the record?

a) 196 b) 218 c) 272

Pablo Picasso (1881-1973) tiene el récord por el número de obras vendidas en subasta por más de un millón de dólares. *¿Cuál es el récord?

a) 196 b) 218 c) 272

362) **With estimated book sales** of $2,733,000,000, how does Spain rank in the top ten world book markets?

a) fourth b) eighth c) tenth

Con ventas de libros de aproximadamente 2.733.000.000 de dólares, ¿en cuál lugar figura España con respecto a los diez mercados de libros más exitosos al nivel mundial?

a) en cuarto lugar b) en octavo lugar c) en décimo lugar

363) **Argentine novelist Manuel Puig's** greatest success came from his 1976 book, which was made into a movie in 1985 and later adapted as a musical in 1992. The movie's star, William Hurt, was awarded an Acad-

emy Award as Best Actor for his performance. *Identify this award winning novel. (Note: Other works by Puig include *Betrayed by Rita Hayworth/La traición de Rita Hayworth* (1968) and *Tropical Night Falling/ Cae la noche tropical* (1988).

El novelista argentino, Manuel Puig, tuvo su éxito más grande como resultado de su novela de 1976, la cual fue convertida en una película en 1985, y la cual fue adaptada después a una obra musical en 1992. El protagonista de la película, William Hurt, fue concedido un Premio Academy al Mejor Actor por su actuación. *Identifique esta novela galardonada. (Nota: Otras obras por Puig incluyen *Betrayed by Rita Hayworth / La traición de Rita Hayworth* (1968) y *Tropical Night Falling / Cae la noche tropical* (1988).

364) *In the US, this Spanish word* is used to describe a section or area of a city where Hispanic Americans live. *Identify the term.

En los Estados Unidos, esta palabra española se emplea para describir una sección o zona de una ciudad en donde viven hispanoamericanos. *¿Cuál es el término?

365) *Short story writer and novelist,* Horacio Quiroga, is best known for his imaginative and haunting jungle stories in which the major characters are animals. Among his collections are *Stories of the Forest for Children/Cuentos de la selva* (1918), and *Anaconda* (1921). *What South American country was Quiroga from?

      a) Uruguay b) Paraguay c) Chile

Horacio Quiroga, autor de novelas cortas y novelista, se conoce mejor por sus cuentos imaginativos y atormentadores de la selva, en los cuales los protagonistas son animales. Entre sus colecciones se incluyen *Stories of the Forest for Children / Cuentos de la selva* (1918), y *Anaconda* (1921). *¿De cuál país sudamericano fue Quiroga?

      a) El Uruguay b) El Paraguay c) Chile

366) *Identify this large, poisonous lizard* (up to 20 inches in length) found in the American Southwest and Northern Mexico.

Identifique este lagarto grande y venenoso (hasta veinte pulgadas de longitud) que se encuentra en el Sudoeste de los Estados Unidos y en el norte de México.

367) *Juan Ramón Jiménez* was born in the Andalusian region of Spain and left during the Civil War to live in exile in Puerto Rico. He was awarded a Nobel Prize in what field in 1956?

      a) economic sciences b) medicine c) literature

Juan Ramón Jiménez nació en la región andaluza de España y salió de su país durante la Guerra Civil para vivir en el destierro en Puerto Rico. Se le concedió un Premio Nobel en 1956. ¿En cuál campo recibió el premio?

    a) ciencias económicas b) medicina c) literatura

368) *Argentinean sculptor and architect* Adolfo Esquivel was the leader of this Catholic-Protestant human rights organization when he was awarded the Nobel Peace Prize in 1980. *Identify the organization.

    a) Peace and Justice Service
    b) Peace Now
    c) Inter-Faith Council for Peace

Adolfo Esquivel, escultor y arquitecto argentino, era el director de un organismo católico y protestante de derechos humanos cuando se le concedió el Premio Nobel de la Paz en 1980. *¿Cómo se llama este organismo?

    a) Servicio de Paz y Justicia
    b) Paz Ahora
    c) Consejo de Paz Interreligioso

369) *Possessing a pair of powerful pincerlike claws,* this invertebrate animal has a hollow poisonous stinger at the top of its tail. Its sting is usually not life threatening to humans, with the exception of several species found in Mexico. *Identify the animal that averages between one to three inches in length, with some measuring up to six inches.

Con un par de pinzas fuertes como tenazas, este animal invertebrado tiene un aguijón hueco y ponzoñoso en la extremidad de su cola. Su aguijonamiento generalmente no amenaza la vida humana, con la excepción de varias especies indígenas de México. *Identifique el animal cuya longitud media es de una a tres pulgadas y hasta seis pulgadas con respecto a ciertas especies.

370) *This prolific Spanish playwright* was awarded the Nobel Prize in Literature in 1922 for the manner in which he had continued the illustrious traditions of Spanish drama. Much of his work stressed social satire, with *Los intereses creados* (1907) considered his masterpiece. Other well-known plays, which introduced a more natural diction, include *Señora ama* (1908) and *The Passion Flower/La mal querida* (1913). *Identify the Spanish playwright who died in 1954.

Se le concedió a este prolífico autor de teatro el Premio Nobel de Literatura en 1922 por la manera en que había perpetuado las tradiciones ilustres del drama español. Gran parte de su obra enfatizó

149

la sátira social, y su obra *Los intereses creados* (1907) fue considerada como su obra maestra. Sus otras obras de teatro conocidas, las cuales introdujeron un estilo más sencillo, incluyen *Señora ama* (1908) y *The Passion Flower / La mal querida* (1913). *Identifique al autor teatral, de origen español, quien murió en 1954.

371) *Obtained from the tops, stems, and leaves* of the hemp plant, this relatively mild non-addictive drug has hallucinogenic properties. *Identify the term of Spanish origin used to describe this drug.

Sacada de la parte superior del cáñamo, de sus pedúnculos, y de sus hojas, esta droga relativamente suave y no adictiva tiene propiedades alucinogénas. *Identifique el término español que se usa para describir esta droga.

372) *Who is responsible for* the following quotation? "Every man is the son of his own works."

    a) Francisco Franco b) Ignatius Loyola c) Miguel de Cervantes

¿Quién es responsable de la cita siguiente? «Cada uno es hijo de sus obras.»

    a) Francisco Franco b) Ignacio de Loyola c) Miguel de Cervantes

373) *The Genealogy of Macuilxochitl* is a pictorial manuscript, written and painted by Indian artists in Mexico, portraying the lineage of 15 generations of Zapotec rulers. This art treasure from Mexico was completed during what century?

    a) 15th century b) 16th century c) 18th century

La genealogía de Macuilxochitl es un manuscrito pictórico que fue escrito y pintado por artistas indios en México, la cual muestra el linaje de quince generaciones de dirigentes zapotecos. *¿En cuál siglo fue acabado este tesoro de arte mexicano?

    a) el siglo quince b) el siglo dieciséis c) el siglo dieciocho

374) *El Museo del Barrio* was founded in 1969 as a community-based organization in response to demands by this Hispanic group of artists who felt underrepresented in New York's culture scene. Some thirty years later, the museum has expanded its scope and seeks to be a world-class institution for anything Latino. *What group of artists were instrumental in establishing this museum in the late 60s?

El Museo del Barrio se fundó en 1969 como un organismo comunitario en respuesta a las necesidades de un grupo de artistas hispánicos que creían no estar representados suficientemente en la escena cultural de Nueva York. Unos treinta años más tarde, el museo ha ampliado su ámbito y aspira a ser un instituto de fama mundial para todo lo latino. *¿Cuál grupo de artistas ayudó a establecer este museo a fines de los años sesenta?

375) *The works of artist Frida Kahlo* (1907-1954) have gained in popularity over the last twenty years. In 2002, a four-month New York exhibition drew more than 70,000 visitors. Her paintings combined the folk arts of South America with classical and modern styles, and ranged from surreal self-portraits to broad political and social issues. *Kahlo was from:
    a) Mexico b) Costa Rica c) Chile

Las obras de la artista Frida Kahlo (1907-1954) se han popularizado durante los veinte últimos años. En 2002, una exposición de cuatro meses en Nueva York atrajo más de 70.000 visitantes. Sus pinturas evidencian una mezcla de artes folklóricas sudamericanas y estilos modernos y clásicos, y varían de autorretratos surrealistas hasta motivos políticos y sociales en general. *Kahlo fue de:
    a) México b) Costa Rica c) Chile

376) *Spanish engineer Juan de la Cierva* was born in Murcia in 1895. In 1923, while designing an aircraft that would fly at a greatly reduced speed without stalling, he invented the gyroplane. By 1934, his aircraft was able to consistently achieve vertical take-offs and landings. *Identify the type of aircraft for which Cierva's gyroplane served as model and inspiration.

El ingeniero español, Juan de la Cierva, nació en Murcia en 1895. En 1923, mientras diseñaba un avión para volar a una velocidad muy disminuida sin calarse, inventó el autogiro. Antes de 1934, su avión podía hacer despegues y aterrizajes verticales con certeza. *Identifique el tipo de avión para el cual el autogiro de Juan de la Cierva sirvió de modelo e inspiración.

377) *Spanish artist Francisco Ribalta* (1565-1628), who lived in Valencia, developed a dramatic baroque style, using extreme effects of light and shade. His most famous works include *The Crucifixion* (Hermitage), *Christ Embracing St. Bernard* (El Prado), *The Last Supper* (Valencia) and *The Vision of Father Simón* (National Gallery, St. Petersburg). His work is most reminiscent of what Italian Renaissance painter who garnered much of his success in the city of Naples?

El artista español Francisco Ribalta (1565-1628), que vivía en Valencia, desarrolló un estilo barroco dramático, empleando efectos extremos de luz y sombra. Sus obras más famosas incluyen *La Crucifixión* (Museo de la Ermita), *Cristo abrazando a San Bernardo*

(El Prado), *La Santa Cena* (Valencia) y *La visión de Cristo crucificado del Padre Simón* (Galería Nacional, San Petersburgo). Su obra recuerda en gran parte las obras de un pintor del renacimiento italiano quien tuvo la mayor parte de su éxito en la ciudad de Nápoles. *¿Cómo se llama este pintor italiano?

378) *This early Renaissance novel* (circa 1499) is considered a masterpiece and one that strongly influenced subsequent Spanish writers. The majority of the novel is attributed to Fernando de Rojas, a lawyer and converted Jew from Toledo, who served as chief magistrate of Talavera. The name for this novel, in dialogue form, is *La tragicomedia de Calisto y Melibea*. However, it is known by what popular title?

Esta novela de los primeros años del Renacimiento (hacia 1499) se considera una obra maestra, y una que influyó mucho en los escritores españoles subsiguientes. Gran parte de la novela se atribuye a Fernando de Rojas, judío convertido y abogado de Toledo, quien sirvió de magistrado principal de Talavera. El título de esta novela, en forma de diálogo, es *La tragicomedia de Calisto y Melibea*. *Sin embargo, ¿por cuál otro título popular se conoce esta obra?

379) *Cuban scientist Carlos Juan Finlay* proposed in 1881 that a certain species of mosquito (aëdes aegypti) was the carrier of an acute infectious disease caused by a virus. The disease causes fever, chills, prostration, jaundice and, in severe cases, internal hemorrhage, coma, and death. In 1900, a scientific team, headed by US Army surgeon Walter Reed, conclusively proved the Cuban physician's theory correct. *What is the name of this once dreaded disease that was prevalent in the Caribbean?

Carlos Juan Finlay, científico cubano, propuso en 1881 que cierta especie de mosquito (aëdes aegypti) era el portador de una enfermedad aguda e infecciosa causada por un virus. La enfermedad causa fiebre, escalofríos, postración, ictericia y, en casos graves, hemorragias internas, coma, y muerte. En 1900, un equipo científico, dirigido por el cirujano Walter Reed del Ejército estadounidense, demostró definitivamente que la teoría del médico cubano era correcta. *¿Cómo se llama esta enfermedad que fue antes espantosa y que imperaba en el Caribe?

380) *Son of an Argentine diplomat,* this novelist and short story writer is well-known throughout the Spanish-speaking world. His novel entitled *Hopscotch* (1966) has been referred to as "a turning point in Latin-American literature." This work explores the craft of writing itself and

invites the reader to participate in the creative process. His best-selling works include *Las Armas Secretas* (1959), *The Winners* (1973), *A Manual for Manuel* (1978), and *Blow-up and Other Stories* (1968), which was adapted for a film by Italian director Michelangelo Antonioni. *Identify the writer, who was born in Belgium in 1914.

Hijo de un diplomático argentino, este novelista y autor de novelas cortas es conocido por todo el mundo hispanohablante. Su novela titulada *Rayuela* (1963) ha sido calificada de «hito en la literatura latinoamericana.» Esta obra examina el arte de escribir e invita al lector a participar en el proceso creador. Sus obras de éxito incluyen *Las Armas Secretas* (1959), *Los premios* (1960), *Libro de Manuel* (1973), y *Blow-up and Other Stories* (1968), la cual fue adaptada a una película por el director italiano Michelangelo Antonioni. *Identifique a este escritor que nació en Bélgica en 1914.

381) *Nicaraguan poet Félix Ruben García Sarmiento* (1867-1916) was the founder and high priest of modernism or *modernismo*, the Spanish-American modernist literary movement. The movement is distinguished by its eccentric and deliberately frivolous style. His first major work, *Azul*, in 1888, created a sensation. Sarmiento's vitality and ability to select the most appealing virtues from all styles, methods, and sources, has influenced every subsequent poet writing in the Spanish language, both in Latin America and in Spain. *What was the pen name of this most beloved of Latin American poets?

El poeta nicaragüense, Félix Ruben García Sarmiento (1867-1916), fue el fundador y figura principal del *modernismo*, el movimiento literario hispanoamericano. El movimiento se distingue por su estilo deliberadamente frívolo y excéntrico. Su primera obra principal, *Azul*, en 1888, causó sensación. La vitalidad y habilidad de Sarmiento para escoger las ventajas más atractivas de entre la totalidad de los estilos, métodos, y fuentes, ha influido en cualquier poeta subsiguiente que escriba en idioma español en Latinoamérica así como en España. *¿Cuál fue el seudónimo de este poeta muy querido que figura entre los poetas latinoamericanos?

382) *Joaquín Sorolla* (1863-1923) was a Spanish painter, born in Valencia, whose style is described as a conservative variant of impressionism. He became internationally known for his brightly lit scenes of Valencian peasants and children playing by the sea. In 1910, he was commissioned to paint 14 expansive murals devoted to the forty-nine provinces of Spain. These colorful, folklorish visions of Spain are on

permanent display in what US city?

a) Los Angeles b) Chicago c) New York

Joaquín Sorolla (1863-1923) fue un pintor español nacido en Valencia, cuyo estilo se describe como una variante conservadora del impresionismo. Llegó a ser conocido al nivel internacional por sus escenas muy iluminadas de campesinos y niños valencianos jugando a orillas del mar. En 1910, se le encargó la pintura de catorce murales imponentes dedicados a las cuarenta y nueve provincias de España. *¿En cuál ciudad estadounidense se exhiben con permanencia estas escenas folklóricas llenas de color?

a) Los Angeles   b) Chicago   c) Nueva York

383) *A major archaeological expedition* and excavation that began in 1898 was conducted at the city of Itálica, a major Roman city in Spain and the birthplace of Roman emperors Hadrian and Trajan. The antiquities recovered from this site included Ibero-Phoenician ivories from the 7th century BC, as well as Roman silver, glass, mosaics, and statuary. The ancient city of Itálica is located outside of what major Spanish city?

a) Cartagena b) Málaga c) Seville

Una expedición y excavación arqueológica principal, iniciada en 1898, se realizó en la ciudad de Itálica, principal ciudad romana de España y el lugar de nacimiento de los emperadores romanos Adriano y Trajano. Las antigüedades recuperadas de este sitio incluyen marfil iberofenicio datando del siglo siete A. de C., así como plata, vidrio, mosaicos, y estatuas romanos. *La ciudad antigua de Itálica se sitúa cerca ¿de cuál principal ciudad española?

a) Cartagena b) Málaga   c) Sevilla

384) *Spanish poet and scholar,* Juan de Mena (1411-1456), is best known for his work entitled *El laberinto de Fortuna or Las trescientas.* In it, Mena is transported to the palace of Fortune, where he is offered a vision of the past, present, and future. *On what monumental work of the previous century was the conceptual style for this poem based?

El poeta y erudito español, Juan de Mena (1411-1456), se conoce mejor por su obra titulada *El laberinto de Fortuna o Las trescientas.* En ella, Mena se transporta al palacio de la Fortuna, en donde se le ofrece una visión del pasado, del presente, y del futuro. *¿En cuál obra monumental del siglo pasado fue basado el estilo conceptual de este poema?

385) *This Spanish novelist and revolutionary* was also a writer. His *Four Horsemen of the Apocalypse/Los cuatro jinetes del Apocalipsis*

(1916), is a chilling story about the effects of WWI. *His notable works include *Blood and Sand/Sangre y arena* (1908) and *The Cabin/La barraca* (1898). *Who was this writer/political activist?

Este novelista y revolucionario español fue también escritor. Su obra, *Four Horsemen of the Apocalypse / Los cuatro jinetes del Apocalipsis* (1916), es una historia espeluznante de los efectos de la Primera Guerra Mundial. Sus obras notables incluyen *Blood and Sand / Sangre y arena* (1908) y *The Cabin / La barraca* (1898). *¿Quién fue este escritor y activista político?

386) *In Naples, where he lived and worked* under the patronage of the city's Spanish viceroys, he was known as *Lo Spagnoletto*. His *Boy with a Club Foot* of 1652 (Louvre) is a masterpiece of realism. Other works include the *Martyrdom of St. Bartholomew, Aesop,* and *Archimedes,* all hanging at the El Prado in Madrid. *Identify the highly regarded Spanish artist who was greatly influenced by Caravaggio and who often emphasized his Spanish origin by adding 'Jativa' or 'Valencia' to his signature.

En Nápoles, en donde vivió y trabajó bajo el patrocinio de los virreyes españoles de la ciudad, este artista fue conocido como *El Españoleto*. Su obra de 1652, *El patizambo* (Louvre), es una obra maestra del realismo. Sus otras obras incluyen el *Martirio de San Bartolomé, Esopo, y Arquímedes,* todas exhibidas en El Prado en Madrid. *Identifique al muy estimado artista español, que fue influido en gran parte por Caravaggio y quien enfatizaba con frecuencia su origin español añadiendo «Jativa» o «Valencia» a su firma.

387) *The son of Jewish immigrants,* this Argentine-born molecular biologist shared the 1984 Nobel Prize in Medicine with colleagues Georges Köhler and Niels Jerne for developing monoclonal antibodies, giving immunity against specific diseases. Born in Bahía Blanca, Argentina in 1927, he received his medical degree at the University of Buenos Aires in 1957, and his Ph.D at the University of Cambridge in 1963. *Identify this distinguished medical researcher who in 1983, became head of the Protein and Nucleic Acid Chemistry Division at the University of Cambridge.

Hijo de inmigrantes judíos, este biólogo molecular de nacimiento argentino compartió el Premio Nobel de Medicina de 1984 con sus colegas Georges Kohler y Niels Jerne por el desarrollo de anticuerpos monoclonales que dan inmunidad contra enfermedades específicas. Nacido en Bahía Blanca, Argentina en 1927, recibió su título en medicina en la Universidad de Buenos Aires en 1957, y su doctorado

en Filosofía en la Universidad de Cambridge en 1963. *Identifique a este distinguido investigador médico que, en 1983, llegó a ser jefe de la Sección de Química de Proteínas y Acidos nucleicos en la Universidad de Cambridge.

388) *He was perhaps one of the best* known playwrights and lyric poets of the 20th century. His most popular plays include *Blood Wedding/Bodas de sangre* (1933), *Yerma* (1934) and *The House of Bernarda Alba/La casa de Bernarda Alba* (1936). *The Granada native's Gipsy Ballads/ Romancero gitano* (1928) exhibits the strong influence of Andalusian songs, and his overall volume of work reflects the spirit and passion of his native region. His memorable poem, *Lament for the Death of a Bull-fighter,* written for the death of his friend, Ignacio Sánchez Mejías, is considered one of the greatest poetic elegies ever composed. *Identify this gifted writer who was shot and killed at the onset of the Spanish Civil War.

Fue tal vez uno de los autores teatrales y poetas líricos mejor conocidos del siglo veinte. Sus obras de teatro más populares incluyen *Blood Wedding / Bodas de sangre* (1933), *Yerma* (1934) y *The House of Bernarda Alba / La casa de Bernarda Alba* (1936). La obra por este natural de Granada, *Gipsy Ballads / Romancero gitano* (1928), muestra la influencia fuerte de canciones andaluzas, y el volumen de la totalidad de su obra refleja el espíritu y la pasión de su región natal. Su poema memorable, *Llanta por Ignacio Sánchez Mejías,* escrito cuando murió su amigo, se considera como una de las más grandes elegías poéticas que jamás hayan sido compuestas. *Identifique a este escritor talentoso que fue matado de un tiro al comienzo de la Guerra Civil española.

389) *Francisco Gómez de Quevedo* was a well-known Spanish novelist and satirist whose *The Life of a Scoundrel/La vida del buscón* followed a popular Spanish tradition of a roguish protagonist who encounters a series of harrowing adventures. His *Visions/Sueños* is a brilliant and incisive series of satirical portraits of contempory Spanish society. *During what period did Quevedo write his insightful observations of Spanish life?

  a) 17th century b) 18th century c) 19th century

Francisco Gómez de Quevedo fue un novelista y satírico español conocido, cuya obra, *The Life of a Scoundrel / La vida del buscón,* siguió una tradición popular de un protagonista picaresco que tiene una serie de aventuras angustiosas. Sus *Visions / Sueños* es una brillante e incisiva serie de retratos satíricos de la sociedad española contemporánea. *¿Durante cuál período escribió Quevedo sus perspicaces observaciones de la vida española?

a) el siglo diecisiete b) el siglo dieciocho c) el siglo diecinueve

390) *The organization responsible* for one of the premier Hispanic museums and reference libraries in the world was established in 1904 by Archer Milton Huntington (1870-1955), the son of Collis P. Huntington, builder of the Central Pacific Railroad and the Newport News Shipbuilding and Drydock Companies. A dedicated hispanophile, Archer Huntington's organization has had a significant impact on the field of Hispanic studies in the United States, with an emphasis on the art and culture of the Iberian Peninsula and Latin America. The museum complex first opened to the public in 1908, on the block between 155th and 156th Streets west of Broadway in Upper Manhattan, where it is still located. *What is the name of the organization that continues to conduct important exhibitions of Hispanic art and culture?

El organismo responsable de uno de los museos y bibliotecas de consulta más importantes del mundo con respecto a la hispanidad se fundó en 1904 por Archer Milton Huntington (1870-1955), hijo de Collis P. Huntington, constructor de la Compañía Ferroviaria del Pacífico Central y la Compañía de Construcción Naval y de Diques Secos de Newport News. Hispanófilo dedicado, Archer Huntington y su organismo han influido de manera significativa en el campo de los estudios hispánicos en los Estados Unidos, con énfasis en el arte y la cultura de la Península Ibérica y Latinoamérica. El complejo del museo abrió sus puertas al público por primera vez en 1908, en la cuadra entre las calles 155 y 156, al oeste de Broadway en Alto Manhattan, en donde está todavía situado. *¿Cómo se llama el organismo que sigue manteniendo exposiciones importantes del arte y de la cultura hispánicos?

391) *Spaniard Narcisco Monturiol* researched, built, and successfully maneuvered the first fully operable submarine in the world named *The Ictineo.* *What year did this occur? (Note: Renowned author Jules Verne patterned his fictional submarine, *The Nautilus,* after Monturiol's vessel.)

a) 1845 b) 1859 c) 1871

El español Narcisco Monturiol investigó, construyó, y maniobró con éxito el primer submarino practicable del mundo con el nombre de *Ictíneo*. *¿En cuál año ocurrió esto? (Nota: El autor renombrado, Jules Verne, basó su submarino ficticio con el nombre de *Nautilo* según el modelo de la nave de Monturiol.)

157

a) 1845 b) 1859 c) 1871

392) *Mexican novelist Gregorio López'* best known work was written in 1935. The beautifully crafted story is a moving depiction, revealing the injustices inflicted upon Mexico's Indian population during the early part of the 20th century. *Name the title of this book that also realistically describes Indian customs and institutions.

La obra mejor conocida del novelista mexicano, Gregorio López, se escribió en 1935. La historia hermosamente escrita es una descripción conmovedora que revela las injusticias infligidas a la población india de México a principios del siglo veinte. *Dé el título de este libro que también describe de una manera realista las costumbres e instituciones indias.

393) *Diego Rivera* (1886-1957) is regarded as one of Mexico's great muralist painters of the twentieth century. A native of Guanajuato, Mexico, he studied at the San Carlos Academy in Mexico City and under artist José Guadalupe Posada. In Paris for further study, he was influenced by the post-modernism and cubist schools. During his productive career, he managed to capture the pre-columbian past of Mexico's history, as seen in the earth, the farmer, the laborer, the customs, and popular historical characters. *Diego Rivera was married to what equally famous Mexican artist?

Se cree que Diego Rivera (1886-1957) es uno de los más grandes pintores de murales del siglo veinte. Natural de Guanajuato, México, estudió en la Academia de San Carlos en la Ciudad de México y con el artista José Guadalupe Posada. Mientras estaba en París para estudios adicionales, fue influido por las escuelas postmodernistas y cubistas. Durante su carrera provechosa, pudo captar el pasado precolombino de la historia de México, como evocado por la tierra, el agricultor, el trabajador, las costumbres, y los personajes históricos populares. *¿Cuál artista mexicana de igual fama fue la esposa de Diego Rivera?

394) *A true renaissance man* by definition, he studied law, theology, mathematics, astronomy, and geography. However, his greatest fame came in medicine and the study of anatomy and physiology, which led him to the discovery of the human body's circulatory system. *Identify the theologian and physician who was born in Spain in 1511.

a) Jorge del Río b) Juan Ortega c) Miguel Servet

Por definición un verdadero hombre del renacimiento, esta figura estudió derecho, teología, matemáticas, astronomía, y geografía. Sin

embargo, consiguió su mayor fama en el campo de la medicina y en el estudio de la anatomía y la fisiología, lo cual le condujo al descubrimiento del aparato circulatorio del cuerpo humano. *Identifique al teólogo y físico que nació en España en 1511.

    a) Jorge del Río b) Juan Ortega c) Miguel Servet

395) *This epic poem* was written c. 1140 by an unknown Castilian writer. The poem is based on the heroic exploits of a Castilian knight, Rodrigo de Bivar, who served the kings of Castile. Known also as el *Campeador* (The Champion), he is better remembered by the Arabic word *Sidi,* meaning *lord.* A major highlight of his career was the conquest of the city of Valencia in 1094, which had been controlled by the Moors. This literary work survived only in a single manuscript copy which was compiled by Per Abbat in 1307. The three part, 3,735 line poem was first published in 1779 by Tomás Antonio Sánchez. *Identify the famous Spanish poem, notable for its simplicity and directness, and for its exact, picturesque detail.

Este poema épico se escribió hacia 1140 por un escritor castellano desconocido. El poema se basa en las proezas heroicas de un caballero castellano, Rodrigo de Bivar, que sirvió a los reyes de Castilla. Conocido también por el nombre *El Campeador*, se le conoce mejor por la palabra árabe *Sidi,* que significa *señor*. Un hito importante en su carrera fue la conquista en 1094 de la ciudad de Valencia, ciudad que había sido dominada por los moros. Esta obra literaria sobrevivió en forma de una sola copia de manuscrito, la cual fue compilada por Per Abbat en 1307. El poema de tres partes y 3.735 versos fue publicado en 1779 por Tomás Antonio Sánchez. *Identifique el famoso poema español notable por su sencillez y franqueza, y por sus detalles exactos y pintorescos.

396) *Spanish artist Bartolomé Esteban Murillo* was known for his sensational religious productions. His *Self-Portrait* (National Gallery, London) is regarded as one of his best works. He painted many pictures of peasants and street urchin types during his early career. Two notable works of his early naturalism style are *Melon Eaters* (Munich) and *Two Peasant Boys* (Dulwich). The dramatized genre of his Prodigal Son series shows his later work at its best. Francisco de Zurbarán, another Spanish painter of note, painted religious subjects in a powerful and austere style, usually focusing on a solitary figure in prayer. His masterpieces include *St. Margaret* (National Gallery, London) and *Oranges, Lemons and a Rose* (Uffizi, Florence). *In what century were these two Spanish

masters active?

a) 16th century b) 17th century c) 18th century

El artista español, Bartolomé Esteban Murillo, fue conocido por sus producciones religiosas sensacionales. *Su Autorretrato* **(Galería Nacional, Londres) se considera como una de sus mejores obras. Pintó gran número de escenas de campesinos y niños de la calle durante los primeros años de su carrera. Dos obras notables de su primer estilo naturalista son** *Niños comiendo melón* **(Munich) y** *Two Peasant Boys* **(Dulwich). El género dramatizado de su serie** *Hijo Pródigo* **muestra sus mejores obras posteriores. Francisco de Zurbarán, otro pintor español notable, pintó temas religiosos de un estilo enérgico y austero, centrándose por lo general en una sola figura en oración. Sus obras maestras incluyen** *Santa Margarita* **(Galería Nacional, Londres) y** *Naturaleza muerta con naranjas, limones, y una rosa* **(Uffize, Florencia). *¿En cuál siglo fueron activos estos dos maestros españoles?**

a) el siglo dieciséis b) el siglo diecisiete c) el siglo dieciocho

397) *A native of Venezuela* (1781), this scholar and poet is regarded as the intellectual father of Latin America. A close friend and teacher of the great liberator, Simón Bolívar, he accompanied Bolívar to England to seek support for the new revolutionary government in Caracas. It was there, where he stayed for almost twenty years, that he wrote several of his best known poems, including *Alocución a la Poesía* (1823), which was a declaration of literary independence for the New World, and *Agriculture in the Tropics/Silvas a la agricultura de la zona tórrida* (1926), which was notable for its description of the flora of South America. He returned to South America in 1829, and chose to reside in Chile where he founded and became the first president of the University of Chile. He was also the chief architect of the Chilean civil code. His most enduring accomplishment, however, was his *Gramática de la lengua castellana* (1847), an important grammar of the Spanish language which is still in use today. *Who was this enormously influential educational and legal reformer?

a) Andrés Bello b) Augustín Gamarra c) Arturo Gallico

Natural de Venezuela (1781), este erudito y poeta es considerado como el padre intelectual de Latinoamérica. Amigo íntimo y maestro del gran libertador, Simón Bolívar, esta figura acompañó a Bolívar a Inglaterra para buscar apoyo para el nuevo gobierno revolucionario en Caracas. Se quedó allí casi veinte años durante cuyo tiempo escribió varios de sus poemas mejor conocidos, incluso *Alocución a*

160

la Poesía (1823), que es una declaración de independencia literaria para el Nuevo Mundo, y *Agriculture in the Tropics / Silvas a la agricultura de la zona tórrida* (1926), notable por su descripción de la flora de Sudamérica. Regresó a Sudamérica en 1829, y decidió residir en Chile, en donde fundó la Universidad de Chile y llegó a ser su primer presidente. Fue también el autor principal del código civil chileno. Su logro más duradero, sin embargo, fue su *Gramática de la lengua castellana* (1847), una gramática importante de la lengua española, la cual se usa todavía hoy día. *¿Quién fue este gran reformador educativo y jurídico?

    a) Andrés Bello   b) Augustín Gamarra   c) Arturo Gallico

398) *Born of Argentine parents* in Paris in 1906, he returned with his family to Buenos Aires in 1908. Past President of the Pan-American Association of Biochemical Societies, this eminent professor of chemistry has conducted important research in Europe, the United States, and the University of Buenos Aires. *Identify the researcher who was awarded the 1970 Nobel Prize in Chemistry for his discovery of sugar nucleotides and their role in carbohydrate biosynthesis.

    a) Ricardo H. Flori

    b) Luis Federico Leloir

    c) Alejandro Edgar Cabib

Nacido en París en 1906 de padres argentinos, esta figura regresó a Buenos Aires con su familia en 1908. Presidente anterior de la Asociación Panamericano de Sociedades Bioquímicas, este eminente profesor de química ha efectuado investigaciones importantes en Europa, en los Estados Unidos, y en la Universidad de Buenos Aires. *Identifique al investigador a quien fue concedido el Premio Nobel de Química de 1970 por su descrubrimiento de nucleotides de azúcar y su papel en la biosíntesis de carbohidratos.

    a)Ricardo H. Flori

    b)Luis Federico Leloir

    c)Alejandro Edgar Cabib

399) *Friar Gabriel Téllez* (1583-1648), the noted Spanish dramatist who wrote under the pen name Tirso de Molina, wrote more than three hundred dramas. His notable plays include *El condenado por desconfiado*, considered the best religious drama of Spain, and *La prudencia en la mujer,* about the widowed queen, Doña María, whose wisdom saved the throne for her son, Ferdinand IV. His finest drama was *El burlador de Sevilla.* It is in this work that a now universally known character was

definitively represented and explained. *Identify the character. (Hint: He was a young nobleman from Seville, with an eye for the ladies.)

Fray Gabriel Téllez (1583-1648), dramaturgo español notable, cuyo seudónimo era Tirso de Molina, escribió más de trescientas obras de teatro. Sus obras de teatro notables incluyen *El condenado por desconfiado*, **considerado como el mejor drama religioso de España, y** *La prudencia en la mujer*, **sobre la rey viuda, doña María, cuya sagacidad salvó el trono para su hijo, Ferdinando IV. Su mejor obra de teatro era** *El burlador de Sevilla*, **en la cual se presentó y se explicó definitivamente un personaje de actual fama universal. *Identifique a este personaje. (Clave: Fue un joven caballero mujeriego de Sevilla.)**

400) *Nineteenth and twentieth century artists* Ramón Casas, Mariano Fortuny, Isidro Nonell, Santiago Rusiñol, and Ignacio Zuloaga are associated with what artistic discipline?

    a) sculpture b) painting c) Decorative Arts

¿Con cuál disciplina artística se asocian los artistas siguientes de los siglos diecinueve y veinte? Mariano Fortuny, Isidro Nonell, Santiago Rusiñol, y Ignacio Zuloaga

    a) la escultura b) la pintura c) las artes decorativas

401) *This Spanish dramatist and poet* is considered the greatest figure in Spanish literature, after Miguel de Cervantes. The world's most prolific playwright, he is credited with having written over 1800 comedias (plays), of which 426 are still in existence. He also wrote epics, pastorals, odes, sonnets, and novels, and is regarded as one of the founders of modern Spanish drama. In 1609, he defended his innovative views on drama, while reaffirming the classical forms, in a prose piece entitled *The New Art of Writing Plays/Arte nuevo de hacer comedias*. His *Fuenteovejuna*, which he wrote in 1614, is considered the first proletarian drama. He was also known as *El fénix de los ingenios and Monstruo de la naturaleza (Prodigy of Nature)*, the latter a name given to him by Cervantes. His reputation was such that the phrase *Es de Lope* became a synonym for perfection. *Identify this giant of Spanish literature.

Este dramaturgo y poeta español es considerado como la figura más importante de la literatura española, después de Miguel de Cervantes. Como el autor de teatro más prolífico del mundo, se le atribuyen más de 1800 comedias (obras de teatro), de las cuales 426 todavía existen. Escribió también poemas épicos, pastorales, odas, sonetos, y novelas, y es considerado como uno de los fundadores del drama español moderno. En 1609, defendió sus ideas innovadoras del drama,

mientras reafirmaba las formas clásicas en una obra en prosa titulada *The New Art of Writing Plays / Arte nuevo de hacer comedias*. Su obra titulada *Fuenteovejuna*, que escribió en 1614, es considerada el primer drama proletario. Esta figura también fue conocida por los nombres *El fénix de los ingenios y Monstruo de la naturaleza*, éste un nombre puesto a él por Cervantes. Su reputación era tal que la locución *Es de Lope* llegó a ser sinónimo de la perfección. *Identifique a esta gran figura de la literatura española.

402) *Born in Caracas, Venezuela,* in 1920 of Spanish-Jewish ancestry, Dr. Beruj Benacerraf became one of the world's leading research immunologists. In 1980, he was awarded the Nobel Prize, along with colleagues Jean Dausset (France) and George Snell (USA), for discovering genetically determined structures on the cell surface that regulate immunological reactions. Ten years earlier, Dr. Benacerraf had been appointed Chair of Pathology at what leading US university?

a) Stanford   b) Harvard   c) New York University

Nacido en Caracas, Venezuela en 1920 de progenitores españoles y judíos, el Doctor Beruj Benacerraf llegó a ser uno de los principales inmunologistas de investigación del mundo. En 1980, se le concedió un premio Nobel, con sus colegas Jean Dausset (Francia) y George Snell (Estados Unidos), por el descubrimiento de estructuras de determinación genética en la superficie de la célula, las cuales regulan reacciones inmunológicas. Diez años antes, el Doctor Benacerraf había sido nombrado jefe de Patología en una universidad estadounidense. ¿Cuál universidad fue?

a) Stanford   b) Harvard   c) La Universidad de Nueva York

403) *Peruvian Jorge Chávez* was the first pilot to fly across this mountain range on September 9, 1910, in a Bleriot aircraft. Reaching altitudes of over 7,500 feet, he came within 30 feet of landing safely and a prize of $20,000, when his plane suddenly collapsed and the 23 year-old Chávez sustained fatal injuries and died four days later. *What mountain range did this heroic Peruvian pilot conquer?

El peruano Jorge Chávez fue el primer piloto en atravesar esta cordillera el 9 de septiembre de 1910, en un avión Bleriot. Alcanzó altitudes de más de 7.500 pies, y llegó dentro de treinta pies de un atterizaje seguro y un premio de 20.000 dólares, cuando su avión se derrumbó de repente y Chávez, a la edad de 23 años, sufrió heridas

mortales y murió cuatro días más tarde. *¿Cuál cordillera conquistó este piloto peruano heroico?

404) *The Spanish word for irrigation canal* is acequias, and is derived from what language?

   a) Native American b) Latin   c) Arabic

La palabra española para un canal de riego es acequias. ¿De cuál idioma deriva?

   a) el indioamericano   b) el latín   c) el árabe

405) *He was the leader* of the "Generation of '98," a body of the most distinguished literary figures of Spain at the turn of the nineteenth century. Born in 1864 of basque origin, this accomplished Spanish writer and philosopher's most important works include *The Tragic Sense of Life/Del sentimiento trágico de la vida,* which examined the conflict of reason and the belief in religion. He was also the president of the University of Salamanca and professor of Greek. *Who was this erudite figure in the literary history of Spain?

Fue la figura principal de la Generación del 98, un grupo de las más distinguidas figuras literarias de España al final del siglo diecinueve. Nacido en 1864 de origen vasco, este escritor y filósofo consumado fue autor de obras entre que se incluye *The Tragic Sense of Life / Del sentimiento trágico de la vida*, la cual examina el conflicto de la razón y la creencia religiosa. Fue también presidente de la Universidad de Salamanca y profesor de griego. *¿Quién fue esta figura erudita de la historia literaria de España?

406) *Spanish dramatist and poet* Pedro de la Barca Calderón (1600-1681) was born in Madrid in 1600. His work reflects a great poet's sensibility, as well as a scientist's passion for clarity. Of his 118 plays, the philosophical drama, *Life is a Dream/La vida es sueño,* is his most celebrated. He was considered the leading Spanish dramatist after the death of what Spanish playwright in 1635?

El dramaturgo y poeta español, Pedro de la Barca Calderón (1600-1681), nació en Madrid en 1600. Su obra refleja la sensibilidad de un gran poeta así como la pasión por la claridad de un científico. De sus 118 obras de teatro, el drama filosófico, *Life is a Dream / La vida es sueño*, es su obra más célebre. Fue considerado el dramaturgo español más importante después de la muerte de otro autor de teatro en 1635. *¿Quién fue este otro autor de teatro?

407) *Dagoberto Godoy,* a lieutenant in the Chilean Army, was the first

person to fly across the Andes Mountains. This flight took place in what year?

a) 1912   b) 1918   c) 1922

Dagoberto Godoy, teniente en el Ejército chileno, fue la primera persona en atravesar los Andes en avión. ¿En cuál año tuvo lugar este vuelo?

a) 1912   b) 1918   c) 1922

408) ***Born in Ojinaga, Mexico*** in 1850 of Spanish and Scotch ancestry, this Mexican inventor has a long list of accomplishments. He was the inventor of an aircraft which was manufactured by the International Airship Company of Paterson, NJ. He invented and sold the patents on the adjustable or clincher wrench and, in 1900, invented the fountain pen, which he sold to the Waterman Co. In 1907, he patented the electric brake for street cars and sold his rights to the American Brake Company of Seattle. That same year, he pateneted the pencil clip, for holding his fountain pen in pockets. He sold that patent to the American Pen and Pencil Company in 1907. *Identify the prolific Mexican inventor who died in Sinaloa, Mexico in 1945.

a) Víctor Ochoa   b) Miguel Rodríguez   c) Armando Vélez

Nacido en Ojinaga, México en 1850, de linaje español y escocés, este inventor mexicano tiene una lista larga de logros. Fue el inventor de un avión que fue manufacturado por la Compañía Waterman. En 1907, patentó el freno eléctrico para tranvías y vendió sus derechos a la Compañía Americana de Frenos en Seattle. Este mismo año, patentó el sujetador para lápices para prender su pluma estilográfica en bolsillos. Vendió aquella patente a la Compañía Americana de Plumas y Lápices en 1907. *Identifique a este prolífico inventor mexicano que murió en Sinaloa, México en 1945.

a) Víctor Ochoa   b) Miguel Rodríguez   c) Armando Vélez

409) ***Highly regarded Mexican painter*** and sculptor David Alfaro Siqueiros (1896-1974) called for a renovation of this form of painting which he saw as a monument to human life. He employed heroic themes on a grand scale. Many of his internationally famous works, inspired from prehispanic culture, include *Manifiesto, Historia de la humanidad, Madre campesina, Zapata, Muerte al invasor,* and *Cuauhtémoc contra el mito.* *Identify the art vehicle he utilized to convey social protest.

El muy estimado pintor y escultor mexicano, David Alfaro Siqueiros (1896-1974), exigió una renovación de cierta forma de pintura, la cual él consideraba como un monumento a la vida humana. Empleó

temas heroicos a gran escala. **Gran parte de sus obras de fama mundial, inspiradas en la cultura prehispánica, incluyen** *Manifiesto, Historia de la humanidad, Madre campesina, Zapata, Muerte al invasor,* **y** *Cuauhtémoc contra el mito.* ***Identifique el vehículo de arte que empleó Siqueiros para expresar la protesta social.**

410) *Luis de Góngora y Argote* (1561-1627) was a major figure in this art form during Spain's Golden Age, as was Rafael Aberti (1902-2001) during the 20th century. *In what field will these two men be forever immortalized?

Luis de Góngora y Argote (1561-1627) fue una figura principal de cierta forma de arte durante el Siglo de Oro de España, como fue también Rafael Aberti (1902-2001) durante el siglo veinte. *¿En cuál campo se inmortalizarán para siempre estas dos figuras?

411) *Prolific and intense,* Spanish novelist Pío Baroja (1872-1956) described with passion two major themes concerning Spanish society. *Identify one of them.

El prolífico y apasionado novelista español, Pío Baroja (1872-1956), describió con pasión dos temas principales con respecto a la sociedad española. *Identifique uno de los temas.

412) *Writer and politician,* Rómulo Gallegos was a professor of philosophy and literature who wrote two popular novels, *The Climber/La trepadora* (1925) and *Doña Bárbara* (1929). As a politician, he holds the distinction of being his country's first democratically elected president in 1948, before being ousted by a military coup later that year. *Identify president and professor Gallegos' country.

    a) Honduras b) Uruguay c) Venezuela

Rómulo Gallegos, escritor y político, era un profesor de filosofía y literatura quien escribió dos novelas populares, *The Climber / La trepadora* (1925) y *Doña Bárbara* (1929). Como político, se distingue por ser el primer presidente de su país en ser elegido en una elección democrática (1948), antes de ser destituido por un golpe militar más tarde en 1948. *Identifique el país del presidente y profesor Gallegos.

    a) Hondura b) El Uruguay c) Venezuela

413) *Mexican aviator Francisco Sarabia* shattered the non-stop Mexico City to New York City flight record of Amelia Earhardt, set four years earlier. The 2,350 mile flight at 16,000 feet took Sarabia 10 hours and 48 minutes, beating the old Earhardt record by 3 hours and 31 minutes. This record-breaking flight took place in what year?

    a) 1935 b) 1937 c) 1939

El aviador mexicano Francisco Sarabia batió el récord de Amelia Earhardt, establecido cuatro años antes, con respecto a un vuelo directo sin escalas entre la Ciudad de México y la Ciudad de Nueva York. El vuelo de Sarabia, de 2.350 millas a una altitud de 16.000 pies, duró diez horas y cuarenta y ocho minutos y batió el récord anterior de Earhardt por tres horas y treinta y un minutos. *¿En cuál año tuvo lugar este vuelo que batió el récord de Earhardt?

    a) 1935 b) 1937 c) 1939

414) *What is the Spanish word* used to describe a public promenade bordered with trees?

¿Cuál es la palabra española que se emplea para describir un paseo público bordeado de árboles?

415) *The son of a career diplomat,* this Mexican lawyer and diplomat is one of Mexico's foremost novelists. His first novel, *Where the Air Is Clear/La región más transparente* (1958), encompasses the history of Mexico from the time of the Aztecs to the present day. His works dramatically illustrate the frustrated social philosophy of the failed Mexican revolution. He has received international acclaim for *The Death of Artemio Cruz* (1962), *Terra nostra* (1975), and *The Old Gringo/El gringo viejo* (1985), which was made into a motion picture starring Gregory Peck and Jane Fonda. His novel, *The Campaign* (1991), is set during the revolutionary wars leading to independence in Latin America. *Identify this well-known novelist, who was born in Mexico in 1928.

Hijo de un diplomático de carrera, este abogado y diplomático mexicano es uno de los novelistas principales de México. Su primera novela, *Where the Air Is Clear / La región más transparente* (1958), informa sobre la historia de México desde la época de los aztecas hasta hoy día. Sus obras ilustran de una manera dramática la filosofía social frustrada de la revolución mexicana fracasada. Este novelista ha sido aclamado al nivel internacional por *The Death of Artemio Cruz* (1962), *Terra nostra* (1975), y *The Old Gringo / El gringo viejo* (1985), una obra que fue convertida en una película con Gregory Peck y Jane Fonda como protagonistas. Su novela, *The Campaign* (1991), se sitúa durante las guerras revolucionarias que conducen a la independencia de Latinoamérica. *Identifique a este novelista conocido que nació en México en 1928.

416) *Mexican American novelist* Tomás Rivera, of Texas, won the first national award for Chicano literature, Premio Quinto Sol. His novel about migrant worker life, *And the Earth Did Not Devour Him/Y no se le tragó*

167

la tierra, won this award in what year?

     a) 1959 b) 1970 c) 1982

El novelista mexicoamericano, Tomás Rivera, de Texas, ganó el primer premio nacional por literatura chicano, el Premio Quinto Sol. *Su novela sobre la vida de trabajadores migratorios, *And the Earth Did Not Devour Him / Y no se lo tragó la tierra,* ganó este premio ¿en cuál año?

     a) 1959 b) 1970 c) 1982

417) *In 1964, this native of La Paz, Bolivia* decided to migrate to the United States. He began teaching Mathematics in East Los Angeles at Garfield High School in 1976. In 1982, he motivated a small group of students to take and pass the AP calculus exam. However, the agency responsible for administering the test believed his students had cheated, and invalidated the results. Most of the 18 students took the test a second time under close scrutiny and passed again, making their math teacher a national hero. *Identify the tough, inspiring math teacher who was portrayed by actor Edward James Olmos in the 1988 movie, *Stand and Deliver,* for which Olmos was nominated for an Academy Award for Best Actor.

En 1964, este natural de La Paz, Bolivia decidió inmigrar a los Estados Unidos. En 1976, empezó a enseñar la matemática en Los Angeles del Este en Garfield High School, instituto de enseñanza secundaria. En 1982, animó a un grupo pequeño de alumnos para que se presenten al examen de cálculo AP (estudios superiores) y lo aprueben. Sin embargo, el organismo responsable de administrar el examen creía que sus alumnos habían copiado, lo cual condujo a la invalidación de los resultados. La mayoría de los dieciocho alumnos se presentaron al examen una segunda vez, bajo mucha vigilancia, y lo aprobaron una vez más, lo cual hizo un héroe nacional de su profesor de matemáticas. *Identifique a este profesor estricto pero inspirador que fue representado por el actor Edward James Olmos en la película de 1988, *Stand and Deliver*, por la cual Olmos fue propuesto como candidato para un premio Academy al Mejor Actor.

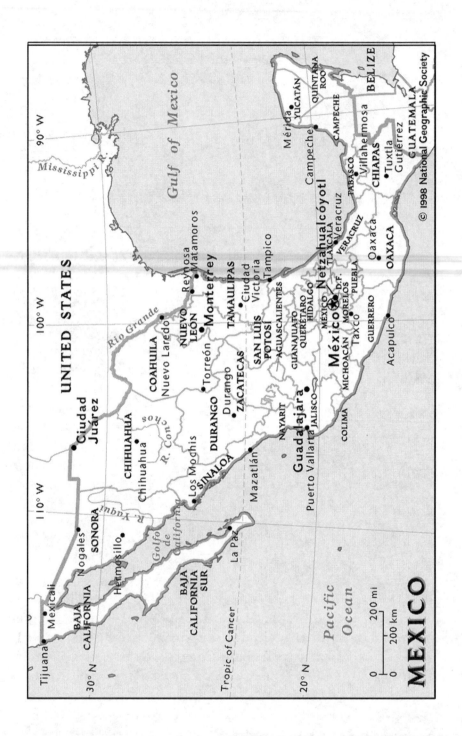

MEXICO

History, Geography and Business
Historia, Geografía y Negocios

418) **Born near Yuma, Arizona** in 1927, this Hispanic American became the country's most significant farm labor leader. As a migrant farm worker, he began to organize wine-grape pickers in California in 1962. He formed the National Farm Workers Association and by using strikes, fasts, picketing, and marches, he was able to win contracts from several major growers. He later launched boycotts against the table-grape and lettuce growers, mobilizing nationwide support. In 1972, while president of the United Farm Workers (UFW), his union became an affiliate of the AFL-CIO. *Who was this Ghandi-like Hispanic American who became the second Hispanic American to receive the Medal of Freedom Award from the US Government?

Nacido cerca de Yuma, Arizona en 1927, este hispanoamericano llegó a ser el más importante líder del trabajo agrícola de los Estados Unidos. Como trabajador agrícola migrante, empezó a organizar a los recogedores de uvas para vino en California en 1962. Estableció la Asociación Nacional de Trabajadores Agrícolas y, por medio de huelgas, ayunos, piquetes, y marchas, pudo conseguir contratos con varios cultivadores principales. Más tarde organizó boicoteos contra los cultivadores de uvas de mesa y los de lechuga, consiguiendo apoyo a escala nacional. En 1972, como presidente de los Trabajadores Agrícolas Unidos, su sindicato se asoció con la Federación Americana del Trabajo-Congreso de Organizaciones Industriales (AFL-CIO). *¿Quién era este hispanoamericano que hacía pensar en Ghandi y que llegó a ser el segundo hispanoamericano en recibir la Medalla de Libertad concedida por el Gobierno de los Estados Unidos?

419) *This republic is one of the most politically stable* countries in Latin America, with a long democratic tradition. The country has a literacy rate of over 90% and no standing army. It gained independence in 1821, and became a sovereign republic in 1838. *Identify this agricultural nation, which primarily exports coffee, sugar, cocoa, and bananas.

Esta república es uno de los países más estables de Latinoamérica con respecto a la política, y tiene una tradición democrática de larga duración. El país tiene un índice de alfabetos de más del noventa por ciento y no tiene ejército permanente. Consiguió su independencia en 1821, y se convirtió en una república soberana en 1838. *Identifique esta nación agrícola que exporta principalmente el café, el azúcar, el cacao y los plátanos.

420) *A native of Caracas, Venezuela* (1783), this great revolutionary leader liberated much of South America from 300 years of Spanish rule. On a trip to Europe in 1799, the young coffee scion was inspired by Voltaire, Locke, and Rousseau. His victories over the Spanish in Peru (1824) sealed the triumph of the revolution. Today, he is revered as Latin America's greatest hero and as its liberator. (Hint: Known as "El Libertador.") *Who was he?

Natural de Caracas, Venezuela (1783), este gran líder revolucionario liberó gran parte de Sudamérica de trescientos años de dominio español. Durante un viaje a Europa en 1799, este joven descendiente de un cafetalero fue inspirado por Voltaire, Locke, y Rousseau. Sus victorias sobre los españoles en el Perú (1824) garantizaron el triunfo definitivo de la revolución. Hoy día, se reconoce a él como el héroe más importante de Latinoamérica y como su libertador. (Clave: Se conoce por el nombre de «El Libertador.») *¿Quién fue?

421) *The people of this Caribbean Island* share the rights and duties of US citizens, except that they do not pay federal income taxes and do not vote in national elections, unless living in the United States. *Identify this self-governing commonwealth in association with the US.

Los habitantes de esta isla del Caribe tienen los mismos derechos y deberes que tienen los ciudadanos de los Estados Unidos, con la excepción de no pagar impuestos federales sobre la renta y no votar en elecciones nacionales a no ser que vivan en los Estados Unidos. *Identifique este estado libre autónomo asociado a los Estados Unidos.

422) *The term was first applied to Spanish partisans* in the Peninsular War (1808-14). It means fighting by groups of irregular troops, usually

in enemy-held territory. Tactics stress sabotage, unpredictable hit-and-run attacks, and ambush rather than mass confrontation. *Identify the term.

El término se usó por primera vez para describir a los guerrilleros españoles en la Guerra de Independencia (1808-14). Significa el combate en grupos de tropas irregulares, generalmente en terreno enemigo. La táctica se fundamenta en el sabotaje, los ataques de choque por sorpresa, y la emboscada en vez de la confrontación con la masa. *Identifique el término.

423) *The term Hispanic*, which is used to describe an individual who descends from Spanish ancestors, originates from the Latin word *Hispania*. It was used by these ancient people to describe the area of Spain that they conquered in the second century B.C. *Who were these ancient people?

El término *hispánico* o *hispano*, que se usa para describir a cualquier persona que descienda de antepasados españoles, deriva de la palabra latina *Hispania*. Esta palabra fue usada por ciertos antiguos para describir la región de España que fue conquistada por ellos en el segundo siglo antes de Cristo. *¿Cuál población de la antigüedad fue?

424) *Internationally known for its luxury hotels* and villas, deep-sea fishing facilities, and fine beaches, this city is located on the Pacific Coast of Southern Mexico. Founded in 1550, it was a base for Spanish explorers and was once important in trade with the Philippines. *Identify the Mexican city that has become a favorite destination for wealthy vacationers.

Famosa al nivel internacional por sus hoteles y chalés de lujo, por sus instalaciones para la pesca de altura, y por sus playas hermosas, esta ciudad se sitúa a orillas del Océano Pacífico en la parte sur de México. Fundada en 1550, esta ciudad fue una base para exploradores españoles y antes desempeñaba un papel importante en el comercio con las Filipinas. *Identifique la ciudad mexicana que ha llegado a ser un destino preferido de personas ricas que están de vacaciones.

425) *In October of 1999,* this Central American country was devastated by Hurricane Mitch, leaving 7,000 dead, 600,000 homeless, and 70% of this country's crops destroyed. *Identify this country.

En octubre de 1999, este país centroamericano fue devastado por el huracán Mitch que había dejado a 7.000 muertos, 600.000 personas sin hogar, y el setenta por ciento de los cultivos destruidos.

*Identifique el país en cuestión.

426) **When she died in 1952** at the age of 33, of uterine cancer, one million mourners turned out for her funeral procession and three million paid their last respects at her casket in Buenos Aires. For two years following her death, the Vatican received over forty thousand appeals that she be considered for sainthood. María Eva Ibarguren was born in Los Toldos, Argentina in 1919. *Identify this person who once said, "When the rich think about the poor, they have poor ideas."

Cuando esta mujer murió de cáncer uterino en 1952, a la edad de 33 años, un millón de personas que estaban de luto asistieron a su cortejo fúnebre, y tres millones de personas presentaron sus últimos respetos delante de su ataúd en Buenos Aires. Por dos años después de su muerte, el Vaticano recibió más de cuarenta mil súplicas en favor de la elevación de esta persona a la santidad. María Eva Ibarguren nació en Los Toldos, Argentina en 1919. *Identifique a esta persona que antes dijo, «Los ricos, cuando piensan para los pobres, piensan pobres.»

427) **Sister M. Isolina Ferre** received the Medal of Freedom award from US President Bill Clinton in 1999. She received the highest US award for civilian service for her 65 years of dedicated work as a crusader for the needy in establishing schools, community centers, and medical clinics. *Identify the Caribbean island on which this dedicated Roman Catholic nun was born in 1914.

a) Puerto Rico   b) Cuba   c) Dominican Republic

En 1999, el presidente de los Estados Unidos, Bill Clinton, concedió a sor M. Isolina Ferre la Medalla de Libertad. Esta religiosa recibió el premio estadounidense más prestigioso por su servicio civil durante sesenta y cinco años de dedicación como luchadora por los necesitados y como fundadora de escuelas, centros sociales, y clínicas médicas para ellos. *Identifique la isla del Caribe en que nació en 1914 esta dedicada religiosa católica de la Iglesia romana.

a) Puerto Rico   b) Cuba   c) La República Dominicana

428) **Identify the term used in the 16th century** to describe a leader in the Spanish conquest of America, and especially of Mexico and Peru. (Hint: The word can mean *any daring, ruthless adventurer.*)

Identifique el término que se empleó en el siglo dieciséis para describir a un jefe de la conquista española de las Américas y sobre todo de México y del Perú. (Clave: La palabra puede significar *cualquier aventurero atrevido y cruel*.)

429) *What is the slightly altered American Spanish word*, now used in the English language, to describe a deep narrow valley with precipitous sides, often with a stream flowing through it?

Identifique la palabra hispanoamericana que ha sido modificada un poco y que se usa hoy día en inglés para describir un valle profundo y estrecho con lados empinados, y el cual frecuentemente tiene un río que pasa por ello.

430) *Founded by the Spanish as Yerba Buena* in 1776, what city, built on a peninsula, was taken and renamed by the Americans in 1846?

Fundada por los españoles y denominada «Yerba Buena» en 1776, ¿cuál ciudad construida en una península fue tomada por los norteamericanos en 1846, y fue dada un nuevo nombre por ellos?

431) *In 1977, he successfully negotiated* new Panama Canal treaties, with US President Jimmy Carter, that would transfer the Canal Zone and, ultimately the canal to Panamanian control. *Identify the Panamanian military ruler who seized power in 1968 and died in an airplane crash in 1981.

En 1977, este hombre negoció con éxito la revisión de acuerdos relativos al Canal de Panamá con el presidente Jimmy Carter. Estos acuerdos precisaron los términos de la transmisión de control de la Zona del Canal y finalmente del Canal mismo a la soberanía panameña. *Identifique al gobernante militar panameño que se apoderó del poder en 1968 y quien murió en un accidente de avión en 1981.

432) *Indian villagers* in this South American coastal area near Lake Maracaibo, built their huts on piles over shallow water. The sight reminded the Spanish explorers of the Italian city of Venice. *What name did they give this area, which means "Little Venice" in Spanish?

Los aldeanos indios de esta región costera de Sudamérica cerca del Lago Maracaibo construyeron sus chozas sobre pilotes para poder vivir sobre el agua poco profunda. La vista recordaba a los exploradores españoles la ciudad italiana de Venecia. *¿Cuál nombre dieron los aldeanos a esta región, el cual significa en español «la pequeña Venecia?»

433) *A charismatic orator* and clever propagandist, he established a totalitarian government that benefited the working class at the expense of the middle class, many of whom fled to Florida in the US. *Identify the Cuban revolutionary whose guerrilla campaign toppled the Batista gov-

ernment in 1959.

Fue un orador carismático y propagandista listo y estableció un gobierno totalitario que beneficiaba a la clase obrera a costa de la clase media, gran parte de la cual huyó del país para Florida en los Estados Unidos. *Identifique al revolucionario cubano cuyo campaña de guerrilla derrocó el gobierno Batista en 1959.

434) *Although Catalán, Galician, and Basque* are also spoken, this dialect is the standard language of Spain. *Identify the dialect.

Aunque también se hablan catalán, gallego, y vascuence en España, este dialecto es el idioma oficial de España. *Identifique el dialecto.

435) *Do the terms "Latin America" and "South America"* have the same meaning, and can they therefore be considered interchangeable terms?

¿Tienen el mismo sentido los términos *Latinoamérica* y *Sudamérica*? Y, por consiguiente, ¿pueden ser considerados como términos intercambiables?

436) *The Rio Grande River* flows 1,885 miles (3,000 km), from the San Juan mountains in Southwest Colorado to the Gulf of Mexico. This river forms the US-Mexico boundary between the twin cities of El Paso, Texas, and Juárez, Mexico, and Brownsville, Texas and Matamoros, Mexico. The Rio Grande is unnavigable, but is an important source of internationally regulated irrigation. *What is the Rio Grande known as in Mexico?

El río Grande tiene un curso de 1.885 millas (3.000 kilómetros), y corre desde las Montañas de San Juan en la parte sudoeste del estado de Colorado hasta el golfo de México. Este río sirve de límite entre los Estados Unidos y México, y entre las ciudades hermanadas de El Paso, Texas y Juárez, México, y Brownsville, Texas y Matamoros, México. Aunque el río Grande es innavegable, es una fuente importante de agua de regadío bajo regulación internacional. *¿Cómo se llama el río Grande en México?

437) *Named for a former insurgent leader,* members of this left-wing Nicaraguan political group toppled the regime of Anastasio Somoza-Debayle in 1979. *What was the name of this group?

Este grupo político lleva el nombre de un antiguo líder insurreccional, y los partidarios de este grupo izquierdista de Nicaragua derrocaron el régimen de Anastasio Somoza-Debayle en 1979. *¿Cómo se llamaba este grupo político?

438) **Which are the two landlocked nations** of South America?

¿Cuáles son los dos países sudamericanos que no tienen acceso al mar?

439) **Cuba traded 1,113 captured rebels** for $53 million in food and medicine raised by private donations in the US. *Identify the name of the engagement where these rebels had been captured.

Cuba cambió 1.113 rebeldes capturados por 53 millones de dólares de alimentos y medicamentos reunidos por donativos privados en los Estados Unidos. *Identifique el nombre del combate en que estos rebeldes fueron capturados.

440) **Hernando De Soto** was a Spanish explorer of the southeastern section of the present United States. After serving with Francisco Pizarro in Peru, he was named governor of Cuba. Securing permission from Charles V to conquer Florida, then a vast uncharted region of North America, De Soto sailed from Havana in 1539. In search of treasure, his group explored much of Georgia, the Carolinas, Tennessee, Alabama, Oklahoma, and Arkansas. *Modern authorities believe that De Soto was the first European to discover and see what great North American river in 1541?

Hernando de Soto fue un explorador español de la región sudeste de los actuales Estados Unidos. Después de haber servido con Francisco Pizarro en el Perú, fue nombrado gobernador de Cuba. Con permiso de Carlos V para conquistar la Florida, entonces una inmensa región inexplorada de la América del Norte, Soto salió de La Habana en barco en 1539. En busca de tesoro, su grupo exploró la gran parte de Georgia, las Carolinas, Tennessee, Alabama, Oklahoma, y Arkansas. *Las autoridades modernas creen que Soto fue el primer europeo en descubrir y ver cierto gran río norteamericano en 1541. *¿Cuál gran río fue?

441) **What is the Spanish word,** now used in the English language, to describe an individual who would take the law into his own hands?

¿Cuál es la palabra española que se usa hoy día en inglés para describir a una persona que se toma la justicia por su mano?

442) **This term is used to describe** only those of Mexican descent in the US and is an abbreviation of the word "mexicano".

Este término se usa sólo para describir a personas de descendencia mexicana, las cuales han emigrado a los Estados Unidos. Además, en lenguaje familiar significa «mexicano.»

443) **The most sophisticated city ever built** during pre-Columbian times

was founded by the Aztecs in 1325. Tenochtitlán, with a population at its height of 250,000, rivaled any capital of its time. Its palaces, pyramids, grand plazas, and superb network of bridges, dikes, and canals were built without the help of the wheel or beasts of burden. It was the second largest metropolis in the world. *What city rests on its ruins today?

La ciudad más sofisticada, que jamás se hubiera construido durante la época precolombina, se fundó por los aztecas en 1325. Tenochtitlán, con una población de 250.000 personas durante su auge, podía rivalizar con cualquier capital de la época. Sus palacios, pirámides, plazas grandes, y su excelente red de puentes, diques, y canales se construyeron sin ayuda de la rueda o de bestias de carga. Fue la segunda mayor metrópoli del mundo. *¿Cuál ciudad se sitúa en sus ruinas hoy día?

444) *The volcano Tajumulko,* at 13,846 ft. (4,210 m), is the highest point in Central America. *In what country is this volcano located?

El volcán Tajumulco, con una altura de 13.846 pies (4.210 metros), es la cumbre más alta de Centroamérica. *¿En cuál país está situado este volcán?

445) *President of the League of Nations,* Carlos Saavedra Lamas of Argentina won the Nobel Peace Prize for his mediation of the conflict between Paraguay and Bolivia. *In what year did señor Lamas win this award?

     a) 1926 b) 1936 c) 1947

Presidente de la Sociedad de Naciones, Carlos Saavedra Lamas, de la Argentina, ganó el Premio Nobel de la Paz por su mediación del conflicto entre el Paraguay y Bolivia. *¿En cuál año ganó este premio el señor Saavedra Lamas?

     a) 1926 b) 1936 c) 1947

446) *Its bay was named Puerto Rico,* meaning rich port, by Ponce De Leon, who began a settlement in nearby Caparra in 1508. The city was founded in 1527 and has one of the finest harbors in the West Indies. *Identify the city, noted for its colonial atmosphere.

Ponce de León, que había fundado una colonia cercana en Caparra en 1508, denominó la bahía de esta ciudad «Puerto Rico» para describir el puerto magnífico. La ciudad se fundó en 1527 y tiene uno de los mejores puertos de las Antillas. *Identifique la ciudad que es notable por su ambiente colonial.

447) *Born into a noble family* in 1510 in Salamanca, Spain, this Spanish

explorer emigrated to the New World, when he was 25 years old, to assist New Spain's first viceroy. He led the most famous of the treasure-hunting expeditions when his force of 1,400 men searched for the legendary Seven Golden Cities of Cibola. His journeys into California, Arizona, and New Mexico paved the way for Spain's later claim to the desert Southwest. (Hint: Indiana Jones found his crucifix.) *Who was he?

De noble cuna, este explorador español nació en 1510 en Salamanca, España y emigró al Nuevo Mundo a la edad de 25 años para ayudar al primer virrey de la Nueva España. Dirigió la más famosa de las expediciones en busca de tesoro cuando su fuerza de 1.400 hombres buscaban las Siete Legendarias Ciudades de Oro de Cibola. Sus expediciones en las regiones de los actuales estados de California, Arizona, y Nuevo México prepararon el terreno para que España reclamara más tarde el desierto del Sudoeste. (Clave: Indiana Jones halló su crucifijo.) *¿Quién fue este explorador español?

448) *What is the slightly altered Spanish word,* now used in the English language, to describe a large farm for raising horses, beef cattle, or sheep?
¿Cuál es la palabra española que ha sido modificada un poco y que se usa hoy día en inglés para describir una finca grande en donde se crían caballos, ganado vacuno, o ganado ovino?

449) *Identify the only Spanish speaking country* (a former overseas Spanish territory) located on the central west coast of Africa.
    a) Sierra Leone b) Ivory Coast c) Equatorial Guinea
Identifique el único país de habla española (un antiguo territorio español de ultramar) situado en la costa oeste central de Africa.
    a) Sierra Leone b) Costa de Marfil c) Guinea Ecuatorial

450) *This 51 mile long canal* has six locks, and traverses two natural lakes, one of which is 85 feet above sea level. It was built by US military engineers in 1904-14 across land leased from the Republic of Panama. *Identify the waterway that crosses the Isthmus of Panama, connecting the Atlantic and Pacific Oceans.
Este canal de 51 millas de largo tiene seis esclusas, y atraviesa dos lagos naturales, uno de los cuales está a 85 pies de altura sobre el nivel del mar. Fue construido por los ingenieros militares de los Estados Unidos en el período 1904-14 a través de tierra alquilada de la República de Panamá. *Identifique el canal que pasa por el istmo de Panamá y el cual junta el Océano Atlántico con el Océano Pacífico.

451) *On July 2, 2000,* PRI presidential candidate Francisco Labastida Ochoa was upset by this center-right coalition candidate and former Coca-

Cola executive. (Hint: His popular campaign slogan was, "¡Ya!" - (Enough already!) *Identify the new president of Mexico.

El 2 de julio de 2000, el candidato presidencial del Partido Revolucionario Institucional (PRI), Francisco Labastida Ochoa, fue derrotado por este candidato de la coalición de centroderecha y antiguo ejecutivo de la compañía de Coca-Cola. (Clave: Su popular lema de campaña fue «¡Ya!» con el sentido de ¡Basta!) *Identifique al presidente nuevo de México.

452) *What is the Spanish word* that describes a saint's day that is celebrated in Spain and Latin America with processions and dances?

¿Cuál es la palabra española que se usa para describir un día consagrado a la memoria de un santo y el cual se celebra en España y Latinoamérica con procesiones y bailes?

453) *Christopher Columbus* is considered a hero and a virtual native son to Hispanics, who commemorate his great discovery (October 12th) as the Day of the Race/El Día de la Raza. This holiday received its name because the event is considered the birth of the Latin American people. Give the explorer's name as it is known in Spanish.

A este explorador, llamado Christopher Columbus en inglés, se le considera como un héroe y verdadero hijo nativo de los hispanos que conmemoran su gran descubrimiento (el 12 de octubre) como el Día de la Raza. Esta fiesta recibió su nombre porque se considera el acontecimiento como el nacimiento del pueblo latinoamericano. *¿Cómo se llama este explorador en español?

454) *Within its borders is the largest fresh water lake* in South America, Lake Titicaca. With the ruins of Tiahuanaco nearby, this region was the home of one of the great pre-Columbian civilizations. *Identify the country that has one of the richest mineral resources in the world.

Dentro de sus límites está el mayor lago de agua dulce de Sudamérica, el lago Titicaca. Con las ruinas cercanas de Tiahuanaco, esta región fue el hogar de una de las mayores civilizaciones precolombinas. *Identifique el país que tiene uno de los recursos minerales más ricos del mundo.

455) *Its capital of Santo Domingo* is the oldest continually inhabited European settlement in the Americas. This city also boasts of having the oldest cathedral, hospital, and monastery in the western hemisphere. *Identify the island country once known as *Hispaniola*.

Su capital de Santo Domingo es la más antigua colonia europea de habitación continua de las Américas. Esta ciudad también puede

presumir de tener el catedral, el hospital, y el monasterio más antiguos del hemisferio occidental. *¿Cómo se llama este país que es también una isla antes llamada *La Española*?

456) *Originating in the 11th century,* what Spanish title designates a town mayor who also acts as justice of the peace? In the Spanish colonies of the New World, it described a provincial administrator who presided over the Cabildo, or municipal council.

Datando del siglo once, ¿cuál título español se atribuye a la primera autoridad municipal de un ayuntamiento o distrito, la cual también actúa de juez de paz? En las colonias españolas del Nuevo Mundo, este título describió a un administrador provincial que presidía el cabildo o el concejo municipal.

457) *Situated on a volcanic slope,* this beautiful and modern city has been rebuilt often. The city was founded in the early 17th century and, between 1831 and 1837, was the capital of the Central American Federation. (Hint: It is the capital of El Salvador.) *Identify the city.

Situada en un declive volcánico, esta ciudad hermosa y moderna se ha reconstruido frecuentemente. La ciudad se fundó a principios del siglo diecisiete y, entre 1831 y 1837, fue la capital de la Federación Centroamericana. (Clave: Es la capital de El Salvador.) *¿Cómo se llama esta ciudad?

458) *Explored and claimed by Spain* in 1542, this city was the site of the first of Father Junípero Serra's missions and a historic fort, *The Presidio*. Both were established in 1769. (Hint: Site of the Cabillo National Monument.) *Identify this US city.

Explorada y reclamada por España en 1542, esta ciudad fue el sitio de la primera de las misiones del fray Junípero Serra y una fortaleza histórica, llamada *El Presidio*. Las dos se fundaron en 1769. (Clave: Es el sitio del Monumento Nacional Cabillo.) *¿Cómo se llama esta ciudad estadounidense?

459) *Identify the term* used to describe a cowboy of the South American pampas.

Identifique el término que se usa para describir a un vaquero de las pampas sudamericanas.

460) *Mexican American Matt Gonzales* became one of the highest ranking officeholders from this political party in the United States when he was elected president of the San Francisco Board of Supervisors in January of 2003. As board president, he is responsible for making committee

assignments, orchestrating the movement of legislation and, if effective, building a majority coalition to pass laws. He is second only to the mayor of San Francisco in political power. *The 37 year old former Texas resident is a member of what political party?

El mexicoamericano Matt Gonzales llegó a ser uno de los más altos funcionarios de este partido político en los Estados Unidos cuando fue elegido como presidente del Consejo de Supervisores de San Francisco en enero de 2003. Como presidente del Consejo, es responsable de encargar trabajo a las comisiones, de iniciar legislación y, si es eficaz, de establecer una coalición de la mayoría para aprobar leyes. El Sr. Gonzales está en segundo lugar respecto al alcalde de San Francisco y su poder político. *¿De cuál partido político es partidario este antiguo residente de Texas de 37 años de edad?

461) *Throughout the history of the United States,* how many Latinos have been awarded the US Government's highest military honor, the Congressional Medal of Honor?

     a) 24   b) 31   c) 38

(Note: Seventeen Hispanic Americans were awarded the Congressional Medal of Honor during WWII, five of them posthumously.)

Por toda la historia de los Estados Unidos, ¿cuántos latinoamericanos han recibido el más prestigioso honor militar del Gobierno de los Estados Unidos, la Medalla de Honor del Congreso?

     a) 24 b) 31   c) 38

(Nota: Diecisiete hispanoamericanos recibieron la Medalla de Honor del Congreso durante la Segunda Guerra Mundial, cinco de ellos la recibieron después de su muerte.)

462) *As a member of the first Columbus expedition,* Rodrigo de Triana is remembered for what?

Como miembro de la primera expedición de Cristóbal Colón, Rodrigo de Triana hizo un papel importante. *¿Por qué se acuerda de él?

463) *The Aconcagua,* a mountain located in the Andes, is the highest peak in the Americas, at 22,835 feet (6,960 m). *In what South American country is it found?

     a) Chile b) Peru   c) Argentina

La Aconcagua, montaña andina, es la cima más alta de las Américas con una altura de 22.835 pies (6.960 metros). *¿En cuál país sudamericano está situada la Aconcagua?

     a) Chile b) el Perú c) La Argentina

464) **This Cuban revolutionary** was born in Argentina and was Fidel Castro's chief lieutenant and a guerrilla leader in the victorious Cuban Revolution of 1959. He left Cuba to foster revolution in other countries. He was captured in Bolivia in 1967 and executed. (Hint: This physician and political activist was known by his nickname.) *Who was he?

Este revolucionario cubano nació en la Argentina y fue el teniente principal de Fidel Castro y un líder de guerrillas en la victoriosa Revolución Cubana de 1959. Salió de Cuba para fomentar la revolución en otros países. Fue capturado en Bolivia en 1967 y fue ejecutado. (Clave: Este médico y activista político fue conocido por su apodo.) *¿Quién fue?

465) **During the 16th century,** as gold and silver flowed in great quantities from the Americas, Spain became the most powerful country in the world, and its artistic, cultural, and intellectual life flourished. *Who were the two great monarchs, father and son, who ruled Spain during that period?

Durante el siglo dieciséis, cuando el oro y la plata corrían y llegaban en grandes cantidades de las Américas, España llegó a ser el país más poderoso del mundo, y su vida artística, cultural, e intelectual florecía. *¿Cuáles dos grandes monarcas gobernaron España en esa época?

466) **The quetzal** is a tropical bird of Central America with brilliant lustrous plumage. It serves as the main device for the emblem of this nation's flag. A symbol of liberty, the quetzal is also the national bird for this Central American nation. *Identify the country. (Hint: Blue-white-blue vertical tricolor flag.)

El quetzal es un ave tropical de Centroamérica, de plumaje brillante y tornasolado. Figura en la bandera de este país como símbolo principal. Símbolo de la libertad, el quetzal es también el ave nacional de este país centroamericano. *¿Cómo se llama este país? (Clave: bandera tricolor vertical de azul - blanco - azul)

467) **Who are the three** largest Hispanic-American groups living in the United States, by order of their size?

Por orden del tamaño de sus poblaciones ¿cuáles son los tres mayores grupos de hispanoamericanos que viven en los Estados Unidos?

468) **It is the term** used by Hispanics to describe any white, English-speaking American not of Hispanic descent. *What is the term?

Es el término usado por los hispanos para describir a cualquier norteamericano de raza blanca y de habla inglesa, que no sea de

descendencia hispánica.*¿Cuál es el término?

469) *Can Brazilians* be described as Latin Americans?
¿Se puede describir a los brasileños como latinoamericanos?

470) *During colonial times,* buccaneers used this term to describe the coastal area of northwest South America, from which Spanish treasure fleets transported gold back to Spain. Pirates who preyed on these vessels as they passed through the Caribbean Sea made the geographical term famous in buccaneer lore. *Identify the term.
En la época colonial, este término fue usado por los bucaneros para describir la región costera del noroeste de la América del Sur, desde la cual las flotas españolas, en busca de tesoro, transportaban oro a España. Los piratas, que pillaron estas naves que pasaban por el Mar Caribe, popularizaron este término geográfico de la tradición popular de los bucaneros. *Identifique el término.

471) *What is the name* of the US naval base established in Cuba in 1903?
¿Cómo se llama la base naval estadounidense que fue establecida en Cuba en 1903?

472) *Identify this small, independent Catalan-speaking principality* wedged between Spain and France in the Pyrenees.
Identifique este principado pequeño e independiente, cuyo idioma es el catalán y el cual está situado entre España y Francia en los Pirineos.

473) *Remembered in history* as the Conqueror of Mexico, this Spaniard sailed from Cuba in 1519 to conquer the Aztec empire of Montezuma. The Aztec welcomed the Spanish as the descendants of the god Quetzalcoatl, which led to the eventual defeat and fall of their empire. *Who was the Conquistador?
Notable en la historia por ser el Conquistador de México, este español salió de Cuba en barco en 1519 para conquistar el imperio azteca de Moctezuma. Los aztecas recibieron a los españoles como descendientes del dios Quetzalcoatl, lo cual condujo finalmente a la derrota y la caída de su imperio. *¿Quién fue el Conquistador?

474) *This Central American country* is bordered on the north by Honduras, the Caribbean Sea on the east, Costa Rica on the south, and the Pacific Ocean to the southwest. The Spanish colonial cities of Granada and Leon were founded there in 1524. This country achieved its independence in 1821 and became a separate republic in 1838. The US inter-

vened in a civil war there in 1912, and remained in the country until 1933. *Identify the Central American country.

Este país centroamericano linda con Honduras al norte, con el Mar Caribe al este, con Costa Rica al sur, y con el Océano Pacífico al sudoeste. Las ciudades coloniales españolas de Granada y León se establecieron en este país en 1524. Este país consiguió la independencia en 1821 y se convirtió en una república distinta en 1838. Los Estados Unidos intervinieron en una guerra civil en este país en 1912, y se quedaron allí hasta 1933. *Identifique este país centroamericano.

475) *This general ruled Mexico* for most of the period between 1824 and 1855. His victory over the Spanish at Tampico in 1829 gained him popularity and the presidency of Mexico in 1833. In 1836, he was defeated by the Texas rebels at San Jacinto. (Hint: He commanded Mexican forces at the Alamo.) *Who was he?

Este general gobernó México por la mayoría del período entre 1824 y 1855. Con su victoria sobre los españoles en Tampico en 1829, se popularizó y consiguió la presidencia de México en 1833. En 1836, fue derrotado por los rebeldes tejanos en San Jacinto. (Clave: Mandó las fuerzas mexicanas en el asalto y la conquista del fuerte en Alamo.) *¿Quién fue?

476) *US Hispanics have now surpassed* Afro Americans as the largest minority group in the United States. *What current number (2002) has the US Census Bureau estimated the Hispanic population to be?

    a) 34 million   b) 37 million   c) 42 million

Actualmente, los hispanos de los Estados Unidos han sobrepasado a los afroamericanos como el mayor grupo minoritario de los Estados Unidos. Según la Oficina del Censo de los Estados Unidos y el Censo de 2002, ¿cuál es la actual estimación de la población hispánica?

    a) 34 millones   b) 37 millones   c) 42 millones

477) *Who is the patron saint* of Mexico?
¿Quién es la santa patrona de México?

478) *Identify two of the four* important livestock animals imported to the Americas by Spanish colonists.
Identifique dos de las cuatro principales categorías de ganado que fueron importadas a las Américas por los colonizadores españoles.

479) *Born in Argentina in 1778,* this professional soldier joined the revolution against Spain in 1812. He invaded Chile in 1817 by a daring

march across the Andes. At Chacabuco, he defeated the Spanish with the aid of Bernardo O'Higgins and completed the liberation of Chile the following year. *Identify the South American revolutionary leader.

Nacido en la Argentina en 1778, este soldado de carrera se unió a la revolución contra España en 1812. Invadió Chile en 1817, con una marcha atrevida a través de los Andes. En Chacabuco, derrotó a los españoles con la ayuda de Bernardo O'Higgins y completó la liberación de Chile el año siguiente. *Identifique a este líder revolucionario de Sudamérica.

480) *The subtropical island* of Hispaniola was discovered by Columbus in 1492 and has been known at times as *Saint-Domingue* and *Española*. *Identify the two countries that share this Caribbean island.

La isla subtropical de La Española fue descubierta por Cristóbal Colón en 1492 y ha sido llamada a veces *Saint-Domingue* e *Hispaniola*. *Identifique los dos países que comparten esta isla del Caribe.

481) *This mountain range* extends 270 miles, from east to west in Spain's Pico de Aneto, and reaches a high point of 11,168 feet (435 km). *What is the name of this mountain range that separates Spain from France?

Esta cordillera se extiende 270 millas, desde el este hasta el oeste, y comprende el Pico de Aneto de España. Su cumbre tiene una altura de 11.168 pies (435 kilómetros). *¿Cómo se llama esta cordillera que separa España y Francia?

482) *During the 18th century,* Spain held sovereignty over this country, but never attempted to settle it. However, Great Britain gradually settled there, and the country became a Crown Colony in 1862. Though some Spanish is spoken there, English is the official language. *Name the only non-Hispanic country in Central America.

Durante el siglo dieciocho, España ejerció poder soberano sobre este país, pero nunca intentó colonizarlo. Sin embargo, Gran Bretaña se había establecido allí progresivamente, y el país se convirtió en una colonia de la Corona en 1862. Aunque se habla español un poco allí, el inglés es el idioma oficial. *¿Cómo se llama el único país no hispánico de Centroamérica?

483) *This Spanish soldier and statesman* was born at El Ferrol on December 4, 1892. At 32, he became the youngest brigadier in the Spanish army and, in 1920, founded and later commanded the first battalion of the Spanish foreign legion. Nationalist leaders nominated him as their head of state and supreme commander during the Spanish Civil War in

1936. With the unconditional surrender of the republican leaders in the field in March of 1939, he emerged as the unchallenged dictator of the new Spain. He declared Spain a kingdom in 1947, and himself regent, and ruled as dictator of Spain until his death in 1975. He designated Prince Juan Carlos as his successor. *Who was he?

Este soldado y estadista español nació en El Ferrol el 4 de diciembre de 1892. A la edad de 32 años, llegó a ser el general de brigada más joven del ejército español y, en 1920, creó y mandó más tarde el primer batallón de la Legión Extranjera de España. Los líderes nacionalistas le nombraron su jefe de Estado y generalísimo durante la Guerra Civil Española en 1936. Con la rendición incondicional de los líderes republicanos en el campo en marzo de 1939, surgió como el indiscutible dictador de la nueva España. Declaró a España un reinado en 1947, y a él mismo como regente, y gobernó como dictador de España hasta su muerte en 1975. Nombró al Príncipe Juan Carlos su sucesor. *¿Quién fue?

484) *As governor of the Spanish province* of Louisiana, he provided secret aid to the American cause during the Revolutionary War. Medicine, guns, cloth, and gunpowder were shipped from Cuba and sailed up the Mississippi River under the Spanish flag to American posts. By the end of 1777, more than seventy thousand dollars worth of ordnance had reached American hands. *Identify the Spanish nobleman who was instrumental in providing this much needed assistance.

      a) Bernardo de Gálvez   b) Luis de Unziga   c) Romero de Baca

Como gobernador de la provincia española de Luisiana, prestó ayuda clandestina a la causa norteamericana durante la Guerra Revolucionaria. Desde Cuba, se mandaron medicamentos, armas, tela y pólvora, los cuales fueron transportados río arriba en el Misisipí bajo la bandera española hacia los puestos norteamericanos. Antes del final de 1777, más de setenta mil dólares de material de guerra habían llegado a las manos de los norteamericanos. *Identifique al noble español que ayudó a prestar esta ayuda muy necesaria.

      a) Bernardo de Gálvez   b) Luis de Unziga   c) Romero de Baca

485) *What is the term* used to describe a person of mixed European and American Indian ancestry?

¿Cuál es el término que se usa para describir a una persona de descendencia mixta con antepasados europeos y amerindios?

486) *Conquistador Francisco Pizarro* conquered the Inca empire and took their capital of Cuzco in 1533. However, in 1535, he founded a new

187

capital city. *Identify the new capital city and the country where it is located.

El Conquistador Francisco Pizarro conquistó el imperio incaico y tomó su capital de Cuzco en 1533. Sin embargo, en 1535, estableció una ciudad capital nueva. *Identifique la ciudad capital nueva y el país en donde está situada.

487) *In 1987, President Oscar Arias Sánchez* of Costa Rica won the Nobel Prize in what category?

En 1987, el presidente Oscar Arias Sánchez de Costa Rica ganó un Premio Nobel. ¿En cuál categoría lo ganó?

488) *Discovered and fortified* by the Spanish in 1769, this island was the site of a US military prison from 1859 to 1933. From 1933 to 1963, it became a federal maximum security prison called "The Rock." *Name the island located in San Francisco Bay.

Descubierta y fortificada por los españoles en 1769, esta isla fue el sitio de una cárcel militar de los Estados Unidos entre 1859 y 1933. Desde 1933 hasta 1963, fue una cárcel federal de seguridad máxima llamada en inglés «The Rock.» ¿Cómo se llama la isla que está situada en la bahía de San Francisco?

489) *Identify the term* used to describe the extensive grass-covered plain of temperate South America, east of the Andes.

Identifique el término que se emplea para describir la extensa llanura herbosa de la zona templada de Sudamérica, al este de los Andes.

490) *The Latin American movement* known as *La Sangre Llama* (Blood is Calling) refers to what?

¿A qué se refiere el movimiento latinoamericano llamado *La Sangre Llama*?

491) *José Gaspar Rodríguez Francia* was the dictator of this country from 1814 to 1840. Known as *El Supremo*, he successfully achieved his country's independence from Spain and ruled the country with an iron hand until his death. *Identify this South American country.

     a) Uruguay b) Chile c) Paraguay

José Gaspar Rodríguez Francia fue el dictador de este país desde 1814 hasta 1840. Llamado *El Supremo*, este dictador tuvo éxito en independizar su país de España y gobernó el país de una manera rigurosa hasta su muerte. *Identifique el país sudamericano en cuestión.

     a) El Uruguay b) Chile c) El Paraguay

492) *Following the Bay of Pigs Invasion* of 1961, this country secretly began building missile launching sites in Cuba. Detected by US reconnaissance aircraft, US President Kennedy demanded the withdrawal of the missiles, and imposed a naval blockade on Cuba. The confrontation was resolved six days later when this country agreed to dismantle the missile sites. *Name the Cold War confrontation and the country constructing the missile sites.

Después de la Invasión de la Bahía de Cochinos en 1961, este país empezó a construir en secreto sitios para el lanzamiento de misiles en Cuba. Detectados por aviones de reconocimiento de los Estados Unidos, el presidente Kennedy de los Estados Unidos insistió en la retirada de los misiles, y levantó un bloqueo naval contra Cuba. La confrontación fue resuelta seis días más tarde cuando este país acordó desmantelar los sitios para el lanzamiento de misiles. *Identifique la confrontación de la Guerra Fría y el país responsable de haber construido los sitios para el lanzamiento de misiles.

493) *The fall of this city in 1492* made the Spanish monarchs, Ferdinand II and Isabella I, rulers of all of Spain. *Identify the grand city dominated by the Alhambra, a Moorish citadel and palace.

La caída de esta ciudad en 1492 hizo a los monarcas, Fernando II e Isabel I, gobernadores de España en su totalidad. *Identifique la magnífica ciudad dominada por la Alhambra, una ciudadela mora y un palacio.

494) *Not counting the Federal District,* which serves as the seat of the national government of Mexico and comprises Mexico City and its suburbs, how many states make up Mexico, and how many can you identify?

Sin contar el Distrito Federal, que es la sede del gobierno nacional de México y el cual comprende la Ciudad de México y sus suburbios, ¿cuántos estados constituyen el país de México? y ¿cuántos estados puede Ud. identificar?

495) *Bartolomé de Las Casas* (1474-1566) was a Spanish missionary in Latin America who worked to abolish Indian slavery and forced labor. Through his efforts, his humanitarian code was adopted in 1542 to protect the Indians in Spanish colonies. *Name the law.

    a) Code of Las Casas
    b) New Laws
    c) Native Peoples Protection Laws

Bartolomé de Las Casas (1474-1566) era un misionero español en

Latinoamérica quien obró para abolir la esclavitud de los indios y el trabajo obligatorio. Por sus esfuerzos, se adoptó su código humanitario en 1542 para proteger a los indios en las colonias españolas. *¿Cómo se llama la ley?

    a) el Código de Las Casas

    b) Las Leyes Nuevas

    c) Las Leyes para la Protección de Indígenas

496) *Identify the three non-Hispanic countries* located on the northeast section of the South American continent, bordered by Brazil and Venezuela. (Hint: The official languages of the three countries are: English, Dutch, and French.)

Identifique los tres países no hispánicos que están situados en la sección nordeste del continente sudamericano, y los cuales hacen frontera con el Brasil y Venezuela. (Clave: Los idiomas oficiales de los tres países son: el inglés, el holandés, y el francés.)

497) *Spanish explorer and conquistador* Vasco Núñez de Balboa is credited with the European discovery of the Pacific Ocean on September 25, 1513, after a 25-day expedition. *Was Balboa also responsible for naming this vast body of water?

Al explorador y conquistador español, Vasco Núñez de Balboa, se le atribuye el descubrimiento europeo del Océano Pacífico el 25 de septiembre de 1513, después de una expedición de 25 días. *¿Fue Balboa también responsable de haber dado el nombre a esta inmensa masa de agua?

498) *The 1989 invasion of this country* was the first American use of force since 1945 that was unrelated to the Cold War, and the first large-scale use of American troops abroad since Vietnam. This action was the most violent event in this country's history and ended with the unusual capture and arrest of the country's head of state who was then brought to the United States to stand trial for criminal drug operations. *Identify the country and its former head of state.

La invasión de este país en 1989 ocasionó el primer uso de fuerza norteamericana desde 1945, el cual no fue relacionado con la Guerra Fría, y el primer uso a gran escala de tropas norteamericanas en el extranjero desde la Guerra de Vietnam. Esta acción fue el suceso más violento de la historia de este país y acabó con la captura y detención insólitas del jefe de Estado de este país, quien fue entonces traído a los Estados Unidos para ser procesado por sus operaciones criminales relacionadas con el tráfico de drogas. *Identifique el país

en cuestión y dé el nombre de su antiguo jefe de estado.

499) *In 2000, the large island* of Puerto Rico, together with Vieques, Culebra, and many smaller islands in the northeastern Caribbean, had a population of:

a) 2.6 million   b) 3.9 million   c) 4.4 million

En 2000, la gran isla de Puerto Rico, con Vieques y Culebra, y un gran número de islas más pequeñas en el nordeste del Caribe, tenía una población de:

a) 2,6 millones   b) 3,9 millones   c) 4,4 millones

500) *One of the greatest naval battles* in history (October 7, 1571) was fought in the Gulf of Patras, off Lepanto, Greece by the Holy League, an alliance of Spain and Venice. This momentous victory ended their enemy's aura of invincibility and prevented their invasion of Europe. *Who was this powerful eastern enemy?

Una de las mayores batallas navales de la historia (el 7 de octubre de 1571) fue luchada en el golfo de Patras, cerca de Lepanto, Grecia por la Santa Liga, una alianza entre España y Venecia. Esta victoria de gran importancia concluyó la aura de invencibilidad de su enemigo e impidió su invasión de Europa. *¿Quién fue este enemigo poderoso del este?

501) *Los Angeles,* with a population of 3,485,557, is 39.9% Hispanic. Of the following cities, which has an Hispanic-American population of 62.5%? Bronx, NY (pop. 1,204,000), San Antonio, TX (pop. 959,265), or Miami, FL (pop. 358,648)?

Los Angeles tiene una población total de 3.485.557 y el 39,9 por ciento de su población es hispánica. De las ciudades siguientes, ¿cuál ciudad tiene una población hispanoamericana del 62,5 por ciento? Bronx, Nueva York (pobl. 1.204.000), San Antonio, Texas (pobl. 959.265), o Miami, Florida (pobl. 358.648)?

502) *Linda Chavez, of New Mexico,* served as executive director of the US Commission on Civil Rights under what US President?

a) Jimmy Carter   b) Ronald Reagan   c) Bill Clinton

Linda Chávez, de Nuevo México, fue la directora ejecutiva de la Comisión Estadounidense de Derechos Civiles. ¿Bajo cuál presidente sirvió Chávez?

a) Jimmy Carter   b) Ronald Reagan   c) Bill Clinton

503) *Born in New York* in 1882, he was the son of a Spanish father and an Irish mother. Schooled in Ireland, he became a teacher of mathemat-

ics there and was arrested during the Easter Rising Rebellion of 1916 against British rule. *Identify the Irish nationalist politician who was president of the Republic of Ireland from 1959 to 1973.

Nacido en Nueva York en 1882, fue el hijo de un padre español y de una madre irlandesa. Educado en Irlanda, se hizo profesor de matemáticas allí y fue detenido durante el Levantamiento del Lunes de Pascua de 1916 contra el gobierno de los británicos. *Identifique al político nacionalista irlandés que fue presidente de la República de Irlanda desde 1959 hasta 1973.

504) *The official design* for this nation's flag was approved in June of 1904. The blue and red colors of the flag represent the two major political parties, and the white signifies the peace between them. Two large stars are featured on the flag, with the blue star in the upper left corner symbolizing the civic virtues of purity and honesty, and the red star in the lower right corner standing for authority and law. This is the flag of what Central American country?

El diseño oficial de la bandera de este país fue aprobado en junio de 1904. Los colores azul y rojo de la bandera representan los dos principales partidos políticos, y el color blanco significa la paz que existe entre ellos. Dos estrellas grandes figuran en la bandera. La estrella azul del rincón superior de la izquierda simboliza las virtudes cívicas de la pureza y la honradez, y la estrella roja del rincón inferior de la derecha simboliza la autoridad y la ley. ¿De cuál país centroamericano es esta bandera?

505) *What happened to* Fidel Castro on November 2, 1976?
¿Qué sucedió a Fidel Castro el 2 de noviembre de 1976?

506) *What is the term* used to describe the representative assembly of Spain. (Hint: A famous conquistador.)
¿Cuál es el término que se usa para describir la asamblea representativa de España? (Clave: Un conquistador famoso)

507) *The world's 6th largest urban area* - behind Tokyo, Bombay, Sao Paulo, Shanghai and New York - has a population of 16.4 million. *Name this Latin American city.

La sexta mayor área urbana - después de Tokio, Bombay, Sao Paulo, Shangai, y Nueva York - tiene una población de 16,4 millones de personas. *¿Cómo se llama esta ciudad latinoamericana?

508) *What is the difference* between a mestizo and mulatto in Hispanic culture?

¿Cuál es la diferencia entre un mestizo y un mulato en la cultura hispánica?

509) *Founded on August 4, 1496* by Bartholomew Columbus, it may be the oldest continuously inhabited settlement in the Western Hemisphere. The city, now with a population of well over a million, was almost entirely destroyed by a hurricane in 1930. The city was rebuilt by Rafael Trujillo, who ruled the Caribbean nation for 31 years and renamed the city after himself (Ciudad Trujillo). Upon his death in 1961, the city reverted to its former name. *Identify the city and country that served as the first seat of Spanish colonial administration in the New World.

Fundada el 4 de agosto de 1496 por Bartolomé Colón, es posiblemente la más antigua colonia de habitación continua del hemisferio occidental. La ciudad, con una población actual de mucho más de un millón de personas, fue casi destruida en su totalidad por un huracán en 1930. La ciudad fue reconstruida por Rafael Trujillo, que gobernó este país del Caribe por 31 años y el cual puso un nuevo nombre a la ciudad para honrar a él mismo (*Ciudad Trujillo*). A su muerte en 1961, la ciudad volvió al uso de su nombre anterior. *Identifique la ciudad y el país que sirvieron de primera sede administrativa para las colonias españolas del Nuevo Mundo.

510) *Oscar Arnulfo Romero* was appointed archbishop of this country in 1977. Becoming the voice and conscience of his country, his words and actions crossed state borders and were heard internationally. His fight for human rights led to his nomination for the Nobel Peace Prize. *Identify the country in which Archbishop Romero presided and where he was martyred in March of 1980.

Oscar Arnulfo Romero fue nombrado arzobispo de este país en 1977. Siendo la voz y conciencia de su país, sus palabras y acciones se divulgaron allende las fronteras de su país y se oyeron al nivel internacional. Su lucha por los derechos humanos condujo a su candidatura para el Premio Nobel de la Paz. *Identifique el país en que el arzobispo Romero ejerció su jurisdicción y en donde sufrió el martirio en marzo de 1980.

511) *Called El Yunque,* it is the only tropical rain forest under the direct control of the US Forest Service. *Identify the Caribbean location of the rain forest that contains over 250 species of trees and receives over 240 inches of rain per year.

Llamada *El Yunque,* es la única selva tropical bajo el control directo del Servicio Forestal de los Estados Unidos. *Identifique la ubicación

en el Caribe de la selva tropical que contiene más de 250 especies de árboles y la cual recibe más de 240 pulgadas de lluvia por año.

512) *Located off the east coast of Spain,* the islands of Majorca, Minorca, and Ibiza are favored by mild climate and have become popular tourist centers. *What is the name of their five-island province?

Situadas cerca de la costa este de España, las islas de Mallorca, Menorca, e Ibiza tienen un clima templado y se han popularizado como centros turísticos. *¿Cómo se llama su provincia de cinco islas?

513) *Large numbers of second-generation US Hispanics* are English dominant. *What percentage of US Hispanics speak English?
    a) 65%   b) 75%   c) 85%

Un gran número de hispanos de segunda generación que viven en los Estados Unidos dominan el idioma inglés. *¿Cuál porcentaje de hispanos en los Estados Unidos hablan inglés?
    a) el 65 por ciento   b) el 75 por ciento   c) el 85 por ciento

514) *What is the smallest country* on the South American continent, whose population consists mostly of Spanish and Italian descendants? *Name the country.

¿Cuál es el país más pequeño del continente sudamericano, cuya población se compone principalmente de descendientes españoles e italianos? *Identifique el país.

515) *Nine US states* have Spanish names. *Identify five of them.
Nueve de los estados en los Estados Unidos tienen nombres españoles. *Identifique cinco de ellos.

516) *Having discovered this region* of North America during the Easter season in 1513, this Spanish explorer named it *Pascua Florida,* Floral Passover, a common Spanish language term for Easter Sunday. The region is known today as the state of Florida. *Who was the Spaniard who also secured the island of Puerto Rico for the Spanish crown? (Hint: He went to Florida in search of a famous fountain.)

Este explorador español descubrió esta región de la América del Norte durante el tiempo pascual de 1513 y, por eso, le dio el nombre *Pascua Florida*, un término común en español que se usa para describir el Domingo de Resurrección. La región se conoce hoy día como el estado de Florida. *¿Quién fue el español que también tomó la isla de Puerto Rico para la Corona española? (Clave: Fue a Florida en busca de una fuente famosa.)

517) *What event* in Mexican history does Cinco de Mayo commemorate?

¿Cuál acontecimiento en la historia mexicana conmemora el Cinco de Mayo?

518) *What South American country* is the third-largest oil exporter in the world?

¿Cuál país sudamericano figura en tercer lugar respecto a los mayores exportadores de petróleo del mundo?

519) *His father, Jorge Farragut*, immigrated to America in 1772 from the island of Minorca, located off the Catalonian coast of Spain, and fought in the Revolutionary War. His son became a US naval officer and, during the American Civil War, took the city of New Orleans after he destroyed the Confederate fleet there in 1862. In 1864, he effectively put an end to the blockade-running of the Confederacy at Mobile, Alabama. The new ranks of vice-admiral (1864) and admiral (1866) were created for this Hispanic American by the US Congress. *Identify this Hispanic-American naval hero.

Su padre, Jorge Farragut, había inmigrado a la América del Norte en 1772 desde la isla de Menorca, que está situada cerca de la costa cataluña de España, y luchó en la Guerra Revolucionaria. Su hijo se hizo un oficial de la Marina de los Estados Unidos y, durante la Guerra Civil Norteamericana, este hispanoamericano tomó la ciudad de Nueva Orleáns después de haber destruido allí la flota naval confederada en 1862. En 1864, puso fin en efecto a los intentos de romper el bloqueo por la Confederación en Mobile, Alabama. El Congreso de los Estados Unidos creó para este hispanoamericano los puestos nuevos de vicealmirante (1864) y almirante (1866). *Identifique a este héroe hispanoamericano de la Marina.

520) *Cofounder of the Congressional Hispanic Caucus,* this native of Puerto Rico was the first Puerto Rican to be elected to Congress, representing a district from the state of New York. *What year did Congressman Herman Badillo get elected?

    a) 1958   b) 1966 c) 1970

Cofundador de la Comité Hispánica del Congreso, este natural de Puerto Rico fue el primer puertorriqueño en ser elegido al Congreso y en representar un distrito del estado de Nueva York. *¿En cuál año fue elegido el congresista Herman Badillo?

    a) 1958   b) 1966 c) 1970

521) *Identify the Spanish word* often used disparagingly to describe a foreigner in Spain or Latin America, especially when that person is of English or American origin.

195

Identifique la palabra española que se emplea frecuentemente de una manera peyorativa para describir a un extranjero en España o Latinoamérica, especialmente si la persona en cuestión es de origen inglés o norteamericano.

522) *He has emerged* as Latin America's most compelling and contentious leader. As the president of Venezuela, he has restructured Venezuelan society and organized the first conference in 25 years of heads of state of OPEC (Organization of Petroleum Exporting Countries). *Identify the man who was recently reelected to a new six-year term as president of Venezuela, to run through 2006.

Este hombre ha surgido como el líder más fuerte y pendenciero de Latinoamérica. Como presidente de Venezuela, ha reestructurado la sociedad venezolana y ha organizado el primer congreso de la existencia de 25 años de jefes de estado de OPEP (Organización de Países Exportadores de Petróleo). *Identifique al hombre que fue reelegido recientemente como presidente de Venezuela bajo un nuevo mandato de seis años, el cual durará hasta 2006.

523) *In 1588, Philip II of Spain* launched a battle fleet of 130 ships and 30,000 men for the invasion of England. Battered by storms and a brilliant English strategy, the Spanish fleet returned home after losing about half its ships. *Identify the ill-fated fleet.

En 1588, Felipe II de España lanzó una escuadra de guerra de 130 navíos y 30.000 soldados para la invasión de Inglaterra. Azotadas por tempestades y una estrategia brillante por parte de los ingleses, las fuerzas navales españolas volvieron a España después de haber perdido la mitad de su número total de navíos. *¿Por cuál nombre se conoce esta escuadra desafortunada?

524) *The majority of US Hispanics* (65.2%, or 20.7 million of the total US Hispanic population) originated from what Spanish speaking country?

    a) Spain b) Puerto Rico c) Mexico

La mayoría de los hispanos de los Estados Unidos (el 65,2 por ciento o 20,7 millones de la población total de hispanos estadounidenses) procede de cierto país en donde se habla español. *¿De cuál país procede la mayoría de los hispanos estadounidenses?

    a) España b) Puerto Rico c) México

525) *What do the five stars* on the flag of Honduras represent?

¿Qué simbolizan las cinco estrellas que figuran en la bandera del país de Honduras?

526) **The largest city in the West Indies** has a population of 2,175,995 (est. 1993) and is one of the leading tropical cities in the New World. Upon entering its grand harbor is Morro castle and lighthouse to the left, on the right is *La Punta* Fortress, and beyond it the *Paseo de Martí*, the main avenue leading to the heart of the city. *Identify the capital city and commercial metropolis.

La mayor ciudad de las Antillas tiene una población de 2.175.995 (estimación de 1993) y es una de las principales ciudades tropicales del Nuevo Mundo. En la entrada de su gran puerto, están a la izquierda el castillo y el faro del *Morro*, y la fortaleza, *La Punta*, a la derecha. Más allá está el *Paseo de Martí*, la avenida principal que conduce al centro de la ciudad. *Identifique la ciudad capital y la metrópoli comercial.

527) *José Angel Gutiérrez* founded this moderate Mexican-American political party in 1970. The party's main objective is to work within the American political system to elect Chicano candidates to public office. *Identify the political party.

José Angel Gutiérrez fundó este partido político mexicoamericano de moderados en 1979. El objetivo principal del partido es obrar dentro del sistema político norteamericano para elegir a candidatos chicanos al cargo público. *¿Por cuál nombre se conoce este partido político?

528) *The Argentines refer to this island group* as Las Malvinas. In 1982, Argentina and Great Britain fought a brief war over their possession. The British won when they landed over 5,000 troops to regain the islands that had been seized by Argentina. *What is the better known name for this island group?

Los argentinos llaman a este grupo de islas Las Malvinas. En 1982, la Argentina y Gran Bretaña hicieron una guerra de poca duración por la posesión de estas islas. Los británicos ganaron cuando desembarcaron a más de 5.000 tropas para volver a tomar las islas que habían sido tomadas por la Argentina. *¿Cuál es el mejor conocido nombre de este grupo de islas?

529) *Until 1961, the name for this South American area* was New Granada. Today, this country is known by what name? (Hint: It is nearly equal in size to the combined areas of California and Texas.)

Hasta 1961, el nombre de esta región sudamericana fue Nueva Granada. ¿Cómo se llama este país hoy día? (Clave: Su tamaño es casi igual a la superficie combinada de las regiones de California y Texas.)

530) **On June 10, 1990**, political novice Alberto K. Fujimori, the son of Japanese immigrants, was elected president of what South American nation?

El 10 de junio de 1990, Alberto K. Fujimori, hijo de inmigrantes japoneses y novato político, fue elegido presidente de un país sudamericano. ¿Cuál país sudamericano fue?

531) **Two and a quarter square miles** in area, it is located on a narrow, rocky peninsula extending into the Mediterranean Sea from Southwest Spain. Because of its strategic importance, it has long been a major issue of dispute between Great Britain and Spain, and has been a British possession since 1704. *Identify its modern name or its port city.

Con una superficie de 2,25 millas cuadradas, este lugar está situado en una península estrecha y rocosa que se extiende en el Mar Mediterráneo desde el sudoeste de España. Debido a su importancia estratégica, desde mucho tiempo es un territorio en litigio entre Gran Bretaña y España y, desde 1704, es una posesión británica. *Identifique su nombre moderno o el nombre de su ciudad portuaria.

532) **The Spanish conquistadors** and settlers introduced this animal to the Americas where it thrived and multiplied into numerous herds across both North and South America. *What had the Spanish introduced?

Los conquistadores y colonizadores españoles introdujeron este animal en las Américas en donde crecía y se multiplicaba para formar numerosas manadas por toda la América del Norte y del Sur. *¿Cuál animal fue introducido por los españoles?

533) **This Central American country** was the first to ratify the UN Charter on July 8, 1945. *Identify the country.

  a) Nicaragua   b) Costa Rica   c) Panama

Este país centroamericano fue el primer en ratificar los estatutos de las Naciones Unidas el 8 de julio de 1945. *Identifique el país en cuestión.

  a) Nicaragua   b) Costa Rica   c) Panamá

534) **What was the last Spanish colony** in the Americas to obtain independence. (Hint: It was discovered by Columbus on his first voyage; its conquest began in 1511 by Diego Velázquez with a force of around 300 men, and was completed in less than two years.)

¿Cuál fue la última colonia española de las Américas en conseguir su independencia? (Clave: Fue descubierta por Colón durante su primer viaje; su conquista fue iniciada en 1511 por Diego Velázquez con un cuerpo de aproximadamente 300 soldados, y fue concluida en menos

de dos años.)

535) ***Born in 1879,*** this Mexican Indian revolutionary leader led a revolt beginning in 1911 under the slogan, "Land and Liberty." The goal of his revolt was to repossess lands taken by the Spanish for the benefit of the indigenous Mexican population. By 1915, he was driven into retreat by Mexican dictator Porfirio Díaz and, in 1919, was assassinated. *Who was this great Mexican leader of the poor? (Hint: Actor Marlon Brando was nominated for an Academy Award for his portrayal of this legendary figure in a 1952 movie in which Mexican-American actor Anthony Quinn won the Academy Award for Best Supporting Actor.)

Nacido en 1879, este líder revolucionario de origen mexicano e indio inició una rebelión en 1911 con el grito «Tierra y libertad.» El objetivo de su rebelión fue volver a tomar las tierras que habían sido tomadas por los españoles para beneficiar a la población indígena mexicana. Antes de 1915, este revolucionario fue forzado a retirarse por el dictador mexicano Porfirio Díaz y, en 1919, fue asesinado. *¿Quién fue este gran líder mexicano que había luchado por los pobres? (Clave: El actor, Marlon Brando, fue propuesto como candidato para un Premio Academy por su representación de esta legendaria figura en una película de 1952, por la cual el actor mexicoamericano, Anthony Quinn, ganó el Premio Academy al Mejor Actor Secundario.)

536) ***This men's fashion*** was popular among Mexican Americans during the 1940s. The suit features a long coat with heavily padded shoulders, baggy trousers worn high above the waist, with tight cuffs. The outfit was completed with a broad-brimmed hat. *Identify the name given to this men's suit. (Hint: Actor Edward James Olmos was nominated for a Broadway Tony for his performance in a musical play bearing this clothing's name.)

Esta moda para hombres fue popular entre los mexicoamericanos durante los años cuarenta. El traje se caracteriza por una chaqueta larga con hombreras, pantalones holgados de cinturón alto y vueltas apretadas. Un sombrero de ala ancha complementa el conjunto. *Identifique el nombre dado a este traje para hombres. (Clave: El actor, Edward James Olmos, fue propuesto como candidato para un Premio Tony de Broadway por su papel en una obra de teatro musical que lleva el nombre de esta moda.)

537) ***Congressman Fernando Ferrer*** has been elected president of a New York borough four consecutive times and has revitalized the area by using his position to encourage new housing and new jobs to the once

economically depressed area of New York City. *What section has representative Ferrer helped so much?

a) Bronx b) Queens c) Brooklyn

El congresista Fernando Ferrer ha sido elegido como presidente de un distrito de Nueva York cuatro veces consecutivas y ha revivificado la zona, haciendo uso de su cargo para fomentar el desarrollo de viviendas y empleos nuevos en la zona antes necesitada de la Ciudad de Nueva York.*¿Cómo se llama la zona que fue ayudada tanto por el representante Ferrer en la Ciudad de Nueva York?

a) Bronx b) Queens c) Brooklyn

538) *At its height, this pre-Columbian empire* dominated the entire Andean region, extending some 2,000 miles from its center at Cuzco, Peru. The history of this people began when their legendary leader, Manco Capac, led his people down from the mountain caves into the Cuzco Valley of Peru. *Who were these noble people?

En su apogeo, este imperio precolombino dominó toda la región andina, extendiéndose aproximadamente 2.000 millas desde su centro en Cuzco, Perú. La historia de los habitantes de este imperio empezó cuando su jefe legendario, Manco Capac, dirigió a su gente desde las cuevas de montaña hasta el Valle de Cuzco en el Perú. *¿Quién fue esta gente magnífica?

539) *Born in the Basque province* of Guipúzcoa in 1491, this Spanish churchman founded the Society of Jesus (Jesuits) in 1540. A leader in the Catholic Reformation, he dedicated himself and the new religious order to education and missionary work. *Identify the Catholic saint and former soldier who converted to Catholicism in 1521 and became an ordained priest in 1537.

Nacido en la provincia vascongada de Guipúzcoa en 1491, este sacerdote español fundó la Compañía de Jesús (los jesuitas) en 1540. Fue líder de la reforma católica y consagró la orden religiosa nueva y él mismo a la enseñanza y a las obras misioneras. *Identifique a este santo católico y antiguo soldado que se convirtió al catolicismo en 1521 y quien fue ordenado de sacerdote en 1537.

540) *He was a university professor* and lawyer, Mexican political leader and president (1978-1982), and wrote several novels and works on political theory. As president, he developed Mexico's oil reserves and served as a mediator in Pan-American disputes. *Identify the political leader.

Fue un profesor universitario y abogado, un líder político y presidente mexicano (1978-1982), y redactó varias novelas y obras sobre la teoría

política. Como presidente, desarrolló las reservas de petróleo de México y sirvió de mediador en conflictos panamericanos. *Identifique a este líder político.

541) *This 553-square-mile area,* was administered by the US Government until 1979, when it was turned over to the Republic of Panama under the terms of two US-Panama treaties. *Identify the area in Panama.

Esta zona, con una superficie de 553 millas cuadradas, fue administrada por el Gobierno de los Estados Unidos hasta 1979, cuando fue cedida a la República de Panamá de acuerdo con los términos de dos tratados entre los Estados Unidos y Panamá. *Identifique la zona panameña en cuestión.

542) *What two countries* were involved in the Football War of 1970 as a result of their competition in a World Cup qualifying match?

¿Cuáles dos países participaron en la Guerra del Fútbol de 1970 como consecuencia de su competición en el partido eliminatorio de la Copa Mundial?

543) *The second highest point* in South America is found in a country that has three diverse natural regions: the arid north, which includes the Atacama Desert; the cold and humid south, with dense forests, snow-covered peaks, glaciers, and islands; and the fertile central, Mediterranean in climate, which is the population, economic, and cultural center of the nation. *Name the country that is bordered by Peru, Bolivia, and Argentina.

La segunda más alta cima de Sudamérica se encuentra en un país que tiene tres regiones naturales diversas: el árido norte, que incluye el desierto Atacama; el frío y húmedo sur, con bosques densos, picos nevados, glaciares, e islas; y el fértil centro, de clima mediterráneo, el cual sirve de centro de la nación con respecto a la población, la economía, y la cultura. *¿Cómo se llama el país que linda con el Perú, Bolivia, y la Argentina?

544) *What is the slightly altered Spanish word,* now used in the English language, that describes a form of entertainment based on the riding and roping skills of the Western cowboy and earlier Mexican vaqueros?

¿Cuál es la palabra española que ha sido modificada un poco y la cual se usa hoy día en inglés para describir una clase de diversión basada en el arte de montar a caballo y de coger con lazo como practicado por el vaquero del Oeste y los vaqueros mexicanos en tiempos pasados?

545) **The first organization formed** to protect the civil rights of Mexican Americans and their access to equal opportunity for education and employment was the League of United Latin American Citizens. *What year was this organization founded in the state of Texas?

    a) 1929   b) 1936   c) 1942

La primera organización creada para proteger los derechos civiles de mexicoamericanos y su acceso igual a oportunidades de educación y de empleo fue la Liga de Ciudadanos Latinoamericanos Unidos. *¿En cuál año fue fundada esta organización en el estado de Texas?

    a) 1929   b) 1936   c) 1942

546) **In 1974, she became** the western hemisphere's first female head of state. *Identify her and the country she led.

En 1974, llegó a ser la primera jefa de Estado del hemisferio occidental. *Identifique a esta mujer y el país que ella dirigió.

547) **This South American nation** has two capitals. With a population of 131,000 (1997 est.), the city of Sucre is the judicial and historic capital, while what other city, with a population of over 700,000, has been its administrative capital since 1898? (Hint: It is the highest capital in the world.)

Esta nación sudamericana tiene dos capitales. Con una población de 131.000 habitantes (estimación de 1997), la ciudad de Sucre es la capital judicial e histórica. ¿Cuál otra ciudad, con una población de más de 700.000 habitantes, es su capital administrativa desde 1898? (Clave: Es la capital más elevada del mundo.)

548) **What US president** was almost assassinated by Puerto Rican nationalists seeking independence?

¿Cuál presidente de los Estados Unidos fue casi asesinado por nacionalistas puertorriqueños en busca de independencia?

549) **This Spanish word** is used to describe a large heavy knife that is used for cutting sugar cane and jungle underbrush. *Identify this knife that can also be used as a weapon.

Esta palabra española se usa para describir un cuchillo grande y de mucho peso que sirve para cortar la caña de azúcar y malezas selváticas. *¿Cómo se llama este cuchillo que se puede usar también como arma?

550) **Roberto C. Guizeta** fled Cuba in 1960. Rising through the management ranks of a US company, he became their CEO and chairman by 1981. He introduced various management and marketing innovations, and was responsible for increasing the company's total stock value from

$4 billion to $150 billion by the time of his death in 1997. *What internationally known company did this Yale graduate head for sixteen years? (Hint: The company is headquartered in Atlanta, Georgia.)

Roberto C. Guizeta se huyó de Cuba en 1960. Ascendió progresivamente como ejecutivo de una compañía estadounidense y finalmente llegó a ser su director general y presidente antes de 1981. Introdujo varias innovaciones con respecto a la dirección de la compañía y la comercialización de productos. Además, fue responsable de haber aumentado el valor total en acciones de la compañía desde cuatro billones de dólares hasta 150 billones de dólares antes de su muerte en 1997. *¿Cuál compañía de fama internacional fue dirigida por este diplomado de Yale durante dieciséis años? (Clave: La compañía tiene su sede en Atlanta, Georgia.)

551) *What is the Spanish word* used in English to describe a large estate, especially in a Spanish-speaking country?

¿Cuál es la palabra española que se usa en inglés para describir una finca grande que está situada especialmente en un país en donde se habla español?

552) *This regional agency* was established in 1948 to promote peace and development in the Americas, and to settle disputes between member nations. *Name the agency that succeeded the Pan-American Union.

Esta organización regional fue fundada en 1948 para fomentar la paz y el desarrollo en las Américas, y para resolver conflictos entre los Estados miembros. *¿Cómo se llama la organización que sucedió a la Unión Panamericana?

553) *The prestigious label* of world famous fashion designer, Oscar de la Renta, can be seen on chic gowns and stylish men's clothing to everyday women's dresses, luggage, and perfume. *In what Caribbean country was Oscar de la Renta born in 1932?

    a) Cuba b) Dominican Republic c) Puerto Rico

La etiqueta prestigiosa del modista de fama mundial, Oscar de la Renta, se puede ver en elegantes trajes largos para mujeres y prendas de vestir de moda para hombres, en vestidos de todos los días para mujeres, y en maletas y perfume. *¿En cuál país del Caribe nació Oscar de la Renta en 1932?

    a) Cuba b) La República Dominicana c) Puerto Rico

554) *Name the two Central American countries* that have the largest

immigrant communities in the United States.

¿Cuáles son los dos países centroamericanos que tienen las comunidades inmigrantes más grandes de los Estados Unidos?

555) *In order of population,* name the four largest Spanish-speaking South American countries.

Por orden del tamaño de población, ¿cuáles son los cuatro mayores países sudamericanos de habla española?

556) *La Fiesta de San Fermín* is held the second week of July in a small town in the northern part of Spain. The major event of this Fiesta is dedicated to the *Running of the Bulls*, which first gained international attention in the Ernest Hemingway novel, *The Sun Also Rises.* *Identify the now famous Spanish town.

La fiesta de San Fermín tiene lugar la segunda semana de julio en un pueblecito que está situado en el norte de España. El gran acontecimiento de la fiesta se consagra al *encierro de los toros*, el cual fue al principio un tema de interés internacional como consecuencia de la novela por Ernest Hemingway, *Ahora brilla el sol.* *¿Cómo se llama el pueblo de actual renombre?

557) *What former monetary unit* of Bolivia was replaced in 1963 by the peso?

¿Cuál antigua unidad monetaria de Bolivia fue reemplazada en 1963 por el peso?

558) *What was the name* of the American volunteer battalion that fought the Republican cause in the Spanish Civil War that waged from 1936 to 1939?

¿Cómo se llamaba el batallón norteamericano de voluntarios el cual luchó por la causa republicana durante la Guerra Civil Española que había tenido lugar entre 1936 y 1939?

559) *Federico Peña* served what US President as Secretary of Transportation and Secretary of Energy?

¿Bajo cuál presidente de los Estados Unidos sirvió de Ministro de Transporte y de Energía Federico Peña?

560) *Taken from the Spanish word* that means male, the term is used to describe a stong sense of male pride or an exaggerated awareness or assertion of masculinity. *Identify the term.

Derivado de la palabra española que significa macho, este término se usa para describir un fuerte sentido de orgullo masculino o una conciencia o aserción exagerada de masculinidad. *¿Cuál es el

término?

561) *The guayabera* is a popular type of garment worn by many Latino men. *This garment is:

    a) shorts b) trousers c) shirt

La guayabera es una prenda de vestir popular llevada por un gran número de hombres latinos. *¿Cuál es esta prenda de vestir?

    a) pantalón corto b) pantalón   c) camisa

562) *What is the slightly altered Spanish word* that is taken from the Native American Taino language, and is used in English to describe a swinging couch or bed usually made of netting or canvas and slung by cords from supports at each end? *It was discovered by the Spanish in the West Indies.

Esta palabra española ha sido modificada un poco y fue derivada del idioma taino de los indios americanos. Se usa en inglés para describir una clase de sofá o cama para mecerse y la cual se suspende entre cuerdas desde soportes en las extremidades. Por lo general, esta clase de columpio está hecha de red o de lona y fue descubierta por los españoles en las Antillas. *¿Cuál es?

563) *Abimael Guzmán Reynoso* was the founder and leader of this Maoist guerrilla group that terrorized Peru in the 80s and early 90s. The insurgency was broken with the capture of Reynoso in April 1992, and the "zero tolerance" policy toward terrorism by the Peruvian government. *Name this once powerful terrorist organization.

Abimael Guzmán Reynoso era el fundador y líder de esta guerrilla maoísta que aterrorizó al Perú en los años 80 y a principios de los años 90. La insurrección fue disuelta como consecuencia de la captura de Reynoso en abril de 1992 y la política de tolerancia nula hacia el terrorismo, la cual había sido adoptada por el gobierno peruano. *¿Cómo se llamaba este organismo terrorista que antes fue poderoso?

564) *This Spanish conquistador* crossed the Isthmus of Panama and, on September 25, 1513, discovered the world's largest ocean. He immediately claimed it and its shores for Spain. *Who was he?

    a) Rodrigo de Bastidas b) Francisco Pizarro c) Vasco De Balboa

Este conquistador español cruzó el istmo de Panamá y, el 25 de septiembre de 1513, descubrió el mayor océano del mundo. Inmediatamente reclamó el océano y sus orillas para España. *¿Quién fue?

    a) Rodrigo de Bastidas b) Francisco Pizarro c) Vasco de Balboa

565) *The current design* of this nation's flag was adopted in 1964. The seven stars in its emblem represent the seven provinces of the country and the volcanoes denote the geographical position of the country between the Pacific and the Atlantic. The sun is a symbol of freedom, and the ships symbolize commerce. *Identify the country.

El diseño actual de la bandera de este país fue adoptado en 1964. Las siete estrellas de su emblema representan las siete provincias de este país y los volcanes significan la posición geográfica del país entre el Océano Pacífico y el Océano Atlántico. El sol es un símbolo de la libertad, y los buques simbolizan el comercio. *¿Cómo se llama el país en cuestión?

566) *This ancient American Indian culture* lived in the eastern Mexican lowlands, circa 500 BC to 1150 AD. A highly developed agricultural society, they left sculptured stone heads weighing over 20 tons. These people may have been the first to use the bar and dot system for recording time from around 31 BC. *Who were they?

    a) Mixtec b) Toltec c) Olmec

Los habitantes de esta cultura amerindia antigua vivieron en las tierras bajas de la región este de México, desde aproximadamente 500 a.C. hasta 1150 d.C. Era una sociedad agrícola muy adelantada que dejó esculturas de piedra tallada en forma de cabezas, de más de 20 toneladas de peso. Es posible que estos habitantes fueran los primeros en emplear el sistema numérico de puntos y rayas para anotar el tiempo a partir de aproximadamente 31 a.C. *¿Quiénes fueron?

    a) los mixtecas   b) los toltecas   c) los olmecas

567) *What term defines* a person of European descent, born especially in the West Indies or Spanish America, and/or a person of mixed French or Spanish and African descent, speaking a dialect of French or Spanish?

¿Cuál término se usa para definir a una persona de descendencia europea, quien nació especialmente en las Antillas o Hispanoamérica, y/o una persona de descendencia mixta de origen francés o español y africano, quien habla un dialecto francés o español?

568) *The people of this Argentine port city* refer to themselves as porteños, or people of the port. In addition to the sea, rivers link this port to the countries of Uruguay, Paraguay, and Brazil. *Identify the city.

Los habitantes de esta ciudad portuaria argentina se llaman *porteños*, un término que significa *gente del puerto*. Además del mar, este puerto tiene varios ríos que se extienden por los países del Uruguay, del Paraguay, y del Brasil. *¿Cómo se llama esta ciudad?

569) *A former capital of Cuba,* it is now that nation's second largest city. The scene of heavy fighting during the Spanish-American War of 1898, the city's army garrison was attacked there by Fidel Castro in 1953, thus launching the Cuban Revolution. *Identify the Cuban city founded by the Spanish in the 16th century.

Antigua capital de Cuba, es actualmente la segunda mayor ciudad del país. Fue el sitio de combate intenso durante la Guerra Hispano-norteamericana de 1898. La guarnición del ejército de la ciudad fue atacada allí por Fidel Castro en 1953, lo cual inició la Revolución Cubana. *Identifique la ciudad cubana fundada por los españoles en el siglo dieciséis.

570) *How many Mexican Americans* served in the US Armed Forces during World War II?

a) 55,000 b) 175,000 c) 300,000

¿Cuántos mexicoamericanos sirvieron en las Fuerzas Armadas de los Estados Unidos durante la Segunda Guerra Mundial?

a) 55.000 b) 175.000 c) 300.000

571) *Though Spain was neutral* in the American Revolutionary War against Britain until 1779, Governor Bernardo de Gálvez of Louisiana aided the American cause with supplies along the Mississippi River and through the port city of New Orleans. When Spain did declare war against Britain, Governor Gálvez led Spanish troops to victory over British forces at Baton Rouge and Natchez (1779), Mobile (1780), and Pensacola (1781). His efforts on behalf of Spain won back the territory of Florida from British control. *What Texas port city, located on the Gulf of Mexico, was named in his honor?

Aunque España permaneció neutral hasta 1779 durante la Guerra Revolucionaria Norteamericana contra Gran Bretaña, el gobernador Bernardo de Gálvez de Luisiana prestó ayuda a la causa norteamericana, entregando pertrechos y otros recursos a lo largo del río Misisipí y por la ciudad portuaria de Nueva Orleáns. Cuando España declaró la guerra a Gran Bretaña, el gobernador Gálvez dirigió a las tropas españolas y obtuvo la victoria sobre las fuerzas británicas en Baton Rouge y Natchez (1779), Mobile (1780), y Pensacola (1781). Sus esfuerzos, en nombre de España, tuvieron por resultado la reconquista del territorio de Florida que había estado bajo el control británico. *¿Cuál ciudad portuaria de Texas, situada en el golfo de México, fue nombrada en su honor?

572) *Juan Seguín* and a group of Tejanos (Mexicans living in Texas) fought

207

and died at what famous battle site for Texas independence in 1836?

Juan Seguín y un grupo de tejanos (mexicanos que viven en Tejas) lucharon y murieron en una batalla famosa para conseguir la independencia de Tejas en 1836. ¿Cómo se llama este sitio famoso?

573) *What year did the Zapatista National Liberation Army* launch its short-lived revolt against the Mexican national government, seeking social and political justice for the poor?

     a) 1972 b) 1985 c) 1994

El Ejército Zapatista de Liberación Nacional buscaba justicia social y política para los pobres. ¿En cuál año inició su rebelión de poca duración contra el gobierno nacional mexicano?

     a) 1972 b) 1985 c)1994

574) *What term is used* to describe professional smugglers of immigrants? (Hint: A small wolf native to western North America.)

¿Cuál es el término que se usa para describir a las personas que cobran a los inmigrantes ilegales por ayudarles a pasar clandestinamente por la frontera? (Clave: Un lobo pequeño originario del Oeste de la América del Norte.)

575) *Because of this 1966 US Supreme Court ruling*, all police suspects must be warned that they have the right to remain silent, that anything they say can be used against them, that they have the right to an attorney, and that an attorney will be appointed if they cannot afford one. The Supreme Court ruling stems from a 1963 Arizona state conviction of a Hispanic convicted of rape, based on a confession he made to police. The US Supreme Court overturned the conviction, saying that the suspect was not advised of his rights prior to his confession. *Identify the Hispanic involved in the case or the landmark case. (Note: He was retried and convicted again based on different evidence.)

Como consecuencia de una decisión tomada por el Tribunal Supremo de los Estados Unidos en 1966, se debe advertir a cualquier sospechoso detenido por la policía que tenga el derecho de guardar silencio, que cualquier cosa que diga puede ser usada en contra de él, que tenga el derecho a la representación legal y a la presencia de un abogado durante el interrogatorio, y que, si no tiene recursos financieros para contratar los servicios de su propio abogado, se pueda, por la ley, designarle un abogado. Esta decisión tomada por el Tribunal Supremo es el resultado de la sentencia en el estado de Arizona en 1963 de un hispano que fue condenado por violación sexual, basada en su confesión a la policía. El Tribunal Supremo de los Estados

Unidos rechazó la sentencia, diciendo que el sospechoso no fue informado de sus derechos antes de su confesión. *Identifique al hispano comprometido en el pleito o el nombre de la causa de hito. (Nota: Su causa fue sometida a nuevo juicio y este hispano fue condenado otra vez basado en otra prueba.)

576) *What Central American dictator* was assassinated in Asunción, Paraguay in 1980? His family had controlled the country from 1934 to 1979.

¿Cuál dictador centroamericano fue asesinado en Asunción, Paraguay en 1980? Su familia había dominado el país desde 1934 hasta 1979.

577) *Charles I of Spain* retained the services of this Portuguese navigator to lead a five ship expedition to circumnavigate the globe. He survived mutiny, desertion, shipwreck, and the treacherous straits off the tip of South America that bear his name. He and his remaining crew faced starvation as they headed into the Pacific. Though he died in the Philippines, his men eventually returned to Spain, the first to have sailed around the world. *Who was this gallant explorer who sailed under the Spanish flag?

Carlos I de España contrató los servicios de este navegante portugués para dirigir una expedición de cinco naves para circunnavegar el mundo. Este navegante sobrevivió a pesar de motines, deserciones, naufragios, y los estrechos peligrosos cerca del cabo sudamericano que lleva su nombre. Este navegante y el resto de sus tripulantes soportaron el hambre cuando se dirigían al Océano Pacífico. Aunque este explorador murió en las Filipinas, sus hombres finalmente volvieron a España, los primeros en haber circunnavegado el mundo. *¿Quién era este explorador valiente que navegó bajo la bandera española?

578) *In 1849, poet Teurbe Tolón* designed his country's flag though it was not officially approved until May 20, 1902. The flag was raised for the first time on May 19, 1850 in the coastal city of Ordenas where General Francisco López landed with 600 men and staged an abortive attempt to free the country from Spanish colonial rule. *Name the country.

En 1849, el poeta Teurbe Tolón diseñó la bandera de su país aunque no fue aprobada oficialmente antes del 20 de mayo de 1902. La bandera fue izada por primera vez el 19 de mayo de 1850 en la ciudad costera de Ordenas en donde el general Francisco López había desembarcado con seiscientas tropas y había hecho una tentativa infructuosa para librar el país del dominio colonial español. *¿Cómo se llama el país en cuestión?

579) **Ricardo Lagos** is the first Socialist since Allende to win the presidency of what South American nation in 1973?

Ricardo Lagos es el primer socialista desde Allende en conseguir la presidencia de un país sudamericano. ¿De cuál país consiguió Ricardo Lagos la presidencia en 1973?

580) **The world renowned archaeological site** of Chichén Itzá was originally founded circa 524 AD by the Itza. It was alternately abandoned and reoccupied until it was deserted for the last time in 1194 AD. *In what region of Mexico is Chichén Itzá located?

El sitio arqueológico de fama mundial, Chichén Itzá, se fundó originariamente hacia 524 d.C. por los itzas. La ciudad fue abandonada y ocupada repetidas veces hasta que fuera abandonada por última vez en 1194 d.C. *¿En cuál región de México está situada Chichén Itzá?

581) **What is the name of** the decorated pottery jar filled with candies, fruits, and gifts, that is hung from the ceiling to be broken as part of Mexican festivities for a birthday party or at Christmas?

¿Cómo se llama el recipiente de barro decorado y lleno de dulces, frutas, y chucherías, el cual se cuelga del techo y se rompe con un palo durante las festividades mexicanas relacionadas con fiestas de cumpleaños o de Navidad?

582) **Name the Mexican American folk healers** who combine Catholic faith-healing with herbal medicine and ancient Mayan and Aztec beliefs.

¿Cómo se llaman los curadores populares mexicoamericanos cuyo ejercicio de la medicina combina la curación por la fe católica con la medicina herbaria y las creencias antiguas de los mayas y aztecas?

583) **Housing over 30% of its country's population,** this South American capital city is the commercial and political center for its nation. A leading manufacturing center for steel and iron, it has survived numerous earthquakes and floods since its founding in 1541. *Identify the capital that saw mass political demonstrations during the early 1970s.

Esta ciudad capital sudamericana aloja a más del 30 por ciento de la población nacional y es el centro comercial y político del país. Es un centro principal para la industria siderúrgica y ha soportado numerosos terremotos e inundaciones desde su fundación en 1541. *Identifique la capital que fue el lugar de manifestaciones políticas en masa a principios de los años setenta.

584) **People of the little Central American village** of Belén celebrated

the August 9, 2002 successful operation of their Little Marías, at the UCLA Mattel Children's Hospital in Los Angeles. Twin sisters María Teresa and María de Jesús Alvarez had been joined at the head from birth. From what country had the little sisters traveled for this life-saving procedure?

a) Honduras b) Guatemala c) Panama

Los habitantes del pueblecito centroamericano de Belén se regocijaban ante la noticia de la exitosa operación del 9 de agosto de 2002 que habían sufrido sus pequeñas Marías, en el Centro Mattel del Hospital para Niños de la Universidad de California en Los Angeles. Las gemelas María Teresa y María de Jesús Alvarez habían nacido unidas por el cráneo. ¿Desde cuál país habían viajado las hermanitas para sufrir este procedimiento salvavidas?

a) Honduras b) Guatemala c) Panamá

585) *What son of a former US president* was governor of Puerto Rico from 1929 to 1932?

¿Cuál hijo de un antiguo presidente de los Estados Unidos fue gobernador de Puerto Rico desde 1929 hasta 1932?

586) *What Spanish American word* is used to describe a cloak resembling a blanket with a slit in the middle for the head?

¿Cuál palabra hispanoamericana se usa para describir una capa que se parece a una frazada y la cual tiene una abertura en el centro para pasar la cabeza?

587) *What Cuban province* is the location of a US naval base, which was established there in 1903? (Hint: If you remember the name of this popular Cuban folk song that became a hit in the US, you will have the answer.)

¿En cuál provincia cubana está situada una base naval estadounidense que fue establecida allí en 1903? (Clave: Si se recuerda el nombre de una popular canción folklórica cubana que fue un éxito en los Estados Unidos, se tendrá la respuesta.)

588) *For thirty-six years* (1905 to 1941), the US Government administered what Caribbean country's Customs Department? (Hint: From 1916 to 1924, US Marines occupied the country and restored law and order.)

Por treinta y seis años (desde 1905 hasta 1941), el Gobierno de los Estados Unidos administró el Departamento de la Aduana de un país del Caribe. ¿Cuál país fue? (Clave: Desde 1916 hasta 1924, los soldados de infantería de la marina de los Estados Unidos ocuparon el país y restablecieron el orden público.)

589) **Bordering the Bay of Biscay** to the west and France on the northeast, the Spanish provinces of Álava, Guipúzcoa, and Vizcaya, are known as what?

Las provincias españolas de Alava, Guipúzcoa, y Vizcaya lindan con el mar Cantábrico al oeste y con Francia al nordeste. ¿Cómo se llaman estas provincias?

590) **A professor at Harvard** and in Mexico before entering politics and joining the government in 1971, he was a member of the PRI (Institutional Revolutionary Party). In 1988, he was narrowly elected president of Mexico. *Identify the former head of state who went into exile in 1995 after his brother, Raúl, was implicated in the assassination of a PRI official.

Profesor en la Universidad de Harvard y en México antes de meterse en política y entrar en el gobierno en 1971, fue afiliado al PRI (Partido Revolucionario Institucional). En 1988, fue elegido presidente por un estrecho margen. *Identifique al antiguo jefe de estado que se exilió en 1995 después de la implicación de su hermano, Raúl, en el asesinato de un oficial del PRI.

591) **What Latin American country** has the largest non-Catholic (Protestant) population – roughly thirty percent?

    a) Guatemala b) Panamá c) Paraguay

¿Cuál país latinoamericano tiene la mayor población no católica (protestante) - aproximadamente el 30 por ciento?

    a) Guatemala b) Panamá c) El Paraguay

592) **What African nation** received its independence from Spain on October 12, 1968? It currently has a population of 474,000 people.

¿Cuál nación africana se independizó de España el 12 de octubre de 1968? Actualmente tiene una población de 474.000 habitantes.

593) **Luis Donaldo Colosio Murrieta,** the Mexican presidential candidate for the PRI, was shot and killed following a campaign speech in Tijuana in what year?

    a) 1989   b) 1994   c) 1998

Luis Donaldo Colosio Murrieta, candidato presidencial mexicano al PRI, fue matado a tiros después de un discurso de campaña en Tijuana. ¿En cuál año tuvo lugar este acontecimiento?

    a) 1989   b) 1994   c) 1998

594) **The 201st Mexican fighter squadron** (201ro Escuadrón de Caza) was a unit from Mexico attached to the US 58th Fighter Group, which began combat operations in June of 1945. Former member of the squad-

ron, Carlos Foustinos, flew 25 missions and recorded 6 kills. He was awarded La Cruz de Honor, by the Mexican government. *Who and where did the Mexican squadron fight against during WWII?

El escuadrón de caza número 201 de México era una unidad mexicana agregada al Grupo Aéreo de Caza Número 58 de los Estados Unidos. Este escuadrón inició las operaciones de combate en junio de 1945. Antiguo miembro del escuadrón, Carlos Foustinos, sirvió de piloto durante 25 misiones y destrozó seis aviones enemigos. Fue concedido La Cruz de Honor por el gobierno mexicano. ¿En contra de quién y en dónde luchó el escuadrón mexicano durante la Segunda Guerra Mundial?

595) *Appointed Emperor of Mexico* in 1864, this Austrian archduke was escorted to Mexico by French soldiers to establish an empire for Napoleon III. Though the French drove President Benito Juárez and the Mexican army from the capital, the Mexican people remained loyal to Juárez. When the French troops withdrew from Mexico in 1867, the emperor was captured and executed. *Who was this aristocrat?

Nombrado emperador de México en 1864, este archiduque austriaco fue escoltado a México por soldados franceses para establecer un imperio para Napoleón III. Aunque los franceses condujeron al presidente Benito Juárez y al ejército mexicano a retirarse de la capital, el pueblo mexicano siguió fiel a Juárez. Cuando las tropas francesas se retiraron de México en 1867, el emperador fue capturado y ejecutado. *¿Quién fue este aristócrata?

596) *Entrepreneur Hector Barreto* was prominent in national Hispanic business organizations and co-chaired the Bush/Cheney 2000 Campaign in California before being selected by President Bush to head what federal agency? (Hint: His agency provides loan programs, technical assistance, and a variety of other resources to help small companies start, grow, and succeed.)

El empresario Hector Barreto se destacó por su participación en organizaciones nacionales de negocios hispánicos y fue codirector de la Campaña Bush/Cheney de 2000 en California antes de haber sido seleccionado por el presidente Bush para dirigir un organismo federal. ¿Cuál organismo fue? (Clave: Su organismo ofrece programas de préstamos, asistencia técnica y varios otros recursos para ayudar a las compañías a establecerse, a desarrollarse, y a tener éxito.)

597) *Five nations in the western hemisphere* rank in the top ten in the world's production of silver. *Can you identify three of those countries?

Cinco naciones del hemisferio occidental figuran entre los diez mayores productores de plata del mundo. *¿Puede Ud. mencionar tres de estos países?

598) *In what South American country* is 85% of the population of Italian, German, or English extraction?
¿En cuál país sudamericano es el 85 por ciento de la población de origen italiano, alemán o inglés?

599) *In 1957, he founded* the Christian Democratic party of Chile and served as a Chilean senator until 1973. In 1989, he was the prime spokesperson for a coalition that called for an end of the Pinochet dictatorship in a national plebiscite. The successful referendum led to the downfall of the military government that had ruled Chile since the overthrow of President Allende in 1973. *Identify the man who helped return Chile to democracy and served as Chile's president from 1990 to 1994.
En 1957, esta persona fundó el Partido Demócrata Cristiano de Chile y fue un senador chileno hasta 1973. En 1989, era el portavoz principal de una coalición que exigió el fin de la dictadura de Pinochet por un plebiscito nacional. El exitoso referéndum condujo a la caída del gobierno militar que había regido Chile desde el derrocamiento del presidente Allende en 1973. *Identifique al hombre que ayudó a Chile a retornar a la democracia y quien fue presidente de Chile desde 1990 hasta 1994.

600) *President of Cuba* (1940-44, 1952-59), he resigned and fled the country to the Dominican Republic on January 1, 1959, as a well-armed force of revolutionaries, led by Fidel Castro, succeeded in a widespread guerrilla warfare campaign against him. *Who was this former Cuban army sergeant who gained control of the Cuban military in 1933?
Como presidente de Cuba (1940-44, 1952-59), dimitió y huyó de su país para la República Dominicana el primero de enero de 1959, cuando una fuerza de revolucionarios bien armados, dirigida por Fidel Castro, emprendió una exitosa campaña de guerrilla general en contra de él. *¿Quién era este antiguo sargento del ejército cubano, quien tomó control de los militares cubanos en 1933?

601) *At 2,100,000 square feet* of leaseable area, *Plaza Las Américas* is one of the largest Shopping Malls in the world. *Identify the Caribbean city and country where it is located.
Con una superficie de 2.100.000 pies cuadrados de espacio alquilable, la *Plaza Las Américas* es uno de los centros comerciales más grandes del mundo. *¿Cómo se llaman la ciudad y el país del Caribe en donde

214

está situada la Plaza?

602) *Known as the Apostle of the Indies,* this Basque Jesuit missionary was a friend of St. Ignatius of Loyola. He spent the last eleven years of his life (1541-1552) in India, Southeast Asia, and Japan. He is considered one of the greatest Christian missionaries. *Who was he?

Llamado *el apóstol de las Indias*, este misionero jesuita de origen vasco fue amigo de San Ignacio de Loyola. Pasó los once últimos años de su vida (1541-1552) en India, en el Asia del Sudeste, y en el Japón. Se le considera como uno de los mayores misioneros cristianos. *¿Quién fue?

603) *Until this year,* with the rule of Joseph Bonaparte, there was no kingdom called Spain, but a number of separate kingdoms of which Castile and Aragon were the principal ones. *Identify the year.
    a) 1506 b) 1700 c) 1808

**Hasta este año, y bajo el dominio de José Bonaparte, no existía ningún reino llamado España, sino varios reinos distintos entre los cuales la Castilla y el Aragón fueron los principales. *Identifique el año en cuestión.
    a) 1506 b) 1700 c) 1808**

604) *This Central American country* is the only country to officially celebrate two independence days. The first is November 28th from Spain and the second, November 3rd, is from Colombia. *Identify the country.

Este país centroamericano es el único país en celebrar oficialmente dos fiestas de la independencia. La primera es el 28 de noviembre en conmemoración de su independencia de España, y la segunda es el 3 de noviembre en conmemoración de su independencia de Colombia. *¿Cuál país es?

605) *Quetzalcoatl* was a chief god identified with the wind and air and was represented by means of a feathered serpent. *What two Central American people did Quetzalcoatl serve as a central diety?

Quetzalcóatl fue el principal dios del viento y del aire, cuyo símbolo era una serpiente emplumada. *¿De cuáles dos pueblos centroamericanos fue Quetzalcóatl la divinidad principal?

606) *Where was the first colony* lost by Spain in the New World?
    a) Louisana b) Florida c) Santo Domingo

**¿En dónde estaba situada la primera colonia que fue perdida por España en el Nuevo Mundo?
    a) Luisiana b) Florida c) Santo Domingo**

607) **What US President** sent General John Pershing, with six thousand US troops, across the Mexican border on a futile eleven month campaign (1916) to capture Mexican rebel leader, Pancho Villa?

    a) Theodore Roosevelt b) Woodrow Wilson c) Calvin Coolidge

¿Cuál presidente de los Estados Unidos mandó al general John Pershing y a seis mil tropas estadounidenses que cruzaran la frontera mexicana durante una campaña vana de once meses para capturar al líder revolucionario mexicano, Pancho Villa?

    a) Theodore Roosevelt b) Woodrow Wilson c) Calvin Coolidge

608) **An agreement between** the governments of Mexico and the United States in 1942, set up a program whereby Mexican laborers could be recruited for short periods of time to work in the United States. *What is the term used to describe these workers, which, in Spanish, was equivalent to calling an employee a hired hand? (Hint: Those who worked with their arms.)

Un acuerdo entre los gobiernos de México y los Estados Unidos en 1942 estableció un programa por el cual se podía contratar a trabajadores mexicanos para trabajar en los Estados Unidos por períodos de tiempo de poca duración. *¿Cuál es el término que se usa para describir a estos trabajadores? En español, el término significa un mozo de labranza o peón. (Clave: Los que trabajan con los brazos.)

609) **What is the major roadblock** to Puerto Rico becoming the 51st state?

¿Cuál es el gran obstáculo que impide que Puerto Rico se convierta en el estado número 51 de los Estados Unidos?

610) **What Bronx civic establishment** was named in honor of Puerto Rican patriot and educator, Eugenio María de Hostos (1839-1903)?

    a) hospital b) Community College c) municipal park

¿Cuál establecimiento público del distrito Bronx fue dado su nombre en honor del patriota y educador puertorriqueño, Eugenio María de Hostos (1839-1903)?

    a) hospital b) universidad comunitaria c) parque municipal

611) **The Cuban Missile Crisis** was a major cold war confrontation between the old Soviet Union and the United States. This international crisis began after what ill-fated invasion attempt by Cuban exiles based in Florida?

La Crisis Cubana de los Misiles fue una gran confrontación de guerra fría entre la antigua Unión Soviética y los Estados Unidos. Esta cri-

sis internacional se inició después de un intento vano de invasión por exiliados cubanos que vivían en Florida. *¿Cómo se llamaba esta invasión?

612)*A small roll of tobacco leaf,* for smoking, was invented by the Taino and Ciboney native Cubans. *What is the object called in Spanish? In English?

Este cilindro pequeño de hojas de tabaco, para fumar, fue inventado por cubanos nativos de origen taíno y ciboney. *¿Cómo se llama el objeto en español? Y ¿en inglés?

613) *What city became* the capital of a Central American country in 1855 to end a feud between the cities of Léon and Granada? The city was almost entirely rebuilt in 1972 after an earthquake struck, killing over 10,000 people. *Identify the city, located on the southern shore of a great lake.

¿Cuál ciudad se convirtió en la capital de un país centroamericano en 1855 para poner fin a unas disputas duraderas entre las ciudades de León y Granada? La ciudad en cuestión fue casi completamente reconstruida en 1972 después de que se produjera un terremoto que había matado a más de 10.000 personas. *¿Cómo se llama la ciudad que está situada a orillas de la parte sur de un gran lago?

614) *Over 100,000 of these contract workers* came to Cuba during the mid-19th century, when African slave labor was being curtailed, and stayed to make their homes there. *Who were they? (Hint: Their popular restaurants are found in cities with large Cuban populations.)

    a) Japanese b) Moroccans   c) Chinese

Más de 100.000 de estos trabajadores contratados vinieron a Cuba a mediados del siglo diecinueve, cuando se abolía la esclavitud de africanos. Se quedaron y se establecieron allí. *¿Quiénes fueron? (Clave: Sus restaurantes son populares y existen en ciudades con grandes poblaciones cubanas.)

    a) los japoneses b) los marroquíes c) los chinos

615) *On July 8, 2001,* Brother Pedro de San José de Betancurt, a pioneer in health care and education for the poor, became Central America's first canonized saint in the Catholic Church. Born in Spain's Canary Islands in 1626, Brother Pedro went to this Central American country as a lay missionary at the age of 24. Seeing how poor patients were dismissed from hospitals, Brother Pedro founded the world's first hospital for convalescents. *Identify the Central American country where Pope John Paul II journeyed to declare Pedro Betancurt's sainthood and express his solidarity for the region's indigenous people.

El 8 de julio de 2001, el hermano Pedro de San José de Betancurt, pionero del cuidado de la salud y de la educación de los pobres, se convirtió en el primer santo canonizado centroamericano de la Iglesia Católica Romana. Nacido en las islas Canarias de España en 1626, el hermano Pedro fue a este país centroamericano como misionero laico a la edad de 24 años. Al ver que no se admitía a los pacientes pobres en los hospitales, el hermano Pedro estableció el primer hospital para convalecientes. *Identifique el país centroamericano al cual viajó el Papa Juan Pablo II para declarar la santidad de Pedro Betancurt y para expresar su solidaridad con la gente indígena de la región.

616) *This Spanish explorer,* credited as the discoverer of Florida, landed there in 1513, seeking the legendary "Fountain of Youth." *Who was he?
Este explorador español, a quien se atribuye el descubrimiento de Florida, llegó allí en 1513, en busca de la legendaria «Fuente de la Juventud.» *¿Quién fue este explorador?

617) *What nation's flag* is known as *La Estrella Solitaria* ("The Lone Star")?
¿Cómo se llama el país cuya bandera se llama *La Estrella Solitaria*?

618) *Identify the two South American countries* that are named after people.
¿Cuáles dos países sudamericanos llevan nombres para honrar a personas?

619) *The highest volcanoes* in the world that were active sometime during the 20th century are located on the continent of South America. Five of the world's top ten are located in what Latin American country?
        a) Chile b) Ecuador c) Mexico
Los volcanes más altos del mundo, que entraron en actividad en un tiempo durante el siglo veinte, están situados en el continente de Sudamérica. *¿En cuál país latinoamericano están situados cinco de los diez primeros volcanes principales del mundo?
        a) Chile   b) El Ecuador   c) México

620) *A high-crowned hat* of felt or straw, with a very wide brim, is worn especially in Mexico and the American Southwest. *What is the name of this hat?
Una prenda de vestir para cubrir la cabeza, de fieltro o paja, de copa alta y ala muy ancha, se lleva sobre todo en México y en al Sudoeste de los Estados Unidos. *¿Cómo se llama esta clase de prenda de vestir para cubrir la cabeza?

621) *He became an avenging angel* for the California Mexican popula-

tion from 1850 to 1853 when he robbed and killed the new American settlers of the Gold Rush and defied their laws. *Who was the legendary California bandit who was decapitated when he was only 23 years of age?

Desde 1850 hasta 1853, actuó de ángel vengador para la población mexicana de California, robando y matando a los nuevos colonizadores norteamericanos de la época de la Fiebre del Oro, y quebrantando sus leyes. *¿Quién era este legendario bandido californiano que fue decapitado cuando sólo tenía 23 años de edad?

622) *These masters of architecture* and the arts were advanced workers of stone and smelters of metals. The religion of this Indian culture of Mexico centered around the god Quetzalcoatl and incorporated human sacrifice, sun worship, and a sacred ball game. They dominated Mexico from the 11th to the 13th centuries. *Identify this warrior aristocracy.

 a) Zapotec   b) Toltec   c) Aztec

Estos maestros de la arquitectura y de las artes fueron constructores superiores de piedra y fundidores excelentes de metales. La religión de esta cultura india de México se centraba sobre la divinidad Quetzalcóatl e incluía sacrificios humanos, el culto al sol, y juegos sagrados de pelota. Estos maestros dominaron México desde el siglo once hasta el siglo trece. *¿Cómo se llamaba esta aristocracia guerrera?

 a) los zapotecas   b) los toltecas   c) los aztecas

623) *On September 16, 1810,* in the Mexican village of Dolores, a priest by the name of Miguel Hidalgo y Costilla (1753-1811) issued the *Grito de Dolores* (Cry of Dolores), which was a call for racial equality and land reform. *What is this day commemorated for in Mexico?

El 16 de septiembre de 1810, en la aldea mexicana de Dolores, un cura llamado Miguel Hidalgo y Costilla (1753-1811) proclamó *el Grito de Dolores*, que pidió igualdad racial y reforma agraria. *¿Por qué se conmemora este día en México?

624) *What is the slightly altered Mexican Spanish word* that describes a small, hardy, naturalized horse of the western plains that was directly descended from the horses brought to the Americas by Spanish explorers? (Hint: Popular name for an automobile model.)

¿Cuál es la palabra mexicana que ha sido modificada un poco y que se usa para describir un caballo salvaje, el cual es pequeño y robusto y el cual descendió directamente de los caballos traídos a las Américas por los exploradores españoles? (Clave: Es un nombre popular de un modelo de automóvil.)

625) *This South American capital city,* with a population of over five million, was founded in 1538 and built on a high plateau. Famous for its colonial architecture, collection of pre-Columbian gold art, and its bookshops, this spacious and picturesque city was once the capital of the Independent Confederation of Latin American States. *Identify the city.

Esta ciudad capital sudamericana, con una población de más de cinco millones de habitantes, fue fundada en 1538 y fue construida en un altiplano alto. Famosa por su arquitectura colonial, su colección de arte precolombino en oro, y sus librerías, esta ciudad espaciosa y pintoresca fue antes la capital de la Confederación Independiente de Estados Latinoamericanos. *¿Cómo se llama esta ciudad?

626) *At approximately one hundred miles long* and thirty-five miles wide, this Caribbean island, with a population of four million, is located roughly one thousand miles southeast of Miami, Florida. *Identify this island paradise.

Con una longitud de aproximadamente 100 millas y una anchura de 35 millas, esta isla del Caribe, con una población de cuatro millones de habitantes, está situada aproximadamente mil millas al sudeste de Miami, Florida. *¿Cómo se llama esta isla paraíso?

627) *Give the Spanish term* used to describe small mom-and-pop neighborhood grocery stores.

¿Cuál es el término español que se usa para describir pequeñas tiendas familiares y vecinales en que se venden comestibles?

628) *Identify the principle* of US foreign policy that stated that the American continents were no longer open for colonization by European powers and that the US would view with displeasure any European intervention in the Americas.

Identifique el principio de la política exterior estadounidense que indicó que los continentes americanos ya no podrían ser colonizados por las potencias europeas y que los Estados Unidos rechazarían cualquier intervención europea en las Américas.

629) *What is the Spanish word* that means a council or committee of military officers sharing joint rule over a country, especially after a revolutionary seizure of power?

¿Cuál es la palabra española que significa un consejo o una comisión de oficiales militares que conjuntamente gobiernan un país, sobre todo después de un golpe revolucionario?

630) *Becoming a republic in 1848,* this Central American country has

enjoyed one of the most democratic governments in Latin America. *Name the country who, long ago, eliminated its standing army, and whose past president, Oscar Arias Sánchez, received the Nobel Peace Prize in 1987.

Este país centroamericano se convirtió en una república en 1848 y ha gozado de uno de los gobiernos más democráticos de Latinoamérica. *Identifique el país que, hace mucho tiempo, había abolido su ejército permanente, y cuyo antiguo presidente, Oscar Arias Sánchez, recibió el Premio Nobel de la Paz en 1987.

631) *Identify in order,* the two Spanish speaking Central American countries with the largest populations. (2000 estimates)

Basado en las estimaciones del año 2000, identifique por orden los dos países centroamericanos de habla española con las poblaciones más grandes.

632) *A Quiché Native American* and an outspoken advocate of human rights during the civil war in her country, Rigoberta Menchú was awarded the 1992 Nobel Peace Prize. *Rigoberta Menchú is from what Central American country?

    a) El Salvador   b) Nicaragua   c) Guatemala

India americana quiché y defensora de los derechos humanos durante la guerra civil en su país, Rigoberta Menchú fue concedida el Premio Nobel de la Paz en 1992. *¿De cuál país centroamericano es Rigoberta Menchú?

    a) El Salvador   b) Nicaragua   c) Guatemala

633) *Until the year 2000,* candidates of this Mexican political party have won every presidential election since 1929. *Identify the political party.

Hasta el año 2000, los candidatos de este partido político mexicano ganaron cada elección presidencial desde 1929. *¿Cómo se llama el partido político en cuestión?

634) *Over half of all US Hispanics* (53.5%) reside in which two US states?

¿En cuáles dos estados de los Estados Unidos reside más de la mitad de la población hispánica estadounidense (el 53,5 por ciento)?

635) *Tomás Estrada Palma* became the first president of the new Cuban republic in what year?

    a) 1899 b) 1902 c) 1905

¿En cuál año llegó a ser el primer presidente de la nueva república cubana Tomás Estrada Palma?

    a) 1899 b) 1902 c) 1905

636) *On April 24, 1898,* Spain declared war on what country?
 a) Great Britain b) United States c) Chile
¿A cuál país declaró la guerra España el 24 de abril de 1898?
 a) Gran Bretaña b) Los Estados Unidos c) Chile

637) *Identify the two dynasties* of Spain that ruled from 1506 to 1700, the second of which has ruled, with numerous interruptions, from 1700 to the present.
¿Cuáles dos dinastías de España gobernaron España desde 1506 hasta 1700, de las cuales la segunda gobierna, con numerosas interrupciones, desde 1700 hasta hoy día?

638) *Believed to be native* to tropical America, its use originated among natives of the New World in pre-Columbian times. Introduced into Spain and Portugal in the mid-16th century, initially as a panacea, it spread in popularity across Europe. *Identify this member of the nightshade family.
Se creía que esta planta era originaria de la América tropical y que su uso tuvo su origen en el Nuevo Mundo entre los habitantes indígenas durante la época precolombina. A mediados del siglo dieciséis, se introdujo en España y Portugal inicialmente como una panacea y se popularizó por toda Europa. *¿Cómo se llama esta planta de la familia solanáceas?

639) *The legendary land* of the Golden Man, in the mid-16th century, it was sought by Spanish Conquistadors in their exploration of the New World. *Identify this land of gold and plenty.
El territorio legendario del Hombre de Oro fue buscado a mediados del siglo dieciséis por los conquistadores españoles durante sus exploraciones del Nuevo Mundo. *Identifique este territorio de oro y de abundancia.

640) *Where does* the name *Iberia* come from?
¿De dónde deriva la denominación *Iberia*?

641) *In the Spanish Sierra Nevada range,* the highest peak is 3,482 meters high and is called:
 a) Guadarrama b) Mulhacén c) Pico de Aneto
Situado en la cordillera de la Sierra Nevada española, el pico más alto tiene una elevación de 3.482 metros y se llama:
 a) el pico de Guadarrama b) el pico de Mulhacén
 c) el pico de Aneto

642) *He was an heroic Spanish soldier* whose exploits were romanticized in numerous literary works. He fought against the Moors for King

Alfonso VI, who mistrusted and banished him in 1081. He entered the service of the Muslim ruler of Saragossa and fought against both Moor and Christian alike. In 1094, he conquered Valencia and ruled that city until his death in 1099. (Hint: Actor Charlton Heston portrayed him in a 1961 movie with Sophia Loren.) *Identify the legendary Spanish hero.

Era un soldado español heroico cuyas hazañas fueron fantaseadas en numerosas obras literarias. Había luchado contra los moros en nombre del Rey Alfonso VI, que se desconfiaba de él y quien le desterró en 1081. Estuvo al servicio del gobernante mulsumán de Zaragoza y luchó contra los moros como contra los cristianos. En 1094, conquistó la ciudad de Valencia y la gobernó hasta su muerte en 1099. (Clave: El actor Charlton Heston le representó en una película de 1961 con Sofía Loren.) *¿Quién es este legendario héroe español?

643) *José Raúl Capablanca* was born in Havana, Cuba in November 1888. As a young child, he learned to play a board game by watching his father. By the age of twelve, the young phemon defeated the game's Cuban champion, Juan Corzo. In 1909, as an engineering student at Columbia University in New York, he defeated the US champion, Frank Marshall. After WWI, he defeated World Champion Emanuel Lasker in Havana in 1921 and reigned as the game's world champion until 1927. *Identify the game with two players, which has been dominated by Russians since the late 1940s.

José Raúl Capablanca nació en La Habana, Cuba en noviembre de 1888. Como niño, aprendió a jugar a un juego de tablero, observando cómo jugaba su padre. Antes de la edad de doce años, este joven fenomenal venció al campeón cubano del juego, Juan Corzo. En 1909, cuando era estudiante de ingeniería en la Universidad de Columbia en Nueva York, venció al campeón estadounidense, Frank Marshall. Después de la Primera Guerra Mundial, venció al campeón del mundo Emanuel Lasker en La Habana en 1921 y reinó como campeón del mundo del juego hasta 1927. *Identifique el juego que tiene dos jugadores y el cual dominan los rusos desde a finales de los años cuarenta.

644) *Mariano Guadelupe Vallejo* (1808-1890) was military commander of this Mexican province during its Mexican colonial period. *Identify the US state that this influential Mexican American later served as a state senator and helped write its constitution.

a) California b) New Mexico c) Texas

Mariano Guadelupe Vallejo (1808-1890) fue el comandante militar de esta provincia mexicana durante su período mexicano colonial. Más tarde fue un senador estatal y ayudó a redactar la constitución de su estado. *¿En cuál estado de los Estados Unidos sirvió este mexicoamericano influyente?

a) California   b) Nuevo México   c) Texas

645) *Sailing under the Spanish flag,* the Italian explorer Christopher Columbus discovered two continents–rich in raw materials and agricultural products–that would change the economy and politics of the world. *Identify the Spanish monarchs who funded the Columbus expeditions to the New World.

Navegando bajo la bandera española, el explorador italiano, Cristóbal Colón, había descubierto dos continentes - ricos en materias primas y productos agrícolas - los cuales cambiaron las perspectivas económicas y políticas del mundo. *¿Cuáles monarcas españoles dieron apoyo financiero a Colón para sus expediciones al Nuevo Mundo?

646) *The Incas used the quipu* for their records in place of writing. *What are quipu?

En vez de utilizar un sistema de escritura, los incas utilizaron los quipos (o el quipu) para hacer las cuentas. *¿Cuáles son los quipos?

647) *Identify the original five member states* of the United Provinces of Central America.

¿Cuáles son los cinco primeros Estados miembros de las Provincias Unidas de Centroamérica?

648) *This Mexican revolutionary* led an Indian army during the Mexican revolution in an effort to retake lands expropriated by the government. Controlling large parts of southern Mexico, he fought successive federal governments and occupied Mexico City three times (1914-15). After he retired to Morelos, he was treacherously murdered in 1919 by a government emissary. *Identify the revolutionary who fought for Indian rights.

Este revolucionario mexicano mandó un ejército indio durante la revolución mexicana en un esfuerzo para volver a tomar los territorios expropiados por el gobierno. Dominó regiones extensas del sur de México, luchó contra los gobiernos federales sucesivos, y ocupó la Ciudad de México tres veces (1914-15). Después de aislarse en Morelos, fue asesinado en 1919 por un emisorio gubernamental. *¿Quién era el revolucionario que luchó por los derechos de los indios?

649) *Of the two island nations* of Cuba and the Dominican Republic, which is the more populated?

Cuba y la República Dominicana son naciones islas. De estas dos naciones, ¿cuál tiene una población más grande?

650) *This capital city* was the first Latin American city to revolt against Spanish rule in 1810. With a population of three million, its metropolitan area surpasses twelve million. It is heavily industrialized and is one of the leading exporters of processed foods. *Identify the city, famous for its 19th century cathedral, opera house, and many beautiful municipal parks. (Hint: A great inland river transportation system links the city with three countries.)

Esta ciudad capital fue la primera ciudad latinoamericana en rebelarse contra el dominio español en 1810. Con una población de tres millones de habitantes, su área metropolitana tiene una población de más de doce millones de habitantes. Es una ciudad muy industrializada y es una de las principales exportadoras de alimentos tratados. *Identifique la ciudad que es famosa por su Catedral del siglo diecinueve, su teatro de la ópera, y sus numerosos parques municipales hermosos. (Clave: Un gran sistema de transporte fluvial conecta esta ciudad con tres países interiores.)

651) *Tomás de Torquemada* became inquisitor general of Castile and Aragon in 1483. His reputation for cruelty was derived from the harsh procedures that he devised for the Spanish Inquisition. He was largely responsible for the expulsion of Spain's Jewish population. *What year did this expulsion occur?
    a) 1399 b) 1450 c) 1492

Tomás de Torquemada llegó a ser inquisidor general de Castilla y Aragón en 1483. Era famoso por su crueldad a causa de los procedimientos severos que él había diseñado para la Inquisición Española. Fue en gran parte responsable de la expulsión de la población judía de España. *¿En cuál año tuvo lugar esta expulsión?
    a) 1399 b) 1450 c) 1492

652) *He led the coup* that overthrew Chilean socialist president Salvador Allende in September of 1973. On a trip to London in 1998, he was arrested at the request of the Spanish government on charges including terrorism and murder, stemming from his former regime. After a long legal battle, he was released due to poor health. *Who is this former president and dictator of Chile?

Encabezó el golpe que derrocó al presidente socialista chileno, Sal-

vador Allende, en septiembre de 1973. Durante un viaje a Londres en 1998, fue arrestado, a petición del gobierno español, y fue acusado de terrorismo, asesinato y otros cargos, que databan de la época de su antiguo régimen. Después de una larga batalla legal, fue puesto en libertad por razones de salud delicada. *¿Quién es este antiguo presidente y dictador de Chile?

653) *The motto on this nation's flag,* "Dios, Unión, Libertad" ("God, Unity, Liberty") reflects faith in God, harmony in the family, and the independence of the people. *What Central American country is it?

El lema en la bandera de este país, «Dios, Unión, Libertad,» refleja la confianza en Dios, la armonía en la familia, y la independencia de la nación. *¿Cuál país centroamericano es?

654) *Jesús Chavarría* is the founder, president, and CEO of Hispanic Business Inc., publisher of *Hispanic Business* magazine, winner of the prestigious Maggie Award for "Best Business & Finance Magazine," and syndicated by the New York Times Company. Under his direction, this company has become the nation's preeminent Hispanic multimedia company, offering magazine publishing, information and research services, and a host of other media related services. *What year was this company founded by Mr. Chavarría, who previously had a distinguished career in academia?

    a) 1979 b) 1984 c) 1989

Jesús Chavarría es fundador, presidente y director general de Hispanic Business Inc., que es la editorial de la revista *Hispanic Business,* la cual fue ganadora del prestigioso Premio Maggie por «Mejor Revista de Negocios y Finanzas,» y la cual fue sindicada por la Compañía New York Times. Bajo el mando del Sr. Chavarría, su compañía se ha convertido en la principal compañía multimedia del mundo hispánico, y ofrece la publicación de revistas, servicios de información e investigación, y una multitud de otros servicios relacionados. *¿En cuál año fue fundada esta compañía por el Sr. Chavarría, que antes tuvo una carrera destacada en el mundo académico?

    a) 1979   b)1984   c) 1989

655) *What Caribbean nation* is the world's ninth leading sugar producer and ranks third in the world in its consumption?

¿Cuál país del Caribe figura en noveno lugar con respecto a los principales productores de azúcar del mundo, y figura en tercer lugar con respecto al consumo de este producto?

656) **This Central American capital city** was founded in 1738 and its university in 1844. It is its country's largest city, at 315,000 (1994 est.) and, with a busy international airport, is a major trade distribution point. *Identify this modern city whose architecture is a mixture of Spanish and North American influences.

Esta ciudad capital centroamericana se fundó en 1738, y su universidad se fundó en 1844. La capital es la ciudad más grande del país, con una población aproximada de 315.000 habitantes en 1994. Con un aeropuerto internacional ocupado, esta ciudad es un principal centro de distribución comercial. *Identifique esta ciudad moderna cuya arquitectura refleja una mezcla de influencias españolas y norteamericanas.

657) **One of the oldest cities** in the Americas, it is the largest and chief port of the West Indies. This old colonial city serves its country as its political and industrial center, with oil and sugar refineries, rum distilleries, tobacco factories, and heavy manufacturing. (Hint: The US battleship Maine sank in its harbor in 1898 and ignited the Spanish-American War.) *Name the city.

Es una de las ciudades más antiguas de las Américas, y es el puerto principal y más grande de las Antillas. Esta ciudad antigua y colonial es el centro político e industrial del país, con refinerías de petróleo y azúcar, destilerías de ron, fábricas de tabaco, e industria pesada. (Clave: El acorazado estadounidense Maine se hundió en su puerto en 1898, lo cual inició la Guerra hispano-norteamericana.) *¿Cómo se llama la ciudad en cuestión?

658) **In 711, the Moorish warrior Tarik** crossed the narrow strait separating Europe and Africa at the western end of the Mediterranean. His army would conquer much of Spain and would begin how many years of Arab influence on the Spanish culture of the Iberian peninsula?

   a) 500 years   b) 800 years   c) 1,000 years

En 711, el guerrero moro Tarik atravesó el estrecho angosto que separa Europa y Africa al extremo oeste del Mar Mediterráneo. Su ejército conquistó gran parte de España e inició un período largo de influencia árabe sobre la cultura española de la Península Ibérica. *¿Durante cuántos años duró este período de influencia árabe?

   a) 500 años   b) 800 años   c) mil años

659) **The Spaniard Rodrigo de Borja** (Ital: *Borgia*) is notorious as a worldly pontiff who showered his children, Cesare and Lucretia Borgia, with money and gifts. In 1494, he proclaimed the line of demarcation

between Spanish and Portuguese colonial possessions. *As pope, he was known by what name?

     a) Pius V b) Alexander VI c) Clement III

El español Rodrigo de Borja (en italiano se escribe *Borgia*) es notorio como un pontífice mundano que colmó de dinero y regalos a sus hijos, César y Lucrecia Borja. En 1494, proclamó la línea de demarcación entre las tierras coloniales de España y Portugal. *¿Cómo papa, ¿por cuál nombre fue conocido?

     a) Pío V b) Alejandro VI c) Clemente III

660) *In 1911, American Hiram Bingham* discovered the Lost City of the Incas, Vilcapampa, where the last Incan emperors found refuge from the conquistadors. *What is that ancient city called today?

En 1911, el norteamericano Hiram Bingham descubrió la Ciudad Perdida de los Incas, Vilcapampa, en donde los últimos emperadores incas se habían refugiado de los conquistadores. *¿Cómo se llama hoy día esta ciudad antigua?

661) *This nation's flag* is based on that of the United Provinces of Central America and was adopted on September 4, 1908. The Phrygian cap in its emblem symbolizes liberty, and the rainbow is a symbol for peace. *Identify the country.

La bandera de este país se basa en la bandera de las Provincias Unidas de Centroamérica y fue adoptada el 4 de septiembre de 1908. El gorro frigio de su emblema simboliza la libertad, y el arco iris es un símbolo de la paz. *¿Cuál país es?

662) *The Spaniards first took* European vines to the New World. Vineyards were established in Mexico in 1525, and in Chile in 1555. The flourishing Californian wine industry was founded by what religious group at the Mission San Diego in 1769?

Los españoles fueron los primeros en traer vides europeas al Nuevo Mundo. Se establecieron viñas en México en 1525, y en Chile en 1555. La próspera industria vitícola californiana se fundó en 1769 por una orden religiosa en la Misión San Diego. *¿Cuál orden religiosa fue?

663) *Nurturing more than 470 million* of these barnyard creatures, Mexico is the world's fifth largest producer of what food?

Con la crianza de más de 470 millones de estos animales de corral, México figura en quinto lugar entre los productores principales de este producto alimenticio. *¿Cuál producto alimenticio es?

664) *Jesús T. Piñero* became the first native born Puerto Rican to be-

come governor of Puerto Rico when he was appointed to the post in 1946 by the US Government. However, the first Puerto Rican to be popularly elected by the people of Puerto Rico was the son of a Puerto Rican patriot who had fought against Spanish rule. *Identify the four term governor of Puerto Rico (1949-1965) and founder of the Popular Democratic Party.

Jesús T. Piñero fue el primer puertorriqueño de nacimiento en llegar a ser gobernador de Puerto Rico cuando fue nombrado para el cargo en 1946 por el Gobierno de los Estados Unidos. Sin embargo, el primer puertorriqueño en ser elegido por votación popular del pueblo puertorriqueño fue el hijo de un patriota puertorriqueño que había luchado contra el dominio español. *Identifique al gobernador de Puerto Rico, quien cumplió cuatro mandatos (1949-1965), y quien fue además fundador del Partido Popular Democrático.

665) *The biggest religious holiday* celebration for these people is the *Fiesta del Apóstol Santiago* which takes place on July 25th. The fiesta honors the Apostle James with music, dancing, and traditional costumes. *Who celebrates this religious holiday?

     a) Bolivians b) Costa Ricans c) Puerto Ricans

La mayor celebración de una fiesta religiosa entre estos habitantes es la *Fiesta del Apóstol Santiago*, la cual se celebra el 25 de julio. La fiesta honra al Apóstol Jaime con música, baile, y disfraces tradicionales. *¿Cuáles personas celebran esta fiesta religiosa?

     a) los bolivianos b) los costarricenses c) los puertorriqueños

666) *Numbering over two million,* these people of Spain, who still preserve their ancient language, customs, and traditions, are considered to be the oldest ethnic group in Europe. *Who are these people who live in the northwest regions of Spain? (Hint: St. Ignatius of Loyola and St. Francis Xavier were members of this ethnic group, genetically and culturally distinct from Spain.)

Con una población de más de dos millones de personas, este grupo étnico de España, el cual todavía conserva su idioma, sus costumbres, y sus tradiciones antiguos, se considera como el grupo étnico más antiguo de Europa. *¿Quiénes son estos habitantes que viven en las regiones del noroeste de España? (Clave: San Ignacio de Loyola y San Francisco Javier fueron miembros de este grupo étnico, que es distinto del resto de España en genética y cultura.)

667) *Located on the Tagus River,* this ancient city predates Rome and has long been a cultural center noted for its sword blades and textiles. In the 16th century, it was the seat of the Spanish Inquisition. Many works

by El Greco, who lived there, hang in its churches and hospitals. *Identify the Spanish city, not to be confused with its American counterpart in the state of Ohio.

Situada junto al río Tajo, esta ciudad antigua precedió Roma y, desde mucho tiempo, es un centro cultural famoso por sus hojas de espada y tejidos. En el siglo dieciséis, fue la sede de la Inquisición Española. El Greco vivió en esta ciudad, y numerosas obras suyas se exhiben en las iglesias y los hospitales de la ciudad. *Identifique la ciudad española en cuestión, que no debe ser confundida con la ciudad norteamericana en el estado de Ohio, la cual lleva el mismo nombre.

668) *Created by the Spanish government* in 1991, this non-profit organization promotes the teaching, study, and use of the Spanish language on a worldwide basis. Through 36 language centers, including several in the United States, the organization maintains a presence in more than twenty countries. (Hint: Named after a famous Spanish author.) *Identify the Spanish agency.

Creada por el gobierno español en 1991, esta organización benéfica fomenta la enseñanza, el estudio, y el uso del idioma español en todas las regiones del mundo. Con 36 centros lingüísticos, entre que se incluyen varios centros en los Estados Unidos, la organización se encuentra en más de veinte países. (Clave: Lleva el nombre de un famoso autor español.) *Identifique la organización española.

669) *In 1565, don Pedro Menéndez de Aviles* founded the first permanent European settlement in North America at St. Augustine. *Identify its location.

a) Florida b) Yucatán, Mexico c) California

En 1565, don Pedro Menéndez de Aviles fundó en San Agustín el primer poblado europeo permanente de la América del Norte. *¿En dónde está San Agustín?

a) Florida   b) Yucatán, México   c) California

670) *The Moors took this breed of horse* into Spain over a long period of time. The horse was crossed with the native stock and produced the superior horses of Spain that were sought after by every country of Europe. *What breed had the Moors brought into Spain?

Durante un período largo, los moros introdujeron en España esta raza de caballo. Esta raza de caballo se cruzó con la raza del país para producir los caballos superiores de España, los cuales fueron buscados por todos los países de Europa. *¿Cuál raza de caballo habían introducido en España los moros?

230

671*) What South American country* has two of the highest waterfalls in the world? The world's highest waterfall is named Angel and is 3,212 feet high. The world's 8th highest is named Cuquenán and is 2,000 feet high.

¿Cuál país sudamericano tiene dos de las cascadas de agua más elevadas del mundo? La cascada de agua más elevada se llama Angel y tiene una altura de 3.212 pies. La cascada de agua que figura en octavo lugar al nivel mundial con respecto a su altura se llama Cuquenán y tiene una altura de 2.000 pies.

672) *With an average annual rainfall* of 0.03 inches, this South American country is considered the driest place on earth. *Where is it?

     a) Arica, Chile b) Ica, Peru c) Iquique, Chile

Con un promedio anual de 0,03 pulgadas de lluvia, este país sudamericano se considera como el lugar más seco del mundo. *¿En dónde está?

     a) Arica, Chile b) Ica, Perú c) Iquique, Chile

673) *What South American country* has the largest (200,000) Jewish population?

¿Cuál país sudamericano tiene la mayor población judía (200.000 habitantes)?

674) *Lucio Gutiérrez* defeated Alvaro Noboa in this South American presidential election (November 2002). The former army colonel won over 54% of the vote in an election that was judged fair by international observers. The newly elected Gutiérrez earned his reputation as a corruption fighter when he led a group of disgruntled junior army officers and 5,000 Indian protesters in a January 2000 coup that ousted President Jamil Mahuad. *Name the country where Gutiérrez was dismissed from the army for his rebellion, and where he spent six months in a military prison.

Lucio Gutiérrez derrotó a Alvaro Noboa en esta elección presidencial sudamericana en noviembre de 2002. El antiguo coronel de ejército ganó más del 54 por ciento de los votos en una elección que fue declarada justa por observadores internacionales. El recién elegido Gutiérrez había conseguido su reputación como luchador contra la corrupción cuando dirigió a un grupo disgustado de oficiales militares subalternos y 5.000 manifestantes indios en un golpe de enero de 2000, el cual derrocó al presidente Jamil Mahuad. *Identifique el país en donde fue despedido Guitiérrez del ejército por su rebelión, y en donde él había pasado seis meses en una prisión militar.

675) *The number of aboriginal peoples* of South America, from the Isthmus of Panama to Tierra del Fuego, is estimated to have been how

many million at the time of the European arrival?

a) 12 million   b) 23 million   c) 30 million

Desde el istmo de Panamá hasta la Tierra del Fuego, ¿cuántos millones de habitantes indígenas se estima que había en Sudamérica en la época de la llegada europea?

a) 12 millones   b) 23 millones   c) 30 millones

676) *The North American Desert* (which includes the Mojave, Sonora, Chihuahuan, and the Great Basin) and the Patagonia of Southern Argentina are among the world's largest deserts. One, the fifth largest, covers 500,000 square miles and the other, the seventh largest, covers 260,000 miles. *Name the larger of the two.

El Desierto Norteamericano (que incluye los desiertos de Mojave, Sonora, Chihuahua, y la Gran Cuenca) y la Patagonia de la Argentina del sur figuran entre los desiertos más grandes del mundo. Uno de los desiertos, el quinto más grande del mundo, se extiende 500.000 millas cuadradas, y el otro, que es el séptimo más grande, se extiende 260.000 millas. *¿Cómo se llama el más grande de los dos?

677) *The sixth highest structure* of its kind in the world (856 ft) was completed in 1980, in Grijalva, Mexico, and was named after Manuel M. Torres. *What is it?

La construcción de la estructura que figura en sexto lugar al nivel mundial con respecto a la altura de estructuras de su índole (856 pies) fue acabada en 1980, en Grijalva, México. La estructura en cuestión lleva el nombre de Manuel M. Torres. *¿Cuál estructura es?

678) *Can you give the full proper Spanish name* for the city of Los Angeles? (Hint: *The Town of Our Lady the Queen of the Angels of the Little Portion.*)

¿Puede Ud. dar en español el entero nombre propio de la ciudad de Los Angeles? (Clave: En inglés es *The Town of Our Lady the Queen of the Angels of the Little Portion.*)

679) *What is the term used* to describe an American of Mexican descent?

¿Cuál es el término que se usa para describir a un norteamericano de descendencia mexicana?

680) *His native name was Cuauhtlatoatzin* (meaning "eagle that talks") and he was born in 1474 in the district of Tlayacac in Cuautitlán, Mexico. He was converted to christianity and baptized in 1525 and was a model of humility. In 1531, the miracle of Guadalupe occurred when the Blessed Virgin Mary appeared to this man and spoke to him in his native lan-

guage of Nahuatl. *Identify Mexico's newest saint, who was canonized by pope John Paul II on July 31, 2002.

Este hombre nació en 1474 en el distrito de Tlayacac en Cuautitlán, México, y su nombre indígena fue Cuauhtlatoatzin (que significa «águila que habla»). Fue convertido al cristianismo y fue bautizado en 1525, y era un dechado de humildad. En 1531, ocurrió el milagro de Guadalupe cuando la Santa Vírgen María le apareció y le habló en su lengua indígena de Náhuatl. *Identifique al santo más nuevo de México, quien fue canonizado por el papa Juan Pablo II el 31 de julio de 2002.

681) *Augusto César Sandino* (1895-1934) fought a guerrilla war against the US occupation of his country during the 1920s and 1930s. *What Central American country was Sandino fighting for, and what left-wing organization was named after him?

Augusto César Sandino (1895-1934) hizo una guerra de guerrillas contra la ocupación de su país por los Estados Unidos durante los años veinte y treinta. *¿Por cuál país centroamericano luchó Sandino? Y ¿cuál organización izquierdista lleva su nombre?

682) *What is the Spanish term* used to describe a Spanish or Latin American military dictator?

¿Cuál es el término español que se usa para describir a un dictador militar español o latinoamericano?

683) *During the 16th century,* Antigua was one of the richest cities in the New World and the capital of Spanish Guatemala. After an earthquake leveled the city in 1773, the capital was moved to its present location. *What is the name of Guatemala's capital since 1773? (Note: Today, Antigua is a major tourist center with fine Spanish buildings.)

Durante el siglo dieciséis, Antigua era una de las ciudades más ricas del Nuevo Mundo y la capital de la Guatemala española. La ciudad fue arrasada por un terremoto en 1773, después de lo cual la capital fue trasladada a su actual ubicación. *¿Cuál es la capital de Guatemala desde 1773? (Nota: Hoy día, Antigua es un centro turístico principal con edificios hermosos de estilo arquitectónico español.)

684) *To whom did Hernán Cortés* send official dispatches (Cartas de relación) that described in exciting detail his epic adventure and conquest of the Aztecs?

¿A quién envió Hernán Cortés mensajes oficiales (Cartas de relación) con descripciones detalladas y emocionantes de sus aventuras épicas y de su conquista de los aztecas?

685) *This region of Spain* stretches from the Pyrenees at the French border southward along the Mediterranean Sea. The area produces approximately 35% of Spanish wines in addition to manufacturing textiles, automobiles, airplanes, and agricultural crops like olives and grains. *Name the prosperous region whose historic capital is Barcelona and whose traders rivaled those of Genoa and Venice during the 13th and 14th centuries.

Esta región de España se extiende desde los Pirineos en la frontera francesa, hacia el sur, a lo largo de la costa del Mar Mediterráneo. La región produce aproximadamente el 35 por ciento de los vinos españoles además de fabricar textiles, automóviles, aviones, y cultivos agrícolas como aceitunas y cereales. *Identifique la región próspera cuya capital histórica es Barcelona y cuyos comerciantes rivalizaron con los de Génova y Venecia en los siglos trece y catorce.

686) *Spain is composed* of seventeen autonomous communities. *Identify ten of these regions. (Hint: Two of the seventeen are island groups.)

España se compone de diecisiete comunidades autónomas. *Identifique diez de estas regiones. (Clave: Dos de las diecisiete comunidades son archipiélagos.)

687) *Built between 1563 and 1567* for Philip II of Spain, this palace-monastery northwest of Madrid is the burial place of Spanish sovereigns and one of the largest religious establishments in the world. Its plan was conceived by Juan Bautista de Toledo and its construction completed by Juan de Herrera, who was responsible for its spartan-like architectural style. The complex is laid out into a giant rectangle. At its center and focal point is a domed church, which is flanked by the king's palace, monastery, college, library, cloisters, and courts. The massive granite walls, relieved only by a series of unadorned windows and Doric pilasters, produced an austerity that fit the dour personality of its sponsor, King Philip II, for whom the palace was built. *Identify the famous Spanish landmark.

Construido entre 1563 y 1567 para Felipe II de España, este palacio monasterio al noroeste de Madrid es el lugar de entierro de soberanos españoles y uno de los establecimientos religiosos más grandes del mundo. Su plan fue concebido por Juan Bautista de Toledo y su construcción fue realizada por Juan de Herrera, quien fue responsable de su estilo arquitectónico espartano. El complejo está diseñado en forma de un rectángulo grande. En su centro y punto focal, está una iglesia con cúpula, la cual está flanqueada por el palacio

del rey, el monasterio, la universidad, la biblioteca, los claustros, y los patios y jardines. Los enormes muros de granito, sólo con una serie de ventanas sencillas y pilares dóricos, produjeron una austeridad que reflejaba la personalidad austera de su patrocinador, el rey Felipe II, para quien fue construido el palacio. *Identifique este conocido sitio histórico de España.

688) *This South American city* is the highest capital city in the world at 11,916 ft. above sea level. (Hint: The city is located in one of the three following countries: Bolivia, Peru, or Ecuador)

Esta ciudad sudamericana es la capital más elevada del mundo con una altura de 11.916 pies sobre el nivel del mar. (Clave: La ciudad está situada en uno de los tres países siguientes: Bolivia, el Perú, o el Ecuador.)

689) *Founder of the Socialist party* in his country in 1933, he was the first freely elected Marxist leader in the Americas in 1970. His government's socialist programs disrupted the nations economy and led to widespread labor strikes and inflation. In a military coup that overthrew his government in 1973, he was either murdered or committed suicide. *Identify the South American country and its leader.

Fundador del partido socialista de su país en 1933, fue el primer líder marxista en ser elegido en una elección libre en las Américas en 1979. Los programas socialistas de su gobierno trastornaron la economía nacional y condujeron a la inflación y a huelgas laborales generales. En un golpe militar que derrocó su gobierno en 1973, este líder fue asesinado o se suicidó. *¿Cómo se llaman el país sudamericano en cuestión y su líder?

690) *During the years between 1990 and 1995,* it has been estimated that the loss of tropical forests in South America reached what total in square miles?

      a) 12,000 sq. mi. b) 18,000 sq. mi. c) 22,000 sq. mi.

Entre 1990 y 1995, ¿a cuántas millas cuadradas se estima que ascendía la pérdida de selvas tropicales en Sudamérica?

    a) 12.000 millas cuadradas b) 18.000 millas cuadradas
    c) 22.000 millas cuadradas

691) *A plague that occurred in Mexico* between the years 1530 and 1545, with a loss of more than one million people, is regarded as the world's tenth worst epidemic. *What was the disease?

    a) Typhus b) Cholera c) Smallpox

Una epidemia que ocurrió en México entre 1530 y 1545, con una pérdida de más de un millón de personas, figura en décimo lugar con respecto a las epidemias peores del mundo. *¿Cuál enfermedad fue?   a) el tifus   b) el cólera   c) la viruela

692) *At one hundred miles long,* the Lechuguilla Cave is the world's fifth longest. *Exactly where is it located?
       a) Arizona   b) New Mexico   c) Mexico
Con una longitud de 100 millas, la Cueva Lechuguilla es la quinta más larga del mundo. *¿En dónde está situada exactamente?
       a) Arizona   b) Nuevo México   c) México

693) *Two of the world's largest universities* are found in Mexico. *Identify the two esteemed universities, with student enrollments of 269,000 and 214,986, respectively.
Dos de las universidades más grandes del mundo se encuentran en México. *Identifique las dos universidades prestigiosas que tienen una población estudiantil matriculada de 269.000 y 214.986 respectivamente.

694) *Tied with China (Hong Kong)* at eighth place, Mexico had how many individuals/families with a net worth of $1 billion or more?
       a) 6   b) 11   c) 13
Empatado con China (Hong Kong), México figura en octavo lugar con respecto al número de individuos o familias cuyo valor neto asciende a un billón de dólares o más. *¿Cuántos de estos individuos o familias hay en México?
       a) seis   b) once   c) trece

695) *The biggest producer of gold* in South America, with over 125 tons in 1999, what country ranks eighth overall in the world?
       a) Peru   b) Bolivia   c) Paraguay
Este país es el productor más grande de oro de Sudamérica, con más de 125 toneladas producidas en 1999. *¿Cuál país figura en octavo lugar al nivel mundial con respecto a la producción de oro?
       a) el Perú   b) Bolivia   c) El Paraguay

696) *One of the worst motor vehicle and road disasters* of all time occurred in South America. On August 7, 1956, seven army ammunition trucks exploded at night in the center of a large city, destroying eight city blocks, including a barracks where 500 soldiers were sleeping. In all, some 1,200 people were killed. *In what South American city and country did this occur?

a) Cali, Colombia   b) La Paz, Bolivia   c) Quito, Ecuador

Uno de los peores desastres de carretera y de vehículos que jamás se haya ocurrido ocurrió en Sudamérica. El 7 de agosto de 1956, siete camiones de ejército con municiones explotaron por la noche en el centro de una ciudad grande, lo cual destrozaron ocho cuadras de la ciudad, incluso un cuartel en donde dormían 500 soldados. En total, aproximadamente 1.200 personas fueron matadas. *¿En cuál país y ciudad sudamericanos ocurrió este desastre?

a) Cali, Colombia   b) La Paz, Bolivia   c) Quito, Ecuador

697) *What South American country* has the lowest divorce rate at, 0.11 per 1,000?

a) Chile   b) Paraguay   c) Colombia

¿Cuál país sudamericano tiene la tasa de divorcio más baja, con 0,11 divorcios por 1.000 personas?

a) Chile   b) el Paraguay   c) Colombia

698) *Spain's first bullfight* took place to honor the crowning of King Alfonso VIII in what year?

a) 711 AD   b) 812 AD   c) 1066 AD

La primera corrida de toros tuvo lugar para honrar al Rey Alfonso VIII en la ocasión de su coronación. *¿En cuál año tuvo lugar esta primera corrida de toros?

a) 711 d.C.   b) 812 d.C.   c) 1066 d.C.

699) *The seaport cities of Ceuta and Melilla* are Spanish military stations, and both constitute an autonomous community of Spain. Melilla was the first Spanish town to rise against the Popular Front government in 1936, helping precipitate the Spanish Civil War. And it was from the city of Ceuta that General Francisco Franco dispatched his southern nationalist army to Spain. *Where are these two cities, not located on the Spanish mainland?

Las ciudades marítimas y portuarias de Ceuta y Melilla son bases militares españolas y las dos constituyen una comunidad autónoma de España. Melilla fue el primer pueblo español en sublevarse contra el gobierno de la Frente Popular en 1936, lo cual ayudó a precipitar la Guerra Civil Española. Y fue de la ciudad de Ceuta que el general Francisco Franco había enviado a España su ejército nacionalista del sur. *¿En dónde están situadas estas dos ciudades que no se sitúan en la Península Ibérica?

700) *The Iberian Peninsula* is said to have been inhabited as early as:

a) 20,000 BC   b) 500,000 BC   c) 1,000,000 BC

Se cree que la Península Ibérica fue habitada ya en :
    a) 20.000 a.C. b) 500.000 a.C.   c) 1.000.000 a.C.

701) *Identify two of the four* linguistic groups prevalent in Spain.
Identifique dos de los cuatro principales grupos linguïsticos en España.

702) *In reference to question number 701*, from which of the four language groups did modern Portuguese develop?
Con respecto a la pregunta número 701, ¿de cuál de los cuatro grupos linguïsticos procedió y se desarrolló el portugués como lengua moderna?

703) *The Coronado National Memorial* was established in what year in the state of Arizona?
    a) 1933   b) 1941   c) 1955
¿En cuál año se fundó el Monumento Conmemorativo Nacional del Coronado en el estado de Arizona?
    a) 1933   b) 1941 c) 1955

704) *The Americas received its name* from what historical figure, who also was the first European to discover Venezuela? (Hint: He was born in Florence, Italy.)
Las Américas recibieron su nombre de un personaje histórico, que fue además el primer europeo en descubrir Venezuela. *¿Quién fue? (Clave: Nació en Florencia, Italia.)

705) *Between Cuba,* the Dominican Republic, and the Commonwealth of Puerto Rico, which country has the largest population?
Entre Cuba, La República Dominicana, y el Estado Libre Asociado de Puerto Rico, ¿cuál país tiene la población más grande?

706) *Identify the South American country* that had two of its presidents born in the United States.
    a) Chile   b) Ecuador   c) Bolivia
¿Cuál país sudamericano tuvo dos presidentes que habían nacido en los Estados Unidos?
    a) Chile   b) El Ecuador   c) Bolivia

707) *Argentina spent over 133 million dollars* on this type of production in 1999, placing it tenth in the world for spending in this category. *Identify the area of spending.
    a) oil production   b) cattle production   c) film production
La Argentina gastó más de 133 millones de dólares en esta categoría de producción en 1999, y figuraba en décimo lugar al nivel mundial

con respecto a gastos en esta categoría. *Identifique la categoría de gastos de producción en cuestión.

a) petróleo   b) ganado vacuno   c) películas cinematográficas

708) *Recipient of the 1982 Nobel Peace Prize* with Alva Myrdal of Sweden, Alfonso García Robles was a tireless campaigner for world disarmament. *What country did Robles come from?

a) Peru   b) Mexico   c) Bolivia

Ganador del Premio Nobel de la Paz de 1982, con Alva Myrdal de Suecia, Alfonso García Robles fue un activista incansable a favor del desarme universal. *¿De cuál país procedió Robles?

a) el Perú   b) México   c) Bolivia

709) *What is the Spanish name* for a long, heavy, single-edged knife of Philippine origin?

¿Cómo se llama en español un cuchillo largo y pesado, de un solo filo, de origen filipino?

710) *Elia Plutarco Calles* (1877-1945) was president of Mexico during what four-year period?

a) 1912-1916   b) 1924-1928   c) 1940-1944

¿Durante cuál mandato de cuatro años fue presidente de México Elia Plutarco Calles (1877-1945)?

a) 1912-1916   b) 1924-1928   c) 1940-1944

711) *On this date in the history* of Puerto Rico in 1952, the transformation to commonwealth status was completed. Today, Constitution Day is celebrated as a Puerto Rican holiday on what date?

a) July 4   b) July 25   c) August 9

En esta fecha en la historia de Puerto Rico en 1952, se finalizó la concesión a Puerto Rico del estatuto de estado libre asociado. ¿En cuál fecha se celebra hoy día el Día de la Constitución como un día feriado puertorriqueño?

a) el 4 de julio   b) el 25 de julio   c) el 9 de agosto

712) *Perhaps the oldest ethnic group* in Europe, these people of northern Spain and southern France number today around two million. They continue to preserve their ancient and unique language, and their customs and traditions. Nationalism is strong among these people and, in 1980, their Spanish provinces of Alava, Guipúzcoa, and Vizcaya were granted regional autonomy. *Identify these people.

Quizás sea el grupo étnico más antiguo de Europa, esta población de la España del norte y de la Francia del sur tiene aproximadamente

dos millones de habitantes. Esta población conserva todavía su lengua antigua y única, y sus costumbres y tradiciones. Estos habitantes tienen un sentido profundo de nacionalismo y, en 1980, sus provincias españolas de Alva, Guipúzcoa y Vizcaya fueron concedidas la autonomía regional. *¿Cuál es este grupo étnico?

713) *King Juan Carlos* is the chief of state of Spain's parliamentary monarchy. *Identify the head of government of the Spanish state who took office on May 5, 1996, or the heir apparent to King Juan Carlos.

El rey Juan Carlos es el jefe de Estado de la monarquía parlamentaria de España. *Identifique o al jefe del gobierno del Estado español, quien asumió el cargo el 5 de mayo de 1996, o al heredero forzoso al rey Juan Carlos.

714) *Located on the central plateau* of the Iberian Peninsula, at 2,100 ft. (635 m) above sea level, it is one of Europe's highest capitals. Overlooking the Manzanares River, the original city grew around the Moorish alcázar (castle). In 1083, King Alfonso VI captured the city from the Moors. In 1561, King Philip II moved the Spanish court there, and, in 1607, Philip III made it the official capital. *Identify the world renowned city.

Situada en la meseta central de la Península Ibérica, con una elevación de 2.100 pies (635m) sobre el nivel del mar, es una de las capitales más elevadas de Europa. La primera ciudad daba al río Manzanares y se había desarrollado alrededor del alcázar (castillo) moro. En 1083, el rey Alfonso VI tomó la ciudad de los moros. En 1561, el rey Felipe II trasladó allí la corte española, y, en 1607, Felipe III la proclamó la capital oficial. *Identifique la ciudad en cuestión que es famosa en el mundo entero.

715) *This channel connects* the Mediterranean Sea with the Atlantic Ocean. It lies between southernmost Spain and northernmost Africa. The channel is approximately 36 miles (58 km) long and narrows to approximately eight miles (13 km) between Point Marroquí (Spain) and Point Cires (Morocco). (Hint: At the channel's eastern extreme, about 14 miles (23 km) apart, stand the Pillars of Hercules.) *Identify the strait that has long been of great strategic and economic importance.

Este canal une el Mar Mediterráneo con el Océano Atlántico. Está situado entre la parte más sureña de España y la parte más septentrional de Africa. El canal tiene una longitud de aproximadamente 36 millas (58 kilómetros) y tiene una anchura de aproximadamente ocho millas (13 kilómetros) en su punto más estrecho entre la Punta Marroquí (España) y la punta Cires

(Marruecos). (Clave: En la extremidad este del Canal, separadas por aproximadamente 14 millas (23 kilómetros), están las Columnas de Hércules.) *Identifique el estrecho que, desde mucho tiempo, tiene gran importancia estratégica y económica.

716) *What are the Torca del Cerro* and the Sistema del Trave of Spain?
¿Cuáles son la Torca del cerro y el Sistema del Trave de España?

717) *This South American country* ranks seventh in the world with 61.7% of its land (217,397 sq. miles) designated as "protected areas." These areas encompass national parks, nature reserves, national monuments, and other sites. *Identify this nation.

     a) Uruguay b) Paraguay c) Venezuela

Este país sudamericano figura en séptimo lugar al nivel mundial con el 61,7 por ciento de sus tierras (217.397 millas cuadradas) denominadas «áreas protegidas.» Entre estas áreas se incluyen parques nacionales, reservas naturales, monumentos nacionales, y otros sitios. *¿Cuál país es?

     a) El Uruguay   b) El Paraguay   c) Venezuela

718) *Liberation Day (January 1)*, and Rebellion Day (July 26) are celebrated as National holidays in what country?

     a) Cuba   b) Honduras   c) Nicaragua

¿En cuál país se celebran como días feriados nacionales el Día de la Liberación (el 1 de enero) y el Día de la Rebeldía Nacional (el 26 de julio)?

     a) Cuba b) Honduras   c) Nicaragua

719) *Brazil was discovered* by the Spaniard Vincente Yáñez Pinzón and the Portuguese Pedro Alvarez Cabral in the same year of 1500. *What treaty, ratified by Pope Alexander VI in 1494, gave Brazil to Portugal?
a) Treaty of Tordesillas b) Treaty of Tierra Nueva   c) Treaty of Lisbon
El Brasil fue descubierto por el español Vincente Yáñez Pinzón y el portugués Pedro Alvarez Cabral el mismo año en 1500. *¿Cuál tratado, que fue ratificado por el Papa Alejandro VI en 1494, cedió el Brasil al Portugal?
a) El Tratado de Tordesillas b) El Tratado de Tierra Nueva
c) El Tratado de Lisboa

720) *Almost 9% or 38,691 square miles* of what South American country is covered with water, placing it sixth on the list of countries with the greatest areas of inland water?
Casi el 9 por ciento o 38.691 millas cuadradas de este país están

241

cubiertas de aguas, y por eso, este país figura en sexto lugar en la lista de países con las superficies más extensas de aguas interiores. *¿Cuál país es?

721) *In 1863, what South American nation* became the second country to abolish capital punishment?

      a) Venezuela b) Ecuador c) Uruguay

En 1863, ¿cuál país sudamericano llegó a ser el segundo país en abolir la pena de muerte?

      a) Venezuela b) El Ecuador c) El Uruguay

722) *Why is September 15, 1821* an important date in Central American history?

¿Por qué es el 15 de septiembre de 1821 una fecha importante en la historia de Centroamérica?

723) *The El Morro* and *Montezuma Castle National Monuments* are located in what two US states?

¿En cuáles dos estados de los Estados Unidos están situados los monumentos nacionales *el Morro* y *el Castillo Montezuma*?

724) *With a production of over eight million tons* of this product in 1998, Mexico ranked seventh in the world. *What is the substance used primarily for seasoning or preserving food?

Con una producción de más de ocho millones de toneladas de este producto en 1998, México figuraba en séptimo lugar al nivel mundial. *¿Cuál es la sustancia que se emplea principalmente como condimento y producto de conservación para la comida?

725) *Early patriots of this Caribbean island* were José María Quiñones and Ramón Power. *What Caribbean island are they associated with? (Hint: The original Native American name for this island was *Borinquén*, meaning *Land of the Brave Lord*.)

Entre los primeros patriotas de esta isla del Caribe se incluyeron José María Quiñones y Ramón Power. *¿Con cuál isla del Caribe están asociados? (Clave: El primer nombre indígena de esta isla fue *Borinquén* que significa *Tierra del valiente y noble señor*.)

726) *What is the slightly altered Spanish word*, used in English to describe a small bomb designed to be thrown by hand or fired from a rifle or launching device?

¿Cuál es la palabra española que ha sido modificada un poco y la cual se usa en inglés para describir una bomba pequeña que se lanza con la mano o con la ayuda de un fusil o de otro mecanismo de

lanzamiento?

727) **With over 55,000,000 cattle,** what Latin American country is the 5th largest cattle producer in the world?

Con más de 55.000.000 cabezas de ganado vacuno, ¿cuál país latinoamericano figura en quinto lugar entre los productores de ganado vacuno más grandes del mundo?

728) **Venezuela ranks eighth** in the world with the greatest reserves of what energy source?

    a) Crude oil b) Natural gas c) Coal

Con las mayores reservas de esta fuente de energía, Venezuela figura en octavo lugar al nivel mundial. *¿Cuál fuente de energía es?

    a) el crudo b) el gas natural c) el carbón

729) **Spain, roughly a little larger than** two states of Oregon, has a total population of how many people?

    a) 28 million b) 40 million c) 52 million

¿Cuál es la población total de España, cuya superficie es un poco más grande que la de dos estados del tamaño del estado de Oregón?

    a) 28 millones b) 40 millones c) 52 millones

730) **This Spanish navigator** was the first to circumnavigate the globe. He commanded one of the five ships in the famous expedition of Magellan. Upon Magellan's death in 1521, he took command of the expedition and completed the historic voyage. He returned to Spain on September 8, 1522. *Identify the heroic leader.

    a) José de Caballero b) Juan Sebastián El Cano
    c) Miguel Jacquín

Este navegante español fue el primero en circunnavegar el mundo. Mandó una de las cinco naves en la conocida expedición de Magallanes. A la muerte de Magallanes en 1521, asumió la capitanía de la expedición y completó el viaje histórico. Regresó a España el 8 de septiembre de 1522. *Identifique al líder heroico en cuestión.

    a) José de Caballero b) Juan Sebastián El Cano
    c) Miguel Jacquín

731) **Spain has over 23,000,000** of what animals, making it the world's fifth largest producer?

    a) Goat b) Pig c) Donkey

España tiene más de 23.000.000 de estos animales, y, por eso, figura en quinto lugar al nivel mundial entre los productores más grandes. *¿Cuáles animales son?

a) cabros   b) cerdos   c) asnos

732) *Josemaría Escrivá* (1902-1975) was canonized in the Catholic Church on October 6, 2002. Blessed Josemaría founded a religious organization in Spain in 1928 to help people seek holiness in everyday life, especially through work. Today, the organization he founded is in thirty-two countries with an active membership of over 84,000. *Can you identify the organization that has taught thousands of people that their daily activities can bring them closer to God?

Josemaría Escrivá (1902-1975) fue canonizado en la Iglesia Católica el 6 de octubre de 2002. El beato Josemaría fundó una organización religiosa en España en 1928 para ayudar a personas a buscar santidad en la vida cotidiana, especialmente por el trabajo. Hoy día, la organización que fue fundada por él se encuentra en treinta y dos países con más de 84.000 miembros activos. *¿Cómo se llama la organización que ha enseñado a miles de personas que sus actividades cotidianas pueden acercarles más a Dios?

733) *Identify the Spanish archipelago*, in the Atlantic Ocean, that has a minimum distance from the West African mainland of 67 miles. Some of the island names are: Fuerteventura, La Palma, Gomera, and Lanzarote.

Identifique el archipiélago español, en el Océano Atlántico, que tiene una distancia mínima de 67 millas de la tierra firme del Africa del Oeste. Algunas de las islas se llaman: Fuerteventura, La Palma, Gomera, y Lanzarote.

734) *Identify Mexico's ranking* in the world among the top ten oil producers.

    a) 5th   b) 7th   c) 10th

Entre los diez primeros productores de petróleo al nivel mundial, ¿en cuál lugar figura México?

    a) en quinto lugar   b) en séptimo lugar   c) en décimo lugar

735) *One of the world's worst* commercial and industrial disasters occurred on November 20, 1984 when 540 people perished in an explosion at a PEMEX liquified petroleum gas plant. *In what Mexican city did this tragedy occur?

    a) Guadalajara   b) Mexico City   c) Veracruz

Uno de los peores desastres comerciales e industriales del mundo ocurrió el 20 de noviembre de 1984 cuando 540 personas murieron en una explosión en una fábrica PEMEX de gas licuado de petróleo. *¿En cuál ciudad mexicana ocurrió esta tragedia?

a) Guadalajara   b) La Ciudad de México   c) Veracruz

736) *The University of Buenos Aires* in Argentina ranks seventh in the world with an enrollment of how many students?
    a) 59,000 b) 124,000   c) 183,000
La Universidad de Buenos Aires en La Argentina figura en séptimo lugar al nivel mundial por tener el mayor número de matriculados. *¿Cuántos matriculados tiene esta universidad?
    a) 59.000 b) 124.000 c) 183.000

737) *In the late 1990s*, what South American country had the seventh fastest-growing economy in the world, based on World Bank figures?
    a) Colombia b) Chile c) Uruguay
A finales de los años 90, ¿cuál país sudamericano figuró en séptimo lugar al nivel mundial, basado en las cifras del Banco Mundial, por tener una economía que se desarrollaba más rápidamente que cualquier otra?
    a) Colombia b) Chile c) El Uruguay

738) *As a result of the Spanish American War* of 1898, what are two of the three new overseas territories acquired by the United States?
Como resultado de la Guerra Hispano-norteamericana de 1898, tres territorios nuevos fueron cedidos a Los Estados Unidos. ¿Cómo se llaman dos de los tres territorios en cuestión?

739) *What does the Puerto Rican holiday* of *El Grito de Lares* commemorate?
¿Cuál acontecimiento conmemora la fiesta puertorriqueña que se llama *El Grito de Lares*?

740) *Identify the anticommunist radio station* named after a Cuban national revolutionary hero. The station began broadcasting to Cuba in 1985 in support of opponents to the Castro communist regime.
Identifique la emisora radiofónica anticomunista que lleva el nombre de un héroe revolucionario y nacional cubano. La emisora empezó a hacer emisiones a Cuba en 1985, en apoyo de los oponentes al régimen comunista de Castro.

741) *In 2000, this South American country* ranked number eight in the world with regard to receiving foreign aid from the US of more than 108 million dollars. *Identify the country.
    a) Peru b) Colombia c) Venezuela
En 2000, este país sudamericano recibió más de 108 millones de dólares en ayuda exterior de los Estados Unidos y figuraba en oc-

tavo lugar al nivel mundial con respecto a la consecución de ayuda exterior de los Estados Unidos. *¿Cuál país fue?
    a) El Perú b) Colombia c) Venezuela

742) *What South American country* ranks sixth in the world of leading oil producers?
¿Cuál país sudamericano figura en sexto lugar al nivel mundial entre los productores principales de petróleo?

743) *On September 16, 1810* in the city of Dolores, Mexico, Fray Miguel Hidalgo y Costilla forever changed the character of the independence movement in Mexico by calling upon the poor to rise up in rebellion against the ruling elite. Commonly known as the *Grito de Dolores,* this event is recognized today as the beginning of the Mexican Revolution and is celebrated as what event in Mexico today?
El 16 de septiembre de 1810, en la ciudad de Dolores, México, fray Miguel Hidalgo y Costilla cambió para siempre la naturaleza del movimiento de independencia en México, pidiendo a los pobres que se subleven contra la minoría selecta que estaba en el poder. Llamado generalmente *El Grito de Dolores,* este acontecimiento se reconoce hoy día como el inicio de la Revolución Mexicana. *¿Cómo se llama este acontecimiento que se celebra hoy día en México?

744) *The traditional hat* of Puerto Rican farmers is called a pava.*What is this hat made of?
El sombrero tradicional de los agricultores puertorriqueños es la pava. *¿De qué está hecho este sombrero?

745) *This type of store* sells incense, candles, herbs, charms, and other materials related to Santería, a Cuban-based blend of Catholic and West African rituals. *Identify the Spanish name for this type of store.
Este tipo de tienda vende incienso, velas, hierbas, amuletos, y otros objetos relacionados con la Santería, que es una mezcla cubana de rituales católicos y rituales del Africa del Oeste. *¿Cómo se llama en español este tipo de tienda?

746) *Peruvian politician* Alan García Pérez was born in Lima in 1949. In 1985, as leader of the APRA (American Popular Revolutionary Alliance), he became the first civilian president democratically elected when he succeeded Fernando Belaúnde Terry. He lost the national presidential elections to what political novice in 1990?
El político peruano Alan García Pérez nació en Lima en 1949. En 1985, como líder del APRA (la Alianza Popular Revolucionaria

Americana), llegó a ser el primer presidente civil en ser elegido democráticamente cuando sucedió a Fernando Belaúnde Terry. ¿Por cuál novato político fue derrotado Alan García Pérez en las elecciones presidenciales de 1990 en el Perú?

747) *Spain's numerous mountain ranges* include the Pyrenees, the Cantabrian Mountains, the Iberian Mountains, the Sierra Morena, and the Sierra Nevada. With an average elevation greater than 2,100 feet, what is Spain's ranking among the highest countries in Europe?

Entre las numerosas cordilleras de España se incluyen los Pirineos, la Cordillera Cantábrica, el Sistema Ibérico, la Sierra Morena, y la Sierra Nevada. Con una elevación media de más de 2.100 pies, ¿en cuál lugar figura España entre los países europeos de mayor elevación?

748) *Identify* the monetary unit for Spain.
¿Cuál es la unidad monetaria de España?

749) *Puerto Rican independence activists* (independentistas) Lolita Lebrón, Rafael Candel Miranda and Andrés Cordero are remembered in history for what act?

¿Por cuál acción en la historia se recuerdan los independentistas puertorriqueños Lolita Lebrón, Rafael Candel Miranda y Andrés Cordero?

750) *At 1,072,070 square miles,* what is the eighth largest country in the world and the largest Spanish speaking country in the world?

Con una superficie de 1.072.070 millas cuadradas, este país es el octavo más grande país del mundo y el país de habla española más grande del mundo. *¿Cuál país es?

751) *First visited by Magellan's expedition* in 1521, this island nation was named for the future Philip of Spain in1542. The Spanish conquest of the area began in earnest in the 1560s. *Identify these islands and the capital city that soon became a leading commercial center in the Far East.

La expedición de Magallanes fue la primera en visitar esta isla en 1521, y esta isla nación fue dada su nombre para honrar al futuro rey Felipe de España en 1542. La conquista española de la región empezó definitivamente en los años sesenta del siglo dieciséis. *Identifique estas islas y la ciudad capital que pronto llegó a ser un principal centro comercial del Extremo Oriente.

752) *The Arab-Berbers* seized much of Spain from the Visigoths in the 700s A.D. *What was the other, more familiar name these people were

known by?

Los beréberes árabes tomaron gran parte de España de los visigodos en el siglo ocho d.C. *¿Por cuál otro nombre más familiar fue conocida esta población?

753) *Of the top ten countries* in the world with the oldest populations, where does Spain rank with a percentage of 17.4 over the age of 65?

a) 3rd b) 5th c) 9th

Entre los diez primeros países del mundo con las mayores poblaciones, ¿en cuál lugar figura España con un 17,4 por ciento de personas mayores de 65 años de edad?

a) en tercer lugar b) en quinto lugar c) en noveno lugar

754) *In the culture of what country,* is the term *jíbaro,* meaning *farm laborer*, regarded the same way as *the cowboy* is regarded in American culture?

a) Cuba b) Dominican Republic c) Puerto Rico

El término *jíbaro,* que significa *trabajador agrícola*, tiene el mismo sentido que tiene el término *cowboy* en la cultura norteamericana. ¿En cuál cultura o en cual país se usa el término *jíbaro* de esta manera?

a) Cuba b) La República Dominicana c) Puerto Rico

755) *What South American country* ranks tenth in the world with the largest areas of forest?

a) Peru b) Argentina c) Bolivia

¿Cuál país sudamericano figura en décimo lugar al nivel mundial con la mayor superficie selvática?

a) El Perú b) La Argentina c) Bolivia

756) *What year* was slavery abolished in Cuba?

a) 1865 b) 1875 c) 1886

¿En cuál año fue abolido la esclavitud en Cuba?

a) 1865 b) 1875 c) 1886

757) *What is the seventh largest* land-locked country in the world at, 424,163 square miles?

¿Cuál es el séptimo más grande país del mundo sin acceso al mar? Tiene una superficie de 424.163 millas cuadradas.

758) *Identify the ancient name* given to the two promontories at the eastern end of the Strait of Gibraltar. They include the Rock of Gibraltar (at Gibraltar) in Europe and Jebel Musa in Ceuta, North Africa. They are said to have been set there by Hercules as a memorial in his travels to

seize the animal stock of the three-bodied giant Geryon.

¿Cuál es el nombre dado en la antigüedad a los dos promontorios al extremo este del Estrecho de Gibraltar? Incluyen el Peñón de Gibraltar (en Gibraltar) en Europa y Jebel Musa en Ceuta, en el Norte de Africa. Se dice que fueron colocados allí por Hércules como monumento conmemorativo durante sus viajes para tomar el ganado del gigante de tres cuerpos, Geryon.

759) *The Spanish language* is the official spoken language in how many countries in the world?

   a) 18   b) 21   c) 29

¿En cuántos países del mundo se habla español como lengua oficial?

   a) 18   b) 21   c) 29

760) *Spaniards rank fifth* in the world in television viewing, at how many hours per day?

   a) 2.58 hrs.   b) 3 hrs.   c) 3.51 hrs.

Los españoles figuran en quinto lugar al nivel mundial con respecto a las horas que ellos dedican a ver la televisión. ¿Cuántas horas por día dedican los españoles a ver la televisión?

   a) 2,58 horas   b) 3 horas   c) 3,51 horas

761) *Among the tropical forest tribes* of South America are the Jívaro, who were once famous for the practice of ritual head shrinking. Today, they engage primarily in farming, hunting, fishing, and weaving. However, each patrilineal family group maintains the tradition of living in large, isolated communal houses. *In what South American country does this tribe, which long resisted conquest, live?

   a) Venezuela   b) Ecuador   c) Paraguay

Entre las tribus de las selvas tropicales de la América del Sur se incluyen los Jívaros, que antes fueron famosos por la práctica ritual de reducir cabezas. Hoy día, participan principalmente en la agricultura, la caza, la pesca, y la tejeduría. Sin embargo, cada grupo familiar por línea paterna conserva la tradición de vivir en casas comunales grandes y aisladas. *¿En cuál país sudamericano vive esta tribu que resistía a la conquista mucho tiempo?

   a) Venezuela   b) El Ecuador   c) El Paraguay

762) *They call themselves Euskaldunaks* and their language Euskera. Their more familiar name was given to them by the ancient Romans. *Who are they?

Se llaman euskaldunaks y su lengua es el euskera. Los romanos

antiguos les dieron su mejor conocido nombre. *¿Quiénes son?

763) *The Treaty of Tordesillas* in 1494 divided the world by a line 370 leagues west of the Azores, establishing monopolies for Spain westward and what other country eastward of the line?
El Tratado de Tordesillas en 1494 dividió el mundo por medio de una línea de demarcación a 370 ligas al oeste de las Azores, lo cual tuvo como resultado el establecimiento de monopolios al oeste de la línea para España y al este de la línea para otro país. *¿Cómo se llama este otro país?

764) *Identify the two Spanish cities* that are ranked sixth and seventh as having the largest populations in Europe from the 2000 Census.
Identifique las dos ciudades españolas que figuraron en sexto y séptimo lugar por tener las poblaciones más grandes según el Censo de 2000.

765) *Over 20,000 of these exclusive licenses* to manufacture and exploit a unique product or process for a fixed period of time were granted in Spain during 1998, making Spain the ninth leading country in the world for such registrations at that time. *What are they?
Más de 20.000 de estos títulos exclusivos para fabricar y explotar un producto único o para ejercer una industria nueva con determinadas limitaciones de tiempo fueron otorgados en España en 1998. España figuró en noveno lugar al nivel mundial durante este mismo período de tiempo entre los países principales con títulos de esta índole. *¿Cuáles títulos son?

766) *Captain Julio Ruíz de Alda* and his crew, flying a Dornier Wal twin-engined flying boat, Plus Ultra, were the seventh crew in the world to accomplish this aviation feat from January 22 to February 10, 1926. *What had this Spanish crew done?
El Capitán Julio Ruíz de Alda y su tripulación, volando en un hidroavión bimotor Plus Ultra, Dornier Wal, constituyeron la séptima tripulación del mundo en realizar esta hazaña aeronáutica entre el 22 de enero y el 10 de febrero de 1926. *¿Qué realizó esta tripulación española?

767) *Dr. Patricia Bentivegna* holds a Ph.D in Hispanic Languages and Literatures from the University of Pittsburgh (PA). A Phi Beta Kappa from Penn State and Professor Emerita of Spanish from St. Francis University (Loretto, PA), she is considered a leading expert in a theatrical art form developed in Spain, that includes both music and spoken dialogue.

*Name this form of light opera.

Patricia Bentivegna es doctora en Lenguas y Literaturas Hispánicas por la Universidad de Pittsburgh (Pennsylvania). Socia de Phi Beta Kappa de la Universidad del Estado de Pennsylvania y profesora émerita de la Universidad de San Francisco (Loretto, Pennsylvania), es notable por sus investigaciones sobre un género teatral típico de España, en que alternan canto y declamación. ¿Cómo se llama esta forma de opereta?

768) *Many credit this former football player* (star kicker who played for the Los Angeles Rams and Dallas Cowboys), for practically inventing Spanish language television in the United States. Under his management, KMEX-TV, Channel 34 in Los Angeles, became the nation's most profitable Spanish language station. During his tenure, KMEX-TV also earned a Peabody Award, broadcast journalism's highest award. In 1990, he founded Bastion Capital Corporation, the largest Latino-owned private equity investment company, which recently sold *Telemundo,* the second largest Spanish language network in the US, to NBC for $2 billion. *Identify this Tucumcari, New Mexico native, who was recently inducted into the National Television Academy Hall of Fame–the first Latino to receive that honor.

Muchas personas creen que este antiguo jugador de fútbol americano (pateador principal que jugó en los equipos Los Carneros de Los Angeles y Los Vaqueros de Dallas) casi inventó la televisión en español en los Estados Unidos. Bajo su dirección, la estación KMEX-TV, Canal 34 en Los Angeles, llegó a ser la estación de televisión en español más lucrativa de la nación, y ganó además un Premio Peabody, el más prestigioso premio de reporterismo de televisión. En 1990, este jugador de fútbol americano fundó la Corporación de Bastion Capital, la mayor compañía privada de inversiones en acciones ordinarias de propiedad latina. Recientemente Bastion Capital vendió Telemundo a NBC por dos billones de dólares; *Telemundo* es la segunda mayor red de televisión en español de los Estados Unidos. *Identifique a este natural de Tucumcari, Nuevo México, quien fue admitido recientemente en el Salón de la Fama de la Academia Nacional de Televisión – el primer latino en conseguir ese honor.

769) *He represented New Mexico* as a congressman from 1968 to 1988, he served as Secretary of the Interior in the Bush administration from 1988 to 1992. *Name this son of New Mexico who was born in the state in 1928.

Representó a Nuevo México como miembro del Congreso desde 1968 hasta 1988. Sirvió de Ministro del Interior del Gobierno estadounidense durante la presidencia del presidente Bush desde 1988 hasta 1992. *¿Cómo se llama este hijo de Nuevo México quien nació allí en 1928?

770) *Guadalupe Victoria,* born Miguel Fernández Félix, holds what distinction in the history of Mexico?
¿Por qué es notable en la historia de México Guadalupe Victoria, nacido Miguel Fernández Félix?

771) *Identify the peace treaty*, signed in 1848 between the United States and Mexico, that ended the Mexican war. The treaty ceded most of the present Southwest United States for $15 million and confirmed United States claims to Texas.
Identifique el tratado de paz, firmado en 1848, entre los Estados Unidos y México, el cual puso fin a la Guerra Mexicana. El tratado precisó los términos de la cesión de la mayoría del actual Sudoeste de los Estados Unidos por quince millones de dólares y ratificó los derechos de los Estados Unidos sobre Tejas.

772) *A spacious and beautiful city* of over 1.6 million people, it is Mexico's second largest city. Known as the *Pearl of the West,* this modern metropolis, with various manufacturing facilities, still retains many old colonial structures. *Identify this city, founded in 1530, located on a plain at more than 5,000 ft. elevation.
Una ciudad abierta y hermosa con más de 1,6 millones de habitantes, es la segunda mayor ciudad de México. Llamada *La Perla del Oeste*, esta metrópoli moderna, con varias instalaciones industriales, ya conserva muchas antiguas estructuras coloniales. *Identifique esta ciudad que fue fundada en 1530 y que se sitúa en una planicie con una altura de más de 5.000 pies.

773) *What was Mexico* before it became a republic in 1823?
¿Cuál fue México antes de convertirse en una república en 1823?

774) *As president of Mexico* from 1934 to 1940, he was the last of the "revolutionary" leaders to uphold the promises of the Mexican revolution to labor and the peasantry. His presidency saw an extensive redistribution of land and the nationalization of US oil company holdings. *Name this hero of Mexican nationalism, who is remembered for instituting social reforms to benefit Indians and Mexican workers.
Como presidente de México desde 1934 hasta 1940, fue el último de

los líderes revolucionarios en cumplir las promesas de la revolución mexicana con respecto al trabajo y los campesinos. Durante su presidencia, se experimentaron una redistribución extensa de propiedades y la nacionalización de propiedades de compañías petroleras estadounidenses. *Identifique a este héroe de nacionalismo mexicano, de quien se acuerda por haber creado reformas sociales en beneficio de los indios y trabajadores mexicanos.

775) *Immigrating to California's Napa Valley* from Mexico in 1967, Pablo and Juanita Ceja, with their six young children brought with them a dream to someday buy land and grow grapes in the Napa Valley. The dream was realized in 1983 when 15 acres were purchased, and three years later, when 13 acres were planted with Pinot Noir grapes. Today, there are 113 producing acres with Ceja Vineyards, Inc. *Identify the famous Napa Valley region were the Ceja family, through hard work and determination, found their American dream.

Cuando Pablo y Juanita Ceja, con sus seis niños jóvenes, salieron de México para inmigrar al Valle Napa de California en 1967, trajeron con ellos un sueño de comprar tierra algún día y de cultivar uvas en el Valle Napa. Este sueño se realizó en 1983 cuando compraron 15 acres de tierra, y otra vez tres años más tarde cuando plantaron 13 acres con uvas Pinot Noir. Hoy día, Ceja Vineyards, Inc. tiene 113 acres bajo producción. *Identifique la famosa región en el Valle Napa en donde la familia Ceja, por mucho trabajo y determinación, realizó su sueño americano.

776) *Patrick F. Flores,* Catholic Archbishop of San Antonio, Texas, is a civil rights activist for the rights of immigrants. He was awarded the Ellis Island Medal of Honor in 1986 in commemoration of the Statue of Liberty's 100th birthday. *What distinction does Archbishop Flores hold within the American Catholic Church?

Patrick F. Flores, arzobispo católico de San Antonio, Texas, es un activista de derechos civiles a favor de los derechos de inmigrantes. Se le concedió la Medalla de Honor de la Isla Ellis en 1986 para conmemorar el centenario de la Estatua de Libertad. *¿Por qué es notable el arzobispo Flores de la Iglesia Católica Norteamericana?

777) *Under what presidential administration* did Romana Acosta Banuelos serve as treasurer of the United States?

    a) Truman administration   b) Kennedy administration
    c) Nixon administration

¿Durante cuál presidencia sirvió de ministro de Hacienda del

Gobierno de los Estados Unidos Romana Acosta Banuelos?
a) Truman   b) Kennedy   c) Nixon

778) *In 1949,* the Mexican government made an Indian the symbol of Mexican nationality. *What noble historical feature was used as the symbol?
En 1949, el gobierno mexicano escogió un indio como símbolo de la nacionalidad mexicana. *¿Cuál magnífica característica histórica fue usada como símbolo?

779) *Associated Press photographer* Alan Díaz was awarded the Pulitzer Prize for Spot News Photography in 2000 for what unforgettable photograph, taken in Florida and seen in newspapers around the world?
Alan Díaz, fotógrafo de la Prensa Asociada, fue concedido el Premio Pulitzer por Fotografías Noticieras de Ultima Hora en 2000 por cierta fotografía inolvidable que fue sacada en Florida y la cual fue publicada en periódicos en el mundo entero. *¿Cuál fotografía fue?

780) *Born in 1806,* this Mexican statesman helped to overthrow the Santa Ana dictatorship (1855) and limit the privileges of the Church and army. He directed the Mexican liberals to victory against conservatives in the War of the Reform (1858-1861). As president (1857-1865, 1867-1872), he oversaw the transfer of political power in Mexico from the creoles to the mestizos. *Name this Indian lawyer and national hero of Mexico who defeated the French in their attempt in establishing a Mexican empire (1864-1867). (Hint: Large city of one million, located on the Río Grande, opposite El Paso, Texas, which was renamed in his honor in 1888.)
Nacido en 1806, este hombre de Estado mexicano ayudó a derrocar la dictadura de Santa Ana (1855) y limitar los privilegios de la Iglesia y del ejército. Dirigió a los liberales mexicanos a la victoria sobre los conservadores en la Guerra de la Reforma (1858-1861). Como presidente (1857-1865, 1867-1872), supervisó la transmisión del poder político en México de las manos de los criollos a las manos de los mestizos. *¿Cómo se llama este abogado indio y héroe nacional de México quien derrotó a los franceses en su intento de crear un imperio mexicano (1864-1867)? (Clave: Es una ciudad grande de un millón de personas, que está situada a orillas del Río Bravo, con El Paso, Texas a orillas del otro lado del río. La ciudad fue dada un nuevo nombre para honrar a este estadista en 1888.)

781) *A champion of democracy* and social reform, he led the Mexican revolution in 1910 that overthrew dictator Porfirio Díaz, who had ruthlessly ruled Mexico for 35 years at the expense of the poor, lower classes.

As president from 1911 to 1913, he failed to implement notable reforms. As a result, General Victoriano Huerta, commander of the Mexican federal forces overthrew the government and setup a short lived dictatorship. *Name the Mexican president and social reformer who was imprisoned and killed while allegedly attempting to escape.

Un paladín de la democracia y de la reforma social, dirigió la revolución mexicana en 1910, la cual derrocó al dictador Porfirio Díaz, quien había gobernado México con implacabilidad por 35 años a costa de las clases bajas pobres. Como presidente desde 1911 hasta 1913, no realizó reformas notables. Como consecuencia, el General Victoriano Huerta, comandante de las fuerzas federales mexicanas, derrocó el gobierno y creó una dictadura efímera. *¿Cómo se llama el presidente mexicano y reformista social quien fue encarcelado y matado durante un supuesto intento de escapar?

782) *In 1998, George Herrera* was elected President and CEO of an organization that is primarily responsible for communicating the interests of over 1.2 million Hispanic-owned businesses across the country to both the private and public sectors, and addressing critical economic issues that impact Hispanic entrepreneurs. *Identify the organization Mr. Herrera heads that has over 200 chapters across the nation. (Note: Herrera was recently recognized by *Hispanic Business Magazine* as one of the 100 Most Influential Hispanics in the United States.)

En 1998, George Herrera fue elegido presidente y director general de una organización estadounidense que es principalmente responsable de comunicar a los sectores privados y públicos los intereses de más de 1,2 millones de negocios de propiedad hispana por todo el país, y de comunicar sobre temas económicos muy importantes que afectan a empresarios hispanos. *Identifique la organización que dirige el señor Herrera, la cual tiene más de 200 capítulos por todo el país. (Nota: Herrera fue reconocido recientemente por la revista *Hispanic Business* como uno de los cien hispanos más influyentes de los Estados Unidos.)

783) *Congressman Silvestre Reyes* (D-TX), is the current chairman of what congressional caucus?

¿De cuál comité del Congreso sirve de presidente actual el miembro del Congreso Silvestre Reyes (D-TX)?

784) *What is observed* in the United States from September 15th through October 15th?

¿Qué se celebra en los Estados Unidos desde el 15 de septiembre

hasta el 15 de octubre?

785) *"You can achieve any goal in life* if you help enough other people reach their goals." So spoke Belinda Guadarrama, a second generation Mexican American who is President and Chief Executive Officer of GC Micro Corporation of Novato, CA. Her company is among *Working Women Magazine's* list of America's Top 500 Women-owned Businesses, and since 1993, has been ranked by *Hispanic Business Magazine* among the 500 largest Hispanic-owned companies. Serving as a small business policy advisor to the White House over the past three presidential administrations, she was recently awarded the Public Service Award and Medal from what US government agency?

    a) Small Business Administration   b) NASA

    c) Department of Agriculture

«Se puede realizar cualquier objetivo en la vida si se ayuda a un número suficiente de otras personas a realizar sus objetivos» dijo Belinda Guadarrama, una mexicoamericana de segunda generación y presidenta y directora general de la Corporación GC Micro de Novato, California. Su compañía se incluye en la lista de los 500 principales negocios estadounidenses de propiedad femenina publicada por la revista *Working Women*, y desde 1993, figura entre los 500 mayores negocios de propiedad hispana según la revista *Hispanic Business*. Como asesora política de pequeños negocios para la Casa Blanca durante las tres últimas épocas presidenciales, fue concedida recientemente el Premio y la Medalla de Servicio Público. *¿De cuál organismo del Gobierno de los Estados Unidos recibió Belinda Guadarrama su premio y medalla?

    a) Agencia Federal para el Desarrollo de la Pequeña Empresa

    b) NASA (Agencia espacial norteamericana)

    c) El Ministerio de Agricultura de los Estados Unidos

786) *Along with César Chávez,* she co-founded the United Farm Workers Union and became its contract negotiator. *Identify this Hispanic labor leader who, in 1965, became the first female leader of a farm worker union.

Con César Chávez, fue cofundadora de la Unión de los Trabajadores Agrícolas Unidos y llegó a ser su negociadora de contratos. *Identifique a esta hispanoamericana y líder del trabajo quien, en 1965, llegó a ser la primera mujer en dirigir una unión de trabajadores agrícolas.

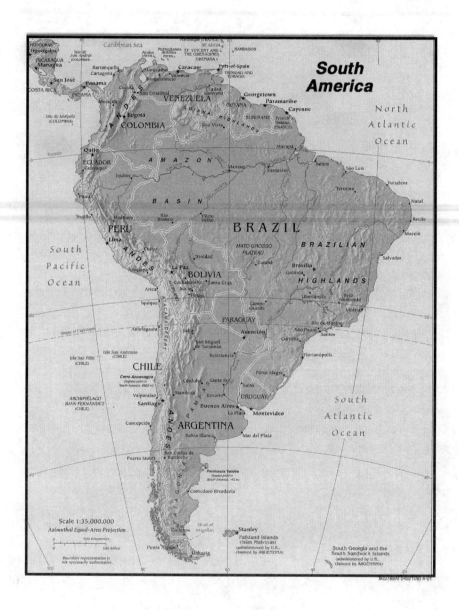

258

Sports
Deportes

787) *This handsome Mexican American* won an Olympic Gold Medal in boxing at the 1992 Summer Games in Barcelona and was the lone American to win a medal in boxing. This multitalented athlete was born in Los Angeles in 1973 to a family of boxers. His grandfather was an amateur fighter during the 1940s, and his father boxed professionally in the 1960s. With titles in five weight divisions since turning professional, his current record is 32-2 with 26 KO's . At the age of 28, he is the youngest boxer to ever have won five world titles. *Identify the charismatic boxer whose hit single, Ven a mí was nominated for a Grammy Award in 2000.

Este mexicoamericano guapo ganó una medalla olímpica de oro en boxeo en los Juegos de verano de 1992 en Barcelona y fue el único estadounidense en ganar una medalla en boxeo. Este atleta de talentos múltiples nació en Los Angeles en 1973 en una familia de boxeadores. Su abuelo fue un pugilista aficionado durante los años cuarenta, y su padre boxeó profesionalmente en los años sesenta. Campeón en cinco divisiones de peso diferentes desde que llegó a ser profesional, tiene un récord actual de 32 victorias y 2 derrotas con 26 KOs. A la edad de 28 años, es el boxeador más joven que jamás haya ganado cinco campeonatos mundiales. *Identifique al boxeador carismático cuya canción de éxito, Ven a mí, fue propuesta para un Premio Grammy en 2000.

788) *In four NFL seasons* starting in 1999, this Hispanic-American quarterback completed 62.2% of his passes, thrown for 13,704 yards, has a quarterback rating of 89.9%, and has rushed for 1,252 yards. *Identify this star quarterback and the team he plays for. (Hint: He starred at San

Jose State University and the Canadian Football League before coming to the NFL).

En cuatro temporadas de la Liga Nacional de Fútbol Americano (NFL), a partir de 1999, este quarterback hispanoamericano completó el 62,2% de sus pases que fueron lanzados por un total de 13.704 yardas, tiene un índice de quarterback del 89,9%, y ha avanzado el balón al correr un total de 1.252 yardas. *Identifique a este quarterback estelar y al equipo para el cual juega. (Clave: Fue un jugador principal de la Universidad Estatal de San José y de la Liga Canadiense de Fútbol Americano antes de entrar en la NFL).

789) *Since 1980,* Juan Antonio Samaranch has served as president of what international sports organization? (Hint: He was responsible for changing the amateur status of this organization by allowing professional athletes to participate.)

Desde 1980, Juan Antonio Samaranch sirve de presidente de una organización internacional de deportes. ¿Cuál organización de deportes es? (Clave: Samaranch fue responsable del cambio de la posición de aficionado de esta organización al permitir la participación de atletas profesionales.)

790) *Through the 2001* Major League Baseball Season, ten active Hispanic players had batting averages of over .300, with a minimum of 2000 at bats. *Which three of these ten players have the highest averages of over .300? Bobby Abreu, Roberto Alomar, Moisés Alou, Nomar Garciaparra, Vladimir Guerrero, Derek Jeter, Edgar Martínez, Manny Ramírez, Alex Rodríguez, and Ivan Rodríguez

Hasta el final de la temporada de La Liga Mayor de Béisbol de 2001, diez jugadores hispanos activos tuvieron promedios de bateo de más de 0,300, con un mínimo de 2000 turnos contados. *¿Cuáles tres de los diez siguientes jugadores tienen los promedios más elevados, de orden de más de 0,300? Bobby Abreu, Roberto Alomar, Moisés Alou, Nomar Garciaparra, Vladimir Guerrero, Derek Jeter, Edgar Martínez, Manny Ramírez, Alex Rodríguez, e Iván Rodríguez.

791) *At 2.45 meters,* Javier Sotomayor has held the world record best high jump since 1993. *What Latin American country is Sotomayor from?
    a) Puerto Rico b) Cuba c) Chile

Con un salto de altura de 2,45 metros, Javier Sotomayor tiene el récord mundial del mejor salto de altura desde 1993. *¿De cuál país latinoamericano es Sotomayor?
    a) Puerto Rico b) Cuba c) Chile

792) ***Born in Santo Domingo,*** Dominican Republic in 1938, this Los Angeles Dodger collected his Major League record 150th career pinch hit on October 5, 1980. *Who is he?

Nacido en Santo Domingo, República Dominicana en 1938, este jugador de Los Dodgers de Los Angeles estableció su récord de la Liga Mayor el 5 de octubre de 1980 cuando sirvió de bateador suplente por la ocasión ciento cincuenta de su carrera. *¿Quién es?

793) ***A San Francisco native,*** he was one of baseball's premier first basemen with the St. Louis Cardinals. He topped the National League in 1979 with a .344 batting average and an on base percentage of .421. *Name the player who shared the 1979 National League MVP Award with Pittsburgh Pirate Willie Stargell, the only tie vote in the award history.

Natural de San Francisco, fue uno de los mejores jugadores de béisbol como jugador de primera base con los Cardenales de San Luis. Alcanzó la fama en la Liga Nacional en 1979 con un promedio de bateo de 0,344 y un porcentaje de 0,421 en las bases. *Identifique al jugador que compartió el premio del Jugador Más Valioso de la Liga Nacional de 1979 con el Pirata de Pittsburgh, Willie Stargell, en el único voto de empate de la historia del premio.

794) ***Derek Parra,*** a Mexican-American from San Bernardino, CA, is believed to be the first Hispanic to win a 2002 Winter Olympics gold medal. *In what event did Derek Parra set a world record and win a gold medal for the United States?

Se cree que Derek Parra, un mexicoamericano de San Bernardino, California, es el primer hispano en ganar una medalla de oro en las Olimpiadas de Invierno de 2002. *¿En qué prueba estableció Derek Parra el récord mundial y ganó una medalla de oro para los Estados Unidos?

795) ***In 1947, halfback Eddie Saenz,*** playing football with the USC Trojans, was the first Hispanic-American to win an individual league statistical championship for kickoff return yardage. *Saenz subsequently played for what NFL team?

a) Cleveland Browns b)Washington Redskins c) Baltimore Colts

En 1947, el corredor de bola Eddie Saenz jugó al fútbol americano con los Troyanos de La Universidad del Sur de California (USC) y fue el primer hispanoamericano en ganar, en una liga individual, un campeonato estadístico para yardas de vuelta relacionadas con el saque inicial. *¿Para cuál equipo de la NFL jugó posteriormente Saenz?

261

a) Los Browns de Cleveland b) Las pieles rojas de Washington
c) Los Potros de Baltimore

796) *Joe Arenas,* Genaro "Gene" Brito, George Maderos, Ricardo José "Rick" Casares, and Alex Bravo were Hispanic Americans who played what sport during the 1950s and early 60s?

¿De cuál deporte fueron jugadores durante los años cincuenta y a principios de los años sesenta los hispanoamericanos Joe Arenas, Genaro "Gene" Brito, George Maderos, Ricardo José "Rick" Casares, y Alex Bravo?

797) *A native of Chaparra,* Cuba, Ignacio "Lou" Molinet was the first Hispanic-American to play in this sports league. *What league did Molinet play with in 1927?

Natural de Chaparra, Cuba, Ignacio "Lou" Molinet fue el primer hispanoamericano en jugar en esta liga de deportes. *¿En cuál liga jugó Molinet en 1927?

798) *Nicknamed "The Matador,"* who was the Hispanic-American who played quarterback in the 1960s for the University of Miami, the San Francisco 49ers, and the Miami Dolphins?

Conocido por el sobrenombre "El Matador," ¿quién era el hispanoamericano que jugó de quarterback en los años sesenta para la Universidad de Miami, los Forty Niners de San Francisco y los Delfines de Miami?

799) *As a member of the LPGA* (Ladies Professional Golf Association) Hall of Fame, this Hispanic-American golfer was the LPGA Player of the Year four times and won three LPGA championships in 1978, 1985, and 1989. (Hint: She was married to a former professional baseball player.) *Who is this Torrence, CA native who was inducted into the PGA World Golf Hall of Fame in November of 1989?

Como socia del Salón de la Fama de la Asociación de Mujeres Golfistas Profesionales (LPGA), esta golfista hispanoamericana fue la Jugadora del Año de la LPGA cuatro veces y ganó tres campeonatos de la LPGA en 1978, 1985, y 1989. (Clave: Su marido fue un antiguo jugador profesional de béisbol.) *¿Quién es esta natural de Torrence, California quien fue admitida al Salón internacional de la Fama de la Asociación de Golfistas Profesionales (PGA) en noviembre de 1989?

800) *This American League Most Valuable Player* was born in Bani, Dominican Republic in 1976. By batting .308 with 34 home runs and 131 RBI , he led his baseball team to the 2002 American League West

title and received 21 of 28 first-place votes for MVP. *Who is he?

Este Jugador Más Valioso de la Liga Americana nació en Bani, República Dominicana en 1976. Al batear un promedio de 0,308 con 34 jonrones y 131 carreras empujadas, condujo a su equipo de béisbol a ganar el campeonato de la Liga Americana del Oeste de 2002 y recibió 21 de 28 votos de primer lugar por Jugador Más Valioso. *¿Quién es?

801) *This sport was brought* to the United States by Cuban Basques in 1924. The term used to describe this sport is taken from the Basque language and means "merry festival." It is a court game, similar to handball, and is played by two or four players with a hard rubber ball and a long curved wicker basket strapped to the right wrist. *Name the game.

Este deporte fue traído a los Estados Unidos por vascos cubanos en 1924. El término que se usa para describir este deporte procede del lenguaje vasco y significa "festival feliz." Es un juego de cancha, similar al balonmano, y se juega con dos o cuatro jugadores con una pelota dura de goma y una cesta de mimbre larga y curva atada a la muñeca derecha. *¿Cómo se llama el juego?

802) *This Cincinnati Bengal* (1980-92), was considered one of the most notable tackles who ever played in the NFL. In a career that spanned thirteen seasons (1980-1992), he was named to the Pro Bowl a record tying eleven times. He was raised in California and his grandparents were from Chihuahua, Mexico. *Identify the player, who was elected to the NFL Hall of Fame in 1998.

Este jugador de Los Bengalís de Cincinnati (1980-92) fue considerado como uno de los más notables tackles que jamás hayan jugado en la NFL. En su carrera que duró trece temporadas (1980-1992), fue nombrado al «Pro Bowl» once veces con un récord de empate. Fue criado en California y sus abuelos fueron de Chihuahua, México. *Identifique al jugador que fue elegido al Salón de la Fama de la NFL en 1998.

803) *From 1954 to 1961,* he was the undisputed professional tennis champion of the world. Known for his powerful serve, he won two US National singles titles in 1948 (at age 20) and 1949. Next to Bill Tilden, no other player dominated the sport of tennis like this professional. He was born in Los Angeles in 1928 to parents who had emigrated from Chihuahua, Mexico at the turn of the century. *Name the first US Hispanic to be inducted into the International Tennis Hall of Fame in 1968, and also, that same year, became the first Hispanic to coach the US Davis Cup Team.

263

De 1954 a 1961, fue el campeón indiscutible de tenis profesional del mundo. Conocido por su servicio poderoso, ganó dos campeonatos en los individuales nacionales de los Estados Unidos en 1948 (a la edad de 20 años) y en 1949. Excepto Bill Tilden, ningún otro jugador dominó el deporte de tenis como hizo este profesional. Nació en Los Angeles en 1928; sus padres habían emigrado de Chihuahua, México al final del siglo. *Identifique al primer hispano de los Estados Unidos en ser admitido al Salón Internacional de la Fama del Tenis en 1968, y quien también, en aquel año, llegó a ser el primer hispano en entrenar al Equipo de la Copa Davis de los Estados Unidos.

804) *Defecting to Mexico in 1995,* this Cuban baseball pitcher joined the Florida Marlins, who won the 1997 World Series. He was named the series most valuable player. That year, his younger half-brother also left Cuba and, the following spring, signed a lucrative four-year contract as a pitcher with the New York Yankees. *Identify these two gifted baseball players now playing in the US.

Habiendo huido a México en 1995, este lanzador de béisbol de origen cubano se afilió a los Marlins de Florida, los cuales ganaron la Serie Mundial de 1997. Fue nombrado el jugador más valioso de la serie. Aquel mismo año, su hermanastro menor también salió de Cuba y, la primavera siguiente, firmó un contrato lucrativo de cuatro años como lanzador con los Yanquis de Nueva York. *Identifique a estos dos talentosos jugadores de béisbol que juegan actualmente en los Estados Unidos.

805) *In what city* were the 1992 Olympics held?
    a) Madrid b) Barcelona c) Granada
¿En cuál ciudad tuvieron lugar las Olimpiadas de 1992?
    a) Madrid b) Barcelona c) Granada

806) *This world-renowned cyclist* was born in Villava in 1964. He has won many international victories, including the prestigious Tours de France, an unprecedented five consecutive times from 1991 to 1995. *Who is this racing legend?

Este ciclista conocido mundialmente nació en Villava en 1964. Ha obtenido muchas victorias internacionales, incluso la prestigiosa Vuelta ciclista a Francia, cinco veces consecutivas sin precedente entre 1991 y 1995. *¿Quién es esta persona legendaria que participa en carreras ciclistas?

807) *In 1986,* this Argentine tennis player became the youngest Wimbledon semifinalist in 99 years. *Who is this talented player who

ranked number three in the world in 1991?

En 1986, este jugador de tenis de la Argentina llegó a ser el semifinalista de Wimbledon más joven en los noventa y nueve últimos años. *¿Quién es este jugador talentoso que figuró en tercer lugar al nivel mundial en 1991?

808) *Since 1977,* this Mexican-born handball player, nicknamed "El Gato," has won eleven US pro four-wall handball titles. *He is:
    a) José Ortega b) Roberto Vega c) Naty Alvarado
Desde 1977, este jugador de balonmano, nacido en México y conocido por el sobrenombre «El Gato,» ha ganado once campeonatos estadounidenses de balonmano profesional en espacio cerrado. *Él es:
    a) José Ortega b) Roberto Vega c) Naty Alvarado

809) *This Cuban American* is one of three baseball players to top 40 home runs (42) and steal 40 in one season. He was the American League MVP in 1988 with a .307 batting average and 124 RBIs. *Identify the player and the team he started his career with.
Este cubanoamericano es uno de tres jugadores de béisbol en ejecutar más de 40 jonrones (42) y en robar 40 bases en una sola temporada. Fue el Jugador Más Valioso de la Liga Americana en 1988 con un promedio de bateo de 0,307 y 124 carreras empujadas.*Identifique al jugador, y al equipo con el cual este jugador empezó su carrera.

810) *This Mexican boxing champion* held world boxing titles in three different weight divisions - welterweight, lightweight, and super light-weight. His career record through 8/00 is 103-5-2. *Who is he?
Este campeón de boxeo mexicano fue campeón de boxeo al nivel mundial en tres divisiones de peso diferentes – el boxeo de peso welter, de peso ligero, y de peso superligero. Su récord de carrera hasta el final de agosto de 2000 es 103-5-2. *¿Quién es?

811) *A major force* in professional golf, this player won the US Open in 1968 and 1971, and the British Open in 1971 and 1972. He was the PGA Player of the Year in 1971 and won two PGA Championships, in 1974 and 1984. He was the first senior to have a $1 million season. (Hint: nicknamed Super-Mex.) *Identify this great Hispanic-American golfer.
Una gran fuerza en el mundo del golf profesional, este jugador ganó el Torneo Abierto de los Estados Unidos en 1968 y 1971, y el Torneo Abierto Británico en 1971 y 1972. Fue el Jugador del Año de la PGA en 1971, y ganó dos campeonatos de la PGA en 1974 y 1984. Fue el primer jugador "senior" en ganar un millón de dólares en una sola temporada. (Clave: Fue conocido por el sobrenombre "Super-Mex.")

*Identifique a este gran golfista hispanoamericano.

812) *In 1993*, Linda Alvarado, president of Alvarado Construction, a commercial general contracting company based in Denver, CO became the first Hispanic to own a Major League baseball team in the United States. *Name Ms. Alvarado's team.
En 1993, Linda Alvarado, presidenta de Construcciones Alvarado, una compañía de contrataciones comerciales generales basada en Denver, Colorado, llegó a ser la primera hispana en adueñarse de un equipo de béisbol de la Liga Mayor en los Estados Unidos. *¿Cómo se llama el equipo de Linda Alvarado?

813) *Only two people* in NFL history have earned a Super Bowl ring as player, assistant coach, and head coach. As head coach in the NFL for twelve years, this 1982 AFC Coach of the Year won two Super Bowl titles and coached the only wild card team to win a Super Bowl. (Hint: He split time between two cities coaching the same team.) *Who is he?
Sólo dos personas en la historia de la NFL han ganado un anillo del Supertazón como jugador, entrenador auxiliar, y entrenador principal. Como entrenador principal en la NFL por doce años, este Entrenador del Año (1982) de la Federación Americana de Fútbol Americano (AFC) ganó dos campeonatos del Supertazón y entrenó al único equipo comodín en ganar un Supertazón. (Clave: Dividió su tiempo entre dos ciudades y entrenó al mismo equipo.) *¿Quién es?

814) *Trent Dimas* was born in Albuquerque, NM in 1970. In 1992, as a member of the US Olympic gymnastics team, won a gold medal in what event in Barcelona?
  a) High bar b) Balance beam c) Horse
Trent Dimas nació en Albuquerque, Nuevo México en 1970. En 1992, como miembro del Equipo Olímpico de Gimnasia de los Estados Unidos, ganó una medalla de oro en Barcelona. ¿En qué prueba la ganó?
  a) el listón de altura b) la viga de equilibrio c) el potro

815) *Name one of two* top rated Spanish female tennis players during the years 1992 to 2002.
Identifique a una de dos tenistas españolas de alto rango quienes jugaron al tenis entre los años 1992 y 2002.

816) *This Major League shortstop,* born in New York City in 1975, had one of the best offensive seasons ever with the Seattle Mariners. He hit 40-plus home runs for three consecutive seasons while producing the

most RBIs for a shortstop in the American League since 1959.*Identify this young player who has signed the most lucrative contracts to date in baseball history.

Este jugador de paracorto de la Liga Mayor, nacido en la ciudad de Nueva York en 1975, tuvo una de las mejores temporadas de bateo que jamás se hayan visto con los Marineros de Seattle. Por tres temporadas consecutivas ejecutó más de 40 jonrones y produjo el mayor número de carreras empujadas realizadas por un paracorto de la Liga Americana desde 1959. *Identifique a este jugador joven quien, hasta la fecha, ha firmado los contratos más lucrativos de la historia del béisbol.

817) *The first Latino to win* the US figure skating championship came from the shadows to claim the title, on January 20, 1996. *Name him.

El primer latino en ganar el campeonato de patinaje artístico de los Estados Unidos surgió de la oscuridad para llevarse el campeonato el 20 de enero de 1996. *¿Cómo se llama?

818) *Spain's soccer team* and field hockey team took the gold medal at what Olympic Games?

     a) Seoul, 1988 b) Barcelona, 1992 c) Atlanta, 1996

¿En cuáles Juegos Olímpicos ganaron medallas de oro los equipos de fútbol y de hockey sobre hierba de España?

     a) Seúl, 1988 b) Barcelona, 1992 c) Atlanta, 1996

819) *Veteran baseball announcer Jaime Jarrín* was awarded the Ford C. Frick Award in 1998 for his contributions to baseball. Born in Cayambe, Ecuador, he immigrated to the United States in 1955 and, in 1970, was the first Latin American broadcaster to win the Golden Mike award. Since 1973, he has been the lead play-by-play man for this team's Spanish language flagship station KWKW. Over his career, he has broadcast the baseball action of 16 World Series for CBS Radio, Cadena Latina and Cadena Caracol, reporting to an audience of over 30 million in 1997. *For which major league team has Jaime Jarrin been the Spanish voice during his broadcasting career?

El locutor veterano de béisbol Jaime Jarrín fue concedido el Premio Ford C. Frick en 1998 por sus aportaciones al béisbol. Nacido en Cayambe, Ecuador, inmigró a los Estados Unidos en 1955 y, en 1970, fue el primer locutor latinoamericano en ganar el Premio del Micrófono de Oro. Desde 1973, es el principal locutor hispanohablante que presenta jugada por jugada los partidos de cierto equipo cuya estación principal en idioma español es KWKW.

A través de su carrera, ha servido de locutor de béisbol durante dieciséis Series Mundiales para la Radio CBS, la Cadena Latina y la Cadena Caracol, e informó a un público de más de 30 millones de personas en 1997. *¿Para cuál equipo de la Liga Mayor ha sido Jaime Jarrín la voz en español durante su carrera como locutor?

820) *Before his retirement in 1971,* Spanish bullfighter "El Cordobés" was the highest paid matador in history. He rose to national fame in the early 1960s because of his courage and personal magnetism. *His real name was:
    a) José Martín López
    b) Manuel Benitez Pérez
    c) Marcos Montoya

Antes de su jubilación en 1971, el matador español, conocido por el sobrenombre "El Cordobés," fue el matador mejor pagado de la historia. A principios de los años sesenta, consiguió la fama al nivel nacional por su valentía y su magnetismo personal. *Su verdadero nombre fue:
    a) José Martín López
    b) Manuel Benitez Pérez
    c) Marcos Montoya

821) *Name the rising* 21 year old Spanish golf pro who, in his second PGA tour, won the 2001 Buick Classic with a 16 under par 268.
Identifique al prometedor golfista profesional español de 21 años de edad quien, en su segunda gira con la PGA, ganó el Torneo del Clásico Buick de 2001 con un 16 por debajo de la par 268.

822) *Including the recent 2000* Olympic Games held in Sydney, match the top four Hispanic Olympic participating countries with their total medals count. In alphabetical order: Argentina, Cuba, Mexico, and Spain. Medals won: 142, 75, 47, and 43.
Con inclusión de los recientes Juegos Olímpicos de 2000 llevados a cabo en Sydney, empareje con su número total de medallas los cuatro mejores países hispanos que participan en las Olimpiadas. Por orden alfabético: La Argentina, Cuba, España, y México. Medallas ganadas: 142, 75, 47, y 43.

823) *Three of the four* Latino baseball pitchers to win the Cy Young Award are from the Caribbean. (Hint: The years this award was won by a Latino: 1969-Baltimore Orioles, 1981-Los Angeles Dodgers, 1984-Detroit Tigers, and 1997-Montreal Expos.) *Identify the three players

from the Caribbean or the one player that is not from the Caribbean.

Tres de los cuatro lanzadores de béisbol, de origen latino, quienes ganaron el Premio Cy Young, son del Caribe. (Clave: Los años en que este premio fue ganado por un latino: 1969-Los Orioles de Baltimore, 1981-Los Dodgers de Los Angeles, 1984-Los Tigres de Detroit, y 1997-Los Expos de Montreal.) *Identifica a los tres jugadores del Caribe o al único jugador que no es del Caribe.

824) *He was born in 1946* in Panama City, Panama and has won more races than any other jockey in the world - as of January 2003, a staggering total of 9,410 races. *Name the outstanding horseman, who won his first race at Presidente Remón Racetrack in Panama on May 16, 1964.

Nació en 1946 en la Ciudad de Panamá, Panamá y ha ganado más carreras que cualquier otro jinete del mundo - hasta enero de 2003, un total impresionante de 9.410 carreras. *Identifique al jinete sobresaliente, quien ganó su primera carrera en el hipódromo Presidente Remón en Panamá el 16 de mayo de 1964.

825) *The Latino Olympic experience* began at the second Olympiad in 1900 with Spain's Marquis de Villaviciosa's silver medal in game shooting. *In what city did Olympiad II take place?

a) Paris, France b) St. Louis, USA   c) Amsterdam, Holland

La experiencia latina olímpica empezó en la segunda Olimpiada en 1900 con la medalla de plata en escopeta, ganada por el marqués de Villaviciosa de España. *¿En cuál ciudad tuvo lugar la Segunda Olimpiada?

a) París, Francia b) San Luis, EE UU c) Amsterdam, Holanda

826) *In 1979,* this Spaniard won the British Open at the age of 22. He was the first professional golfer from Europe to win this event in 72 years. *Who is he?

En 1979, este español ganó el Torneo Abierto Británico a la edad de 22 años. Fue el primer golfista profesional de Europa en ganar esta prueba en los 72 últimos años. *¿Quién es?

827) *A Heisman Trophy winner* and NFL Rookie of the Year, this Hall of Fame quarterback went on to lead the Oakland Raiders to two Super Bowl victories in 1980 (MVP) and 1983. (Hint: He led Stanford University to a Rose Bowl victory over Ohio State in 1971.) *Who is this outstanding former NFL number one draft pick, who retired after a stellar 17 year pro football career?

Ganador del trofeo Heisman y Novato del Año de la NFL, este quar-

terback del Salón de la Fama condujo posteriormente a Los Invasores de Oakland a obtener dos victorias del Supertazón en 1980 (como Jugador Más Valioso) y en 1983. (Clave: Condujo a su equipo de La Universidad de Stanford a obtener una victoria del Tazón de las Rosas contra La Universidad Estatal de Ohio en 1971.) *¿Quién es este antiguo jugador sobresaliente de la NFL, quien fue un recluta de primera selección y quien se jubiló después de su carrera estelar de fúbol profesional de l7 años?

828) *Nicknamed "El Diablo on Ice,"* Scott Gómez not only was this team's first round choice in the 1998 NHL draft (a first for a Latino), but helped them win the Stanley Cup. He also was awarded the Calder Award as the NHL Rookie of the Year. *For what team did Scott Gómez play?

Conocido por el sobrenombre «El diablo sobre hielo,» Scott Gómez no sólo fue el jugador de primera elección de este equipo en la primera ronda de selección en la Liga Nacional de Hockey (NHL) en 1998 (primera vez para un latino), sino ayudó a su equipo a ganar la Copa Stanley. También fue concedido el Premio Calder como Novato del Año de la NHL. *¿Para cuál equipo jugó Scott Gómez?

829) *In June 2000,* in a second round selection (Houston Rockets 38th pick), he became the second Mexicano* ever drafted by an NBA team. A native of Meoquí, Chihuahua, Mexico, he played his college basketball at the University of Oklahoma. Traded to the Dallas Mavericks after being selected by Houston, this 6-foot 8 power forward signed a new six-year contract after two years with Dallas worth $24 million. *Identify this NBA star who has become one of Mexico's most recognizable athletes. (*The 1970 NBA Draft saw the Atlanta Hawks select Manuel Page, making him the first Mexican ever drafted by the league. However, Page never played in the NBA. In a March 2, 1997 game, Phoenix Suns player Horacio Llamas was the first Mexican player ever to appear in an NBA game.)

En junio de 2000, en una segunda ronda de elección de jugadores (la selección global número 38 de Los Cohetes de Houston), este jugador llegó a ser el segundo mexicano* que jamás haya sido seleccionado por un equipo de la Asociación Nacional de Baloncesto (NBA). Natural de Meoquí, Chihuahua, México, jugó al baloncesto al nivel universitario en la Universidad de Oklahoma. Intercambiado para jugar con Los Mavericks de Dallas, después de haber sido seleccionado por Houston, este delantero de fuerza, de 6 pies 8 pulgadas de alto, firmó un nuevo contrato de 24 millones de dólares

por un período de seis años, después de haber jugado dos años con Dallas. Identifique a esta estrella de la NBA quien ha llegado a ser uno de los atletas más reconocibles de México. (*En la selección de jugadores de la NBA en 1970, Los Halcones de Atlanta seleccionaron a Manuel Page, lo cual le hizo el primer mexicano en haber sido seleccionado por la liga. Sin embargo, Page nunca jugó en la NBA. En un partido del 2 de marzo de 1997, el jugador de Los Soles de Phoenix, Horacio Llamas, fue el primer jugador mexicano en aparecer en un partido de la NBA.)

830) *What team did these five* Latino major leaguers manage/play for in the 1954 World Series?

> 1) Hall of Famer Al López (Florida) managed team to 111 victories in 1954.
> 2) Roberto Avila (Mexico) played 2nd base and was league batting champion.
> 3) Rudy Regalado (California), utility infielder.
> 4) Mike García (California), pitcher with a 19 and 8 season.
> 5) José Santiago (Puerto Rico), relief pitcher.

¿De cuál equipo fueron jugadores o mánagers en la Serie Mundial de 1954 los cinco siguientes jugadores latinos de la Liga Mayor?

> **1) Al López (Florida) del Salón de la Fama dirigió a su equipo a obtener 111 victorias en 1954.**
> **2) Roberto Avila (México) jugó de segunda base y fue el campeón de la liga en bateo.**
> **3) Rudy Regalado (California), jugador suplente del cuadro interior.**
> **4) Mike García (California), lanzador con una temporada de 19 victorias y 8 derrotas.**
> **5) José Santiago (Puerto Rico), lanzador de refuerzo.**

831) *She teamed with* Gigi Fernández to win an Olympic gold medal in doubles tennis. To win the gold, the pair had to defeat the Spanish team of Conchita Martinez and Arantxa Sánchez-Vicario before the King of Spain at the 1992 Olympics in Barcelona. This player, whose father had been born in Spain, was born in the Dominican Republic and raised in the United States. *Who is she?

Se asoció con Gigi Fernández para ganar una medalla olímpica de oro en dobles de tenis. Para ganarse la de oro, la pareja tuvo que vencer al equipo español de Conchita Martínez y Arantxa Sánchez-Vicario ante el rey de España en las Olimpiadas de Barcelona de

1992. Esta jugadora, cuyo padre había nacido en España, nació en la República Dominicana y fue criada en los Estados Unidos. *¿Quién es?

832) *His .982496 career* fielding average, with 1000 games played, is the best for shortstops in baseball history. He tied the American League record for most consecutive errorless games by a shortstop, with 95 straight. *Name the Caracas, Venezuela native (1967) who is an eight time golden glover.

Su promedio de carrera de 0,982496 con respecto a parar y devolver la pelota, con mil partidos jugados, es el mejor promedio de la historia del béisbol para un paracorto. Con un récord de 95 partidos consecutivos sin errores, este jugador empató con el récord de la Liga Americana con respecto al mayor número de partidos consecutivos jugados sin errores por un paracorto. *Identifique al natural de Caracas, Venezuela (1967), quien ganó ocho veces el Premio del Guante de Oro.

833) *US Latino athlete* Pablo Morales won three medals (two silver, one gold) at the 1984 Los Angeles Olympic Games. Eight years later, at the 1992 Barcelona Games, he added two more gold medals to his collection. *In what sport did this great athlete participate?

    a) gymnastics b) diving c) swimming

El atleta latino de los Estados Unidos, Pablo Morales, ganó tres medallas (dos de plata, una de oro) en los Juegos Olímpicos de Los Angeles en 1984. Ocho años después, en los Juegos de Barcelona de 1992, añadió dos medallas de oro más a su colección. *¿En cuál deporte participó este gran atleta?

    a) la gimnasia b) el salto acuático c) la natación

834) *He was the first Mexican American,* and only the second Hispanic up to that period, to win the Cy Young Award. In a strike-shortened 1981 season, this southpaw possessed an incredible screwball that baffled National League hitters and earned him a league high 180 strikeouts and a 2.48 ERA. *Name this native of Navojoa, Mexico, who spent ten years with the Los Angeles Dodgers.

Fue el primer mexicoamericano, y sólo el segundo hispano hasta aquel período, en ganar el Premio Cy Young. En la temporada de 1981, la cual fue acortada por huelgas, este zurdo ejecutaba un increíble lanzamiento con efecto, lo cual asombraba a los bateadores de la Liga Nacional y le valió un récord de liga de lo más alto nivel por 180 eliminaciones por strike y un promedio de 2,48 con respecto a carreras ganadas. *Identifique a este natural de Navojoa, México, quien pasó

diez años con Los Dodgers de Los Angeles.

835) *Joe Salas* was the first US Latino to win an Olympic medal (silver) at the 1924 Olympic Games in Paris. *For what sport did he win his medal?

Joe Salas fue el primer latino de los Estados Unidos en ganar una medalla olímpica (de plata) en los Juegos Olímpicos de 1924 en París. *¿En cuál deporte ganó su medalla?

836) *Puerto Rican relief pitcher* Willie Hernández, along with Aurelio López, led their American League team to a World Series victory over the San Diego Padres, 4 games to 1, in 1984. Hernández used his screwball with such great command that he not only won the Cy Young Award, but was also named American League MVP. *What team did Hernández pitch for while posting a 9-3 record and a 1.92 ERA?

El lanzador de refuerzo puertorriqueño, Willie Hernández, junto con Aurelio López, condujeron a su equipo de la Liga Americana a obtener una victoria en la Serie Mundial sobre los Padres de San Diego, 4 partidos a 1, en 1984. Hernández usó su lanzamiento con efecto con tan gran maña que no sólo ganó el Premio Cy Young, sino también fue nombrado el Jugador Más Valioso de la Liga Americana. *¿Para cuál equipo lanzó Hernández cuando tenía un récord de 9-3 y un promedio de 1,92 con respecto a carreras ganadas?

837) *At the Moscow Olympics* in 1980, María Colón of Cuba became the first Latina to win a gold medal. *She accomplished this feat in what track and field event? a) 1500 meters b) javeline throw c) long jump

En las Olimpiadas de Moscú en 1980, María Colón de Cuba llegó a ser la primera latina en ganar una medalla de oro. *¿En cuál prueba de carrera de pista y de competición atlética realizó ella esta hazaña? a) los 1.500 metros b) el tiro de la jabalina c) el salto de longitud

838) *In 1970,* he was the first Hispanic American to be elected into the Pro Football Hall of Fame. *Name this star player, who played with the Los Angeles Rams from 1948-1956 and was also the first Hispanic-American to be named a head coach in the NFL (New Orlean Saints 1967-1970).

En 1970, fue el primer hispanoamericano en ser elegido al Salón de la Fama del Fútbol Americano Profesional. *Identifique a este jugador estelar, quien jugó con Los Carneros de Los Angeles de 1948 a 1956, y quien también fue el primer hispanoamericano en ser nombrado entrenador principal en la NFL (Los Santos de Nueva Orleáns 1967-1970).

839) *Pedro J. Nolasco* won a silver medal at the 1984 Los Angeles Olympics for his country's only medal to date. *Identify either his country or his sport.

Pedro J. Nolasco ganó una medalla de plata en los Juegos Olímpicos de Los Angeles de 1984. Fue la única medalla olímpica de su país hasta la fecha. *Identifique o a su país o su deporte.

840*) Known as the Dominican Dandy,* this Hall of Fame pitcher had 243 wins and a 2.89 career ERA that spanned 16 seasons. This dominant pitcher won 20+ games in a season six times, along with 200+ strikeouts six times. *Identify the pitcher who threw a no-hitter against the Houston Astros in 1963. (Hint: This pitching icon, who played for the San Francisco Giants, made his major league debut with a one-hit, 2-0 victory over the Philadelphia Phillies on July 19, 1960.)

Conocido por el sobrenombre «el Dandy Dominicano,» este lanzador del Salón de la Fama tuvo 243 victorias y un promedio de 2,89 con respecto a carreras ganadas a través de su carrera que abarcó 16 temporadas. Este lanzador dominante ganó más de veinte partidos en una sola temporada seis veces, junto con más de 200 eliminaciones por strike seis veces. *Identifique al lanzador que fue responsable de un no-hitter contra Los Astros de Houston en 1963. (Clave: Este ídolo lanzador, quien había jugado para Los Gigantes de San Francisco, se estrenó en la Liga Mayor con una victoria de 2-0, con un solo hit contra Los Filis de Filadelfia el 19 de julio de 1960.)

841) *A golf gallery favorite,* he is famous for his entertaining style. Beginning his PGA career in 1960, he has won eight titles. In 1987, he led the senior money list with $509,145. *Identify the golfer who sometimes treats his golf club as a sword.

Un golfista favorito de la galería de golf, es famoso por su estilo entretenido. Empezó su carrera de la PGA en 1960 y ha ganado ocho campeonatos. En 1987, con 509.145 dólares en ganancias, el nombre de este golfista encabezó la lista de ganancias de los seniors. *Identifique al golfista quien a veces trata su palo de golf como una espada.

842) *She defeated Martina Navratilova* at Wimbledon to win her first Grand Slam tennis title in 1994. *Who is this tennis star, born in Monzón, Spain in 1972, who turned professional in 1988?

Venció a Martina Navratilova en Wimbledon para ganar su primer campeonato de tenis Grand Slam en 1994. *¿Quién es esta tenista estelar que nació en Monzón, España en 1972, y quien se convirtió

en profesional en 1988?

843) *What are* the Latin American names for soccer and baseball?

¿Cómo se dicen «soccer» y «baseball» en español en Latinoamérica?

844) *Mexico's boxing team* won four medals in the Mexico City 1968 Olympic Games. Felipe Muñoz upset the Russian champion in spectacular fashion to win a gold medal in what sporting event?

El equipo mexicano de boxeo ganó cuatro medallas en los Juegos Olímpicos de 1968 en la Ciudad de México. Felipe Muñoz venció inesperadamente al campeón ruso de manera espectacular y ganó una medalla de oro. ¿En cuál prueba deportiva fue?

845) *Raffi Torres'* first round NHL selection in 1999 made it two consecutive Latino first round draft picks in as many years in professional hockey. *Who selected Torres in the first round draft?

Con la selección de Raffi Torres en la primera ronda de selecciones en la NHL en 1999, había dos selecciones consecutivas de latinos en la primera ronda dentro del mismo número de años con respecto al hockey profesional. *¿Quién seleccionó a Torres en la selección de la primera ronda?

846) *He was the first Mexican born player* to play in major league baseball. He began his career with the Boston Red Sox in 1933 and set a major league record by scoring nine runs in a double-header in 1937. In a seven year career, this outfielder finished with a .284 lifetime batting average. *Who was he?

      a) Santos Carreón b) Joaquín Gómez c) Baldomero Almada

Fue el primer jugador de nacimiento mexicano en jugar en las Ligas Mayores del béisbol. Empezó su carrera con las Medias Rojas de Boston en 1933 y estableció un récord en las Ligas Mayores al anotar nueve carreras en dos partidos consecutivos de una doble cartelera en 1937. En una carrera de siete años, este jugador del cuadro exterior terminó su carrera con un promedio global de bateo de 0,284. *¿Quién fue?

      a) Santos Carreón b) Joaquín Gómez c) Baldomero Almada

847) *Spaniard Pau Gasol* became the first Latino to win the NBA Rookie of the Year award in a unanimous vote. *Identify the team Gasol played for, where he averaged 17.6 points and 8.9 rebounds per game.

El español Pau Gasol llegó a ser el primer latino en ganar el premio del Novato del Año de la NBA en un voto unánime. *Identifique el equipo por el cual jugó Gasol, cuando tuvo un promedio de 17,6

puntos y 8,9 rebotes por partido.

848) *Mexican American Arturo Moreno* purchased this Major League baseball team for $182.5 million in May of 2003. *What team had Mr. Moreno purchased? (Hint: It was an American League team.)

El mexicoamericano Arturo Moreno compró este equipo de la Liga Mayor por 182,5 millones de dólares en mayo de 2003. *¿Cuál equipo había comprado el Sr. Moreno? (Clave: Fue un equipo de la Liga Americana.)

849) *He was the American League MVP* in 1996 and 1998. His 1,123 RBIs, over ten seasons since 1991, rank him fourth among major league players. (Hint: He goes by the nickname, "Igor.") *Identify this native of Arecibo, Puerto Rico, who is currently the starting right-fielder for the Cleveland Indians.

Fue el Jugador Más Valioso de la Liga Americana en 1996 y 1998. Con sus 1.123 carreras empujadas, a través de diez temporadas desde 1991, este jugador figura en cuarto lugar entre los jugadores de la Liga Mayor. (Clave: Tiene el apodo «Igor.») *Identifique a este natural de Arecibo, Puerto Rico, quien actualmente sirve de jugador exterior inicial de la parte derecha del campo para Los Indios de Cleveland.

850) *He had four* 20-plus victories as a top American League pitcher in 1969, 1970, 1971, and 1974, a combined total of 87-38. *Who is this Cuban American who played for the Baltimore Orioles?

Tuvo cuatro temporadas con más de veinte victorias como uno de los mejores lanzadores de la Liga Americana en 1969, 1970, 1971, y 1974, con un total combinado de 87 victorias y 38 derrotas. *¿Quién es este cubanoamericano que jugó para Los Orioles de Baltimore?

851) *Latino boxers from five countries* (Cuba, Mexico, Colombia, Spain, USA) won eleven medals at the Munich Olympic Games in 1972. Teófilo Stevenson took his first of three heavyweight division gold medals. *What country did Teófilo Stevenson represent at the Olympics?

Los boxeadores latinos de cinco países (Cuba, México, Colombia, España, Los Estados Unidos) ganaron once medallas en los Juegos Olímpicos de Munich en 1972. Teófilo Stevenson ganó la primera de sus tres medallas de oro en la división de peso pesado. *¿A cuál país representó Teófilo Stevenson en las Olimpiadas?

852) *Among a host* of tennis tournament titles, she won five Wimbledon doubles titles with her tennis partner Billie Jean King. *Who is this

women's tennis champion, whose family immigrated from El Salvador to San Francisco in 1948?

Además de haber ganado numerosos campeonatos de torneo de tenis, esta tenista ganó cinco campeonatos en dobles en Wimbledon con su pareja de tenis Billie Jean King. *¿Quién es esta campeona de tenis, cuya familia inmigró de El Salvador a San Francisco en 1948?

853) *In what year did José Canseco* become the first baseball player in the history of the game to hit 40 home runs and steal 40 bases in the same season?

     a) 1986 b) 1988 c) 1991

¿En qué año llegó a ser José Canseco el primer jugador de béisbol de la historia del juego en ejecutar 40 jonrones y en robar 40 bases en la misma temporada?

     a) 1986 b) 1988 c)1991

854) *Alberto Juantorena* was a Cuban track and field star who won gold medals in the 400 and 800 meter races in Olympic record times. *In what year did he accomplish this feat?

     a) 1976 b) 1984 c) 1992

Alberto Juantorena fue una estrella de carreras de pista y de competición atlética quien ganó medallas de oro en las carreras de 400 y 800 metros, batiendo récords olímpicos. *¿En qué año realizó Juantorena esta hazaña?

     a) 1976 b) 1984 c)1992

855) *What year did the Baby Bull,* Orlando Cepeda, win his first and only baseball MVP award?

     a) 1963 b) 1967 c) 1972

¿En qué año ganó Orlando Cepeda, conocido por el sobrenombre «El Torito,» su primer y único premio de béisbol como el Jugador Más Valioso?

     a) 1963 b) 1967 c)1972

856) *How many Kentucky Derbies* has jockey Angel Cordero, Jr. won?

     a) two b) three c) five

¿Cuántas pruebas hípicas del Derbi de Kentucky ha ganado el jinete Angel Cordero hijo?

     a) dos b) tres c) cinco

857) *In what year did boxer* Julio César Chávez begin his pro boxing career?

     a) 1968 b) 1977 c) 1980

¿En qué año empezó su carrera profesional en boxeo el boxeador Julio César Chávez?

   a) 1968 b) 1977   c) 1980

858) *Esteban Ballán* was the first Latino to enter what American sport in 1871?

Esteban Ballán fue el primer latino en participar en cierto deporte estadounidense en 1871. ¿Cuál deporte fue?

859) *Cubans Guillermo Rigondeaux Ortiz,* Mario Kindelan, Jorge Gutiérrez, and Félix Savón all won gold medals in what Olympic sport at the 2000 games held in Sydney, Australia?

Los cubanos Guillermo Rigondeaux Ortiz, Mario Kindelan, Jorge Gutiérrez, y Félix Savón todos ganaron medallas de oro en cierto deporte olímpico en los Juegos Olímpicos de 2000 que tuvieron lugar en Sydney, Australia. ¿Cuál deporte olímpico fue?

860) *He was born in the Dominican Republic* in 1971, and is the only player to win the Cy Young Award in both leagues. In 1997, with Montreal, he was 17-8 with a 1.90 ERA and 305 strikeouts. Two years later with Boston, he went 23-4 with a 2.07 ERA. He is the first pitcher in 25 years to have more than 300 strikeouts, with an ERA below 2.00. *Who is this dominant right-handed pitcher?

Nació en la República Dominicana en 1971, y es el único jugador en ganar el Premio Cy Young en ambas ligas. En 1997, con Montreal, tuvo 17 victorias y 8 derrotas con un promedio de 1,90 con respecto a carreras ganadas y 305 eliminaciones por strike. Dos años después con Boston, tuvo 23 victorias y cuatro derrotas con un promedio de 2,07 con respecto a carreras ganadas. Es el primer lanzador en los 25 últimos años en tener más de 300 eliminaciones por strike, con un promedio de carreras ganadas de menos de 2,00. *¿Quién es este lanzador dominante que usa la mano derecha?

861) *The tremendously talented* Cuban baseball team has won how many Olympic gold medals up to the 2000 Games held in Sydney?

   a) 2 gold medals   b) 3 gold medals   c) 4 gold medals

Hasta los Juegos Olímpicos de 2000 que tuvieron lugar en Sydney, ¿cuántas medallas de oro ha ganado el tremendamente talentoso equipo de béisbol cubano?

   a) dos medallas de oro b) tres medallas de oro c) cuatro medallas de oro

862) *This Hall of Fame baseball player* was born in Carolina, Puerto Rico in 1934, and died in an airplane crash in Nicaragua in 1972 while

aiding earthquake victims . During his stellar career, he amassed 3,000 hits, .317 batting average, four batting titles, a 300+ batting average 13 times, and twelve consecutive Gold Glove awards. *Identify this all-star baseball player who was named the World Series MVP in 1966 and 1971. In the '71 series, he batted a staggering .414.

Este jugador de béisbol del Salón de la Fama nació en Carolina, Puerto Rico en 1934, y murió en un accidente de avión en Nicaragua en 1972 durante una misión en que ayudaba a víctimas de un terremoto. Durante su carrera estelar, ejecutó un total de 3.000 hits, tuvo un promedio de bateo de 0,317, ganó cuatro campeonatos de bateo, y tuvo un promedio de bateo de más de 300 trece veces, y consiguió doce premios consecutivos del Guante de Oro. *Identifique a este jugador de béisbol del equipo de las estrellas, quien fue nombrado el Jugador Más Valioso de la Serie Mundial en 1966 y en 1971. En la serie de 1971, bateó un asombroso 0,414.

863) *After winning four Grand Slam titles* and once holding the No. 1 ranking, what Spanish female tennis star retired at the age of 30, after a 17-year career? (Hint: She turned professional in 1985 and won 29 singles titles. Among her victories were the French Open championships in 1989, 1994 and 1998, and the US Open crown in 1994, when she defeated Steffi Graf in the final.)

Después de haber ganado cuatro campeonatos Grand Slam y de haber figurado una vez en primer lugar, ¿cuál tenista española estelar se retiró a la edad de 30 años, después de una carrera de 17 años? (Clave: Se convirtió en profesional en 1985 y ganó 29 campeonatos de tenis individual. Entre sus victorias se incluyen los Campeonatos Abiertos Franceses en 1989, 1994 y 1998, y la corona del Campeonato Abierto de los Estados Unidos en 1994, cuando venció a Steffi Graf en la final.)

864) *Though he came in second,* behind Mark McGwire, in the great home-run race of 1998, he won baseball Most Valuable Player award. His statistics for his all-star season were: .308 batting average, 66 HR, 134 runs and 158 RBI . *Identify this great Chicago Cub player.

Aunque figuró en segundo lugar, detrás de Mark McGwire, en la gran carrera de jonrones de 1998, ganó el premio del Jugador Más Valioso del béisbol. Sus estadísticas de su temporada estelar fueron: un promedio de bateo de 0,308, 66 jonrones, 134 carreras y 158 carreras empujadas. *Identifique a este gran jugador de Los Cachorros de Chicago.

865) *Rafael "Felo" Ramírez* began his career as a baseball radio announcer with Radio Salas in Havana, Cuba in 1945. He has been a major voice in professional baseball in Venezuela and Puerto Rico for more than 30 years, broadcasting at least 40 Caribbean World Series since 1949. His career highlights include such landmark baseball events as Don Larsen's perfect World Series game, Roberto Clemente's 3,000th career hit, and Hank Aaron's 715th home run. A Ford C. Frick Award recipient in 2001, Cuban born Ramírez has been the radio voice for what Major League team since its inception in 1993?

Rafael «Felo» Ramírez empezó su carrera como locutor de béisbol con Radio Salas en La Habana, Cuba en 1945. Figura entre las voces importantes del béisbol profesional en Venezuela y Puerto Rico desde más de 30 años, y ha servido de locutor para, por lo menos, 40 Series Mundiales del Caribe desde 1949. Lo saliente de su carrera incluye tales hitos de béisbol como el partido perfecto de Don Larsen de la Serie Mundial, el hit número 3.000 de la carrera de Roberto Clemente, y el jonrón número 715 de Hank Aaron. Recipiente del Premio Ford C. Frick en 2001, Ramírez, quien es cubano de nacimiento, sirve de locutor de radio para un equipo de la Liga Mayor desde su comienzo en 1993. *¿Cuál equipo es?

866) *On September 12, 1976,* this Chicago White Sox batter became the oldest player - at 54 years of age - to get a base hit in a major league game. (Hint: He was a top ten player in the American League during the 1950s.) *Who was he?

El 12 de septiembre de 1976, este bateador de las Medias Blancas de Chicago se convirtió en el jugador más viejo – a la edad de 54 años – en obtener una base por hit en un partido de la Liga Mayor. (Clave: Figuró entre los diez mejores jugadores de la Liga Americana en los años cincuenta.) *¿Quién fue?

867) *NFL Hall of Famer* Steve Van Buren, whose mother was of Honduran heritage, led what team to two NFL championships during the 1940s?

Steve Van Buren del Salón de la Fama de la NFL, cuya madre fue de origen hondureño, condujo a cierto equipo a dos campeonatos de la NFL durante los años cuarenta. *¿Cuál equipo fue?

868) *This major league star second baseman* was born into a baseball family in Ponce, Puerto Rico in 1968. His father played 15 seasons in the major leagues and his brother was AL Rookie of the Year in 1990 and a six-time All-Star catcher with the Cleveland Indians from 1990 to 2000.

The third member of this baseball family has appeared in 11 All-Star games, has nine Golden Glove Awards and is a career .306 hitter. *Identify the members of this talented baseball family.

Este jugador estelar de segunda base de la Liga Mayor nació en una familia de jugadores de béisbol en Ponce, Puerto Rico en 1968. Su padre jugó quince temporadas en las ligas mayores y su hermano fue el Novato del Año de la Liga Americana en 1990 y un receptor del Equipo de las Estrellas seis veces con Los Indios de Cleveland de 1990 a 2000. El tercer miembro de esta familia de jugadores de béisbol ha aparecido en once partidos de las estrellas, tiene nueve premios del Guante de Oro y tiene un promedio de bateo de 0,306 en su carrera. *Identifique a los miembros de esta familia talentosa de jugadores de béisbol.

869) *What is golfing great* Chi Chi Rodriguez's real first name?
    a) Pedro b) Manuel c) Juan
¿Cuál es el nombre de pila verdadero del gran golfista Chi Chi Rodríguez?
    a) Pedro b) Manuel c) Juan

870) *Mexico became the first country* to host the World Cup tournament twice. *Identify the years.
México fue el primer país en organizar el torneo de la Copa Mundial dos veces. *Identifique los años.

871) *During the 1996 baseball season,* what Puerto Rican baseball player sustained a broken wrist, causing him to miss the final 38 games of the season? He had amassed 40 home runs and 100 RBIs before his 304 consecutive game playing streak was broken. *Who is he?
Durante la temporada de béisbol de 1996, ¿cuál jugador puertorriqueño de béisbol sufrió una muñeca fracturada, lo cual le hizo faltar a los 38 últimos partidos de la temporada? Tuvo un total de 40 jonrones y 100 carreras empujadas antes de que se terminara su racha de 304 partidos que fueron jugados consecutivamente. *¿Quién es?

872) *This Nicaraguan boxing champion* won world titles in three classes: featherweight, super featherweight, and lightweight. He won his first title (featherweight) by knocking out Ruben Olivares in 13 rounds. His career record was 88-8, with 64 by knockout. *Who is he?
Este campeón de boxeo nicaragüense ganó campeonatos mundiales en tres clases: peso pluma, peso superpluma, y peso ligero. Ganó su primer campeonato (de peso pluma) al poner fuera de combate a

Ruben Olivares en 13 asaltos. Su récord de carrera fue de 88 a 8, con 64 por «knock out. » *¿Quién es?

873) *At the Olympic Games* held in London in 1948, Panama's Lloyd Lebeach won his country's only two Olympic medals (bronze) to date in what sport category?

    a) track and field b) swimming c) archery

En los Juegos Olímpicos llevados a cabo en Londres en 1948, Lloyd Lebeach de Panamá ganó las dos únicas medallas olímpicas (de bronce) de su país hasta la fecha en cierta categoría de deportes. *¿Cuál deporte fue?

    a) la carrera de pista y de competición atlética b) la natación
    c) el tiro al arco

874) *This Panamanian national baseball hero* won the American League batting title six consecutive years and seven total. He began his baseball career as Rookie of the Year in 1967 and was the Major League Most Valuable Player in 1977. During his career, he amassed a .328 lifetime batting average with 3,053 career hits. He was named to 18 straight All-Star teams and his seven steals of home plate in 1969 is a single-season total only surpassed by Ty Cobb. *Identify this baseball Hall of Famer who played for the Minnesota Twins and California Angels.

Este héroe nacional de béisbol, de origen panameño, ganó el campeonato de bateador de la Liga Americana seis años consecutivos para un total de siete veces. Empezó su carrera de béisbol como Novato del Año en 1967 y fue el Jugador Más Valioso de la Liga Mayor en 1977. Durante su carrera, tuvo un promedio total de bateo de 0,328 con un total de 3.053 hits en su carrera. Fue nombrado 18 veces consecutivas a equipos de las estrellas y sus siete robos de la meta en 1969 es un total de una sola temporada que solamente fue superado por Ty Cobb. *Identifique a este jugador de béisbol del Salón de la Fama quien jugó para Los Gemelos de Minnesota y Los Angeles de California.

875) *Oswaldo M. Herbruger,* representing what Central American country at the 1980 Moscow Olympics, won his country's only Olympic medal to date (silver), in the equestrian three day event?

    a) Guatemala b) El Salvador c) Honduras

Oswaldo M. Herbruger representó a un país centroamericano en las Olimpiadas de Moscú de 1980 y ganó la única medalla olímpica de su país hasta la fecha (una medalla de plata), en la prueba de equitación de tres días. *¿A cuál país centroamericano representó

Oswaldo Herbruger?
   a) Guatemala b) El Salvador c) Honduras

876) *The only perfect game* pitched by a Latino was accomplished by a Nicaragua-born player against Los Angeles Dodgers. *Who was this Montreal Expo player?

El único partido perfecto que fue lanzado por un latino se atribuye a un jugador, nicaragüense de nacimiento, en un partido contra Los Dodgers de Los Angeles. *¿Quién fue este jugador de Los Expos de Montreal?

877) *Baseball great* Rod Carew is the only Latino player to have his jersey number retired by two teams. *Identify the two teams.

El gran jugador de béisbol Rod Carew es el único jugador latino en tener su número de jersey retirado por dos equipos. *¿Cómo se llaman los dos equipos?

878) *In this internationally famous* marathon footrace held in North America, Andrés Espinosa of Mexico holds the second best time in the history of this race at 2:07:19. In 1994, Espinosa finished four seconds behind winner Cosmas Ndeti of Kenya. *Name this prestigious race.

En este famoso maratón y carrera pedestre, conocido al nivel internacional y llevado a cabo en Norteamérica, Andrés Espinosa de México tiene el segundo mejor tiempo de la historia de esta carrera a 2:07:19. En 1994, Espinosa acabó la carrera cuatro segundos detrás del ganador Cosmas Ndeti de Kenia. *¿Cómo se llama esta carrera prestigiosa?

879) *Who was the last player* to win a Major League baseball batting title without hitting a home run?

¿Quién fue el último jugador en ganar un campeonato en bateo de béisbol de la Liga Mayor sin batear un jonrón?

880) *This Panamanian boxing legend* was the first Hispanic boxer to have held championship titles in four different weight divisions. In 1972, he won his first world title against Ken Buchanan of Scotland. In 1989, he won a split decision over Iran Barkley for the WBC middleweight crown. *Identify the boxing icon who held world titles as a lightweight, welterweight, junior middleweight, and middleweight.

Este legendario boxeador panameño fue el primer boxeador hispano en ganar campeonatos en cuatro divisiones de peso diferentes. En 1972, ganó su primer campeonato mundial contra Ken Buchanan de Escocia. En 1989, ganó una decisión dividida contra Iran Barkley

para la corona de la división de peso medio del Campeonato de Boxeo Mundial. *Identifique al ídolo de boxeo quien ganó campeonatos mundiales en peso ligero, peso welter, peso medio de júnior, y peso medio.

881) *Lisa Fernández* was born in New York City in 1971 to a Puerto Rican mother and a Cuban father. In the 1996 and 2000 Olympic Games, she led her Olympic team to gold medals. *In what sport did Ms. Fernández participate?

Lisa Fernández nació en la Ciudad de Nueva York en 1971. Su madre fue puertorriqueña y su padre fue cubano. En los Juegos Olímpicos de 1996 y 2000, ella condujo a su equipo olímpico a conseguir medallas de oro. *¿En cuál deporte participó Lisa Fernández?

882) *One baseball player leads* (through the 2001 season) all other active Latino players in the following offensive categories: hits, runs batted in, runs, doubles, total bases, extra base hits, and games. *Who is this outstanding player?

     a) Sammy Sosa b) Rafael Palmeiro c) Juan González

Hasta el final de la temporada de 2001, un jugador de béisbol encabeza a todos los otros jugadores latinos activos en las siguientes categorías de la ofensiva: hits, carreras empujadas, carreras, dobles, número total de bases, bases suplementarias por hit, y partidos. *¿Quién es este jugador sobresaliente?

     a) Sammy Sosa b) Rafael Palmeiro c) Juan González?

883) *Among the many talented baseball players* to come from this country, familiar names for baseball fans include: Tony Fernandez, Rafael Santana, Alfredo Griffin, Ramón Martínez, George Bell, Julio Franco, Joaquín Andújar, and Rico Carty. *From what Latin American country do these players hail?

     a) Puerto Rico b) Venezuela c) Dominican Republic

Entre los numerosos talentosos jugadores de béisbol en proceder de este país, entre los nombres familiares a los aficionados del béisbol se incluyen: Toni Fernández, Rafael Santana, Alfredo Griffin, Ramón Martínez, George Bell, Julio Franco, Joaquín Andújar, y Rico Carty. *¿De cuál país latinoamericano vienen estos jugadores?

     a) Puerto Rico b) Venezuela c) La República Dominicana

884) *During a stretch of six Olympics* (1976-1996), Latino athletes took four gold medals in what event?

     a) 20-kilometer walk b) discus c) 10,000 meters

Durante una serie de seis olimpiadas (1976-1996), ¿en cuál prueba

ganaron los atletas latinos cuatro medallas de oro?
 a) la caminata de 20 kilómetros b) el disco c) los 10.000 metros

885) *Golf's Ryder Cup* was launched in 1927 by British seed merchant Samuel Ryder and is held every two years. The United States originally competed against Britain and Ireland, but, since 1979, against Europe. *Identify the Hispanic-American golfer who ranks fourth on the all-time win list, with 17 Ryder Cup victories.

La Copa de Golf Ryder fue iniciada en 1927 por el comerciante de semillas británico, Samuel Ryder, y tiene lugar cada dos años. Los Estados Unidos originariamente compitió contra Inglaterra e Irlanda, pero, desde 1979, compite contra Europa. *Identifique al golfista hispanoamericano que figura en cuarto lugar en la lista de ganadores de todos los tiempos, con 17 victorias de la Copa Ryder.

886) *Perhaps baseball's most famous* three brother combination belongs to the non-Hispanic Latino trio of Joe, Vince and Dom DiMaggio. However, the second most famous brother trio in baseball was Hispanic. Whereas the DiMaggio brothers grew-up in San Francisco, but played professionally elsewhere, these three Dominican brothers started simultaneously in the outfield for the San Francisco Giants. *Identify the three brothers, of whom the eldest is currently manager of the San Francisco Giants.

Quizás el grupo más famoso de tres hermanos del béisbol sea el trío no hispano de Joe, Vince y Dom DiMaggio. Por otra parte, el segundo trío más famoso de hermanos del béisbol era hispano. Mientras que los hermanos DiMaggio crecieron en San Francisco, pero jugaron profesionalmente en otra parte, estos tres hermanos dominicanos empezaron sus carreras simultaneamente en el extracampo para Los Gigantes de San Francisco. *Identifique a los tres hermanos, el mayor de los cuales es actualmente el mánager de Los Gigantes de San Francisco.

887) *Identify the three Hispanic baseball players* who have had their jersey numbers retired by their teams, never to be used again.
(Hint: The three teams include the Chicago White Sox, the Pittsburgh Pirates, and the San Francisco Giants.)

Identifique a los tres jugadores de béisbol, de origen hispano, quienes han tenido sus números de jersey retirados por sus equipos, para nunca usarse otra vez. (*Clave: Los tres equipos incluyen Las Medias Blancas de Chicago, Los Piratas de Pittsburgh, y Los Gigantes de San Francisco.)

888) *The 2002 NFL Monday Night Football* television series opened in Mexico City. Mexican President, Vicente Quesada Fox, welcomed all NFL fans to Mexico at the beginning of the ABC network telecast of this game. *Name the two teams that took part in this historic game.

La serie de televisión *Fútbol Americano de lunes por la noche*, de la temporada de 2002 de la NFL, se estrenó en la Ciudad de México. El presidente mexicano, Vicente Quesada Fox, dio la bienvenida a México a todos los aficionados de la NFL al principio de este partido televisado por la cadena ABC.

889) *In 1991,* Julio Franco of the Texas Rangers won the American League batting title with a .341 average. That same year, what Montreal Expo player pitched a perfect game against the Los Angeles Dodgers, winning 2-0 on July 28th? (This player also lead the league with a 2.29 ERA, had five shutouts and also tied with nine complete games.)

En 1991, Julio Franco de Los Guardabosques de Texas ganó el campeonato en bateo de la Liga Americana con un promedio de 0,341. Aquel mismo año, ¿cuál jugador de Los Expos de Montreal ejecutó un partido perfecto, lanzando contra Los Dodgers de Los Angeles y ganando 2-0 el 28 de julio? (Este jugador también encabezó la liga con un promedio de 2,29 con respecto a carreras ganadas, fue responsable de cinco blanqueadas, y también llegó a un empate con nueve partidos completos.)

890) *Active in the Hispanic community,* this NFL player has promoted the NFL in Mexico, is a spokesperson for the Hispanic Scholarship Fund, and holds an annual golf tournament fundraiser for Hispanic students in his home area. Who is this role model, perhaps the most popular Hispanic player today, who was named one of the 25 Most Beautiful People in *People En Español*?

Activo en la comunidad hispana, este jugador de la NFL ha fomentado la NFL en México, es portavoz para el Fondo Becario para Hispanos, y organiza un torneo anual de golf para recaudar fondos para estudiantes hispanos en la región de su hogar. ¿Quién es este modelo a imitar, quizás el jugador hispano más popular hoy en día, quien fue nombrado entre las 25 Personas Más Bellas de la revista *People en español*?

891) *He is only the second pitcher* in baseball history to strikeout over 300 batters in both the National and American leagues in a season (Randy Johnson is the other). To go with this impressive 1999 strikeout record, this American League pitcher recorded a 23-4 record with a 2.07 ERA,

earned Pitcher of the Month honors a record four times, and won the Cy Young award as the American League's best pitcher. *Name this Dominican future Hall of Famer.

Es sólo el segundo lanzador de la historia del béisbol en eliminar por strike a 300 bateadores en ambas ligas mayores, la nacional y la americana, en una sola temporada (Randy Johnson es el otro lanzador). Junto con este récord de eliminaciones por strike de 1999, este lanzador de la Liga Americana tuvo un récord de 23-4 con un promedio de 2,07 con respecto a carreras ganadas, fue concedido honores como Lanzador del Mes con un récord de cuatro veces, y ganó el premio Cy Young por Mejor Lanzador de la Liga Americana. *¿Cómo se llama este dominicano y futuro miembro del Salón de la Fama?

892) *While playing an end position* for St. Mary's College of California, he was the first Hispanic drafted by an NFL club (Washington Redskins) in the 1941 draft. *Who was he?

　　a) Ignacio Molinet b) Waldo Don Carlos c) Joe Aguirre

Mientras jugaba de extremo para el Colegio Universitario de Santa María de California, fue el primer hispano seleccionado por un club de la NFL (Las Pieles Rojas de Washington) en las selecciones de 1941. *¿Quién fue?

　　a) Ignacio Molinet b) Waldo Don Carlos c) Joe Aguirre

893) *Fernando Tatis* was born in San Pedro de Macoris, Dominican Republic, in 1975. Playing third base for the 1999 St. Louis Cardinals, Tatis became the first player in Major League history to accomplish what feat in a game played against the Los Angeles Dodgers on April 23rd?

Fernando Tatis nació en San Pedro de Macoris, República Dominicana, en 1975. Jugando de tercera base para Los Cardenales de San Luis de 1999, Tatis llegó a ser el primer jugador de la historia de la Liga Mayor en lograr cierto desafío en un partido jugado contra Los Dodgers de Los Angeles el 23 de abril. *¿Cuál desafío logró?

894) *What was special* for the 1999 opening day baseball game, featuring the Colorado Rockies and the San Diego Padres?

¿Qué había de especial con respecto al partido de béisbol de apertura de 1999, entre Los Rocosos de Colorado y Los Padres de San Diego?

895) *Name the Cleveland Indian player* who had 165 runs batted in during the 1999 baseball season, the most since Jimmie Foxx drove in 175 in 1938.

Identifique al jugador de Los Indios de Cleveland quien fue responsable de 165 carreras empujadas durante la temporada de béisbol de 1999, el mayor número desde 1938 cuando Jimmie Foxx impulsó 175 carreras empujadas.

896) *Nine National Football League teams* broadcast their games in Spanish on radio. *How many teams can you name?

Nueve equipos de la Liga Nacional de Fútbol Americano emiten sus partidos por radio en español. *¿Cuántos equipos puede Ud. identificar?

897) *Ivan Rodríguez* won the 1999 American League MVP award with a .332-35-113 season. *With what team did this Gold Glove catcher win the award?

Iván Rodríguez ganó el premio del Jugador Más Valioso de la Liga Americana de 1999 con una temporada de 0,332-35-113. *¿Con cuál equipo ganó el premio este receptor y ganador del premio del Guante de Oro?

898) *In 1998,* what player became the third member of the "40-40" club when he hit 42 home runs and stole 46 bases? (Hint: He did it with Seattle.)

En 1998, ¿cuál jugador llegó a ser el tercer miembro del club «40-40» cuando bateó 42 jonrones y robó 46 bases? (Clave: Lo realizó con Seattle.)

899) *What Olympic gold medal* team sports did Uruguay (1924/28) and Spain (1992) win?
      a) water polo b) soccer c) volleyball

¿En cuál deporte de equipo ganaron El Uruguay (1924/28) y España (1992) medallas olímpicas de oro?
      a) el polo acuático b) el fútbol c) el balonvolea

900) *He won the American League MVP* award in 1996 and 1998. He joined Reggie Jackson and Ken Griffy Jr. as only the third player to hit five home runs in a single post-season series. *Identify the player who was born in Vega Baja, Puerto Rico in 1969, and goes by the nickname of "Igor."

Este jugador ganó el premio del Jugador Más Valioso de la Liga Americana en 1996 y en 1998. Se unió a Reggie Jackson y a Ken Griffy hijo como sólo el tercer jugador en batear cinco jonrones en una sola serie de postemporada. *Identifique al jugador quien nació en Vega Baja, Puerto Rico en 1969, y se conoce por el sobrenombre «Igor.»

901) *Not only was he the first* Puerto Rican baseball player to be named

to baseball's Hall of Fame (Lefty Gómez was the first Hispanic), but he was also the first player in the history of the Hall of Fame where the five-year waiting period was waived for his immediate induction. *Who was he?

No sólo fue esta figura el primer jugador de béisbol de Puerto Rico en ser nombrado al Salón de la Fama del Béisbol (El Zurdo Gómez fue el primer hispano), sino también fue el primer jugador de la historia del Salón de la Fama cuyo período de espera de cinco años fue eliminado para permitir su admisión de inmediato. *¿Quién fue?

902) *The all-time record* for most games (2,581) played at shortstop is held by a Venezuelan Hall of Fame player. He also holds the American League record for assists (8,016), chances (12,564) and putouts (4,548). He is credited with resurrecting the stolen base as an offensive weapon, stealing over 50 bases three consecutive seasons and leading the American League in stolen bases for nine straight seasons. *Name this graceful shortstop who, over an 18-year major league career, never played any other position except shortstop.

Un jugador venezolano del Salón de la Fama tiene el récord de todos los tiempos con respecto al mayor número de partidos jugados (2.581) de paracorto. También tiene el récord de la Liga Americana con respecto a asistencias (8.016), oportunidades (12.564), y eliminaciones (4.548). Se le atribuye la resucitación de la técnica de la base robada como arma ofensiva, robando más de 50 bases en tres temporadas consecutivas y encabezando a la Liga Americana en bases robadas por nueve temporadas sucesivas. *Identifique a este paracorto ágil quien, durante una carrera de la Liga Mayor de 18 años, nunca jugó ninguna otra posición excepto la de paracorto.

903) *Martín Dihigo Llanos* was elected into the Baseball Hall of Fame in 1977 by the Committee on Negro Leagues and is considered one of the most versatile baseball players in history. Known by the nick name "El Maestro," Llanos could play all nine positions skillfully. He was a star in many countries, including Mexico, Puerto Rico, Venezuela, Cuba, and spent 12 seasons in the US Negro leagues. As a pitcher in the 1938 Mexican league, he went 18-2, with a league leading 0.90 ERA, and won the batting title with a .387 batting average. *What is the birthplace of this extraordinary ball player who is also a member of the Cuban and Mexican baseball halls of fame?

a) Venezuela b) Cuba c) Dominican Republic

Martín Dihigo Llanos fue elegido al Salón de la Fama del Béisbol en 1977 por el Comité de Ligas de Negros, y se le considera como uno

de los jugadores de béisbol más polifacéticos de la historia. Conocido por el sobrenombre "El Maestro," Llanos pudo jugar todas las nueve posiciones con habilidad. Fue una estrella en muchos países entre que se incluyen México, Puerto Rico, Venezuela, Cuba, y pasó doce temporadas en las ligas estadounidenses para negros. Como lanzador en la liga mexicana de 1938, tuvo un récord de 18-2, y encabezó la liga con un promedio de 0,90 con respecto a carreras ganadas, y ganó el campeonato de bateo con un promedio de bateo de 0,387. *¿Cuál es el lugar de nacimiento de este extraordinario jugador de béisbol, quien es también miembro de los salones de fama del béisbol de México y Cuba?

a) Venezuela b) Cuba c) La República Dominicana

904) *After Cuba (29),* Spain (11), and Mexico (6), what other Hispanic countries won medals at the 2000 Olympic Games in Sydney, Australia? **Después de Cuba (29), España (11), y México (6), ¿cuáles otros países hispanos ganaron medallas en los Juegos Olímpicos de 2000 en Sydney, Australia?**

905) *Born in Rodeo, CA* in 1908, this left-handed pitcher had a blazing fast ball and, during the 1930s, was a four time 20 game winner. Elected into baseball's Hall of Fame in 1972, he set a World Series record by winning six games without a loss. He helped his New York Yankee team win seven league titles while leading the league twice in winning percentage and ERA, and three times in strikeouts. *Name this outstanding pitcher who was the winning pitcher in baseball's first major league All-Star game and also had his first RBI of this historic game played on July 6, 1933. **Nacido en Rodeo, California en 1908, este lanzador zurdo lanzaba bolas rápidas como un rayo y, durante los años treinta, fue ganador de 20 partidos cuatro veces. Elegido al Salón de la Fama del béisbol en 1972, estableció un récord de la Serie Mundial al ganar seis partidos sin derrota. Le ayudó a su equipo, Los Yanquis de Nueva York, a ganar siete campeonatos de liga mientras encabezaba la liga dos veces en porcentajes con respecto a victorias y en promedios de carreras ganadas, y tres veces en eliminaciones por strike. *Identifique a este lanzador sobresaliente, quien fue el lanzador ganador del primer partido de béisbol de las estrellas de la Liga Mayor, y quien también obtuvo su primera carrera ganada de este partido histórico que fue jugado el 6 de julio de 1933.**

906) *His record of 1,918 games caught* behind the plate stood for more than 40 years. After a successful career as a catcher, this baseball Hall of

Famer also found success as a baseball manager. His Cleveland Indian team set an American League record with 111 victories in 1954. His 1959 "Go-Go" Chicago White Sox team won their first pennant since 1919 under his leadership. *Name this baseball man who was the only manager to beat out the New York Yankees for the American League title between 1949 and 1964.

Su récord de 1.918 partidos como receptor detrás de la base meta no fue batido por más de 40 años. Después de una exitosa carrera como receptor, este jugador de béisbol del Salón de la Fama también tuvo éxito como un mánager de béisbol. Su equipo de Los Indios de Cleveland estableció un récord en la Liga Americana con 111 victorias en 1954. Su equipo de "Go-Go" de las Medias Blancas de Chicago ganó su primer banderín de campeonato desde 1919 bajo su dirección. *Identifique a este hombre del béisbol quien fue el único mánager en vencer a los Yanquis de Nueva York para el campeonato de la Liga Americana entre 1949 y 1964.

907) *What two countries* did Argentina defeat to win the 1978 and 1986 World Cup Soccer Tournament?

¿A cuáles dos países venció La Argentina para ganar el Torneo de la Copa Mundial de Fútbol en 1978 y 1986?

908) *He was elected* to Baseball's Hall of Fame in 2000, and his 1,652 runs batted in rank as the most by a Hispanic player in major league history. He was an invaluable member of Cincinnati's "Big Red Machine" clubs of the 1970s. A feared clutch hitter, he had seven 100+ RBI seasons during his baseball career. Name this Cuban-born player, whose 15th inning home run propelled the National League to victory in the longest All-Star game in history on July 11, 1967.

Fue elegido al Salón de la Fama del béisbol en 2000, y sus 1.652 carreras empujadas figuran como el máximo por un jugador hispano en la historia de la Liga Mayor. Fue un miembro valiosísimo de los clubs de la «Gran Máquina Roja» de Cincinnati de los años setenta. Un bateador auxiliar de temer, tuvo siete temporadas de más de 100 carreras empujadas durante su carrera de béisbol. Identifique a este jugador que nació en Cuba, cuyo jonrón de la entrada número quince condujo a la Liga Nacional a la victoria en el partido de las estrellas más largo de la historia el 11 de julio de 1967.

909) *He was a household name* in the Latin American baseball community for over 50 years. A 1985 recipient of the Ford C. Frick Award for contributions to baseball, this legendary announcer shared the micro-

phone with 2001 Frick recipient Rafael "Felo" Ramírez on the Gillette Cavalcade of Sports, a show broadcast over the largest network of Hispanic radio stations ever assembled. As a Spanish language broadcaster, he did an unprecedented 42 World Series, beginning in 1937. *Name the legendary broadcaster, who also did Spanish language broadcasts of New York Yankees home games for the city's more than two million Latinos and Puerto Ricans.

Su nombre fue conocido en los hogares de la comunidad de béisbol latinoamericano por más de 50 años. Un recipiente del Premio Ford C. Frick en 1985 por sus aportaciones al béisbol, este legendario locutor compartió el micrófono con el recipiente del Premio Frick de 2001, Rafael «Felo» Ramírez, en la Cabalgata de Deportes de Gillette, un programa emitido por la red más grande de emisoras de radio hispano que jamás se hayan reunido. Como locutor en idioma español, presentó, a partir de 1937, un número inaudito de Series Mundiales (42). *Identifique a este legendario locutor, quien también presentó emiciones en idioma español de los partidos en casa de los Yanquis de Nueva York a más de 2 millones de latinos y puertorriqueños de la ciudad.

910) *While leading the 1967* St. Louis Cardinals to the National League pennant and eventual World Championship, he compiled a league-leading 111 RBIs. For his efforts, he was selected as the first unanimous Most Valuable Player for the National League since Carl Hubbell in 1936. *Identify this Puerto Rican great who entered baseball's Hall of Fame in 1999. (Hint: As a Boston Red Sox, he was the first designated hitter to hit a home run on April 8, 1973.)

Al conducir a Los Cardenales de San Luis de 1967 a conseguir el banderín de campeonato de la Liga Nacional y más tarde a participar en el Campeonato Mundial, este jugador tuvo un total de 111 carreras empujadas, el máximo para la liga. Para sus esfuerzos, llegó a ser el primer Jugador Más Valioso de la Liga Nacional, desde Carl Hubbell en 1936, en ser seleccionado de manera unánime. *Identifique a este gran puertorriqueño quien formó parte del Salón de la Fama en 1999. (Clave: Como jugador de las Medias Rojas de Boston, fue el primer bateador designado en batear un jonrón el 8 de abril de 1973.)

911) *Tab Ramos* starred for what US national team?
¿Para cuál equipo nacional estadounidense fue Tab Ramos una figura estelar?

912) *Who is the only player* in baseball history to win batting crowns in

his first two seasons? (Hint: He did it with the Minnesota Twins.)

¿Quién es el único jugador de la historia del béisbol en ganar coronas en bateo en sus dos primeras temporadas? (Clave: Las ganaron con Los Gemelos de Minnesota).

913) *He won 229 games* during his career and is one of only four pitchers to throw four straight shutouts (1966, Cleveland Indians). Other impressive highlights include leading the American League in shutouts three times (1966, 1968, and 1972), pitching 40 and 41 consecutive shutout innings, a feat only accomplished by one other pitcher in major league history (Walter Johnson). *Identify this cigar smoking, Cuban-born pitcher who delighted fans with his collection of pitching deliveries. (Hint: Legendary Mickey Mantle ruined this pitching great's 1968 bid for a no-hitter with his last major league hit.)

Ganó 229 partidos durante su carrera y es uno de sólo cuatro lanzadores responsables de cuatro blanqueadas sucesivas (1966, Los Indios de Cleveland). Otras culminaciones impresionantes incluyen tener tres veces el mayor número de blanqueadas de la Liga Americana (1966, 1968, y 1972), lanzar en 40 y 41 entradas consecutivas que fueron blanqueadas, un desafío sólo logrado por un solo otro lanzador de la historia de la Liga Mayor (Walter Johnson). *Identifique a este fumador de cigarros y lanzador que nació en Cuba y quien agradó a sus aficionados con sus varios lanzamientos. (Clave: El legendario Mickey Mantle frustró el intento de este gran lanzador en 1968 de conseguir un no-hitter con su último bateo de la Liga Mayor.)

914) *Through 1999,* he was fifth on the all-time win list for jockeys, with 7,057 wins, and seventh in earnings with $164,561,227. (Hint: A real angel.) *Who is the renowned jockey who won three Kentucky Derbies during a 31-year career, and was the first Puerto Rican to be inducted into the Thoroughbred Racing Hall of Fame in 1988?

Hasta el final de 1999, fue quinto en la lista de jinetes victoriosos de todos los tiempos, con 7.507 victorias, y fue séptimo en ganancias con 164.561.227 de dólares. (Clave: Un verdadero ángel.) *Identifique a este jinete célebre, quien ganó tres derbis de Kentucky durante su carrera de 31 años, y quien fue el primer puertorriqueño en ser admitido en 1988 al Salón de la Fama de Carreras de Caballos de Pura Sangre.

915) *Name the baseball player* who collected the most pinch-hits in one season.

a) José Morales b) César Gerónimo c) Manny Mota

Identifique al jugador de béisbol quien sirvió de bateador suplente el mayor número de veces en una sola temporada.
   a) José Morales b) César Gerónimo c) Manny Mota

916) *Born Víctor Pellot* in Arecibo, Puerto Rico (1931), this flamboyant first baseman played in the major leagues for twelve seasons, from 1954 to 1965. He was the last player to steal home plate twice in one game. *Who is he?

Víctor Pellot nació en Arecibo, Puerto Rico (1931). Este extravagante jugador de primera base jugó en las ligas mayores por doce temporadas, de 1954 a 1965. Fue el último jugador en robar la base meta dos veces en un solo partido. *¿Quién es?

917) *He was the first Cuban* to play in the major leagues, from 1912 to 1932. *Who was he?
   a) Mike González b) Dolf Luque c) Chico Calderón

Fue el primer cubano en jugar en las ligas mayores, de 1912 a 1932. *¿Quién fue?
   a) Mike González b) Dolf Luque c) Chico Calderón

918) *Mil Máscaras,* Pepper Gómez, Tito Santana, Carlos Colón, Rey Misterio, Manny Fernández, Dos Caras, Miguel Pérez, José Rivera, El Sicodélico, and Pedro Morales are names associated with what popular spectator sport?

¿Con cuál deporte popular de las masas se asocian los siguientes nombres? Mil Máscaras, Pepper Gómez, Tito Santana, Carlos Colón, Rey Misterio, Manny Fernández, Dos Caras, Miguel Pérez, José Rivera, El Sicodélico, y Pedro Morales.

919) *Name the Cuban-born pitcher* for the 1997 Florida Marlins who was named MVP of the World Series played against the Cleveland Indians.

Identifique al lanzador, cubano de nacimiento, quien jugó para Los Marlins de Florida en 1997, y quien fue nombrado el Jugador Más Valioso de la Serie Mundial que fue jugada contra Los Indios de Cleveland.

920) *The Florida Marlins* became the fastest team in baseball history to win a World Series title–three years quicker than the New York Mets. Hispanic ball players made up a large part of the team. *Name the four regular position players on the team, two starters and a relief pitcher.

Los Marlins de Florida ganaron un campeonato de la Serie Mundial más rápidamente que cualquier otro equipo de la historia del béisbol – tres años más rápidamente que Los Mets de Nueva York. Los

jugadores de béisbol de origen hispano formaron la mayor parte del equipo. *Identifique a los cuatro jugadores de posición regular en el equipo, a dos iniciadores y a un lanzador de refuerzo.

921) *Who is the talented* Colombian native who drove in the winning run in extra innings to win the 1997 World Series?

¿Quién es el talentoso natural de Colombia quien impulsó la carrera decisiva que fue ejecutada en las entradas extras para ganar la Serie Mundial de 1997?

922) *The 1996-1997 baseball seasons* produced an astounding number of quality Hispanic shortstops. *How many of the six players and their teams can you name?

Las temporadas de béisbol de 1996-1997 produjeron un asombroso número de paracortos hispanos de calidad. *¿Cuántos de los seis jugadores y de sus equipos puede Ud. identificar?

923) *For the first time in NFL history,* two brothers kicked winning overtime field goals for different teams on the same day. *Name the brothers, who play for the Super Bowl Champion Tampa Bay Buccaneers and the Arizona Cardinals.

Por primera vez en la historia de la NFL, dos hermanos marcaron goles de campo decisivos durante la prórroga en diferentes equipos el mismo día. *Identifique a los hermanos que juegan para el campeón del Supertazón Los Bucaneros de Tampa Bay, y Los Cardenales de Arizona.

924) *This Whittier, CA native* is just the sixth player in American League history to be unanimously voted the league's Most Valuable Player (Derek Jeter was the fifth). *Name the Boston Red Sox player whose rookie stats read like a veteran All-Star's (.306, 30 HR, 98 RBI, 209 hits, 22 steals).

Este natural de Whittier, California es sólo el sexto jugador de la historia de la Liga Americana en conseguir el voto unánime por el Jugador Más Valioso de la liga (Derek Jeter fue el quinto). *Identifique al jugador de las Medias Rojas de Boston cuyas estadísticas de novato se leen como las de un veterano del Equipo de las Estrellas (0,306 promedio de bateo, 30 jonrones, 98 carreras empujadas, 209 hits, 22 robos).

925) *In 1993,* he led both leagues with a .370 batting average. *Name this "Big Cat" from Caracas, Venezuela, who played with the newly formed Colorado Rockies. (Hint: This slugger also led the majors with 47 home runs in 1996.)

En 1993, este jugador fue el primer bateador de ambas ligas con un promedio de bateo de 0,370. *Identifique a este «Gran Gato» de Caracas, Venezuela, quien jugó para los recién creados Rocosos de Colorado. (Clave: Este bateador fuerte también fue una figura principal de las mayores con 47 jonrones en 1996.)

926) *Fermín Cacho Ruíz* of Spain won a gold medal in this track and field event in 1992 in a time of 3:40:12. *Identify the event.
Fermín Cacho Ruíz de España ganó una medalla de oro en esta prueba de carrera de pista y de competición atlética en 1992 con un tiempo de 3:40:12. *¿Cuál prueba fue?

927) *Who won* back-to-back American League home run titles with the Texas Rangers in 1992 and 1993?
¿Quién ganó uno tras otro campeonatos de jonrones de la Liga Americana con Los Guardabosques de Tejas en 1992 y 1993?

928) *Which of the three Alou brothers* (Felipe, Matty, and Jesús) led the majors in hits in 1966 (218) and 1968 (210) while with the Atlanta Braves, and which won the 1966 batting title with a .342 average and led the majors in hits in 1969 with 231, while with the Pittsburgh Pirates?
¿Cuál de los tres hermanos Alou (Felipe, Matty, y Jesús) tuvo el mayor número de hits en las mayores en 1966 (218) y 1968 (210) cuando jugaba con Los Bravos de Atlanta? Y, ¿cuál hermano ganó el campeonato de bateo con un promedio de 0,342 y tuvo el mayor número de hits (231) en 1969 cuando jugaba con Los Piratas de Pittsburgh?

929) *Cuban women* have dominated one Olympic team sport, winning consecutive gold medals in 1992, 1996, and 2000. *Name the sport.
Las mujeres cubanas han dominado cierto deporte de equipo olímpico, y han ganado medallas de oro consecutivas en 1992, 1996, y 2000. *¿Cuál deporte es?

930) *With 18 games,* this Panamanian is third on the all-time list of World Series games pitched. *Who is he?
Con 18 partidos, este panameño figura en tercer lugar en la lista de todos los tiempos de la Serie Mundial con respecto al número de partidos lanzados. ¿Quién es?

931) *Born in Las Villas,* Cuba in 1937, he is the first Hispanic pitcher to win a Cy Young Award (1969). This 32-year-old left hander did it with a strong 23-11 record and a 2.38 ERA. *Who was this Baltimore Oriole?
Nacido en Las Villas, Cuba en 1937, es el primer lanzador hispano en ganar el Premio Cy Young (1969). Este zurdo de 32 años de edad

lo consiguió con un poderoso récord de 23-11 y un promedio de 2,38 con respecto a carreras ganadas. *¿Quién fue este jugador de Los Orioles de Baltimore?

932) *From 1977 through 2000,* she earned over five million dollars in prize money and ranks tenth on the all-time money list for women golfers. *Who is she?

Desde 1977 hasta el final de 2000, esta golfista ganó más de cinco millones de dólares en premios metálicos y figura en décimo lugar en la lista de ganancias de todos los tiempos para mujeres golfistas. *¿Quién es?

933) *What do Luis Aparicio,* Tony Oliva, Rod Carew, Orlando Cepeda, John Castino, Alfredo Griffin, José Canseco, Sandy Alomar, Marty Córdova, Derek Jeter, Nomar Garciaparra, Carlos Beltrán, Fernando Valenzuela, Benito Santiago, Raúl Mondesi, Rafael Furcal, and Albert Pujois, all have in common?

¿Qué tienen en común las siguientes figuras? Luis Aparicio, Tony Oliva, Rod Carew, Orlando Cepeda, John Castino, Alfredo Griffin, José Canseco, Sandy Alomar, Marty Córdova, Derek Jeter, Nomar Garciaparra, Carlos Beltrán, Fernando Valenzuela, Benito Santiago, Raúl Mondesi, Rafael Furcal, y Alberto Pujois

934) *Of the following players,* which holds the record for most saves through the 2001 season for active players?

    a) John Franco b) Roberto Hernández c) Mariano Rivera

De los siguientes jugadores, ¿cuál es el plusmarquista con respecto al mayor número de salvamentos realizados por jugadores activos hasta el final de la temporada de 2001?

    a) John Franco b) Roberto Hernández c) Mariano Rivera

935) *Who has appeared* in more games than any other active pitcher through the 2001 season?

    a) Jesse Orozco b) John Franco c) Roberto Hernández

¿Quién ha aparecido en más partidos que cualquier otro lanzador activo hasta el final de la temporada de 2001?

    a) Jesse Orozco b) John Franco c) Roberto Hernández

936) *At 22, he was the third youngest* golfer ever to win the British Open, and has the sixth lowest winning score ever recorded for the US Masters Tournament. *Who is he?

A la edad de 22 años, figuró en tercer lugar con respecto a ser el golfista más joven en ganar el Torneo Abierto Británico, y figuró en

sexto lugar con respecto a tener el score victorioso más bajo que jamás se haya marcado en el Torneo de Maestros de los Estados Unidos. *¿Quién es?

937) *Besides being all Hispanic* and among the elite jockeys in the world, what do Laffit Pincay Jr., Angel Cordero Jr., José Santos, and Jorge Velásquez have in common?

Aparte de ser todos de origen hispano y de figurar entre una minoría selecta de jinetes del mundo, ¿qué tienen en común Laffit Pincay hijo, Angel Cordero hijo, José Santos, y Jorge Velásquez?

938) *He holds the NFL record* (57) for extra points in one season. *Name this former Los Angeles Ram (1960-1964) and Dallas Cowboy (1964-1967), who played college football at New Mexico State University on a football scholarship.

Este jugador es el plusmarquista de la NFL con respecto a puntos extras (57) marcados en una sola temporada. *Identifique a este antiguo jugador de Los Carneros de Los Angeles (1960-1964) y de Los Vaqueros de Dallas (1964-1967), quien jugó al fútbol americano al nivel universitario en la Universidad Estatal de Nuevo México bajo una beca de fútbol americano.

939) *In soccer's first World Cup Tournament,* held in 1930, who did Uruguay defeat 4-2 to win the world championship?

En el primer Torneo de la Copa Mundial de Fútbol, llevado a cabo en 1930, ¿a quién venció El Uruguay 4-2 para ganar el campeonato mundial?

940) *At his retirement in 1958,* this Argentine auto racing champion had 24 Formula 1 victories in 51 starts. He had won the Formula 1 championship 5 times, more than any other driver. *Who was he?

    a) Diego Pacheco b) Juan Fangio c) Jorge Monzón

Al jubilarse en 1958, este campeón de carreras de autos de la Argentina tuvo 24 victorias de Fórmula 1 en 51 salidas. Había ganado el campeonato de Fórmula 1 cinco veces, más veces que cualquier otro piloto. *¿Quién es?

    a) Diego Pacheco b) Juan Fangio c) Jorge Monzón

941) *Throughout the 1980s,* he was considered the world's best soccer player. He led Argentina to the 1986 World Cup Championship and to the World Cup Finals in 1990. He also led Naples of the Italian League to several championships. *Identify the Argentina soccer great.

A través de los años ochenta, fue considerado el mejor jugador de

fútbol del mundo. Condujo a la Argentina al Campeonato de la Copa Mundial de 1986 y a las finales de la Copa Mundial en 1990. También condujo a Nápoles de la Liga Italiana a varios campeonatos. *Identifique a este gran jugador del fútbol argentino.

942) *This boxing champion* from Argentina had the longest title reign of any middleweight boxer - from November 1970 to August 1977. He retired as champion after defending his title 14 times, and won 82 consecutive bouts from 1964 to 1977. His career record was 89-3-9, with 61 KO's from 1963 to 1977. *Identify this all-time great from Argentina.
Este campeón de boxeo de la Argentina reinó como campeón más tiempo que cualquier otro boxeador de peso medio – de noviembre de 1970 a agosto de 1977. Se jubiló como campeón después de haber defendido su posición de campeón catorce veces, y ganó 82 asaltos consecutivos de 1964 a 1977. Su récord de carrera fue de 89-3-9, con 61 KOs de 1963 a 1977. *Identifique a este gran boxeador de todos los tiempos de la Argentina.

943) *In 1977,* he won 50 straight tennis matches, including the US and French Open. He also won the Australian Open in 1978 and 1979. *Who was this tennis star from Argentina?
En 1977, ganó 50 partidos de tenis consecutivos, incluso los Abiertos de los Estados Unidos y de Francia. También ganó el Abierto de Australia en 1978 y en 1979. *¿Quién fue este tenista estelar de la Argentina?

944) *After missing the entire* 1999 baseball season with Non-Hodgkin's Lymphoma, this Caracas, Venezuelan native was selected the National League Comeback Player of the Year by *The Sporting News.* He finished the 2000 season with a .302 BA, 28 HRs, and 100 RBIs. (Hint: He played for the San Francisco Giants in the 2001 and 2003 seasons.) *Identify this courageous player.
Después de haber faltado a toda la temporada de béisbol de 1999 con linfoma no del tipo Hodgkin, este natural de Caracas, Venezuela fue seleccionado como el Jugador de Regreso del Año de la Liga Nacional por *The Sporting News.* Acabó la temporada de 2000 con un promedio de 0,302 con respecto a bateo, 28 jonrones, y 100 carreras empujadas. (Clave: Jugó para Los Gigantes de San Francisco en las temporadas de 2001 y de 2003.) *Identifique a este jugador valiente.

945) *At the VIII Olympiad* held at Paris in 1924, this South American country won its first of two Olympic gold medals. What country was it?
a) Argentina   b) Uruguay   c) Chile

En las Olimpiadas VIII, llevadas a cabo en París en 1924, este país sudamericano ganó su primera de dos medallas olímpicas de oro. ¿Cuál país fue?

    a) La Argentina b) El Uruguay c) Chile

946) *Argentina runner Juan Zabala* made Olympic history by winning a gold medal in this track and field event at the 1932 Olympics in Los Angeles. *Identify the race he won.

    a) 100 meter dash b) mile c) marathon

El corredor argentino Juan Zabala estableció un récord olímpico al ganar una medalla de oro en esta prueba de carrera y de competición atlética en las Olimpiadas de 1932 en Los Angeles. *¿Qué tipo de carrera ganó?

    a) la carrera corta de velocidad de cien metros b) la carrera de una milla c) el maratón

947) *On July 13, 1930,* the World Cup was inaugurated in what South American city and country?

¿En cuál ciudad y país sudamericanos fue inaugurada la Copa Mundial el 13 de julio de 1930?

948) *Andrés Escobar* of the Colombia national World Cup team is remembered for what in a match his team lost to the USA squad 2-0 in 1998?

Andrés Escobar, del equipo nacional colombiano de la Copa Mundial, jugó en un partido en que su equipo fue derrotado por el equipo de los Estados Unidos 2-0 en 1998. ¿Por qué se acuerda de él con respecto a este partido?

949) *The great Argentinian player,* Diego Maradona, led his team to victory in the 1986 World Cup in Mexico. *Who did Argentina defeat to win the World Cup?

El gran jugador argentino, Diego Maradona, condujo a su equipo a la victoria en la Copa Mundial de 1986 en México. *¿A cuál equipo venció la Argentina para ganar la Copa Mundial?

950) *On May 24, 1964,* 320 people were killed in one of the world's worst disasters at a sports venue. *This disaster occurred in:

    a) Lima, Peru b) Bogota, Colombia c) Santiago, Chile

El 24 de mayo de 1964, 320 personas murieron en uno de los peores desastres de un lugar de reunión para deportes. *Este desastre ocurrió en:

    a) Lima, Perú b) Bogotá, Colombia c) Santiago, Chile

951) *Four members of the Zendejas family* were kickers in the NFL

during the 1980s and 1990s. Among Tony, Joaquín, Luis, and Max, which brother was the NFL's best kicker in 1991, when he became the first player with a 100% field goal percentage for an entire season (17-17)?

Cuatro miembros de la familia Zendejas fueron pateadores en la NFL durante los años ochenta y noventa. Entre Tony, Joaquín, Luis, y Max, ¿cuál hermano fue el mejor pateador de la NFL en 1991, cuando llegó a ser el primer jugador con un porcentaje de goles de campo de cien por ciento por una temporada entera (17-17)?

952) *Martin Gramática,* while at Kansas State set the record for the longest field goal without a kicking tee. *How long was the field goal he kicked in 1998?

a) 55 yards b) 59 yards c) 65 yards

Martín Gramática, cuando jugaba en la Universidad Estatal de Kansas, estableció el récord con respecto al gol de campo más largo sin uso de un soporte de pateo. *¿Cuál fue la distancia del gol de campo que realizó en 1998?

a) 55 yardas b) 59 yardas c) 65 yardas

953) *Brothers Jess and Kelly Rodríguez* were the first Hispanics to play in what US professional sports league in 1929?

Los hermanos Jess y Kelly Rodríguez fueron los primeros hispanos en jugar en una liga deportiva profesional de los Estados Unidos en 1929. *¿Cuál liga fue?

954) *Delfo Cabrero* won an Olympic gold medal in the marathon for what Latin American country?

a) La Argentina b) Chile c) San Salvador

¿Para cuál país latinoamericano ganó Delfo Cabrero la medalla olímpica de oro en el maratón ?

a) La Argentina b) Chile c) San Salvador

955) *What Spanish golfer* won the British Open three times–in 1979, 1984, and 1988–and also won the prestigious Masters in 1980 and 1983?

¿Cuál golfista español ganó El Abierto Británico tres veces – en 1979, 1984, y 1988 – y también ganó el prestigioso Torneo de los Maestros en 1980 y 1983?

956) *Only two Hispanics* have won the World's Cup Golden Boot award. They were Stabile, with eight goals in 1930, and Kempes, with 6 goals in 1978. *What Latin American country were they from?

a) Uruguay b) Argentina c) Chile

Sólo dos hispanos han ganado el premio de la Bota de Oro de la

Copa Mundial. Fueron Stabile, con ocho goles en 1930, y Kempes, con 6 goles en 1978. *¿De cuál país latinoamericano fueron?
   a) El Uruguay b) La Argentina c) Chile

957) *What prestigious race* has been won by these three Hispanics over the last twenty-five years? Adriana Fernández, 1999, Andrés Espinosa, 1993, Salvador García, 1991, and Alberto Salazar, who won for three consecutive years, 1980-81-82.
¿Cuál carrera prestigiosa ha sido ganada por los siguientes tres hispanos a través de los veinticinco últimos años? Adriana Fernández, 1999, Andrés Espinosa, 1993, Salvador García, 1991, y Alberto Salazar, quien ganó esta carrera tres años consecutivos, 1980-81-82,

958) *NFL players Jeff García* of the SF 49ers, Marco Rivera of the Green Bay Packers, Roberto Garza of the Atlanta Falcons, Frank García of the St. Louis Rams, Victor Leyva of the Cincinnati Bengals, Zeke Moreno of the San Diego Chargers, and coaches Ron Rivera, Juan Castillo of the Philadelphia Eagles, and Ray Ogas of the St. Louis Rams were invited (spring 2002) to the White House to meet President Bush and attend a reception celebrating what important Mexican-American holiday?
¿Para celebrar cuál día festivo importante de origen mexicoamericano fueron invitados a la Casa Blanca (primavera de 2002) los siguientes jugadores de la NFL para reunirse con el presidente Bush y para presenciar una recepción? Jeff García de Los 49ers de San Francisco, Marco Rivera de Los Packers de Green Bay, Roberto Garza de Los Halcones de Atlanta, Frank García de Los Carneros de San Luis, Víctor Leyva de Los Bengalís de Cincin-nati, Zeke Moreno de Los Cargadores de San Diego, y los entrenadores Ron Rivera, Juan Castillo de Las Aguilas de Filadelfia, y Ray Ogas de Los Carneros de San Luis.

959) *What is* ESPN Deportes?
¿Cuál es Deportes ESPN?

960) *This Chicago Cub* was named the National League Most Valuable Player for the 1998 baseball season when he hit 66 home runs and drove in 158 runs. *Who is he?
Este jugador de Los Cachorros de Chicago fue nombrado el Jugador Más Valioso de la Liga Nacional para la temporada de béisbol de 1998 cuando bateó 66 jonrones e impulsó 158 carreras. *¿Quién es?

961) *Who did Roberto Durán* of Panama defeat to win his first welter-

weight title?

a) Sugar Ray Leonard b) Wilfred Benitez c) Aaron Pryer

¿A quién venció Roberto Durán de Panamá para ganar su primer campeonato de peso welter?

a) Sugar Ray Leonard b) Wilfred Benitez c) Aaron Pryer

962) *A graduate of the University of the Pacific* (UOP), he was the first Hispanic-American quarterback in the NFL and one of its first Hispanic head coaches. *Who is he?

Un titulado de la Universidad del Pacífico (UOP), fue el primer quarterback hispanoamericano de la NFL y uno de sus primeros entrenadores principales hispanos. *¿Quién es?

Eleventh Hour Additions
Entradas de Ultima Hora

963) **Mexican actor Alfonso Bedoya** began his acting career in Mexico and appeared in choice character roles in the 1930s and 1940s. Appearing in a reputed 175 Mexican films, Bedoya made his unforgettable American film debut in a John Huston film that also became one of Humphrey Bogart's most memorable roles. *Name the classic film where Bedoya delivers the immortal lines: "Badges? We ain't got no badges. We don't need no badges. I don't have to show you no stinking badges!"

El actor mexicano Alfonso Bedoya empezó su carrera de actor en México y apareció en papeles de reparto preferidos en los años treinta y cuarenta. Después de haber aparecido en un supuesto total de 175 películas mexicanas, Bedoya hizo su inolvidable estreno en las películas norteamericanas, apareciendo en una película de John Huston en que también apareció Humphrey Bogart en un papel que llegó a ser uno de sus más memorables. *Identifique la película clásica en que Bedoya dice estas imperecederas líneas: «Badges? We ain't got no badges. We don't need no badges. I don't have to show you no stinking badges!»

964) **This highly regarded architect,** born in Mexico in 1902, was once quoted as saying: "The construction and enjoyment of a garden accustoms people to beauty." He is best known for his use of rough wooden beams, lava, adobe and cobbles. *Name this internationally known architect.

a) Esteban Vega   b) Luis Barragán   c) Arturo Muniz

Se dice que este muy estimado arquitecto, que había nacido en México en 1902, dijo en un tiempo: «Construyendo y disfrutando de un jardín, se acostumbra a la belleza.» Este arquitecto es más notable por su uso de vigas de madera desbastada, lava, adobe y adoquines.

*¿Cómo se llama este arquitecto de fama internacional?
    a) Esteban Vega   b) Luis Barragán   c) Arturo Muniz

965) *In addressing business* or personal letters, how is the date written in the Latin world as compared to the United States?
En el encabezamiento de cartas personales y de negocios, ¿cómo se escribe la fecha en el mundo latino comparado con la manera en que se la escribe en los Estados Unidos?

966) *The Congressional Medal of Honor* is the United States' highest military honor. Hispanic Americans have received more of these medals for valor than any other ethnic group, in proportion to the number who served. *Since the American Civil War, how many Latinos have received this decoration?
    a) 22   b) 31   c) 39
La Medalla de Honor del Congreso es la más prestigiosa condecoración militar de los Estados Unidos. Los hispanoamericanos han recibido más de estas medallas por valentía que cualquier otro grupo étnico en proporción con el número de personas que han servido a la patria. *Desde la Guerra Civil Norteamericana, ¿cuántos latinos han recibido esta condecoración?
    a) 22   b) 31   c) 39

967) *The first European to discover* this great river and travel some fifty miles up its Atlantic opening from the sea was Vicente Yáñez Pinzón, who commanded a Spanish expedition. The year was 1500, and Pinzón named the river Río Santa María de la Mar Dulce. In 1541, Spanish explorer Francisco de Orellana was the first European to descend the river from the Andes to the Atlantic. It is generally accepted that the name we use today for this great river was given to it by de Orellana after a battle with the Tapuyan Indians, in which he observed women of the tribe fighting by the side of their men. *What name, from Greek mythology and used to describe fabulous women warriors, did he give the river?
El primer europeo en descubrir este gran río y en viajar aproximadamente cincuenta millas río arriba desde su desembocadura en el Océano Atlántico fue Vicente Yáñez Pinzón, quien mandaba una expedición española. En 1500, Pinzón dio al río el nombre de Río Santa María de la Mar dulce. En 1541, el explorador español Francisco de Orellana fue el primer europeo en navegar río abajo desde los Andes hasta el Océano Atlántico. Por lo general, se reconoce que era Orellana que dio a este gran río su nombre actual después de una batalla con los indios tapuyanes, en la cual él había

observado que las mujeres de la tribu participaban en la lucha al lado de sus hombres. *¿Cuál nombre dio Orellana al río? Deriva de la mitología greca y se usa para describir a guerreras fabulosas.

968) *In 1977,* Leonel Castillo became the first Hispanic to head what US federal agency responsible for immigration?
En 1977, Leonel Castillo llegó a ser el primer hispano en dirigir un organismo federal estadounidense responsable de la inmigración. *¿Cuál organismo fue?

969) *Vicente Oropeza,* a champion roper from Mexico, was the first cowboy to win the world championship of trick and fancy roping first held in 1900. For 16 years, he starred in what cowboy show that toured not only the United States, but the world?
Vicente Oropeza, campeón de lazo, de origen mexicano, fue el primer vaquero en ganar el campeonato mundial de lazo que tuvo lugar por primera vez en 1900. Por dieciséis años, fue protagonista de un espectáculo de vaquero que iba de gira no solamente por los Estados Unidos, sino por el mundo entero. *¿Cuál espectáculo de vaquero fue?

970) *Héctor García Pérez* was born in Tamaulipas, Mexico, in 1914. In 1918, his family emigrated to Texas due to the Mexican revolution. After earning a medical degree from the University of Texas Medical School in Galveston, he volunteered for military service during WWII. A decorated veteran, he saw action in North Africa and Italy, and was awarded the Bronze Star with six battle stars. In 1948, he founded the American GI Forum, which provided health care for Hispanic WWII veterans who were refused care through the Veterans' Administration. In 1984, he became the first Hispanic to receive America's highest civilian award. *Identify the prestigious award.
Héctor García Pérez nació en Tamaulipas, México, en 1914. En 1918, su familia emigró a Tejas debido a la revolución mexicana. Después de haberse graduado de doctor en medicina en la Facultad de Medicina de la Universidad de Tejas en Galveston, se alistó como voluntario en el servicio militar durante la Segunda Guerra Mundial. Llegó a ser un veterano condecorado, habiendo combatido en Africa del Norte y en Italia, y fue concedido la Estrella de Bronce con seis estrellas de batalla. En 1948, fundó un foro para soldados estadounidenses, el American GI Forum, el cual ofrecía cuidado de salud a los excombatientes hispanos de la Segunda Guerra Mundial, quienes habían sido denegados cuidado de salud por el Ministerio de Asuntos de los Veteranos de los Estados Unidos. En 1984, llegó a

ser el primer hispano en recibir el premio más prestigioso de la administración pública de los Estados Unidos. *Identifique este premio prestigioso.

971) *Héctor Flores* of Dallas, Texas was elected National President (June 2002) of the largest and oldest Hispanic civil rights organization in the United States. The organization was founded over seventy years ago to advance the economic condition, educational attainment, political influence, health and civil rights of the Hispanic population of the United States. *Identify the organization, headquartered in Washington D.C. and known by the initials LULAC.

Héctor Flores de Dallas, Texas fue elegido presidente nacional (junio de 2002) de la más grande y mayor organización de derechos civiles para hispanos de los Estados Unidos. La organización fue fundada hace más de setenta años con el objeto de mejorar el estado económico, el nivel de educación, la influencia política, la salud y los derechos civiles de la población hispánica de los Estados Unidos. *Identifique la organización que tiene su sede en Washington, D.C. y la cual se reconoce por las siglas LULAC.

972) *In 1970,* when he was a teenager, his family immigrated to the United States from Tegucigalpa, Honduras. He graduated Phi Beta Kappa from New York Columbia College in 1983, and went on to receive a juris doctor degree, magna cum laude, in 1986 from Harvard Law School, where he was an editor of the Harvard Law Review. After law school, he served as law clerk for the Honorable Amalya L. Kearse of the US Court of Appeals and the Honorable Anthony M. Kennedy of the US Supreme Court. In the early 90s, he served as Assistant US Attorney and Deputy Chief of the Appellate Section, and later joined the US Department of Justice as an Assistant to the Solicitor General. Currently in private practice in Washington D.C., the conservative attorney has been nominated by President George W. Bush to become the first Hispanic on the Court of Appeals for the District of Columbia Circuit. *Name this brilliant and respected Hispanic American.

    a) Enrique C. Herrera b) Miguel A. Estrada
    c) Joseph R. Murillo

En 1970, cuando era adolescente, su familia inmigró a los Estados Unidos desde Tegucigalpa, Honduras. Socio de Phi Beta Kappa en Columbia College de Nueva York, se diplomó allí en 1983, y más tarde se graduó de doctor en derecho, magna cum laude, en 1986, en la Facultad de Derecho de Harvard, en donde servía en la redacción

de la publicación Harvard Law Review. Después de haberse graduado en la Facultad de Derecho, sirvió de pasante de derecho de la Honorable Juez Amalya L. Kearse del Tribunal de Apelación de los Estados Unidos y del Honorable Anthony M. Kennedy del Tribunal Supremo de los Estados Unidos. A principios de los años noventa, fue un abogado federal auxiliar de los Estados Unidos y el jefe adjunto de la Sección de Apelación. Más tarde entró en el Ministerio de Justicia de los Estados Unidos como ayudante al Procurador General. Actualmente ejerce su profesión de abogado en derecho privado en Washington, D.C. Este abogado conservador ha sido nombrado por el presidente George W. Bush para ser el primer hispano en el Tribunal de Apelación para la jurisdicción del Distrito de Columbia. *¿Cómo se llama este estimado hispanoamericano brillante?

    a) Enrique C. Herrera   b) Miguel A. Estrada

    c) Joseph R. Murillo

973) *What governmental position* was Dr. Richard Carmona confirmed for by the US Senate on July 23, 2002?

¿Para cuál cargo gubernamental fue confirmado el doctor Richard Carmona por el Senado de los Estados Unidos el 23 de julio de 2002?

974) *A second generation Mexican American* from Brownsville, Texas, Tony Garza was the first Hispanic Republican in the state of Texas to be elected to statewide office. *What is Tony Garza's current position with the United States government?

Mexicoamericano de segunda generación de Brownsville, Texas, Tony Garza fue el primer republicano hispano del estado de Tejas en ser elegido para un cargo estatal. *¿Cuál es el cargo actual de Tony Garza con el gobierno de los Estados Unidos?

975) *Melquiades Rafael Martínez* was born in Sagua La Grande, Cuba in 1946, and was a participant in an airlift operation in which 14,000 Cuban children arrived in the United States in the early 1960s. Mel Martínez is the Secretary of what US government agency in the Bush administration (2003)?

Melquiades Rafael Martínez nació en Sagua La Grande, Cuba en 1946. Participó en una operación de puente aéreo en la cual 14.000 niños cubanos llegaron en los Estados Unidos a principios de los años sesenta. *Durante la presidencia del presidente Bush (2003), ¿de cuál organismo gubernamental de los Estados Unidos es ministro Mel Martínez?

976) **Dr. Lauro Cavazos** became the first Hispanic ever to be named a member of a US presidential Cabinet. In 1988, President Ronald Reagan appointed Dr. Cavazos secretary of what federal agency?

El doctor Lauro Cavazos llegó a ser el primer hispano en ser nombrado miembro de un consejo presidencial de ministros de los Estados Unidos. En 1988, el presidente Ronald Reagan le nombró al doctor Cavazos ministro de un organismo federal. *¿Cuál organismo federal fue?

977) **With five Academy Award nominations** (2003), critics have called this film a brilliant work of art and one of the most powerful biographical dramas in recent years. *Identify this visual masterpiece of vibrant personalities.

Propuesta cinco veces para recibir un premio Academy (2003), esta película ha sido llamada por los críticos una brillante obra de arte y una de las obras teatrales biográficas más impresionantes de años recientes. *Identifique esta obra maestra visual de personalidades enérgicas.

978) **Playing Diego Rivera** in the critically acclaimed motion picture *Frida,* this versatile actor of the American stage and screen received a Tony Award nomination and a Drama Desk Award for his performance in *ART,* which marked his Broadway debut. *Name the actor whose feature film credits include *Boogie Nights,* for which he won a SAG Award, *The Impostors, Anna Karenina, Species, Maverick,* and *Raiders of the Lost Ark.*

Desempeñando el papel de Diego Rivera en la película cinematográfica *Frida*, que fue elogiada por los críticos, este polifacético actor de teatro y pantalla norteamericanos fue propuesto como candidato para un premio Tony y recibió un premio Drama Desk por su actuación en *ART*, la cual señaló su estreno en Broadway. *Identifique al actor cuyos méritos incluyen las siguientes películas de largo metraje: *Boogie Nights,* por la cual él fue concedido un premio SAGA, *The Impostors, Anna Karenina, Species, Maverick* y *Raiders of the Lost Ark.*

979) **María Arita,** born in Honduras, graduated Phi Beta Kappa from Southern Methodist University, having majored in journalism. A versatile personality with experience as a television host, reporter, and actress, Ms. Arita currently serves as host for the first national Hispanic TV show that highlights issues impacting the Latino community. Topics range from business, entertainment, and politics, to culture, lifestyle, and

309

sports. From Hispanic entrepreneurs to Latin Grammy winners, Ms. Arita introduces us to the movers and the shakers that make Hispanic America excel in achievement. *Name this popular nationally televised television program.

Nacida en Honduras, María Arita se especializó en el periodismo y se graduó en la Universidad Metodista del Sur en los Estados Unidos como socia de Phi Beta Kappa. Una personalidad polifacética con experiencia como presentadora, reportera, y actriz de televisión, la señorita Arita sirve actualmente de presentadora del primer programa nacional de televisión hispánica, el cual presenta temas que afectan a la comunidad latina. Entre los temas se incluyen una variedad de asuntos, desde los negocios, las diversiones, y la política hasta la cultura, los estilos de vida, y los deportes. Desde empresarios hispanos hasta ganadores de premios Grammy latinos, la señorita Arita nos presenta a los que inspiran y estremecen los cimientos de la sociedad para hacer a Hispanoamérica sobresaliente con respecto a sus logros. *¿Cómo se llama este programa de televisión que se televisa nacionalmente?

980) *Diana Rael* is the current Chair (2003) of the Board of Directors of the oldest and largest Latina membership organization in the United States. This national, nonprofit, advocacy organization is headquartered in Washington D.C. and has chapters across the country. *Identify this Hispanic women's group whose mission is to empower Latinas through leadership development, community service, and advocacy.

a) MANA   b) NLO   c) HWA

Diana Rael es la presidenta actual (2003) de la Junta Directiva de la más grande y mayor organización de miembros de los Estados Unidos. Esta organización nacional no lucrativa de apoyo tiene su sede en Washington, D.C. y tiene capítulos por todo el país. *Identifique este grupo para mujeres hispanas cuya misión es habilitar a latinas por el desarrollo de habilidades de mando, el servicio comunitario, y el apoyo.

a) MANA   b) NLO   c) HWA

981) *Linda Chávez-Thompson* was born in Lubbock, Texas, in 1944. The daughter of sharecroppers, this labor leader worked as an agricultural laborer and joined the AFSCME, to become a union representative and translator. She rose through the ranks to vice president of the AFSCME in 1988 before being hired by another union. Since 1995, Chávez-Thompson has been executive vice president and the first His-

panic to hold an executive office in this union. *Name the federation of autonomous trade unions in the United States, Canada, Mexico, Panama, and US territories, with a total membership of over 13 million workers.

Linda Chávez-Thompson nació en Lubbock, Texas en 1944. Como hija de aparceros, esta líder del trabajo trabajó como trabajadora agrícola y se hizo miembro del AFSCME, y llegó a ser traductora y representante del sindicato. Fue ascendida al cargo de vicepresidente del AFSCME en 1988, antes de contratarse con otro sindicato. Desde 1995, Chávez-Thompson es vicepresidenta ejecutiva y la primera hispana en tener un cargo ejecutivo con este sindicato. *Identifique la federación de sindicatos autónomos que se encuentran en los Estados Unidos, el Canadá, México, Panamá, y los territorios estadounidenses, y la cual tiene un total de más de 13 millones de trabajadores miembros.

982) *Leading a small,* ill-equipped militia of 4,500 men, Mexican General Ignacio Zaragoza Seguin was able to defeat a well armed French army of 6,500 soldiers, temporarily halting the invasion of his country. This victory was a glorious moment for Mexican patriots and is the cause for what historical date celebration?

Dirigiendo una milicia pequeña mal preparada de 4.500 hombres, el general mexicano Ignacio Zaragoza Seguin pudo derrotar a un ejército francés bien armado de 6.500 soldados, lo cual interrumpió temporalmente la invasión de su país. Esta victoria fue un momento glorioso para los patriotas mexicanos y es el motivo de una fiesta con fecha histórica. *¿Cuál fiesta es?

983) *Arnaldo Tamayo-Méndez* was born in Guantánamo, Cuba in 1942. As a pilot for the former Soviet Union, Tamayo-Méndez became the first Hispanic to accomplish what in 1980 with regard to astronautics?

Arnaldo Tamayo-Méndez nació en Guantánamo, Cuba en 1942. Como piloto de la antigua Unión Soviética, Tamayo-Méndez llegó a ser el primer hispano en realizar una hazaña astronáutica en 1980. *¿Cuál hazaña astronáutica fue?

984) *The former California State Assembly Speaker,* a first generation Mexican-American native of the San Joaquin Valley (1953), was the first Latino elected to statewide office in California in more than 120 years. *Name California's Lieutenant Governor who was elected in 1998 and reelected in 2002.

Antiguo presidente de la Asamblea Estatal de California y mexicoamericano de primera generación, quien es natural del Valle

de San Joaquín (1953), es el primer latino en ser elegido para un cargo estatal en California desde hace más de 120 años. *¿Cómo se llama el vicegobernador de California, quien fue elegido en 1998 y reelegido en 2002?

985) **As Deputy Assistant to the President** and Director of Intergovernmental Affairs, this proud son of Mexican immigrants serves as President Bush's liaison to state and local officials. He is responsible for maintaining a close working partnership between the White House and the nation's governors, legislators, and local officials. *Name the Mexican American whom the World Economic Forum named *Global Leader for Tomorrow.*

    a) Victor Pagan b) Alfonzo Rey c) Ruben Barrales

Como Subayudante al Presidente y Director de asuntos intergubernamentales, este orgulloso hijo de inmigrantes mexicanos sirve de oficial de enlace del Presidente Bush con los oficiales estatales y locales. Es responsable de mantener una estrecha asociación básica entre la Casa Blanca y los gobernadores, legisladores, y oficiales locales de la nación. *¿Cómo se llama el mexicoamericano que fue nombrado *Líder Mundial para Mañana* por el Foro Económico Mundial?

    a) Víctor Pagan b) Alfonzo Rey c) Ruben Barrales

986) **After a distinguished diplomatic career** representing Mexico's interests around the world, Mexico City native (1944) Juan José Bremer-Martino became the ambassador, on January 18, 2000, to what country? **Después de una distinguida carrera diplomática como representante de los intereses mexicanos por todo el mundo, Juan José Bremer-Martino, natural de la Ciudad de México (1944), llegó a ser embajador el 18 de enero de 2000 *¿En cuál país es embajador?**

987) **In Hispanic countries,** Christmas gifts are not usually exchanged on December 25th, but rather brought for children on what day and by whom? **En los países hispánicos, por lo general, no se cambian regalos el 25 de diciembre, sino se los dan a los niños en otra fiesta navideña. ¿Cuándo reciben los niños sus regalos? Y ¿cuáles personajes se los distribuyen?**

988) **What is the meaning** of an -ez ending of many Hispanic surnames? (Example: Alvarez, González, Martínez, Pérez, Rodríguez). **¿Cuál es el significado del sufijo -ez que ha sido añadido a muchos apellidos hispánicos? (Por ejemplo: Alvarez, González, Martínez, Pérez, Rodríguez)**

989) **US Senator Dennis Chávez** of New Mexico introduced the first Fair Employment Practices Bill, which prohibited discrimination because of race, creed, national origin, or ancestry. Though the bill was defeated, it laid the groundwork for the 1960 Civil Rights Movement and was an important predecessor of the 1964 Civil Rights Act. *In what year did Senator Chávez introduce his bill?

     a) 1944 b) 1950 c) 1956

El senador estadounidense Dennis Chávez de Nuevo México presentó el primer proyecto de ley sobre normas de empleo justas, el cual prohibía la discriminación por motivos de raza, religión, origen nacional, o linaje. Aunque el proyecto de ley no fue aprobado, sentó las bases del Movimiento de Derechos Civiles de 1960 y fue un precursor importante de la Ley de Derechos Civiles de 1964. *¿En cuál año presentó su proyecto de ley el senador Chávez?

     a) 1944 b) 1950 c) 1956

990) **What is la quinceañera** celebration that is very popular in Mexico, Central America, the Caribbean, and now in the United States?

¿Cuál es la fiesta de la quinceañera que es muy popular en México, Centroamérica, el Caribe, y ahora en los Estados Unidos?

991) **He was born in Puerto Rico** in 1967, and arrived in the United States at the age of 13. This handsome, 6 ft, 4 in. character actor attended boarding school in Pennsylvania. He later gave up his law studies at the University of California, San Diego to study acting. His movies include *The Usual Suspects* (1995), *Basquiat* (1996), *Fear and Loathing in Las Vegas* (1998), *Snatch,* and *The Pledge* (2001). Starring with Michael Douglas, Catherine Zeta Jones, and Salma Hayek in the 2000 film *Traffic*, he was awarded a Golden Globe and an Academy Award for Best Supporting Actor, the first Latino to win this Oscar in four decades. *Identify this critically acclaimed film star who was named 2001 Hispanic of the Year by *Hispanic Magazine.*

Nació en Puerto Rico en 1967, y llegó en los Estados Unidos a la edad de 13 años. Este guapo actor de carácter, de seis pies cuatro pulgadas de alto, asistió a un internado en Pennsylvania. Más tarde abandonó sus estudios de derechos en la Universidad de California, San Diego para estudiar para actor. Entre sus películas se incluyen *The Usual Suspects* (1995), *Basquiat* (1996), *Fear and Loathing in Las Vegas* (1998), *Snatch,* and *The Pledge* (2001). Fue protagonista con Michael Douglas, Catherine Zeta Jones, y Salma Hayek en la película de 2000, *Traffic*, y fue concedido un premio Golden Globe y un premio Acad-

emy por Mejor Actor Secundario, el primer latino en ganar este premio Oscar desde hace cuatro décadas. *Identifique a esta estrella de cine quien ha sido elogiada por los críticos y quien fue nombrada Hispano del Año 2001 por *Hispanic Magazine*.

992) *Hispanic Magazine Corporate 100* is a list compiled by the magazine of one hundred companies that they believe excel in providing business and job opportunities for Hispanic Americans. The selections are based on the companies' recruitment efforts, diversity training, ethnic representation of its board members, and minority business initiatives. *How many of the top seventeen companies profiled in this year's list (2003) can you name? (Note: For *Hispanic Magazine's* full list, go to the following website:) www.hispaniconline.com/magazine/2003/jan_feb/Features/corp100-list.html

Hispanic Magazine Corporate 100 es una lista compilada por *Hispanic Magazine* de las cien compañías que, en la opinión de la revista, se superan en ofrecer a hispanoamericanos oportunidades de negocios y de empleo. Las selecciones se basan en las prácticas de las compañías con respecto a sus esfuerzos de contratación, su enseñanza de la diversidad, la representación étnica de los miembros de su junta directiva , y sus iniciativas con negocios minoritarios. *¿Cuántas de las diecisiete primeras compañías incluidas en la lista de este año (2003) puede Ud. identificar? (Nota: Para la lista completa publicada por la revista *Hispanic Magazine,* visite el sitio de Web citado más abajo.) www.hispaniconline.com/magazine/2003/jan_feb/Features/corp100-list.html

993) *The Last of the Menu Girls* (1986) is considered a classic of modern fiction, and a novel that has brought attention to Hispanic women writers. Its respected and well-known author has been praised for her ability in revealing the inner and often chaotic lives of her characters. Other works by this writer include *Face of an Angel* (1994), which won the American Book Award and was an Alternate Selection of the Book-of-the-Month Club. Her latest novel is *Loving Pedro Infante*, the legendary matinee idol of Mexican romantic adventure films, who died in 1957 at the age of 40. *Name this outstanding Chicana novelist.

     a) Sandra Cisneros b) Denise Chávez c) Demetria Martínez

La novela *The Last of the Menu Girls* (1986) se considera una clásica del género novelístico moderno y una novela que ha llamado la atención sobre las escritoras hispanas. La estimada y bien conocida autora de esta novela ha sido elogiada por su capacidad de revelar las vidas interiores y muchas veces caóticas de sus personajes. Entre las otras obras por esta autora se incluye *Face of an Angel* (1994), la cual ganó el premio American Book por libros norteamericanos y la cual fue una selección sustituta por el libro del mes del Book-of-the-Month Club. Su última novela es *Loving Pedro Infante*, sobre el legendario ídolo del público de las películas mexicanas de aventuras románticas, quien murió en 1957 a la edad de 40 años. *¿Quién es esta novelista chicana destacada?

a) Sandra Cisneros b) Denise Chávez c) Demetria Martínez

994) *Hispanic-American entrepreneur,* George Feldenkreis, arrived in the United States in the early 1960s with a pregnant wife, a one year-old son, and $700. From these humble beginnings, he proceeded to build a clothing empire, acquiring the Perry Ellis International trademark in 1999. His clothing company also includes a wide range of men's sportswear brands distributed under a variety of labels, including Manhattan, Andrew Fezza, Grand Slam, Munsingwear, John Henry, Pro Player, Mondo di Marco, and Natural Issue. The brands are found in a vast range of retail venues from Saks Fifth Avenue to Wal-Mart. *Identify the country from which Feldenkreis, chairman and CEO of Perry Ellis International, arrived in 1961.

a) Puerto Rico b) Dominican Republic c) Cuba

El empresario hispanoamericano, George Feldenkreis, llegó en los Estados Unidos a principios de los años sesenta con una mujer embarazada, un hijo de un año de edad, y setecientos dólares. De estos humildes orígenes, procedió a construir un imperio en el ramo de la confección de prendas de vestir, y adquirió la marca de fábrica de Perry Ellis International en 1999. Su compañía de confección de prendas de vestir también incluye una gran variedad de marcas de ropa de sport para hombres distribuidas bajo una variedad de etiquetas entre que se incluyen Manhattan, Andrew Fezza, Grand Slam, Munsingwear, John Henry, Pro Player, Mondo di Marco, y Natural Issue. Las marcas se encuentran en una gran variedad de lugares de venta al por menor desde Saks Fifth Avenue hasta Wal-Mart. *Identifique el país de donde procedió en 1961 Feldenkreis, presidente y director general de Perry Ellis International.

a) Puerto Rico b) República Dominicana c) Cuba

995) *The United States'* first all-Hispanic governor's race took place between Octaviano Larrazolo, the Republican candidate who would later become the nation's first Latino US Senator, and Democrat Félix García .

*In what state did this 1918 election take place?

    a) Nevada b) Colorado c) New Mexico

La primera carrera para gobernador de los Estados Unidos, en la cual todos los candidatos eran hispanos, ocurrió entre el demócrata Félix García y el candidato republicano Octaviano Larrazolo, que más tarde llegó a ser el primer senador latino de los Estados Unidos. *¿En cuál estado tuvo lugar esta elección de 1918?

    a) Nevada b) Colorado c) Nuevo México

996) *Perhaps the United States'* most prominent Hispanic politician, he is currently the country's only hispanic state governor. His sterling record of public service includes representing his state as a congressman, having served as US Ambassador to the United Nations, and also having served as Secretary of Energy in the Clinton administration. *Identify this four-time nominee for the Nobel Peace Prize (1995, 1997, 2000, 2001) who, despite his basic Anglo name, has a Mexican mother and grew up in Mexico City.

Probablemente el político hispano más destacado de los Estados Unidos, es hoy día el único gobernador estatal hispano del país. Su excelente historial de servicio público incluye la representación de su estado como miembro del Congreso, su servicio como Embajador estadounidense en las Naciones Unidas, y también su servicio como Ministro de Energía durante la presidencia del Presidente Clinton. *Identifique a este político que ha sido propuesto cuatro veces como candidato para un premio Nobel de la Paz, (1995, 1997, 2000, 2001), quien, a pesar de su apellido anglosajón básico, tiene una madre mexicana y fue educado en la Ciudad de México.

997) *Born in Laredo,* Texas around 1899, David Barkley enlisted in the US Army and served in France during WWI. After volunteering for a mission to gather information behind German lines, he was drowned while crossing a river to return to American lines. His Hispanic heritage was not known until 1989. Honored posthumously, he became the first Hispanic to receive what military honor?

Nacido en Laredo, Texas hacia 1899, David Barkley se alistó como voluntario en el Ejército de los Estados Unidos y sirvió en Francia durante la Primera Guerra Mundial. Después de haberse ofrecido para participar en una misión de reconocimiento detrás de las líneas alemanas, se ahogó cuando atravesaba un río para regresar a las líneas norteamericanas. Su linaje hispánico no fue conocido antes de 1989. Honrado después de su muerte, llegó a ser el primer hispano

en recibir cierta condecoración militar. *¿Cuál condecoración fue?

998) *In March of 2001*, he defeated Evander Holyfield for the WBA heavyweight title and became the first-ever Hispanic heavyweight champion of the world. *Who is this heavyweight boxer, born in 1972?

En marzo de 2001, derrotó a Evander Holyfield para el título WBA de peso pesado y llegó a ser el primer campeón hispano del mundo de peso pesado. *Quién es este boxeador de peso pesado, quien nació en 1972?

999) *A professor of creative writing* at the University of California, Riverside, this prolific Hispanic-American author is best known as a critically acclaimed writer of fiction and poems for children. His children books include *Baseball in April, Other Stories* (1990), and the novel *Taking Sides* (1991). *Identify this writer born in Fresno, CA, in 1952.

      a) Felipe Baron   b) Gary Soto   c) Michael Ortega

Profesor de redacciones en la Universidad de California, Riverside, este prolífico autor hispanoamericano se conoce mejor como un escritor que ha sido elogiado por los críticos por sus obras del género novelístico y sus poemas infantiles. Sus libros infantiles incluyen *Baseball in April, Other Stories* (1990), y la novela *Taking Sides* (1991). *Identifique a este escritor que nació en Fresno, California en 1952.

      a) Felipe Baron   b) Gary Soto   c) Michael Ortega

1000) *Known as Spanish-language* television's Barbara Walters, Univisión's national news co-anchor (with Jorge Ramos) has covered every major news story for the past twenty years. From the funeral of Princess Diana in London, to the devastation of Hurricane Mitch in Honduras, (for which the station won its first national Emmy award), her expert reporting is in a class by itself. *Name this news co-anchor who is seen by millions of Hispanics in the United States and in eighteen Latin American countries.

Conocida como la Barbara Walters de la televisión en español, esta copresentadora de noticias nacionales (con Jorge Ramos) para Univisión informa sobre todas las noticias principales desde los veinte últimos años. Desde los funerales de la Princesa Diana en Londres hasta la devastación del huracán Mitch en Honduras (informe por el cual la estación ganó su primer premio nacional Emmy), su reporterismo experto es sin par. *¿Cómo se llama esta copresentadora de noticias, la cual se ve en la televisión por millones de hispanos en los Estados Unidos y en dieciocho países latinoamericanos?

1001) *US Hispanics* have now surpassed Afro-Americans as the largest minority group in the United States. *What current number (2002) has the US Census Bureau estimated the Hispanic population to be?

a) 34 million   b) 37 million   c) 42 million

Los hispanos de los Estados Unidos han sobrepasado a los afroamericanos, con respecto al tamaño de su población, como el grupo minoritario más grande de los Estados Unidos. *Según las cifras de la Oficina del Censo de los Estados Unidos (2002), ¿cuál es la población estimada de hispanos estadounidenses?

a) 34 millones   b) 37 millones   c) 42 millones

Answers
Respuestas

Food, Music & Entertainment
Cocina, Música y Espectáculos

1) Edward James Olmos
2) English: guitar; Spanish: **guitarra inglés: guitar; español: la guitarra**
3) Coffee **(el café)**
4) Evita
5) Paella **(la paella)**
6) Desi Arnaz (1917-1986) Desiderio Alberto Arnez y de Acha III
7) Richard "Cheech" Martin
8) c) San Antonio, Texas
9) a) 1936 (Company headquarters, Secaucus, NJ)
a) 1936 (Sede de la compañía, Secaucus, Nueva Jersey)
10) b) Amor, Familia y Respeto ..., A.B. Quintanilla y Los Kumbia Kings
11) Flamenco **(el flamenco)**
12) Anthony Quinn
13) Carlos Santana
14) Tortilla **(la tortilla)**
15) Panama **(Panamá)**
16) Carnegie Hall **(El salón de conciertos Carnegie)**
17) English: barbecue; Spanish: **barbacoa inglés: barbecue; español: la barbacoa**
18) José Feliciano
19) Andy García
20) Luis Buñuel

21) The conga (circa 1934) **La conga (hacia 1934)**
22) Selena
23) Tito Puente
24) 1) Spanish rice 2) Spanish omelet **1) Arroz español 2) Tortilla española**
25) Argentina **(La Argentina)**
26) Barbara Carrera
27) Mariachi **(el mariachi)**
28) a) El Mariachi
29) John Leguizamo
30) Univisión, Telemundo, and (y) Galavisión
31) The Moors - The Spanish word for "rice" is "arroz" which comes from the Arabic "aruz." **Los moros - La palabra española para "rice" es "arroz" que procede del árabe "aruz."**
32) Plácido Domingo
33) Cantinflas
34) Ricardo Montalban
35) Martin Sheen
36) Mambo (circa 1948) **El mambo (hacia 1948)**
37) Chili sauce **(la salsa de chile)**
38) Rosie Pérez
39) c) Spain **c) España**
40) Julio Iglesias
41) a) Emilio Fernández
42) Christopher Ríos
43) Antonio Banderas
44) Sherry **(el jerez)**
45) A Cuban dance in slow double time **Un baile cubano lento de paso ligero**
46) Rita Hayworth
47) Xavier Cugat (1900-1990)

319

48) Sangría (la sangría)

49) Old clothes

50) Maraca (la maraca)

51) Emilio Estévez

52) Pedro Armendariz

53) Christina Aguilera / *Genie in a Bottle*

54) c) Francisco Asenjo Barbieri

55) Corrida (la corrida)

56) Lou Diamond Phillips

57) Linda Ronstadt

58) Los del Río

59) Corn (el maíz)

60) a) Patricia

61) Raúl Julia

62) English: castanet; Spanish: castañeta, castañuela inglés: castanet; español: la castañeta, la castañuela

63) Lima beans (butter beans), kidney beans, and string beans. Frijoles (judías), alubias pintas, y judías verdes

64) a) Carlos Antonio Chávez

65) Ritchie Valens

66) Mole poblano sauce (la salsa de mole)

67) Posada (Las Posadas)

68) b) meat b) la carne

69) El flamenco puro

70) María Montez

71) Henry Silva

72) Rita Moreno

73) José Ferrer (José Vicente Ferrer de Otero y Cintrón 1909-1992)

74) Taco (el taco)

75) Raquel Welch

76) Herb Alpert & The Tijuana Brass

77) Merengue (el merengue)

78) Marimba (la marimba)

79) Pablo Casals (1876-1973)

80) *Star Trek: Voyager* - Robert Beltran played First Officer Chakotay, and Roxann Biggs Dawson played Chief Engineer B'Elanna Torres.

Star Trek: El Viajero - **Robert Beltrán desempeñó el papel del comandante Chakotay y Roxann Biggs-Dawson desempeñó el papel de la ingeniera jefa B'Elanna Torres.**

81) Salma Hayak

82) a) Alfredo Kraus

83) c) Héctor Elizondo

84) A burrito (un burrito)

85) El señor Wences (1896-1999)

86) a) Panama a) Panamá

87) José Carreras

88) Leo Carrillo

89) *La Bamba*

90) Some of the world's hottest chillies Algunos de los más picantes chiles del mundo

91) George López

92) Mariah Carey

93) Pedro Almodóvar

94) English: anchovy; Spanish: anchoa inglés: anchovy; español: la anchoa

95) Enchilada (las enchiladas)

96) c) Italy / Costanzo Greco (José Greco) was actually of Italian descent c) **Italia / Costanzo Greco (José Greco) fue en realidad de descendencia italiana**

97) Carmen Miranda (1909-1955) María de Carmo Miranda da Cunha

98) Menudo

99) Salsa (la salsa)

100) b) Caribbean **b) el Caribe**

101) Picante sauce **(la salsa picante)**

102) Tortilla Soup

103) Bongo drum **(el bongó)**

104) Elizabeth Peña

105) José Feliciano

106) El Salvador

107) Bolivia

108) a) Gabriel Figueroa

109) Mel Ferre (Melchior Gaston Ferrer)

110) Vikki Carr

111) c) Carlos Montoya (1903-1992)

112) Capsicum, red pepper, or cayenne pepper
el chile, el pimiento rojo o la pimienta sacada del chile

113) A tortilla **(una tortilla)**

114) English: avocado; Spanish: aguacate; Nahuatl: ahuscatl **inglés: avocado; español: el aguacate; Nahuátl: ahuscatl**

115) Rickey Martin

116) Cha-Cha-Cha **(el chachachá)**

117) Dominican Republic
La República Dominicana

118) César Romero (1907-1994)

119) Guatemala

120) Academy Award winners for best Foreign Language Film
Ganaron premios Academy por mejor película en lengua extranjera

121) a) solo **a) una sola persona**

122) Canasta **(la canasta)**

123) Costa Rica

124) Plácido Domingo and (y) José Carreras

125) c) 600

126) Mexican Spanish: "tamale" from the native American Nahuatl "tamalli." **hispanomexicano: "el tamal" que procede de la palabra indioamericana en la lengua náhuatl "tamalli"**

127) Panatela

128) b) Angostura bark **b) la corteza Angora**

129) Coca leaves **(hojas de coca)**

130) Ecuador **(el Ecuador)**

131) Potato **(la papa o la patata)**

132) c) Movie attendance
c) asistencia al cine

133) Rumba **(la rumba)**

134) Richard "Cheech" Martin

135) West Side Story (1957)

136) Tequila **(el tequila)**

137) Bolivia

138) a) Uruguay (1999) **a) el Uruguay (1999)**

139) c) soft drinks (carbonated)
c) gaseosa (bebida con agua saturada de ácido carbónica)

140) Cacao (Theobroma cacao)
el cacao (teobromina cacao)

141) Tomato **(el tomate)**

142) Paso Doble (circa 1927)
el pasodoble (hacia 1927)

143) Tango (1896) **el tango (1896)**

144) Guitar **(la guitarra)**

145) Dominican Republic
La República Dominicana

146) Mexico **(México)**

147) "Stevia" Rebaudiana

148) a) short necked, pear-shaped stringed instrument.
a) un instrumento de cuerdas en forma de pera y con mango corto.

149) La Zarzuela (Spanish light opera) la zarzuela **(la opereta española)**

321

150) Zapateado **(el zapateado)**

151) AmericanSpanish: "guacamole" from the Native American Nahuatl "ahuacamolle"
hispanoamericano: el "guacamol" o el "guacamole" que procede de la palabra indioamericana en lengua náhuatl "ahuacamolle"

152) Charlie Sheen (Carlos Irwin Estévez)

153) b) 1999

154) Katy Jurado (María Cristina Jurado García)

155) Jennifer López

156) Freddy Fender

157) Madeleine Stowe

158) Rubén Blades

159) Gloria Estefan (Glorita Fajardo)

160) Geraldo Rivera

161) Ranchera music (equivalent to American western music or cowboy music)
la música ranchera (es equivalente a la música norteamericana del Oeste o la música de vaqueros

162) b) Rachel Ticotin

163) **frijoles** (beans)

164) Joan Baez

165) Bob Vila (1946-)

166) Venezuela

167) fajitas

168) A time to linger and talk over coffee or an after dinner liqueur.
Tiempo posterior a una comida durante el que los comensales siguen reunidos alrededor de la mesa para charlar y tardar en tomar café o licor.

169) Buenos Aires, Argentina

170) Andrés Segovia

171) Cuban espresso coffee in a small cup
el café exprés cubano que se sirve en una pequeña taza de café

172) comida criolla

173) *Man of La Mancha*
El Hombre de La Mancha

174) Blood Work

175) Chayanne

176) Fried pork entrails
entrañas de cerdo fritas

177) b) El Salvador

178) Marc Anthony **(Marco Antonio Muniz)**

179) Cuba

180) Demitasse **(una pequeña taza de café)**

181) Ramón Novarro

182) Bolero **(el bolero)**

183) Tapas **(las tapas)**

184) a) Enrique Granados

185) A la carte **(a la carta)**

186) Enrique Iglesias

187) **¡Buen provecho!**

188) Lynda Carter

189) Carlos Santana, *Supernatural*

190) a) Puerto Rico

191) b) Alfonso Cuarón

192) Gregorian Chant (An international best seller, the monks album, *Chant*, is the fifth best selling classical album in US history.)
El canto gregoriano (Un álbum de éxito de librería al nivel internacional, el álbum de los monjes, "Chant" figura en quinto lugar con respecto a los álbumes clásicos de éxito de librería en la historia de los Estados Unidos.)

193) **la comida** (dinner, the main

meal of the day; **la comida principal del día); el almuerzo** (lunch)
194) María Callas
195) Shakira
196) Jerry García
197) Christian music
la música cristiana
198) Herb Alpert / The Tijuana Brass
199) Los lobos
200) *Chico and the Man*
201) Luis Miguel
202) Alejandro Fernández.
203) c) Alicia de Larrocha
204) b) Isaac Albéniz
205) Fernando Rey (1915-1994)
206) **la tertulia**
207) An omelet (**una tortilla: alimento que se prepara con huevo batido y otros ingredientes, el cual se fríe con aceite)**
208) Thalía (**Ariadna Thalía Sodi)**
209) **el desayuno** (breakfast)
210) flan (**el flan)**
211) Bread & Roses
212) Dolores Del Río
213) *I Know What You Did Last Summer*
214) Trini López (**Trinidad López III)**
215) Jimmy Smits
216) *A Chorus Line*
217) Gregory Sierra
218) Adam Rodríguez - *CSI: Miami* Esai Morales - *NYPD Blue* Judy Reyes - *Scrubs*
219) *Greetings from Tucson*
220) Fernando Lamas
221) *The People's Court*
222) Corn (**el maíz)**
223) Gilbert Roland (1905-1994)

224) Dominican Republic
La República Dominicana
225) El Salvador
226) Venezuela
227) Ecuador (**El Ecuador)**
228) A stuffed pastry
Un pastel salado de forma plana que consiste en una envoltura de masa hojaldrada rellena
229) Helps the body adjust to higher altitudes
Ayuda al cuerpo a adaptarse a las altitudes más altas
230) Chile
231) *Talk To Her*
232) Peru (**el Perú)**
233) Mescal (**el mezcal)**
234) A cross between an orange and a tomato
Un cruce entre una naranja y un tomate
235) Dominican Republic
La República Dominicana
236) Chile
237) Mango (**el mango)**
238) Quinoa (**la quinoa)**
239) Churros
240) Quesadillas
241) A spicy pork sausage
Embutido elaborado con carne de cerdo sazonada con especias picantes
242) Paraguay (**el Paraguay)**
243) Argentina (**La Argentina)**
244) Sugar (**el azúcar)**
245) Celia Cruz
246) b) 1985
247) b) Manuel de Falla
248) Pedro Infante
249) a) Argentina **a) La Argentina**

323

250) a) Pilar Miró (1940-1997)
251) Gloria Estefan, and the Miami Sound Machine.
252) Speedy Gonzales
253) Tabasco

Art, Science & Literature
Arte, Ciencia y Literatura

254) a) Luis W. Alvarez
255) *a) Cien años de soledad (One Hundred Years of Solitude)*
256) Maya **(los mayas)**
257) Chihuahua **(el chihuahua)**
258) Miguel de Cervantes Saavedra, *Don Quixote de la Mancha*
259) English: Alligator; Spanish: **el lagarto inglés: alligator; español: el lagarto**
260) Zorro
261) b) 1967
262) c) Honduras
263) El Greco
264) Octavio Paz (1914-1998)
265) b) Mario Molina
266) a) Bogotá
267) Papaya **(la papaya)**
268) El Prado
269) Llama **(la llama)**
270) a) sor Juana Inés de la Cruz
271) Iguana **(la iguana)**
272) José Julián Martí (1853-1895)
273) Retablos (artists are generally called "retablisti") **Los retablos (los artistas por lo general se llaman "retablistas.")**
274) English-Spanish, Spanish-English Dictionary
El diccionario inglés-español, español-inglés

275) c) 1980
276) b) Ellen Ochoa
277) c) Richard Serra
278) c) Judy Baca
279) Platinum **(el platino)**
280) English: condor; Spanish: **cóndor; Quechua: kúntur inglés: condor; español: el cóndor; quechua: kúntur**
281) Spanish moss **(el musgo español)**
282) Majolica **(la mayólica)**
283) English: lasso; Spanish: **lazo; English: lariat; American Spanish: la reata inglés: lasso; español: el lazo; inglés: lariat; hispanoamericano: la reata**
284) *c) House of Spirits c) La Casa de los Espíritus*
285) b) Luis Santeiro
286) Russian space station Mir **La estación espacial rusa Mir**
287) Pulitzer Prize **(el premio Pulitzer)**
288) Rubber / para rubber tree **el caucho / el gomero**
289) Diego Rodríguez de Silva Velásquez
290) Don Juan
291) Stephen Vincent Benét (1898-1943) *John Brown's Body* William Rose Benét (1886-1950) *The Dust Which Is God* Laura Benét (1884-?) Coleridge, Poet of Wild Enchantment
292) Vaquero **(el vaquero)**
293) a) Vicente Aleixandre
294) b) 1959
295) US Surgeon General **La Cirujana General de los Estados Unidos**

324

296) Alpaca **(la alpaca)**

297) Chile

298) a) Rudolfo Anaya

299) English: armadillo; Spanish: armadillo ("armado" means "armed one") **ingles: armadillo; español: el armadillo ("armado" significa "provisto de armas")**

300) a) Miguel A. Asturias (1899-1974)

301) Puma **(el puma)**

302) School of surrealism **La escuela surrealista**

303) c) Costa Rica

304) Pablo Picasso (1881-1973)

305) Brain **(el cerebro)**

306) a) 1499

307) a) Julia Alvarez

308) a) Latin America **a) Latinoamérica**

309) c) George Santayana (1863-1952) (Jorge Augustín Nicolás Ruíz de Santayana)

310) a) Uruguay **a) el Uruguay**

311) Jaguar **(el jaguar)**

312) Maya Codices 1) Dresden Codex, 2) Madrid Codex, 3) Paris Codex, 4) Grolier Codex **Los códices mayas 1) el códice de Dresden 2) el códice de Madrid 3) el códice de París 4) el códice Grolier**

313) a) Rupert García

314) The dinosaurs **(los dinosaurios)**

315) Jade or jadeite **el jade o la jadeíte**

316) c) the little yellow bat **c) el murciélaguito amarillo**

317) Salvador Dalí

318) b) Venezuela

319) Silver **(la plata)**

320) Nobel Prize **(el premio Nobel)**

321) Jacobo Timerman

322) a) Germany a) Alemania

323) Spanish Fly (dried beetles as Spanish flies) **La mosca española (escarabajos secos como moscas españolas)**

324) English: filibuster; Spanish: filibustero, an irregular military adventurer **inglés: filibuster; español: el filibustero, un aventurero militar irregular**

325) Francisco José de Goya

326) José Echegaray y Eizaguirre (1832-1916)

327) a) Gabriela Mistral (1889-1956)

328) English: chaparral; Spanish: el chaparral ("chaparro" meaning a "dwarf evergreen oak") **inglés: chaparral; español: el chaparral (el "chaparro" es un arbusto o mata ramosa de encina de hoja perenne)**

329) Florida

330) Ladino - The Spanish dialect of the Sephardic Jews, written in the Hebrew script. **El ladino - El dialecto español de los judíos sefarditas, el cual se escribe en la escritura hebrea.**

331) Miguel de Cervantes, author of *Don Quixote* / **Miguel de Cervantes, autor de Don Quixote**

332) b) Julio González

333) Mural painting **(la pintura mural)**

334) A group of languages of the Uto-Aztecan branch of the Aztec-Tanoan linguistic stock of North America and

Mexico. **Un grupo de lenguas de la rama utoazteca de la familia lingüística aztecotana de Norteamérica y México**

335) a) Gonzalo Torrente Ballester (1911-1999)

336) Banana spider (Phoneutria nigriventer) **La araña de plátano (Phoneutria nigriventer)**

337) Nobel Prize **(el premio Nobel)**

338) c) Universities **(universidades)**

339) b) Jorge Luis Borges (1899-1986)

340) English: desperado; Spanish: **desesperado inglés: desperado; español: el desesperado**

341) a) William Carlos Williams (1883-1963)

342) a) Álvarez Quintero

343) Merino **(el merino)**

344) Mayan civilization **La civilización maya**

345) Collage **(el collage)**

346) b) César Pelli

347) M.I.T. (Massachusetts Institute of Technology) M.I.T. **(El Instituto Tecnológico de Massachusetts)**

348) b) Don Juan Tenorio

349) b) New York **b) Nueva York**

350) a) 1783

351) Don Carlos

352) a) Alonso Cano

353) Franco government **El gobierno de Franco**

354) b) 17th century **b) el siglo diecisiete**

355) a) Benito Galdos Pérez

356) The laser **(el láser)**

357) b) 5 **b) cinco**

358) Pablo Picasso

359) c) 1989

360) Juan Gris

361) c) 272

362) b) 8th **b) en octavo lugar**

363) Kiss of the Spider Woman/ **El beso de la mujer arañal**

364) Barrio (Spanish for neighborhood) **el barrio**

365) a) Uruguay **a) el Uruguay**

366) Gila monster **(el Monstruo de Gila)**

367) c) Literature **(literatura)**

368) a) Peace and Justice Service/ **Servicio de Paz y Justicia**

369) The scorpion - an arachnid **el escorpión - un arácnido**

370) Jacinto Benavente y Martínez (1866-1954)

371) Marijuana **(el marihuana)**

372) c) Miguel de Cervantes

373) b) 16th century **b) el siglo dieciséis**

374) Puerto Rican artists **los artistas puertorriqueños**

375) a) Mexico **a) México**

376) The helicopter **a) el helicóptero**

377) Caravaggio

378) La Celestina

379) Yellow fever **(la fiebre amarilla)**

380) Julio Cortázar

381) Rubén Darío

382) c) New York **c) Nueva York**

383) c) Seville **c) Sevilla**

384) Dante's *The Divine Comedy La Comedia Divina de Dante*

385) Vicente Blasco Ibáñez

386) José de Ribera (1591-1652)

387) César Milstein

388) Federico García Lorca

389) a) 17th century **a) el siglo diecisiete**

390) The Hispanic Society of America **La Sociedad Hispánica de América**

391) a) 1859

392) El indio

393) Frida Kahlo

394) Miguel Servet

395) *Poema del Cid* (The warrior known as "El Cid") **El Cantar del Mío Cid (el guerrero conocido por el nombre de "El Cid")**

396) a) 16th century **a) el siglo dieciséis**

397) a) Andrés Bello

398) b) Luis F. Leloir (1906-1987)

399) Don Juan

400) b) Painting **b) la pintura**

401) Lope Félix de Carpio Vega (1562-1635)

402) b) Harvard

403) The Alps - flying over the majestic Simplon Pass from Brigue to Milan, a distance of seventy-five miles. **Los Alpes - atravesó en avión el majestuoso paso Simplon desde Brigue hasta Milán**

404) c) Arabic: "as-saquiya" meaning "water carrier" **c) el árabe: "as-saquiya" que significa "transportador de agua"**

405) Miguel de Unamuno (1864-1936)

406) Lope Félix de Vega Carpio (1562-1635)

407) b) 1918

408) a) Víctor Ochoa

409) Mural painting **(la pintura mural)**

410) Spanish poetry **(la poesía española)**

411) The Madrid underworld as seen in his multi-volume work, *Memoirs of a Man of Action/Memorias de un hombre de acción,* and the land and people of the Basque country as illustrated in *La Casa de Aizgorri, Zalacaín el Aventurero,* and *El Mayorazgo de Labraz.* **El hampa de Madrid como fue descrita en su obra de varios volúmenes,** *Memorias de un hombre de acción,* **y la tierra y la gente del País Vasco como fueron ilustradas en** *La Casa de Aizgorri, Zalacaín el Aventurero,* **y** *El Mayorazgo de Labraz.*

412) Venezuela

413) c) 1939

414) Alameda **(la alameda)**

415) Carlos Fuentes

416) b) 1970

417) Jaime Escalante

History, Geography & Business
Historia, Geografía y Negocios

418) César Estrada Chávez

419) Costa Rica

420) Simón Bolívar

421) Puerto Rico

422) Guerrilla warfare / **La guerra de guerrillas**

423) The Romans **(los romanos)**

424) Acapulco

425) Honduras

426) Eva Perón

427) Puerto Rico

428) Conquistador **(el conquistador)**

429) English: Canyon; American

327

Spanish: cañón (from the Spanish "callón" / "calle" - "street") **inglés: canyon; hispanoamericano: el cañón (que deriva del español "callón" / "calle" - "street" en inglés)**

430) San Francisco

431) Omar Torrijos Herrera

432) Venezuela

433) Fidel Castro

434) Castilian **(el castellano)**

435) No. "South America" is only a geographical entity. The term "Latin America" is a cultural entity to describe people who speak languages that were derived from Latin.

No. El término "La América del Sur" es solamente una entidad geográfica. El término "Latinoamérica" es una entidad cultural que describe a la totalidad de personas que hablan idiomas que derivan del latín.

436) **El Río Bravo del Norte**

437) Sandinistas / Sandinist National Liberation Front - **Los Sandinistas / La Frente Sandinista de Liberación Nacional**

438) Bolivia, Paraguay / **Bolivia, El Paraguay**

439) Bay of Pigs Invasion / **La Invasión de la bahía de Cochinos**

440) Mississippi River / **el río Misisipí**

441) Vigilante

442) Chicano **(Chicana for females)** chicano **(chicana f.)**

443) Mexico City **(la Ciudad de México)**

444) Guatemala

445) b) 1936

446) San Juan

447) Francisco Vásquez de Coronado

448) English: ranch; Spanish: **rancho inglés: ranch; español: el rancho**

449) c) Equatorial Guinea **c) Guinea Ecuatorial**

450) Panama Canal **(el Canal de Panamá)**

451) President Vicente Quesada Fox el presidente Vicente Quesada Fox

452) Fiesta **(la fiesta)**

453) **Cristóbal Colón**

454) Bolivia

455) Dominican Republic **La República Dominicana**

456) Alcalde **(el alcalde)**

457) San Salvador

458) San Diego

459) Gaucho **(el gaucho)**

460) Green Party **(el Partido Verde)**

461) c) 38

462) As the lookout on the Pinta, he was the first crew member to see the New World. **Como vigía en la Pinta, fue el primer tripulante en divisar el Nuevo Mundo.**

463) c) Argentina **c) La Argentina**

464) Ernesto "Che" Guevara

465) Charles V (1516-1556) / Philip II (1556-1598) **Carlos V (1516-1556) / Felipe II (1556-1598)**

466) Guatemala

467) 1) Mexican Americans 2) Puerto Ricans 3) Cubans

1) los mexicoamericanos 2) los puertorriqueños 3) los cubanos

468) Anglo **(el anglo)**

469) Yes, because the language they speak, Portuguese, was derived from Latin. Other non-Hispanic Latins in-

clude Italians, French, Romanians, and Portuguese.
Sí, porque el idioma que hablan, el portugués, fue derivado del latín. Los italianos, los franceses, los rumanos, y los portugueses se incluyen entre los otros grupos latinos no hispánicos.
470) Spanish Main **(el Caribe)**
471) Guantánamo
472) Andorra
473) Hernán Cortés (1485-1547)
474) Nicaragua
475) Antonio López de Santa Ana
476) b) 37 million **b) 37 millones**
477) Our Lady of Guadalupe Nuestra Señora de Guadalupe
478) Horses, cattle, sheep, and pigs **caballos, ganado vacuno, ganado lanar, y ganado porcino**
479) José de San Martín
480) Haiti and the Dominican Republic
Haití y La República Dominicana
481) Pyrenees **(Los Pirineos)**
482) Belize (formerly British Honduras) **Belice (anteriormente Honduras Británica)**
483) Francisco Franco
484) a) Bernardo de Galvez
485) Mestizo **(el mestizo)**
486) Lima, Peru **(Lima, Perú)**
487) Nobel Peace Prize (Peace plan for Central America) **El Premio Nobel de la Paz (El Plan de paz para Centroamérica)**
488) Alcatraz Island / **La isla de Alcatraz**
489) Pampa (plural: pampas) **la pampa, las pampas**

490) Those Hispanics who suspect having Jewish roots are investigating their ancestral heritage for any evidence that would verify a connection to Judaism. Spanish Jews were forced to convert to Christianity or leave Spain in the late 15th century. **Aquellos hispanos que sospechan tener raíces judías están investigando su patrimonio ancestral para cualquier señal de vínculo con el judaísmo. Los hispanojudíos fueron obligados a convertirse al cristianismo o a salir de España a fines del siglo quince.**
491) c) Paraguay **(el Paraguay)**
492) Cuban Missile Crisis / USSR **La Crisis de Misiles de Cuba / URSS**
493) Granada
494) Mexico has thirty-one states and the Federal District as the United States has fifty states and the District of Columbia. **México tiene treinta y un estados y el distrito federal del mismo modo que los Estados Unidos tienen cincuenta estados y el Distrito de Columbia.**
States of Mexico (**Estados de México**)
North Pacific **(Pacífica del Norte)**
Baja California
Baja California Sur
Nayarit
Sinaloa
Sonora
Northern Plateau **(Altiplano del Norte)**
Chihuahua
Coahuila

Durango
Nuevo León
San Luis Potosí
Tamaulipas
Zacatecas
Southern Plateau (Central)
(Altiplano del Sur / Región Central)
Aguascalientes
(Federal District) (Distrito Federal)
Guanajuato
Hidalgo
Jalisco
México
Michoacán
Morelos
Puebla
Querétaro
Tlaxcala
Gulf Coastal Plain and Yucatán
(Planicie costera del golfo y Yucatán)
Campeche
Quintana Roo
Tabasco
Veracruz
Yucatán
South
(El Sur)
Chiapas
Colima
Guerrero
Oaxaca
495) c) Native Peoples Protection Laws
c) Las Leyes para la Protección de Indígenas
496) Guyana - English (former British colony); Surinam - Dutch (former Dutch colony); French Guyana - French (French overseas province)

Guyana - inglés **(antigua colonia británica);**
Surinam - holandés **(antigua colonia holandesa);**
Guyana francesa - francés **(provincia francesa de ultramar).**
497) No, that honor goes to a Portuguese explorer, in the service of Spain, Ferdinand Magellan, who, in 1520, named it the "Pacific" or "Peaceful Ocean." Balboa's name for the ocean was "Mar del Sur" or "South Sea."
No, el explorador portugués, al servicio de España, Fernando de Magallanes, tuvo aquel honor. En 1520, nombró la masa de agua "el Pacífico" o "el Océano pacífico." El nombre que Balboa dio al océano fue "Mar del Sur" o "South Sea" en inglés.
498) Panama / Manuel Antonio Noriega
Panamá / Manuel Antonio Noriega
499) b) 3.9 million / **b) 3,9 millones**
500) Turkey's Ottoman Empire
El Imperio Otomano de Turquía
501) Miami 62.5%, San Antonio 55.6%,
Bronx 43.5%, Los Angeles 39.9%
Miami 62,5%, San Antonio 55,6%, Bronx 43,5% Los Angeles 39,9%
502) b) Ronald Reagan
503) Eamon de Valera (1882-1975)
504) Panama **(Panamá)**
505) He became President of Cuba. (Castro was Prime Minister of Cuba from February 1957. As he also headed the Cuban armed forces, and there was no opposition political par-

ties, he ruled as absolute dictator of Cuba. He was not technically president until the Cuban constitution was revised in 1976.

Castro llegó a ser presidente de Cuba. (Castro era primer ministro de Cuba a partir de febrero de 1957. Ya que dirigía también las fuerzas armadas cubanas, y no había partidos políticos de la oposición, gobernaba como dictador absoluto de Cuba. En teoría llegó a ser presidente con la revisión de la constitución cubana en 1976.)

506) Cortés

507) Mexico City **(la Ciudad de México)**

508) Mestizo is a person of mixed European and Native American lineage, where a mulatto is a person of mixed European and African ancestry.

Un mestizo es una persona de linaje mixto europeo e indioamericano, mientras un mulato es una persona de ascendencia mixta europea y africana.

509) Santo Domingo, Dominican Republic

Santo Domingo, República Dominicana

510) San Salvador

511) Puerto Rico

512) Balearic Islands **(Las islas Baleares)**

513) c) 85% **c) el 85 por ciento**

514) Uruguay **(el Uruguay)**

515) Arizona, California, Colorado, Florida, Montana, Nevada, New Mexico (Nuevo México), Oregon, and (y) Texas.

516) Juan Ponce de León

517) On May 5, 1862, Mexico defeated a French army at the battle of Puebla. However, it was not until January of 1867 that the last French troops left Mexico. **El cinco de mayo de 1862, México derrotó al ejército francés en la batalla de Puebla. Sin embargo, las últimas tropas francesas no salieron de México antes de enero de 1867.**

518) Venezuela

519) David Glasgow Farragut (1801-1870)

520) c) 1970

521) Gringo **(el gringo)**

522) Hugo Chávez

523) Spanish Armada / **La Armada Invencible**

524) c) Mexico **c) México**

525) The five stars refer to the Federation members of the United Provinces of Central America: Costa Rica, El Salvador, Guatemala, Honduras, and Nicaragua. **Las cinco estrellas se refieren a los miembros de la Federación de las Provincias Unidas de Centroamérica: Costa Rica, El Salvador, Guatemala, Honduras, y Nicaragua.**

526) Havana **(La Habana)**

527) La Raza Unida

528) The Falkland Islands **Las islas Malvinas**

529) Republic of Colombia **(La República de Colombia)**

530) Peru **(el Perú)**

531) Rock of Gibraltar / Gibraltar

El Peñón de Gibraltar / Gibraltar
532) The horse **(el caballo)**
533) a) Nicaragua
534) Cuba
535) Emiliano Zapata (1879-1919)
536) Zoot suit **(el traje zoot)**
537) a) Bronx
538) Inca **(los incas)**
539) Ignatius of Loyola (1491-1556)
San Ignacio de Loyola (1491-1556)
540) José López Portillo
541) Panama Canal Zone
La Zona del Canal de Panamá
542) El Salvador and the Honduran Republic
El Salvador y la República de Honduras
543) Chile
544) English: rodeo; Spanish: rodeo
inglés: rodeo; español: el rodeo
545) a) 1929
546) Isabel Martínez de Perón, Argentina
547) La Paz
548) President Harry S Truman, November 1, 1950
El presidente Harry S. Truman, el primero de noviembre de 1950
549) Machete **(el machete)**
550) Coca-Cola
551) Hacienda **(la hacienda)**
552) Organization of American States (OAS)
La Organización de Estados Americanos (OEA)
553) b) Dominican Republic
b) La República Dominicana
554) El Salvador and (y) Guatemala
555) (2000 estimates) Colombia-38.5 million, Argentina-37 million, Peru-27 million, Venezuela-23.5 million, Chile-15 million, Ecuador-13 million, Bolivia-8 million, Paraguay-5.5 million, Uruguay-3.3 million
(Cifras del año 2000) Colombia-38,5 millones, La Argentina-37 millones, el Perú-27 millones, Venezuela-23,5 millones, Chile-15 millones, El Ecuador-13 millones, Bolivia-8 millones, El Paraguay-5,5 millones, El Uruguay-3,3 millones
556) Pamplona
557) Bolivar **(el bolívar)**
558) The Abraham Lincoln Brigade
La Brigada de Abraham Lincoln
559) President Bill Clinton
el presidente Bill Clinton
560) Machismo **(el machismo)**
561) c) shirt - featuring pleated stripes down the front with four pockets and side vents.
c) camisa - con pliegues verticales en la pechera, cuatro bolsillos y aberturas laterales
562) English: hammock; Spanish: hamaca
inglés: hammock; español: la hamaca
563) **El Sendero Luminoso** ("Shining Path")
564) (c) Vasco De Balboa
c) Vasco de Balboa
565) Costa Rica
566) c) Olmec / **c) los olmecas**
567) Creole **(el criollo)**
568) Buenos Aires
569) Santiago de Cuba
570) a) 300,000 / **a) 300.000**
571) Galveston, Texas
572) The Alamo / **(El Alamo)**

573) c) 1994
574) Coyote (from the Mexican Spanish word "coyotl")
El "coyote" que deriva de la palabra hispanomexicana "coyotl"
575) Ernesto Miranda / Miranda vs. Arizona
Ernesto Miranda / Miranda contra Arizona
576) Anastasio Somoza Jr. / Nicaragua
Anastasio Somoza hijo / Nicaragua
577) Ferdinand Magellan
Fernando Magallanes
578) Cuba
579) Chile
580) Yucatan (**Yucatán**)
581) Piñata (**la piñata**)
582) Curanderas (**los curanderos**)
583) Santiago, Chile
584) b) Guatemala
585) Theodore Roosevelt Jr. (1887-1944)
Theodore Roosevelt hijo (1887-1944)
586) Poncho (**el poncho**)
587) Guantánamo; folk song: *Guantanamera*
Guantánamo; Guantanamera: canción folklórica
588) Dominican Republic
La República Dominicana
589) The Basque Provinces
Las Provincias Vascongadas
590) Carlos Salinas de Gortari (1948-)
591) a) Guatemala
592) Equatorial Guinea (Central Africa)
Guinea Ecuatorial (Centroáfrica)
593) b) 1994

594) The squadron saw action against the Japanese in the Philippines
El escuadrón combatió contra los japoneses en las Filipinas
595) Maximillian (1832-67)
Maximiliano (1832-1867)
596) SBA - Small Business Administration
La Agencia Federal para el Desarrollo de la Empresa Pequeña
597) Mexico 1st at 2,643 tons; US 2nd at 2,027 tons; Peru 3rd at 1,903 tons; Chile 6th at 1,377 tons; Bolivia 10th at 373 tons; (1998 production figures) **México en primer lugar con 2.643 toneladas; los Estados Unidos en segundo lugar con 2.027 toneladas; el Perú en tercer lugar con 1.903 toneladas; Chile en sexto lugar con 1.377 toneladas; Bolivia en décimo lugar con 373 toneladas; (cifras de producción de 1998)**
598) Argentina (**La Argentina**)
599) Patricio Azócar Aylwin
600) Fulgencio Batista y Zaldívar (1901-1973) Died in Madeira, Spain
Fulgencio Batista y Zaldívar (1901-1973), murío en Madeira, España
601) San Juan, Puerto Rico
602) St. Francis Xavier (1506-1552)
San Francisco Javier (1506-1552)
603) c) 1808
604) Panama (**Panamá**)
605) Toltec and Aztec
(**los toltecas y los aztecas**)
606) c) Santo Domingo (1775), a) Louisiana (Luisiana) (1800), b) Florida (1819)
607) b) Woodrow Wilson
608) Braceros (los braceros)

333

609) The major reason is economic. If Puerto Rico abandons its commonwealth status to become a state, tax exemptions for US businesses would end. The island would lose jobs if US companies left. **Principalmente, el obstáculo es económico. Si Puerto Rico abandona su estado libre asociado para convertirse en un estado de los Estados Unidos, las exenciones de impuestos para los negocios estadounidenses se terminarán. La isla perdería empleos si las compañías salían.**

610) b) Community College / Hostos Community College / **b) universidad comunitaria / La Universidad Comunitaria de María Eugenio de Hostos**

611) The Bay of Pigs invasion **La Invasión de la bahía de Cochinos**

612) English: cigar; Spanish: cigarro **inglés: cigar; español: el cigarro**

613) Managua

614) c) Chinese / **c) los chinos**

615) Guatemala

616) Juan Ponce de León

617) Cuba

618) Bolivia - Simón Bolívar
Colombia - Christopher Columbus
Bolivia - Simón Bolívar
Colombia - Cristóbal Colón

619) a) Chile
1st Ojos del Salado - 22,588 ft. (1981)
2nd San Petro - 20,325 (1960)
3rd Guallatiri - 19,918 ft. (1993)
5th Tupungatito - 18,504 (1986)
6th Láscar - 18,346 ft. (1995)
The tallest currently active volcano is:
Mt. Etna, Sicily at 10,855 ft.
Ojos del Salado - Argentina/Chile border
4th Cotopaxi - Ecuador (1975)
7th Popocatépetl - Mexico (1998)
8th Nevado del Ruíz - Colombia (1991)
9th Sangay - Ecuador (1998)
10th Guagua - Ecuador (1993)
Year indicates latest activity
a) Chile
primero: Ojos del Saldo - 22.588 pies (1981)
segundo: San Petro - 20.325 pies (1960)
tercero: Guallatiri - 19.918 pies (1993)
quinto: Tupungatito - 18.504 pies (1886)
sexto: Láscar - 18.346 pies (1995)
Actualmente, el volcán activo más alto es:
Mt. Etna, Sicilia a 10.855 pies.
Ojos del Salado - límite entre la Argentina y Chile
cuarto: Cotopaxi - El Ecuador (1975)
séptimo: Popocatépetl - México (1998)
octavo: Nevado del Ruíz - Colombia (1991)
noveno: Sangay - El Ecuador (1998)
décimo: Guagua - El Ecuador (1993)
El año indica la actividad volcánica más reciente.

620) Sombrero (**el sombrero**)

621) Joaquín Murrieta

622) b) Toltec / **b) los toltecas**

623) This day is commemorated in Mexico as Diez y Seis, or Mexican Independence Day. Mexico won its independence from Spain in 1821. **Este día se conmemora en México como el Dieciséis, o el Día de la Independencia de México. México se independizó de España en 1821.**

624) English: Mustang; Spanish: Mustango
inglés: mustang; español: el mustango

625) Bogotá, Colombia **(Santafé de Bogotá)**

626) Puerto Rico

627) Bodegas **(la bodega)**

628) The Monroe Doctrine
La Doctina de Monroe

629) Junta **(la junta)**

630) Costa Rica

631) Guatemala-12.6 million, Honduras-6.2 million, El Salvador-6.1 million, Nicaragua-4.8 million, Costa Rica-3.7 million, Panama-2.8 million.
Guatemala-12,6 millones, Honduras-6,2 millones, El Salvador-6,1 millones, Nicaragua-4,8 millones, Costa Rica-3,7 millones, Panamá-2,8 millones.

632) c) Guatemala

633) PRI - Institutional Revolutionary Party
PRI - Partido revolucionario institucional

634) California 30.2% / Texas 28.7%
California 30,2% / Texas 28,7%

635) b) 1902

636) b) United States / Spanish-American War
b) los Estados Unidos / La Guerra Hispanonorteamericana

637) The Hapsburgs and Bourbons
Los Habsburgos y los Borbones

638) Tobacco **(el tabaco)**

639) El Dorado

640) The people who settled along the Río Ebro in the third millenium BC were called Iberians by the Greeks. **Las personas que se establecieron a orillas del Río Ebro en el tercer milenio A. de C. fueron denominadas "iberios" por los grecos.**

641) b) Mulhacén

642) El Cid

643) Chess **(el ajedrez)**

644) a) California

645) Ferdinand and Isabella
Fernando e Isabel

646) Knotted strings
cuerdecillas anudadas

647) Costa Rica, El Salvador, Guatemala, Honduras, and (y) Nicaragua.

648) Emiliano Zapata

649) Cuba (11,141,997) Dominican Republic (8,442,533)
Cuba (11.141.997), La República Dominicana (8.442.533)

650) Buenos Aires, Argentina

651) c) 1492

652) Augusto Ugarte Pinochet

653) El Salvador

654) a) 1979

655) Cuba

656) San José, Costa Rica

657) Havana, Cuba **(La Habana, Cuba)**

658) b) 800

659) b) Alexander VI / **b) Alejandro VI**

660) Machu Picchu

661) Nicaragua

662) Franciscans / **(los franciscanos)**

663) Chickens / **(el pollo)**

664) Son - Luis Muñoz Marín (1898-1980)

Father - Luis Muñoz Rivera (1859-1916)

Hijo - Luis Muñoz Marín (1898-1980)

Padre - Luis Muñoz Rivera (1859-1916)

665) c) Puerto Ricans / **c) los puertorriqueños**

666) Basques **(los vascos)**

667) Toledo

668) Instituto Cervantes

669) a) Florida

670) Arabian **(árabe o arábigo)**

671) Venezuela

672) a) Arica, Chile

673) Argentina **(La Argentina)**

674) Ecuador **(El Ecuador)**

675) c) 30 million / **c) 30 millones**

676) The North American Desert **El Desierto Norteamericano**

677) A dam at the Chicoasén river **una presa en el Río Chicoasén**

678) **El Pueblo de Nuestra Señora la Reina de los Ángeles de la Porciúncula**

679) Chicano **(el chicano)**

680) Juan Diego

681) Nicaragua, Sandinista National Liberation Front (FSLN), or Sandinistas **Nicaragua, La Frente Sandinista de Liberación Nacional (FSLN), o los sandinistas**

682) Caudillo **(el caudillo)**

683) Guatemala City (Completely rebuilt since a 1918 earthquake.) **La Ciudad de Guatemala (fue reconstruida completamente después del terremoto de 1918)**

684) Charles V **(Carlos V)**

685) Catalonia **(Cataluña)**

686) Andalucía, Aragón, Asturias, Balearic Islands **(Las islas Baleares),** Canary Islands **(Las islas Canarias),** Cantabria, Castilla-La Mancha, Castilla y León, Cataluña, La Comunidad Valenciana, Extremadura, Galicia, La Rioja, Madrid, Murcia, Navarra, El País Vasco (Basque Country)

687) El Escorial

688) La Paz, Bolivia

689) Chile / Salvador Gossens Allende

690) b) 18,000 sq. mi. **b) 18.000 millas cuadradas**

691) c) Smallpox / **c) la viruela**

692) b) New Mexico / **b) Nuevo México**

693) University of Mexico, University of Guadalajara **La Universidad de México, La Universidad de Guadalajara**

694) c) 13 **c) trece**

695) a) Peru **a) El Perú**

696) a) Cali, Colombia

697) c) Colombia

698) a) 711 AD **a) 711 d.C.**

699) North coast of Morocco, directly across from Spain. **La costa norte de Marruecos, directamente del otro lado de España**

700) b) 500,000 / **b) 500.000**
701) Castilian, Catalán, Galician/ Gallego, Basque
el castellano, el catalán, el gallego, el vascuence
702) Galician/Gallego **(el gallego)**
703) b) 1941
704) Italian Explorer, Amerigo Vespucci (1451-1512), who sailed for Spain.
El explorador italiano, Amerigo Vespucci (1451-1512), quien navegó bajo los auspicios de España
705) Cuba-11.1 million, Dominican Republic-8.4 million, Commonwealth of Puerto Rico- 3.9 million
Cuba-11,1 millones, La República Dominicana 8,4 millones, El Estado Libre Asociado de Puerto Rico - 3,9 millones
706) b) Ecuador President Galo Plazo Lasso (1948-1952) born in New York in 1906 and President Sixto Durán Ballén (1992-1996) was born in Boston in 1921.
b) el presidente del Ecuador Galo Plazo Lasso (1948-1952) nació en Nueva York en 1906 y el presidente Sixto Durán Ballén (1992-1996) nació en Boston en 1921.)
707) c) film production
c) películas cinematográficas
708) b) Mexico / **b) México**
709) Bolo **(el bolo)**
710) b) 1924-1928
711) b) July 25, 1952
b) el 25 de julio de 1952
712) Basques **(los vascos)**
713) President José María Aznar

López / Prince Felipe, son of King Juan Carlos I, born 1/30/68. **El presidente José María Aznar López / el príncipe Felipe, hijo del rey Juan Carlos I, nacido el 30 de enero de 1968.**
714) Madrid
715) Strait of Gibraltar
El estrecho de Gibraltar
716) The world's fifth and eighth deepest caves at 5,213 and 4,738 feet deep.
La quinta y la octava más profundas cuevas del mundo con profundidades de 5.213 pies y 4.738 pies
717) c) Venezuela
718) a) Cuba
719) a) Tready of Tordesillas
a) El tratado de Tordesillas
720) Colombia
721) a) Venezuela (Ecuador - 1897 / Uruguay - 1907) **a) Venezuela (El Ecuador - 1897 / El Uruguay - 1907)**
722) It is the date that Central America broke with Spain.
Es la fecha en que Centroamérica se independizó de España.
723) El Morro - New Mexico, Montezuma Castle - Arizona **El Morro - Nuevo México, el Castillo Montezuma - Arizona**
724) salt **(la sal)**
725) Puerto Rico
726) English: grenade; Spanish: granada
inglés: grenade; español: la granada
727) Argentina **(La Argentina)**

728) b) Natural gas / **b) el gas natural**

729) b) 40 million / **b) 40 millones**

730) b) Juan Sebastián El Cano

731) b) Pig / **b) cerdos**

732) Opus Dei

733) Canary islands **(Las islas Canarias)**

734) a) 5th at 163,476,699 1999 Production (tons)

a) en quinto lugar con 163.476.699 toneladas producidas en 1999

735) b) Mexico City

b) La Ciudad de México

736) c) 183,000 / **c) 183.000**

737) b) Chile

738) Puerto Rico, Guam, and the Philippine islands.

Puerto Rico, Guam, y las islas Filipinas

739) Puerto Ricans first demand for independence from Spain, 1868.

La primera petición de independencia de España, 1868, por parte de los puertorriqueños.

740) Radio Martí

741) a) Peru / **a) El Perú**

742) Venezuela - 1999 production

Venezuela (producción de 1999)

743) Mexican Independence Day

El Día de la Independencia de México

744) Straw **(la paja)**

745) Botánicas

746) Alberto Fujimori (1939-)

747) Spain is second. Switzerland is first.

España figura en segundo lugar. Suiza figura en primer lugar.

748) Peseta **(la peseta)**

749) They fired guns from the gallery of the US House of Representatives, wounding five congressman.

Dispararon armas desde la galería de la Cámara de Representantes de los Estados Unidos, lo cual hirió a cinco miembros del Congreso.

750) Argentina **(La Argentina)**

751) Philippine islands, Manila

Las islas Filipinas, Manila

752) Moors **(los moros)**

753) b) fifth / **b) en quinto lugar**

754) c) Puerto Rico

755) a) Peru at 251,796 sq miles

a) El Perú con 251.796 millas cuadradas

756) c) 1886

757) Bolivia

758) Pillars of Hercules

Las Columnas de Hércules

759) b) 21

760) c) 3.51 / Survey: Western Europe and North America (US is No.1 at 4 hrs.)

3,51 / Encuesta: Europa del Oeste y Norteamérica (Los Estados Unidos figura en primer lugar con 4 horas)

761) b) Ecuador / **b) El Ecuador**

762) The Basques / **(los vascos)**

763) Portugal

764) Madrid (5,050,000), Barcelona (4,200,000) / **Madrid (5.050.000), Barcelona (4.200.000)**

765) Patents / **(patentes)**

766) Transatlantic flight from Huelva, Spain to Recife, Brazil.

Un vuelo transatlántico desde Huelva, España hasta Recife, Brasil.

767) La Zarzuela

768) Danny D. Villanueva

769) Manuel Lujan, Jr. **(Manuel Lujan hijo)**

770) He was the first president of Mexico (1824-29) **Fue el primer presidente de México (1824-1829).**

771) Treaty of Guadalupe Hidalgo ($15 million bought California, Nevada, Utah, most of Arizona, and parts of New Mexico, Colorado, and Wyoming.) **El tratado de Guadalupe Hildalgo (Por 15 millones de dólares los Estados Unidos compró California, Nevada, Utah, la mayor parte de Arizona, y partes de Nuevo México, Colorado, y Wyoming.)**

772) Guadalajara

773) Mexican military leader (caudillo) Agustín de Iturbide defected to the groups fighting for independence from Spain in 1821. Envisioning independent Mexico as a monarchy, conservative factions proclaimed Iturbide emperor of Mexico in 1822 as Emperor Agustín I. However, Iturbide was soon ousted and a republic was declared in 1823. **En 1821, el líder militar mexicano Agustín de Iturbide huyó a los grupos que luchaban por independizar México de España. Con el sueño de un México independiente bajo una monarquía, las facciones conservadoras proclamaron a Iturbide emperador de México en 1822 y lo llamaron "Emperador Augustín I." Sin embargo, dentro de poco, Iturbide fue derribado y una república fue declarada en 1823.**

774) Lázaro Cárdenas (1895-1970)

775) Carneros region of Napa (Amelia Ceja - President of Ceja Vineyards, Inc.) **La región Carneros del Valle de Napa (Amelia Ceja - presidenta de Ceja Vineyards, Inc.)**

776) First Mexican American to become a bishop in the Catholic church. **El primer mexicoamericano en figurar entre los obispos de la Iglesia católica.**

777) c) Nixon administration 1971-1974 **c) La presidencia de Nixon 1971-1974**

778) Cuauhtemoc, the last Aztec emperor **Cuauhtémoc, el último emperador azteca**

779) US Federal agents seizing Cuban castaway Elián González. **Los agentes federales de los Estados Unidos tomando al náufrago cubano Elián González.**

780) Benito Juárez

781) Francisco Indalecio Madero (1873-1913)

782) United States Hispanic Chamber of Commerce. **La Cámara de Comercio Hispánico de los Estados Unidos.**

783) Congressional Hispanic Caucus **El Comité Hispánico del Congreso**

784) National Hispanic Heritage Month **El Mes Nacional del Patrimonio Hispano**

785) b) NASA - For her work as

chairman of the NASA Minority Business Resource Advisory Committee. **b) NASA (La Agencia Espacial Norteamericana) - Para su trabajo como presidenta de la comisión consultiva de recursos de negocios minoritarios de la NASA.**

786) Dolores Huerta

Sports
Deportes

787) Oscar de la Hoya

788) Jeff García, San Francisco 49ers
Jeff García de Los 49ers de San Francisco

789) International Olympics Committee (IOC)
El Comité Olímpico Internacional

790) Nomar Garciaparra-.332 (0,332),
Derek Jeter-.320 **(0,320)**, Vladimir Guerrero-.319 **(0,319)**, Edgar Martínez-.319 **(0,319)**, Manny Ramírez-.312 **(0,312)**, Alex Rodríguez-.311 **(0,311)**, Bobby Abreu-.307 **(0,307)**, Roberto Alomar-.306 **(0,306)**, Moisés Alou-.306 **(0,306)**, Ivan Rodríquez-.304 (0,304).

791) b) Cuba

792) Manuel (Manny) Mota

793) Keith Hernández

794) Parra was the gold medalist in the 1,500m speed skating event and the silver medalist in the 5,000. He was the US national champion in 2001.
Parra fue galardonado con la medalla de oro en la prueba de patinaje de carreras de 1.500 metros

y con la medalla de plata en la prueba de 5.000 metros. Fue el campeón nacional estadounidense en 2001.

795) b) Washington Redskins from 1946 to 1951. **b) Las Pieles Rojas de Washington desde 1946 hasta 1951.**

796) NFL football players
Jugadores de fútbol americano de la NFL

797) NFL Frankford Yellowjackets
La NFL - Los Yellowjackets de Frankford

798) George Mira

799) Nancy López

800) Miguel Tejada, Oakland Athletics
Miguel Tejada, Los Atléticos de Oakland

801) Jai alai / **el jai alai (la pelota vasca)**

802) Anthony Muñoz

803) Pancho González (Richard Alonzo González)

804) Liván Hernández Florida Marlins/SF Giants) and Orlando Hernández, nicknamed "El Duque" (NY Yankees)
Liván Hernández (Los Marlins de Florida/Los Gigantes de San Francisco) y Orlando Hernández, cuyo apodo es "El Duque" (Los Yanquis de Nueva York)

805) b) Barcelona

806) Miguel Indurán

807 Gabriela Sabatini

808) c) Naty Alvarado

809) José Canseco, Oakland Athletics
José Canseco, Los Atléticos de

Oakland

810) Julio César Chávez

811) Lee Trevino

812) Colorado Rockies / **Los Rocosos de Colorado**

813 Tom Flores

814) a) High bar / **a) el listón de altura**

815) Conchita Martínez, **Arantxa Sánchez Vicario**

816) Alex Rodríguez

817) Rudy Galindo

818) b) Barcelona, 1992

819) Los Angeles Dodgers / **Los Dodgers de Los Angeles**

820) b) Manuel Benitez Pérez

821) Sergio García

822) 1) Cuba - 142 2) Spain - 75 3) Mexico - 47 4) Argentina - 43 1) **Cuba - 142 2) España - 75 3) México - 47 4) La Argentina - 43**

823) 1969 Mike Cuellar (Cuba) 1981 Fernándo Valenzuela (Mexico/ **México**) 1984 Guillermo Hernández (Puerto Rico) 1997 Pedro Martínez (Dominican Republic/ **La República Dominicana**)

824) Laffit Pincay, Jr. / **Laffit Pincay hijo**

825) a) Paris, France / **a) París, Francia**

826) Severiano Ballesteros

827) Jim Plunkett

828) New Jersey Devils / **Los Diablos de Nueva Jersey**

829) Eduardo A. Najera

830) Cleveland Indians / **Los Indios de Cleveland**

831) Mary Joe Fernández

832) Omar Vizquel

833) c) Swimming / **c) la natación**

834) Fernándo Valenzuela

835) Boxing, Flyweight Division **El boxeo, la división de peso mosca**

836) Detroit Tigers / **Los Tigres de Detroit**

837) b) Javeline Throw **b) el lanzamiento de la jabalina**

838) Tom Fears

839) Dominican Republic / boxing **La República Dominicana / el boxeo**

840) Juan Antonio Marichal (Sánchez)

841) Chi Chi Rodriguez

842) Conchita Martínez

843) Soccer - **fútbol**, Baseball - **béisbol**

844) Swimming - 200 meters breast-stroke **la natación - la braza de pecho de 200 metros**

845) New York Islanders / **Los Islanders de Nueva York**

846) c) Baldomero Almada

847) Memphis Grizzlies / **Los Osos Pardos de Memphis**

848) The Anaheim Angels / **Los Angeles de Anaheim**

849) Juan González

850) Mike Cuellar

851) Cuba

852) Rosemary Casals

853) b) 1988

854) a) 1976 - XXI Olympiad Montreal 1976 **a) 1976 - La Olimpiada XXI de Montreal de 1976**

855) b) 1967

341

856) b) three / **tres**

857) c) 1980

858) Baseball / **(el béisbol)**

859) Olympic gold metals in boxing **medallas olímpicas de oro en el boxeo**

860) Pedro Martínez

861) a) 2 gold medals / **a) dos medallas de oro**

862) Roberto Walker Clemente (Pittsburgh Pirates/**Los Piratas de Pittsburgh)**

863) Arantxa Sánchez-Vicario

864) Sammy Sosa

865) Florida Marlins / **Los Marlins de Florida**

866) Minnie Minoso

867) Philadelphia Eagles / **Las Aguilas de Filadelfia**

868) Roberto Alomar, Sandy Alomar, Sandy Alomar, Jr. / **Roberto Alomar, Sandy Alomar, Sandy Alomar hijo**

869) c) Juan

870) 1970/1986

871) Sammy Sosa

872) Alexis Argüello

873) a) track and field - 100 & 200 meter runs **a) carrera en pista y a campo traviesa - carrerrillas de 100 & 200 metros**

874) Rod Carew

875) a) Guatemala

876) Dennis Martínez

877) Minnesota Twins / **Anaheim Angels** Los Gemelos de Minnesota / **Los Angeles de Anaheim**

878) The Boston Marathon

El Maratón de Boston

879) Rod Carew

880) Roberto Durán

881) Star pitcher for the US Women's Olympic Softball Team / **Fue la lanzadora estrella del Equipo Olímpico de Sóftbol para Mujeres**

882) b) Rafael Palmeiro

883) c) Dominican Republic **c) La República Dominicana**

884) a) 20-Kilometer **a) 20 kilómetros** Daniel Bautista Rocha 1976 Mexico **(México)** Ernesto Canto 1984 Mexico **(México)** Daniel Montero 1992 Spain **(España)** Jefferson Pérez 1996 Ecuador **(El Ecuador)**

885) Lee Trevino

886) The Alou brothers, Felipe (Giants manager-2003), Matty, and Jesús Alou. Another Hispanic brother trio includes José, Tommy, and Héctor Cruz. **Los hermanos Alou: Felipe (director de los Gigantes - 2003), Matty, y Jesús Alou. José, Tommy, y Héctor Cruz constituyen otro trío hispano.**

887) Minnie Minoso-Chicago White Sox, Roberto Clemente-Pittsburgh Pirates, and Juan Marichal-San Francisco Giants. **Minnie Minoso-Las Medias Blancas de Chicago, Roberto Clemente-Los Piratas de Pittsburgh, Juan Marichal-Los Gigantes de San Francisco.**

888) Dallas Cowboys and Oakland Raiders
Los Vaqueros de Dallas y los Invasores de Oakland
889) Dennis Martínez
890) Jeff García
891) Player of the year, Pedro Martínez
Jugador del año, Pedro Martínez
892) c) Joe Aguirre
893) Fernando Tatis hit two grand slam home runs against Dodger pitcher Chan Ho Park in the 3rd inning in Los Angeles.
Fernando Tatis bateó dos jonrones gran slam contra el lanzador de Los Dodgers Chan Ho Park en la tercera entrada en Los Angeles.
894) Major League baseball's opening pitch comes outside the US or Canada for the first time ever, as the Rockies defeat the Padres in Mexico on April 4. **El lanzamiento inicial de la temporada de la Liga Mayor de Béisbol tiene lugar fuera de los Estados Unidos o del Canadá por primera vez cuando Los Rocosos derrotan a Los Padres en México el 4 de abril.**
895) Manny Ramírez
896) Arizona Cardinals, Dallas Cowboys, Denver Broncos, Houston Texans, Miami Dolphins, New Orlean Saints, New York Jets, San Diego Chargers, and the Tampa Bay Bucchaneers. **Los Cardenales de Arizona, Los Vaqueros de Dallas, Los Potros de Denver, Los Tejanos de Houston, Los Delfines de Miami, Los Santos de Nueva Orleáns,**

Los Jets de Nueva York, Los Cargadores de San Diego, y Los Bucaneros de Tampa Bay.
897) Texas Rangers / **Los Guardabosques de Texas**
898) Alex Rodríguez
899 b) soccer b) el fútbol
900) Juan González
901) Roberto Walker Clemente
902) Luis Aparicio
903) b) Matanzas, Cuba 1905
904) Colombia - 1 gold, Argentina - 2 silver, 2 bronze, Uruguay - 1 silver, Costa Rica - 2 bronze, and Chile - 1 bronze. **Colombia - 1 de oro; La Argentina - 2 de plata, 2 de bronce; el Uruguay - 1 de plata; Costa Rica - 2 de bronce; Chile - 1 de bronce.**
905) Vernon "Lefty" Gómez
906) Al López (Alfonso Ramón López)
907) Netherlands (3-1) 1978, West Germany (3-2) 1986 / **Los Países Bajos (3-1) 1978, La Alemania del Oeste (3-2) 1986**
908) Atanasio "Tony" Pérez
909) Buck Canel
910) Orlando Manuel Cepeda
911) US national soccer team **El Equipo Nacional de Fútbol de los Estados Unidos**
912) Tony Oliva
913) Luis Tiant
914) Angel Cordero
915) a) José Morales, 25 pinch-hits 1976 Montreal Expos. **a) José Morales, bateador suplente 25 veces en 1976, Los Expos de Montreal**
916) Vic Power

343

917) a) Mike Gonzales, Dolf Luque was the second. **a) Mike Gonzales, Dolf Luque fue el segundo**
918) Professional wrestling **La lucha profesional**
919) Liván Hernández
920) Luis Castillo-2nd base, Edgar Rentería-SS, Bobby Bonilla-3rd base, Moisés Alou- OF, Alex Fernandez-pitcher, Liván Hernández-pitcher, Felix Heredia-relief pitcher **Luis Castillo-segunda base, Edgar Rentería-paracorto, Bobby Bonilla-tercera base, Moisés Alou-jardinero, Alex Fernández-lanzador, Liván Hernández-lanzador, Felix Heredia-lanzador de relevo**
921) Edgar Rentería
922) Nomar Garciaparra-Boston, Rey Ordóñez-NY Mets, Alex Gonzales-Toronto, Alex Rodríguez-Seattle, Edgar Rentería-Florida Marlins, Derek Jeter-NY Yankees. **Nomar Garciaparra-Boston, Rey Ordóñez-Los Mets de Nueva York, Alex Gonzales-Toronto, Alex Rodríguez-Seattle, Edgar Rentería-Los Marlins de Florida, Derek Jeter-Los Yanquis de Nueva York.**
923) Martin Gramática Tampa Bay Buccaneers, Bill Gramática - Arizona Cardinals **Martin Gramática - Los Bucaneros de Tampa Bay: Bill Gramática - Los Cardenales de Arizona.**

924) Nomar Garciaparra
925) Andrés Galarraga
926) 1,500 meter race **carrera de 1.500 metros**
927) Juan Gonzales
928) Felipe Alou - Atlanta Braves, Matty Alou - Pittsburgh Pirates **Felipe Alou - Los Bravos de Atlanta Matty Alou - Los Piratas de Pittsburgh**
929) Volleyball / **el balonvolea (el voleibol)**
930) Mariano Rivera
931) Mike Cuellar
932) Nancy López
933) All received the Rookie of the Year Award. Unanimous selections were/ **Todos recibieron el premio "Novato del Año." Las selecciones únanimes fueron: Orlando Cepeda, Sandy Alomar, Derek Jeter, Nomar Garciaparra, Benito Santiago, Raúl Mondesi, and (y) Albert Pujois.**
934) a) John Franco - 422
935) a) Jesse Orosco - 1131
936) Severiano Ballesteros of Spain **Severiano Ballesteros de España**
937) Through 2000, they are in the top ten of North American money-winning jockeys. Combined, the four jockeys have won prize money totaling over 638 million dollars. 3rd-Laffit Pincay Jr. 216 million, 7th-Angel Cordero Jr. 164 million, 8th-José Santos 133 million, and 9th-Jorge Velásquez 125 million. **Hasta 2000, figuran entre los diez principales jinetes norteamericanos que han sido premiados en metálico.**

Juntos, los cuatro jinetes han ganado un total de más de 638 millones de dólares en premios en metálico.
tercero-Laffit Pincay hijo, 216 millones;
séptimo-Angel Cordero hijo, 164 millones;
octavo-José Santos, 133 millones;
noveno-Jorge Velásquez, 125 millones.

938) Danny D. Villanueva
939) Argentina **(La Argentina)**
940) b) Juan Fangio
941) Diego Maradona
942) Carlos Monzón
943) Guillermo Vilas
944) Andrés Galarraga
945) b) Uruguay **b) El Uruguay**
946) c) Marathon **c) el maratón**
947) Montevideo, Uruguay
948) Accidently scoring a goal for the US. Escobar was later shot and killed by an angry fan in Colombia. **Marcó un gol no intencionadamente a favor de los Estados Unidos. Más tarde Escobar fue matado de un tiro por un entusiasta en Colombia.**
949) West Germany / **La Alemania del Oeste**
950) a) Lima, Peru **a) Lima, Perú**
951) Tony Zendejas
952) c) 65 yards **c) 65 yardas**
953) The National Football League (NFL)
La Liga Nacional de Fútbol Americano (NFL)
954) Argentina **(La Argentina)**
955) Severiano Ballesteros

956) b) Argentina **b) La Argentina**
957) New York Marathon
El Maratón de Nueva York
958) White House Cinco de Mayo reception
La recepción de la Casa Blanca para celebrar el Cinco de Mayo
959) The first dedicated national television broadcast of NFL games for the Spanish-speaking community. /
La primera transmisión televisiva al nivel nacional de los partidos de fútbol americano de la NFL para la comunidad de habla española.
960) Sammy Sosa
961) Sugar Ray Leonard (1980)
962) Tom Flores

**Eleventh Hour Additions
Entradas de Ultima Hora**

963) *The Treasure of the Sierra Madre*
964) b) Luis Barragán
965) In the Hispanic culture, the date is written starting with the smallest unit of time (the day), to the next in size (the month), to the largest (the year). In the US, the date is written as January 1, 2005, in Mexico or Argentina, it would be 1 de enero, 2005. **En la cultura hispánica, se escribe la fecha empezando con la unidad de tiempo más pequeña (el día), seguida por la próxima unidad (el mes), y se termina con la unidad más grande (el año). En los Estados Unidos, la fecha se escribe "January 1, 2005" pero en México o La Argentina, se escribe "el primero**

345

de enero de 2005."

966) c) 39

967) Amazon. At 3,915 miles across Peru and Brazil, it is second only to the Nile river, which runs 4,157 miles. **El Amazonas. Teniendo un curso de 3.915 millas y atravesando el Perú y el Brasil, está en segundo lugar respecto al Río Nilo que tiene un curso de 4.157 millas.**

968) US Immigration and Naturalization Service / **El Servicio de Inmigración y Naturalización de los Estados Unidos**

969) Buffalo Bill's Wild West Show **El Espectáculo del Salvaje Oeste y Buffalo Bill**

970) United States of America Medal of Freedom / **La Medalla de Libertad de los Estados Unidos**

971) League of United Latin American Citizens **La Liga de Ciudadanos Latinoamericanos Unidos**

972) b) Miguel A. Estrada

973) US Surgeon General **El Cirujano General de los Estados Unidos**

974) US Ambassador to México **El Embajador estadounidense en México**

975) Housing and Urban Development **El Ministerio de la Vivienda y del Desarrollo Urbano**

976) Department of Education **El Ministerio de Educación**

977) Frida

978) Alfred Molina

979) Hispanics Today

980) a) MANA

981) AFL-CIO - American Federation of Labor and Congress of Industrial Organizations **AFL-CIO - La Federación Americana del Trabajo-Congreso de Organizaciones Industriales**

982) Cinco de Mayo

983) Arnaldo Tamayo-Méndez became a Russian cosmonaut in 1978 and became the first Hispanic in space when he flew aboard the Soyuz 38 in 1980. On that mission, he spent eight days aboard the Salyut 6 space station. **Arnaldo Tamayo-Méndez llegó a ser un cosmonauta ruso en 1978 y fue el primer hispano en el espacio cuando voló a bordo de la Soyuz 38 en 1980. En aquella misión, pasó ocho días a bordo de la estación espacial Salyut 6.**

984) Cruz Bustamante

985) c) Ruben Barrales

986) Mexico's ambassador to the United States **El embajador de México en los Estados Unidos**

987) They are left for children on January 6th by the Reyes Mago or the Three Wise Men, Melchor, Gaspar, and Baltasar. **Los regalos se distribuyen a los niños el 6 de enero por tres reyes magos: Melchor, Gaspar y Baltasar.**

988) It originally indicated an offspring of the person to whose name the suffix was attached. A man named González was the son of Gonzálo. / **Originariamente indicaba el hijo**

de la persona cuyo nombre llevaba sufijo. Un hombre llamado "González" fue hijo de Gonzalo.

989) a) 1944

990) It is a coming of age party to celebrate a Hispanic girl's fifteenth birthday, the age at which she becomes a woman. / **Es una fiesta para celebrar el alcance de la mayoría de edad y el cumpleaños de una muchacha hispana que cumple quince años, la edad en que se hace mujer.**

991) Benicio Del Toro

992) AFLAC, American Airlines, AOL Time Warner, AT&T, Bank of America, Continental Airlines, DaimlerChrysler, Ford Motor Company, General Motors, Microsoft, New York Life, Nordstrom, Philip Morris, Pitney Bowes, State Farm Insurance, Toyota, and (y) UPS.

993) b) Denise Chávez

994) c) Cuba

995) c) New Mexico **c) Nuevo México**

996) Governor Bill Richardson of New Mexico

El gobernador Bill Richardson de Nuevo México

997) Congressional Medal of Honor **La Medalla de Honor del Congreso**

998) John Ruíz

999) b) Gary Soto

1000) María Elena Salinas

1001) b) 37 million **b) 37 millones**

Internet Directories
Guía de sitios Web por Internet

Hispanic Information Directory

Hispanic Yearbook / Anvatio Hispano - www.tiym.com
Since 1986, TIYM Publishing Company, Inc. has been publishing the premier national reference guide for and about Hispanics and Latinos in the United States and Puerto Rico. The publication is a comprehensive listing of approximately 5,000 organizations, 1,000 publications, and a complete listing of Hispanic radio and televions stations indexed and listed by state.
Angela E. Zavala, President and CEO 6718 Whittier Ave. #130, McLean, VA 22101, (703) 734-1632

Hispanic Organizations

*A National Latina Organization   www.hermana.org
Alma Morales Riojas MANA President and CEO
1725 K Street, NW Suite 501 Washington, D.C. 20006
(202) 833-0060
ASPIRA An Investment in Latino Youth   www.aspira.org
*Association of Hispanic
Advertising Agencies   www.ahaa.org
*Cesar E. Chavez Foundation www.cesarechavezfoundation.org
*Chicanos and Native Americans in Science   www.sacnas.org
Hispanic Heritage Awards Foundation
                         www.hispanicheritageawards.org
*Hispanic Scholarship Fund   www.hsf.net

348

55 Second Street, Suite 1500, San Francisco, CA 94105

(415) 445-9930 Sara Martínez Tucker, President/CEO

*Hispanic Federation, Inc.   www.hispanicfederation.org

*Hispanic Foundations, Inc.   www.hispanicfoundations.org

(813) 835-3838

*Hispanic Organization of Hispanic actors www.hellohola.org

*Latin American Folk Institute   www.lafi.org

*Latino Empowerment Foundation & "Imagine" Conference

www.latinoempowerment.org

Daniel Gutiérrez - Founder,   dan@latinoempowerment.org

*League of United Latin American Citizens   www.lulac.org

2000 L Street, NW, Suite 610, Washington, D.C. 20036

(202) 833-6130

*Mexican-American Engineers and Scientists   www.maes-natl.org

*National Association of Hispanic Real Estate Professionals

www.nahrep.org

info@nahrep.org / 800-964-5373

*National Council of La Raza   www.nclr.org

1111 19th, NW Suite 1000, Washington D.C. 20036

(202) 785-1670

*National Society of Hispanic Professionals   www.nshp.org

*National Association of Hispanic Journalists   www.nahj.org

*Mexican-American Legal Defense and Educational Fund

www.maldef.org

*National Puerto Rican Coalition, Inc.   www.bateylink.org

1901 L St. Suite 500 Washington, D.C. 20006 (202) 223-3915

*United Farm Workers   www.ufw.org

*National Association of Latino Elected and Appointed Officials Educational Fund   www.naleo.org

*Society for Advancement of National Latino Communications Center   www.nlcc.com

*Society of Hispanic Professional Engineers   www.shpe.org

5400 E. Olympic Blvd. Suite 210, Los Angeles, CA 90022

(323) 725-3970

*National Society of Hispanic MBAs   www.nshmba.org

*Southwest Voter Registration Education Projectwww.svrep.org

206 Lombard St., 2nd fl, San Antonio, TX (210) 922-0225

*Texas Chamber of Commerce (TAMACC) www.tamacc.org

*United States Hispanic Chamber of Commerce www.ushcc.com

2175 K Street NW Suite 100
Washington, DC 20037 / (202) 842-1212
George Herrera, President and CEO   USHCC@USHCC.com

Spanish Language Book Clubs

Mosaico Book Club (Bookspan)   www.clubmosaico.com
A Bertelsmann/AOL Time Warner partnership
Sonia Margalef, Editor-In-Chief

Cultural Sites

Mexican American online community   www.cyberpais.org
www.mexonline.com
www.latinofilm.org

What you need to know ABOUT Literature
http://classiclit.about.com/cs/spanhliterature/index.htm
http://classiclit.about.com/cs/latinamerlit/index.htm
http:gosouthamerica.about.com
http://mexicanfood.about.com

Hispanic Publications

Aboard Magazine   www.aboardmagazines.com
Bilingual inflight magazine for travelers to and from Latin America.
Carried on all 12 major Latin American airlines. Reynaldo Ales, managing editor. aboard@worldnet.att.net / 305-441-9739

Américas	www.oas.org
América Economía	www.americaeconomia.com
American GI Forum	www.sjgif.org
Arte Al Día	www.artealdia.com
Automundo Magazine	www.automundo.com
Azteca News	aztecanews@aol.com
Caribbean Today	www.caribbeantoday.com
Catholic Sun	www.catholicsun.org
Cristina La Revista	www.editorialtelevisa.com
Cuban American Newsletter	www.cnc.org
De Norte A Sur	www.denorteasur.com

Diario De Juarez	www.eldiario.com
El Aviso	www.elavisotv.com
El Clasificado	www.elclasificado.com
El Mexicano	www.el-mexicano.com.mx
El Momento Católico	www.hmrc.claretianpubs.org
El Tiempo Latino	www.unitedmediapub.com
El Trabajo En El Mundo	www.us.ilo.org
El Univeral	wwwel-universal.com.mx
FAMA Magazine	www.famaweb.com
HISPANIA (AATSP)	www.aatsp.org
Hispania News	www.hispanianews.com
Hispanic Business	www.hispanicbusiness.com
Hispanic Business Journal	www.hispanicchamberonline.com
Hispanic Journal	www.hispanicjournal.com
Hispanic Magazine	www.hisp.com
Hispanic Networking Magazine	www.hnmagazine.com
Hispanic Outlook In Higher Education	www.HispanicOutlook.com
Hispanic Times Magazine	www.hispanictimescareers.com
Hispanic Today	www.hispanic-today.com
Hispanic Yearbook/Anuario Hispano	

A unique resource and referral guide for Hispanic Americans   www.tiym.com

Hispanic News	www.hispanianews.com
Hoy Día	www.scholastic.com
La Estrella De Puerto Rico	www.estrelladepr.com
La Fuente	www.lafunteltexas.com
La Guía Familiar	latnpubinc@aol.com
La Opinión	www.laopinion.com
La Prensa De San Antonio	www.laprensa.com
La Raza Newspaper	www.laraza.com
La Salud Hispana Health Magazine	www.lasaludhispana.com
La Subasta	wwweldiausa.com
Latin Beat Magazine	www.latinbeatmagazine.com
Latin Style Magazine	www.latinstylemag.com
Latina	www.latina.com
Latina Style Magazine	www.latinastyle.com
Latino Baseball Magazine	www.kingpaniagua.com
Latin Trade	www.latintrade.com
Latino Leaders	www.latinoleaders.com
Lion En Español	www..lionsclubs.com
LULAC News	www.lulac.org

Médico De Familia	www.icps.org
Mercado Magazine	www.mercadousa.com
Mundo Hispánico	wwwmundohispanico.com
Mundo L.A.	latnpubinc@aol.com
Nuevo Mundo	www..nuevomundo.com
Mira	mail@miramagazine.com
	(305) 577-4679
Oye Magazine	wwwoyemag.com
Padres De Sesame Street	(212) 875-6981 New York
People en Español	www.pathfinder.com/people/adinfo
PBS Para La Familia	www.familyeducation.com
Qué Onda!	www.que-onda.com
Qué Pasa!	www.quepasahispanic.com
Spanish Journal	www.spanishjournal.com
Super Onda	www.superonda.com
TV Y Novelas	www.editorialtelevisa.com
Valiente Magazine	www.valientemagazine.com
Vista Magazine	www.vistamagazine.com
Zeta	www.zetatijuana.com

Jobs and Careers

LatPro - The essential job board for Hispanic and bilingual professionals
www.LatPro.com
National directory www.ihispano.com

Online magazines & newsletters

Hispanic Business.com	www.hispanicbusiness.com
Hispanic e-magazine	www.hispanicmagazine.com
Hispanic Online Magazine	www.hispaniconline.com/magazine
Hispanic heritage newsletter	www.somosprimos.com
Internet cultural magazine	www.latinola.com
Latino News Network	www.latnn.com
Latino USA	www.latinousa.org
Latino Legends in Sports	www.latinosportslegends.com
	www.HispanicSurf.com
	www.latinpak.com
	www.latina.com

| La Perinola | http:/griso.cti.unav.es/perinola |
| Puerta del Sol | www.champs-elysees.com |

Genealogy

Hispanic Genealogy	http://home.att.net/~alsosa/
Cuban Heritage	http://cubagenweb.org
Mexican Genealogy	www.genealogy.com/00000
	379.html?Welcome=1052756535

Hispanic Genealogical Research Center of New Mexico
www.hgrc-nm.org

Portal   http://hispanicregistry.1colony.com/favorite_links.htm1

Genealogy Today with Illya Daddezzio
www.daddezio.com/shadcat/carrib.html
www.genealogytoday.com

Education

***American Association of Teachers
of Spanish and Portuguese (AATSP)**   www.aatsp.org
423 Exton Commons, Exton, PA 19341
(610) 363-7005

*Hispania Magazine (AATSP)
Janet Pérez - Editor   janet.perez@ttu.edu

*The Hispanic Outlook in Higher Education Magazine
www.hispanicoutlook.com
210 Route 4 East-Suite 310, Patamus, NJ 07652 (201) 587-8800

*The National Association for Chicana and Chicano Studies
http://clnet.ucr.edu

*W.K. Kellogg Foundation
ENLACE   www.wkkf.org

*Chicano/Latino Net   http://latino.ssnet.ucla.edu

*Hispanic American History and Sociology
www.ocregister.com/rie

*The National Hispanic University   www.caohwy.com

*William C. Velásquez Institute   www.wcvi.org

*Hispanic America USA   www.neta.com/~1stbooks

***Cesar E. Chavez Institute for Public Policy San Francisco State
University**   www.sfsu.edu/~cecipp/cesar_chavez/chavezhome.htm

*Initiative on Educational Excellence for Hispanic Americans

www.yesican.gov

*Hispanic Scholarships Hispanicscholarships.com

*Hispanic College Fund, Inc. http://hispanicfund.org

*Hispanic Association of Colleges and Universities

www.hacu.net

Language Portal http://spanish.allinfo-about.com

Following two societies sponsored by the AATSP

*Sociedad Honoraria Hispánica - An honory society for high school Spanish and Portuguese students / Bertie Green, National Director (843) 659-3554 / e-mail: Sociedad@FTC-I.net

*Sociedad Hisánica de Amistad - A society for elementary and middle school Spanish and Portuguese students. **Pamela S. Wink, National Director (502) 875-1989 / e-mail: SHAmistad@aol.com**

Bennington College - Regional Center for languages and Cultures

www.bennington.edu

Millersville University **www.millersville.edu/~forlang**

Study Spanish Abroad

AHA International www.aha-intl.org

Association of quality language schools in Andalucia

www.ole-andalucia.org

Universidad de Navarra www.unav.es/ilce

Study in Spain www.studyinspain.org

Study in Cuba www.studyincuba.org

International House Valladolid www.ihvalladolid.com/spanish

NYU in Madrid E-mail: nyu-in-madrid@nyu.edu

Estudio Sampere / Spain/Ecuador www.sampere.com

Spanish Language & Translations

Diane Tolomeo - Translation Services: English/Spanish/French

e-mail: DLTLanguages@aol.com

Adan Negrete **e-mail:** adan_negrete@hotmail.com

VMC - Lesson plans www.viamc.com

Spanish Language Course (CD-ROM) www.studyspanish.com

Text and webpage instant translation http://world.altavista.com

Hispanic Cultural Institutes

Hispanic Society of America   www.hispanicsociety.org
info@hispanicsociety.org
Instituto Cervantes   www.cervantes.org
Spanish Institute   www.cdiusa.com/spanishinstitute
Museo del Barrio   www.elmuseo.org
Museo del Prado   http://museoprado.mcu.es
OAS Art Museum of the Americas   www.oas.org/MUSEUM/
Americas Society   www.americas-society.org/
Mexican Cultural Institute of New York
www.quicklink.com/mexico/icmex2.htm
Library of Congress Hispanic Reading Room
http://lcweb.loc.gov/rr/hispanic
King Juan Carlos Center   www.nyu.edu/pages/kjc

Consulates & Embassies of Spanish Speaking Countries

Argentina   www.embassyofargentina-usa.org/
Chile   www.minrel.cl/direct/frampais.htm
Colombia   www.colombiaemb.org/
Costa Rica   www.costarica.com/embassy/
Ecuador   www.ecuador.org/
El Salvador   www.queondas.com/consalvamia/
Guatemala   www.guatemala-embassy.org/
Mexico   http://quicklink.com/mexico/
Nicaragua   www.consuladodenicaragua.com/consulate.htm#ny
Panama   www.drcomputer.com/panama/
Peru   www.rree.gob.pe/misiones/eeuu.htm
Puerto Rico (Tourism)   www.prtourism.comcultfolk.asp
Republica Dominicana   www.domrep.org/
Spain (Consualte)   www.spainconsul-ny.org/
        (Embassy)   www.spainemb.org/information/indexin.htm
(UN Mission) www..undp.org/missions/spain/
(Tourist Office) www.okspain.org
Uruguay   www.embassy.org/uruguay/

Venezuela   http://venezuela.mit.edu/embassy/

*Mexican Presidental website   www.presidencia.gob.mx/?nlang=en

Hispanic Wineries

www.cejavineyards.com	**Napa Valley, CA**
www.friasfamilyvineyard.com	**Napa Valley, CA**
www.renteriawines.com	**Napa Valley, CA**
www.gustavothrace.com	**Gustavo Trace Winery**
www.jrnet.com	**Spanish wine page**
www.Carneros.org	**Napa region wineries**
www.shafervineyards.com	**Elías Fernández winemaker**

Miscellaneous

Hispanic/Mexican Products   www.baniantrading.com
Wholesale clothing - Quincenera, Wedding, Communion, Baptismal, etc.
800-366-2660

Bibliography - Bibliografía

Ash, Russell, *The Top 10 of Everything 2002.* New York, DK Publishing, 2001

Barraclough, Geoffrey, *The Times Atlas of World History.* Maplewood, New Jersey, 1979

Benet, William Rose, *The Reader's Encyclopedia,* Second Edition. New York, Harper & Row, 1965.

Brownstone, David and Irene Franck, *Timelines of War.* Boston, Little Brown, 1996.

Dahmus, Joseph, *Dictionary of Medieval Civilization.* New York, Macmillan, 1984.

Garraty, John A., and Jerome L. Sternstein, editors, *Encyclopedia of American Biography.* New York, Harper Collins, 1996

Encyclopedia Britannica, Chicago, **William Benton, Publisher**, 1966.

Giscard d'Esraing, Valerie-Anne, *The World Almanac Book of Inventions.* New York, World Almanac, 1985.

Goodwin, Godfrey, *Islamic Spain.* San Francisco, Chronicle Books,

1990.

Gottlieb, Agnes Hooper, and Henry Gottlieb, Barbara Bowers, Brent Bowers, *1,000 Years, 1,000 People.* New York, Kodansha International Ltd. 1998.

Greenfield, Jeff, Television: *PrimeTime-News-Sports.* New York, Abrams, 1980.

Harkness, John, *The Academy Awards Handbook.* Updated 1999 Revised Edition. New York, Pinnacle Books, Fifth Edition, 1999.

Janson, H.W., *History of Art. A Survey of the Major Visual Arts from the Dawn of History to the Present Day.* New York, Prentice-Hall, 1969.

Katz, Ephraim, *The Film Encyclopedia,* Fourth Edition. New York, Harper Collins, 2001

Kendall, Alan, *The World of Musical Instruments.* London, Hamlyn, 1972.

Lacasa, Jaime and Judith Noble, *The Hispanic Way.* Chicago, Passport Books, 1991.

Levey, Judith S. & Agnes Greenhall, editors, *The Concise Columbia Encyclopedia. New York,* Coluumbia University Press, 1983.

Levy, Felice, editor, *The New York Public Library Desk Reference.* New York, Simon & Schuster, 1989.

Menard, Valerie, *The Latino Holiday.* New York, Marlowe & Company, 2000.

Meserole, Mike, *Ultimate Sports Lists.* New York, DK Publishing, Inc., 1999

Michael, Paul, *The Academy Awards: A Pictorial History.* Fifth edition, New York, Crown Publishers, 1982.

Morison, Samuel Eliot, *The Great Explorers: The European Discovery of America.* New York, Oxford Press, 1978.

Sports Illustrated, *1999 Sports Almanac.* New York, Bishop Books, 1999.

Nemec, David and Pete Palmer, 1001 *Fascinating Baseball Facts.* Stamford, CT, Longmeadow Press, 1994.

Nicholls, Christine, editor, *Encyclopedia of Biography.* New York, St. Martin's Press, 1997.

Ochoa, George, *Amazing Hispanic American History.* New York, John Wiley & Sons, 1998.

Radomile, Leon J., *Heritage Italian-American Style,* bilingual second edition. Novato, CA, Vincerò Enterprises, 2002

Stirton, Paul, *Renaissance Painting.* New York, Mayflower Books, 1979.

Bibliography - Bibliografía

Thompson, Oscar, Editor, *The International Cyclopedia of Music and Musicians*. **Dodd, Mead & Company, New York, 1939.**

Timetables of History. New York, Simon & Schuster, 1979.

Wenborn, Neil, *The 20th Century: A Chronicle In Pictures*. London, Hamlyn, 1989.

Woolf, Henry, Editor, *Webster's New Collegiate Dictionary*. United States, 1973.

Wright, John W., editor. *The New York Times Almanac 2001*. New York, Penguin Books Ltd., 2000.

Znamierowski, Alfred, *The World Encyclopedia of Flags*. London, Anness Publishing, 2002.

Index
Indice

A

B

C

Cárdenas, Lázaro #774
Carew, Rod #874#877#879
Carey, Mariah #92
Caribbean #100
Carmona, Dr. Richard #973
Carnegie Hall #16
Carneros region #775
Carr, Vikki #110
Carrera, Barbara #26
Carreras, José #87#124
Carrillo, Leo #88
Carter, Lynda #188
Carty, Rico #883
Casals, Pablo #79
Casals, Rosemary #852
Casares, Rick #796
Casas, Ramón #400
Castanet, castañeta, castañuela #62
Castelnuovo-Tedesco #170
Castilian #434#701
Castilla y Leon #686
Castillo, Carlos #274
Castillo, Juan #958
Castillo, Leonel #968
Castillo, Luis #920
Castino, John #933
Castro, Fidel #433#464#505#600
Catalán #701
Catalonia #685
Cataluña #686
Caudillo #682
Cavazos, Dr. Lauro #976
Cayenne pepper #112
Ceja, Amelia #775
Ceja, Juanita #775
Ceja, Pablo #775
Cela, Camilo José #359
Central America #525
Cepeda, Orlando Manuel

#855#910#933
Cervantes, Miguel de #173#258#331#372
Cha-Cha-Cha #116
Chang-Diaz, Franklin #303
Chant #192
Chaparral, chaparro #328
Charles I #577
Charles V #440#465#684
Charo #47
Chavarría, Jesús #654
Chávez, Carlos Antonio #64
Chávez, César Estrada #418#786
Chávez, Denise #993
Chávez, Dennis #989
Chávez, Hugo #522
Chávez, Jorge #403
Chávez, Julio Cesar #810#857
Chávez, Linda #502
Chávez-Thompson, Linda #981
Chayanne #175
Chess #643
Chiapas #494
Chicana #442
Chicano #442#679
Chicha cochabambina #222
Chichén Itzá #580
Chickens #663
Chico and the Man #200
Chicoasén river #677
Chihuahua #257#494
Chile #230#236#297#543#579#619#737
Chili con carne #8
Chili sauce #37
Chocolate #140
Chorizo #241
Christian music #197
Churros #239
Cibola, Seven Golden Cities of

D

Danza #177
Darío, Rubén #381
Day of the Race/El Día de la Raza #453
De Jesús, Wanda #174
Del Cano, Juan Sebastian #730
Del Rio, Dolores #212
Del Toro, Benicio #991
Demitasse #180
Denver Broncos #896
Desayuno #209
Desperado, desesperado #340
Detroit Tigers #836
Díaz, Alan #779
Díaz, Porfirio #535#781
Diego, Juan #680
Diez y Seis #623
Dimas, Trent #814
Dinosaurs #314
Domingo, Plácido #32#124
Dominican Republic #117#145#224#235 #455#480#509#553#588#839#883
Don Carlos #351
Don Juan #290#399
Don Juan Tenorio #348
Don Quixote de la Mancha #173#258
Dresden Codex #312
Durán, Roberto #880#961
Durango #494

E

Echegaray, José #326
Ecuador #130#227#234#674
El Cid #395#642
El Cordobés #820
El Diaro/La Prensa #349

El Dorado #639
El Escorial #686
El Greco #263#667
El Grito de Lares #739
El indigo #392
El Libertador #420
El Mariachi #28
El Morro National Monument #723
El Museo del Barrio #374
El Prado #268
El Pueblo de Nuestra Señora de los Ángeles de la Porciúncula #678
El Salvador #106#177#225#653
El Sicodelico #918
El Supremo #491
El Yunque #511
Elhuyar, Fausto #350
Elhuyar, Juan José #350
Elizondo, Hector #83#102
Empanada #228
Enchilada #95
Equatorial Guinea #449#592
Escalante, Jaime #417
Escobar, Andres, #948
Escrivá, Josemaria #732
Espinosa, Andres #878#957
ESPN Deportes #959
Esquivel, Adolfo #368
Estefan, Gloria #159#251
Estevez, Emilio #51
Estrada, Miguel A. #972
Euskaldunaks #762
Evita #4
Extremadura #686

F

G

Gallegos, Rómulo #318#412
Galveston #571
Gálvez, Bernardo de #484#571
Garcia, Andy #19
Garcia, Armida #262
García, Félix #995
Garcia, Frank #958
García, Jeff #788#890#958
Garcia, Jerry #196
García Lorca, Federico #388
Garcia, Mike #830
García, Rupert #313
García, Salvador #957
García, Sergio #821
Garciaparra, Nomar #790#922#924#933
Garza, Roberto #958
Garza, Tony #974
Gasol, Pau #847
Gaucho #459
Genealogy of Macuilxochitl #373
General Motors #992
Generation of 98 #405
Germany #322
Gila monster #366
Giral, Sergio #179
Godoy, Dagoberto #407
Gómez, Mañuel Octavio #179
Gómez, Pepper #918
Gómez, Scott #828
Gómez, Vernon "Lefty" #901#905
Góngora y Argote, Luis de #410
Gonzales, Alex #922
Gonzales, Matt #460
Gonzales, Mike #917
González, Elián #779
González, Juan #849#900#927
González, Julio #332
González, Pancho #803

Gortari, Carlos Salinas de #590
Goya Foods #9
Goya, Francisco Jose de #325
Gramatica, Bill #923
Gramatica, Martin #923#952
Granada #493
Granados, Enrique #184#203
Grandinetti, Dario #231
Grateful Dead #196
Great Wall of Los Angeles, The #278
Greco, José #96
Green Party #460
Greetings from Tucson #219
Gregorian chant #192
Gregory I, Pope #192
Grenade, granada #726
Griffin, Alfredo #883
Gringo #517
Gris, Juan #360
Grito de Dolores #623#743
Grolier Codex #312
Guacamole #151
Guadalupe Hidalgo, Treaty of #771
Guadarrama, Belinda #785
Guagua #619
Guallatiri #619
Guanajuato #494
Guantanamera #587
Guantánamo #471#587
Guatemala #119#444#466#584#591 #615#875
Guatemala City #683
Guayabera #561
Guerrero, Vladimir #790
Guerrilla warfare #422
Guevara, Ernesto "Che" #464
Guitar, guitarra #2#144

P

Pacific ocean #497
Paella #5
País Vasco (Basque Country) #686
Palma, Tomás Estrada #635
Palmeiro, Rafael #882
Pampa, pampas #489
Pamplona #556
Panama #15#86#498#504 #604
Panama Canal #450
Panama Canal Zone #541
Panatela #127
Papaya #267
Paraguay #147#242#438#491
Paris #825
Paris Codex #312
Parra, Derek #794
Paso Doble #142
Pava #744
Paz, Octavio #264
Peace and Justice Service #368
Pelli, César #346
PEMEX #735
Peña, Elizabeth #104
Peña, Federico #559
Peña, Paco #69
Pérez, Alan García #746
Pérez, Atanasio "Tony" #908
Pérez, Benito Galdos #355
Pérez, Hector García #970
Pérez, Jefferson #884
Pérez, Louie #199
Pérez, Miguel #918
Pérez, Quintanilla #22
Pérez, Rosie #38
Perón, Eva #426
Perry Ellis International #994

Pershing, General John #607
Peru #232#530#695#741
Peseta #748
Philadelphia Eagles #867
Philip II #351#465#523#687
Philip Morris #992
Phillips, Lou Diamond #56
Picante sauce #101
Picasso, Pablo #304#332#345#358#360#361
Pig #731
Pillars of Hercules #758
Piñata #581
Pincay, Jr., Laffit #824#937
Piñero, Jesús T. #664
Pinochet, Augusto Ugarte #652
Pinón, Vincente Yáñez #967
Pinta #462
Pinzón, Vincente Yáñez #719
Pitney Bowes #992
Pizarro, Francisco #440#486
Platinum #279
Plaza Las Americas #601
Plunkett, Jim #827
Poema del Cid #395
Ponce de León, Juan #516#616
Poncho #586
Popocatépetl #619
Pork sausage #241
Porteño #169
Posada #67
Posada, José Guadalupe #393
Potato #131
Power, Ramón #725
Power, Vic #916
Pradelli, Augusto #166
Prado, Pérez #60
Praole, Pérez #36
PRI-Institutional Revolutionary Party #633

T

U

V